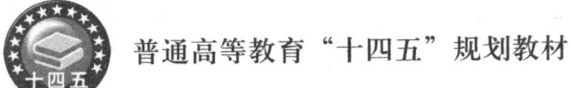

普通高等教育"十四五"规划教材

国际经济学

赵大平 蔡伟雄／主编

图书在版编目(CIP)数据

国际经济学 / 赵大平主编. —上海：立信会计出版社，2021.1(2025.1重印)
ISBN 978-7-5429-6681-0

Ⅰ.①国… Ⅱ.①赵… Ⅲ.①国际经济学 Ⅳ.①F11-0

中国版本图书馆 CIP 数据核字(2021)第 008739 号

策划编辑　　窦瀚修
责任编辑　　孙　勇
封面设计　　南房间

国际经济学
GUOJI JINGJIXUE

出版发行	立信会计出版社		
地　　址	上海市中山西路 2230 号	邮政编码	200235
电　　话	(021)64411389	传　　真	(021)64411325
网　　址	www.lixinaph.com	电子邮箱	lixinaph2019@126.com
网上书店	http://lixin.jd.com		http://lxkjcbs.tmall.com
经　　销	各地新华书店		
印　　刷	上海万卷印刷股份有限公司		
开　　本	787 毫米×1092 毫米	1/16	
印　　张	16		
字　　数	402 千字		
版　　次	2021 年 1 月第 1 版		
印　　次	2025 年 1 月第 3 次		
书　　号	ISBN 978-7-5429-6681-0/F		
定　　价	38.00 元		

如有印订差错，请与本社联系调换

前　　言

随着中国经济的快速增长和融入世界经济程度的不断加深,社会对国际经济方面的人才需求越来越多,人们对"国际经济学"课程也越来越感兴趣。本书编者赵大平博士长期从事国际经济学教学工作。近年来,除了经济类专业学生对这门课程表示出浓厚兴趣外,非经济类类专业学生也越来越多地选修这门课程,而且表现出比经济类专业学生更大的兴趣。但是非经济类专业学生在选修这门课程时也遇到一些问题:一是他们大都没有经济学的基础知识,而"国际经济学"这门课程的预修课是宏观经济学和微观经济学。这就要求我们在教学时对每一个经济学概念都必须用通俗语言和例子加以解释,以让没有接触过经济学的学生更容易理解和更有兴趣。二是缺少适合他们的"国际经济学"教材。什么样的"国际经济学"教材才适合一个从没有接触过经济学的学生读呢？针对这些问题,编者组织编写了这本《国际经济学》教材。此外,随着网络技术的进步,网络教学和线上线下混合教学方式逐渐流行。为了便于学生线下自学,本书对经典理论进行了比较和评论,并搭配使用了国内外经典案例。同时,本教材每章都配套了习题,并放在线上以便于学生练习和复习。

本书的第一、第二、第三章由蔡伟雄博士负责编写,其余章节由赵大平博士编写,全书由赵大平博士统稿并修改定稿。

赵大平

2020 年 10 月

目　　录

导论 ·· 1
　第一节　经济全球化与"国际经济学" ·· 1
　第二节　国际经济学的研究内容及本书的篇章结构 ·· 4
　第三节　本书的主要内容介绍 ·· 5
　第四节　本书的主要研究方法与特点 ·· 6
　小结 ··· 7

上篇　国际贸易理论与政策

第一章　比较优势理论 ·· 10
　第一节　绝对优势和比较优势 ··· 10
　第二节　单要素模型 ··· 14
　第三节　比较优势理论的实践与不足 ··· 17
　第四节　劳动生产率、工资与多种产品比较优势模型 ·· 20
　本章小结 ··· 22
　练习题 ·· 22

第二章　要素禀赋理论 ·· 25
　第一节　两要素模型 ··· 25
　第二节　国际贸易对收入分配的影响 ··· 33
　第三节　对赫克歇尔-俄林模型的实证分析 ·· 37
　本章小结 ··· 39
　练习题 ·· 40

第三章　保护贸易理论 ·· 42
　第一节　幼稚产业保护理论 ·· 42
　第二节　凯恩斯超保护贸易理论 ·· 47
　第三节　战略性贸易政策 ··· 48
　第四节　贸易政策的政治经济学 ·· 53
　本章小结 ··· 54
　练习题 ·· 54

第四章 国际贸易理论的新发展 56
第一节 产业内贸易理论 56
第二节 外部经济理论 62
第三节 产品生命周期理论 65
第四节 国家竞争优势理论 67
本章小结 69
练习题 69

第五章 国际贸易政策措施 71
第一节 关税壁垒 71
第二节 非关税壁垒 79
本章小结 86
练习题 86

第六章 生产要素的国际流动 88
第一节 劳动力的国际流动 88
第二节 资本要素的国际流动 94
第三节 生产要素流动与商品贸易的关系 100
本章小结 103
练习题 103

第七章 跨国公司与国际资本流动 105
第一节 跨国公司及其特点 105
第二节 跨国公司与对外直接投资 109
第三节 跨国公司对外直接投资理论 113
第四节 发展中国家的对外直接投资 116
本章小结 121
练习题 121

下篇 国际金融理论与政策

第八章 汇率、外汇市场与汇率制度 124
第一节 汇率的概念和分类 124
第二节 汇率制度的概念和特点 127
第三节 外汇市场 129
第四节 人民币汇率制度安排 133
本章小结 138
练习题 139

第九章　利率平价理论 141
- 第一节　影响外汇资产需求的因素 141
- 第二节　外汇市场均衡分析 146
- 第三节　抛补和无抛补利率平价 150
- 第四节　对利率平价理论的评价 153
- 本章小结 154
- 练习题 154

第十章　购买力平价理论 156
- 第一节　购买力平价 156
- 第二节　购买力平价与汇率的货币分析法 160
- 第三节　实际汇率与购买力平价 162
- 第四节　对购买力平价理论的评价 168
- 本章小结 168
- 练习题 169

第十一章　汇率超调理论 172
- 第一节　货币供求、利率与价格水平 172
- 第二节　暂时性货币供给变动与短期均衡汇率 175
- 第三节　永久性货币供给变动与汇率的动态分析 178
- 第四节　对汇率超调理论的评价 182
- 本章小结 184
- 练习题 184

第十二章　国际收支及其调节理论 188
- 第一节　国际收支与国际收支平衡表 188
- 第二节　中国国际收支平衡表分析 196
- 第三节　官方外汇干预 199
- 第四节　国际收支调节理论 201
- 本章小结 206
- 练习题 206

第十三章　国际货币体系 210
- 第一节　传统金本位制 210
- 第二节　布雷顿森林体系 212
- 第三节　牙买加体系 215
- 第四节　国际货币体系的问题与"次贷"危机 217
- 第五节　国际货币体系与人民币国际化 221

本章小结 ………………………………………………………………………… 224
练习题 …………………………………………………………………………… 225

第十四章　开放条件下的宏观经济政策 …………………………………… 226
第一节　开放经济条件下的内外均衡 ………………………………………… 226
第二节　IS-LM-BP 模型 ……………………………………………………… 228
第三节　开放条件下的财政政策与货币政策 ………………………………… 231
第四节　宏观经济政策的国际协调 …………………………………………… 236
本章小结 ………………………………………………………………………… 240
练习题 …………………………………………………………………………… 240

参考文献 …………………………………………………………………… 244

导 论

第一节 经济全球化与"国际经济学"

自地理大发现、第一次工业革命等一系列重大事件之后，国与国之间的经济交往就不断加强，这种国际经济联系首先表现为国际分工与国际贸易。自第二次工业革命之后，资本主义由自由竞争阶段发展到垄断阶段，股份制企业和跨国公司开始出现，资本跨国流动速度加快，国际资本市场迅速发展。与此同时，国际金融领域的国际资本流动出现了。随着国与国之间经济联系的内容越来越多，情况越来越复杂，国与国之间的利益和矛盾也就越来越多，经济危机甚至战争不断发生。1929～1933年世界经济大危机催生了现代西方宏观经济学。第二次世界大战之后出现了联合国（UN）、国际货币基金组织（IMF）、世界银行（World Bank）、关税与贸易总协定（GATT）等协调国际经济关系的国际组织和国际协定。这些国际组织和国际协定，既协调了多边利益与矛盾，也加强了世界各国间的经济交往和经济联系。在共同利益和国际经济组织的推动下，世界经济的全球化趋势越来越明显。经济全球化早期更多地表现为区域经济的一体化和国家经济的集团化，如经互会、欧共体、欧洲自由贸易组织、北美自由贸易组织、非洲经济共同体等一系列区域经济一体化组织先后成立。1990年德国柏林墙倒塌，经互会解散，实行计划经济的社会主义国家先后与市场经济接轨，这极大地推动了经济全球化的进程。根据世界银行和世界贸易组织的统计数据，1950年全球货物出口占全球GDP的比重为5%、1990年为15.8%、2000年上升至20.19%、2008年达26.52%，之后这一比重有所下降，2018年为22.71%，具体数据如表1所示。这主要是因为，国际服务贸易的比重不断上升，在一定程度上替代了货物贸易。根据2019年《世界贸易报告》，国际服务贸易自2005年以来，每年平均增长5.4%，增速超过货物贸易4.6%的增速。2019年的世界贸易报告采用了新的统计方法，得出2017年服务贸易总值达到了13.3万亿美元。世界贸易组织预计在全球贸易当中，服务贸易的占比将会越来越高，2040年将会提高到50%。

表1 全球和中国货物出口占GDP的比重　　　　　　　　单位：万亿美元

区域	项目	时间						
		1990年	2000年	2005年	2008年	2017年	2018年	2019年
全球	GDP	21.81	32.00	45.23	60.59	80.96	85.79	
	货物出口	3.45	6.46	10.49	16.07	17.73	19.48	
	出口/GDP	15.82%	20.19%	23.19%	26.52%	21.90%	22.71%	

(续表)

区域	项目	时间						
		1990年	2000年	2005年	2008年	2017年	2018年	2019年
中国	GDP	0.361	1.211	2.286	4.594	12.143	13.608	14.753
	货物出口	0.057	0.301	0.695	1.350	2.216	2.417	2.399
	出口/GDP	15.79%	24.86%	30.40%	29.39%	18.25%	17.76%	16.26%
	中国/全球	1.65%	4.66%	6.63%	8.40%	12.50%	12.41%	

数据来源：根据世界银行和IMF网站数据整理。

在国际金融领域，国际资本的跨国流动形成了世界各国的外部总资产和总负债。在IMF统计数据中，国际金融市场的国际资本流动分为资本流出和资本流入。资本流出包括对外直接投资（foreign direct investment，FDI）、对外证券投资（foreign portfolio investment，FPI）、对外金融衍生产品投资和其他投资。资本流入包括国外对国内的直接投资、证券投资、金融衍生产品投资和其他投资。

根据IMF国际投资头寸数据，2008~2018年，全球资本流动在国际金融市场形成的外部总资产和外部总负债都远超GDP总量，如表2所示。在2008年，无论是全球外部总资产还是外部总负债都超过了100万亿美元，2018年全球外部总资产和外部总负债分别有155.944万亿美元和156.848万亿美元。

在国际资本跨国流动中，国际生产经营性的对外直接投资（FDI），从流量上看，2018年，全球FDI流出和流入分别达到了1.014万亿美元和1.297万亿美元（见表3）。而全球FDI存量，2018年流出和流入存量分别达到了30.975万亿美元和32.272万亿美元（见表4）。

表2　中国与全球资本市场规模比较　　　　　　　　　　　　　单位：十亿美元

外部总资产								
时间	2008年	2012年	2013年	2014年	2015年	2016年	2017年	2018年
全球	108 102	135 248	141 252	144 152	139 114	142 031	160 173	155 944
中国	2 957	5 213	5 986	6 438	6 156	6 507	6 926	7 324
比重	2.74%	3.85%	4.24%	4.47%	4.43%	4.58%	4.32%	4.70%
外部总负债								
时间	2008年	2012年	2013年	2014年	2015年	2016年	2017年	2018年
全球	109 402	136 648	142 602	146 680	140 873	143 042	160 433	156 848
中国	1 463	3 347	3 990	4 836	4 483	4 557	5 112	5 194
比重	1.34%	2.45%	2.80%	3.30%	3.18%	3.19%	3.19%	3.31%

数据来源：根据IMF官网国际投资头寸（International investment position）统计数据。

表3　中国和全球FDI流量规模比较　　　　　　　　　　　　　单位：十亿美元

	时间	1996年	2000年	2014年	2015年	2016年	2017年	2018年
全球	FDI流入	386.14	1 491.93	1 357.24	2 033.8	1 918.68	1 497.37	1 297.15
	FDI流出	395.00	1 379.49	1 298.77	1 682.58	1 550.13	1 425.44	1 014.17

(续表)

时间		1996年	2000年	2014年	2015年	2016年	2017年	2018年
中国	FDI流入	40.18	40.77	128.50	135.61	133.71	134.06	139.04
	比重	10.41%	2.73%	9.47%	6.67%	6.97%	8.95%	10.72%
	FDI流出	2.114	0.916	123.12	145.67	196.15	158.29	129.83
	比重	0.54%	0.07%	9.48%	8.66%	12.65%	11.10%	12.80%

数据来源:《世界投资报告》(2019)。

表4 中国和全球FDI存量规模比较　　　　单位:十亿美元

项目	FDI流入存量			FDI流出存量		
时间	2000年	2010年	2018年	2000年	2010年	2018年
全球	7 377.27	19 751.91	32 272.04	7 408.78	20 310.86	30 974.93
中国	193.35	587.82	1 627.72	27.77	317.21	1 938.87
比重	2.62%	2.98%	5.04%	0.37%	1.56%	6.26%

数据来源:《世界投资报告》(2019)。

中国自1978年改革开放以来,大量利用外资,国际贸易快速发展。随着中国经济的快速增长,中国与世界各国的经济联系不断加强。2001年年底中国加入WTO;2005年7月人民币汇率由钉住美元改为钉住一篮子货币;实行有管理的浮动汇率制度;中国对外投资有了快速增长。这一系列事件都标志着中国参与世界经济一体化的程度在不断提高。

中国参与世界经济一体化的程度还体现在国际贸易和国际金融领域的快速发展方面。从国际贸易方面看,1980年中国出口依存度(以出口占GDP比重为参考)为6%,1990年上升至15.79%,2005年高达30.4%,2017~2019年出口依存度稳定在16%~18%。而中国出口占全球出口的比重则由1990年的1.65%上升到了2018年的12.41%(见表1)。在国际金融市场,2008~2018年,中国外部总资产一直多于外部总负债,2018年中国外部总资产和外部总负债分别为7.324万亿美元和5.194万亿美元(见表2),占世界总资产和总负债的比重分别为4.7%和3.31%。可见,中国在全球金融市场中的份额总体上低于中国在全球贸易市场中的份额,这主要是因为中国资本项目还没有完全开放。

从中国利用外国直接投资情况看(见表3),1996年,中国利用外国直接投资的规模达到401.8亿美元,占全球比重约10.41%。受1997年东南亚金融危机影响,中国利用外国直接投资自1998年起开始下降,1997年为442.37亿美元;1998年为437.51亿美元;2000年,中国利用外国直接投资规模下降到407.7亿美元,占全球的比重已降到2.73%;后开始上涨,2014年达到1 285亿美元规模,占全球比重上升到9.47%;2018年达到1 390亿美元,占全球比重约10.72%,2018年中国总的利用外国直接投资存量达到16 277.2亿美元,占全球比重为5.04%(见表4)。

从中国对外直接投资情况看(见表3),2000年之前,中国主要是利用外资,中国对外直接投资规模很小;2000年仅9.16亿美元,占全球比重约0.07%;2005年达到122.61亿美元;2010年达到688.11亿美元;2013年达到1 078.44亿美元;2016年对外直接投资达到最大值1 961.5亿美元,超过利用外国直接投资规模,占全球比重达到12.65%;2018年达到1 298.3亿美元,占全球比重为12.80%。2018年中国总的对外直接投资存量达到19 388.7亿美元,占全球比重为6.26%,这超过了中国利用外国直接投资的总量(见表4)。虽然中国资本项目还没有

完全开放,但改革开放后,中国长期鼓励利用外国直接投资,对从事生产经营活动的外国直接投资基本持开放态度。因此,在对外直接投资方面,中国在全球金融市场中的份额总体并不低于中国在全球贸易市场中的份额。

随着国际贸易和国际金融的不断发展,世界经济全球化程度得以加深。这推动了各国关于国际经济关系理论与政策研究的发展,现在有关这方面的理论研究可以说是浩如烟海。现代国际经济学就是在这些研究的基础上形成并发展起来的。在西方市场经济国家,"国际经济学"早就与"宏观经济学""微观经济学"一样,成为了各高校经济类专业的基础课程。自20世纪90年代中期起,随着中国经济国际化程度的加深和对国际化人才需求的增加,我国部分高等院校开始开设"国际经济学"这门课程。2000年之后,特别是2001年中国加入WTO之后,越来越多的高校也陆续引入这门课程。随着中国经济参与经济全球化程度的提高,这门课程也越来越受到重视,目前教育部已经将"国际经济学"列为现代经济理论五大基础学科之一。

第二节　国际经济学的研究内容及本书的篇章结构

为什么会产生国际贸易,国际贸易有什么好处?为什么会有人反对国际贸易,以及为什么要进行国际贸易保护?汇率是怎样被决定的,汇率对进出口究竟有什么影响?这一系列国际经济方面的问题,都是"国际经济学"这门学科要解决的。

关于国际经济学的主要研究内容,许多学者都有些大同小异的看法。Paul Krugman (1998)认为国际经济学就是扩大了地理范围的经济学,其所著的 *International Economics: Theory & Policy* 主要研究内容就是关于国际贸易和国际金融的理论和政策,探讨经济资源在国际范围的分工配置。Charles Kindleberger(1982)认为,国际经济学主要是考察各国之间的经济活动与关系,其与Lindert Peter合著的 *International Economics* 主要研究内容为:国际贸易理论与政策、宏观经济与金融问题、要素国际流动问题。Dominick Salvatore、W. Charles Sawyer以及国内学者们编著的《国际经济学》教材,其内容也主要为国际贸易、国际要素流动、国际金融等方面的理论与政策。

编者根据自己十多年"国际经济学"课程教学的经验,在总结国内外各种"国际经济学"教材的基本内容和国际经济学者们相关研究的基础上,从课程教学的实际需要出发,对编者2011年编写的教材进行根本性修改。新编教材将要素流动理论并入国际贸易理论,并对相关内容适当压缩,以减少与"国际贸易学"教学内容的重复。新编教材用了更多的篇幅介绍国际金融理论,其中汇率决定理论就用了三章进行重点介绍。

本书的主要内容及篇章结构如图1所示,分为二篇共十四章。其中上篇为"国际贸易理论与政策",分七章论述;下篇为"国际金融理论与政策",分七章论述。

上篇"国际贸易理论与政策"主要介绍商品和生产要素的跨国流动规律。商品的跨国流动称为货物贸易,国际贸易理论与政策措施中的主要研究对象是货物贸易;生产要素的跨国流动称为服务贸易,生产要素的跨国流动包括劳动力的跨国流动和生产性资本的跨国流动(FDI)。

下篇"国际金融理论与政策"主要介绍独立于有形商品之外的资本流动规律。第八章介绍汇率、外汇市场和汇率制度相关概念之后,紧接着用三章篇幅介绍汇率决定理论,然后介绍国际收支及其调节理论、国际货币体系。最后一章在宏观经济理论和国际金融理论基础之上介绍"开放条件下的宏观经济政策"。

```
第一章    比较优势理论           ┐
第二章    要素禀赋理论           │
第三章    保护贸易理论           │
第四章    国际贸易理论的新发展   ├ 国际贸易理论与政策
第五章    国际贸易政策措施       │
第六章    生产要素的国际流动     │
第七章    跨国公司与国际资本流动 ┘

第八章    汇率、外汇市场与汇率制度 ┐
第九章    利率平价理论             │
第十章    购买力平价理论           │
第十一章  汇率超调理论             ├ 国际金融理论与政策
第十二章  国际收支及其调节理论     │
第十三章  国际货币体系             │
第十四章  开放条件下的宏观经济政策 ┘
```

图 1   篇章结构

第三节   本书的主要内容介绍

本书各篇章的具体研究内容有以下几点。

上篇为"国际贸易理论与政策"。国际贸易理论可分为自由贸易理论和保护贸易理论。其中，自由贸易理论是主流，主要包括"比较优势理论"和"要素禀赋理论"。第一章为"比较优势理论"，该章先介绍古典的"比较优势"基本原理，然后利用新古典的分析工具对"比较优势理论"进行模型化分析，以便更精确地说明"比较优势理论"的条件假设、自由贸易的好处等问题。第二章为"要素禀赋理论"，该章先用两要素模型介绍新古典"要素禀赋论"（Heckscher-Ohlin Theory，即H-O理论），然后用两要素模型分析国际贸易对收入分配的影响，从理论上回答了为什么会有人反对自由贸易等问题。第三章为"保护贸易理论"，该章介绍了李斯特的幼稚产业保护理论、凯恩斯的超保护贸易理论、战略性贸易政策，从理论上回答了为什么存在国际贸易保护。保护贸易理论是对自由贸易理论的补充，具有很强的政策操作性。第四章为"国际贸易理论的新发展"，该章介绍了产业内贸易理论、外部经济理论、产品生命周期理论、国家竞争优势理论。这些理论解释了随着技术进步和国际分工深化，国际贸易发展过程中出现的新现象。国际贸易理论的新发展体现了自由贸易理论和保护贸易理论的相互融合。第五章为"国际贸易政策措施"，该章主要介绍了关税和非关税政策及其经济效应，进一步回答了为什么要进行国际贸易保护。第六章为"生产要素的国际流动"，该章从理论上阐述了劳动力、资本跨国流动原因及其经济效应，以及要素流动与商品流动的相互替代与互补关系。第七章为"跨国公司与国际资本流动"，因为跨国公司是生产性资本跨国流动的主体，所以本章从跨国公司的角度考察了生产性资本跨国流动的规律和特点，并重点介绍了跨国公司对外直接投资理论。

下篇为"国际金融理论与政策"。国际金融理论主要分析非生产性资本跨国流动的规律，汇率是国际资本市场的主要价格调节工具，因而国际金融理论以汇率理论为中心。第八章为"汇率、外汇市场与汇率制度"，该章介绍外汇、汇率与汇率制度等一些基本概念，并介绍了汇率制度选择理论和人民币汇率制度安排。第九章为"利率平价理论"，该章从外汇市场供求均衡的角度介绍外汇市场汇率的决定原理。第十章为"购买力平价理论"，该章从货币能购买商品的价值角度分析汇率的决定原理,并对市场汇率和购买力平价汇率的关系进行了分析。第十一章为"汇率超调理论",该章分析了货币供给、利率、价格水平、汇率之间的短期和长期相互作用的动态关系。第十二章为"国际收支及其调节理论",该章介绍了国际收支账户及其平衡,官方外汇干预的做法,国际收支调节理论中的弹性分析法和吸收分析法。第十三章为"国际货币体系",该章介绍了金本位制、布雷顿森林体系、牙买加体系、人民币国际化。第十四章为"开放条件下的宏观经济政策",介绍了在开放条件、不同汇率制度下,政府如何利用货币政策和财政政策,如货币、汇率、利率、价格等政策工具,对一国的内部经济和外部经济进行调节,并协调各国之间经济关系。

第四节 本书的主要研究方法与特点

一、本书的主要研究方法

国际经济学是以微观、宏观经济学为基础的开放条件下的经济学,其分析方法是微观、宏观经济学分析方法的综合。

为了使本书易读易懂,本书只借用少量的公式推导分析,更多的是图表和文字分析,必要时会列举一些案例,以辅助说明。

首先,局部均衡分析是用得最多的分析方法,因为这种分析法简单易懂。国际贸易中的单要素模型、H-O模型、非关税壁垒的经济效应、要素国际流动的经济效应、汇率的弹性分析法、利率平价理论等,都采用局部均衡分析法。

其次,比较分析法也是用得很多的分析方法。例如,绝对优势和比较优势理论分析;贸易政策经济效应的比较分析;要素流动对商品流动的替代效应和互补关系分析;不同汇率制下、不同资本流动限制下,货币政策和财政政策的效果比较分析。

再次,抽象法、归纳法也是用得比较多的方法,这些分析法一般与其他分析法结合运用。例如,对比较优势理论的分析,先抽象出一个简单的单要素模型(李嘉图模型),然后借助表格进行比较分析(有贸易和自给自足两种情况比较),再借助图形进行了局部均衡分析,最后将分析结论进行归纳总结。

最后,一般均衡分析法(如关税效应的一般均衡分析)、比较静态分析法(如产品生命周期理论)、动态均衡分析法(如汇率超调模型),在个别情况下也会用到。

二、本书的特点

(1) 本书特别重视各章节之间的内在逻辑联系。在章节的命名、分类、前后顺序、编排等方面,尽量使读者一看就明白章节之间的逻辑关系。各章节之间都有承上启下的导入语,以便让读者理清思路,能轻松地从整体上把握本书的脉络。

(2) 每章中间穿插一些"专栏",加入一些案例、时事评论和补充知识,让读者选读,以加深对本书内容的理解或调节读者的思维方式。

(3) 增加对时事和中国相关问题分析的内容,如对发展中国家对外直接投资的分析、对中国"一带一路"投资情况的分析、对中美贸易摩擦问题的分析、中国的汇率制度改革、对中国的国际收支问题的分析、对人民币国际化问题的分析等。

(4) 为了使本书易读易懂,本书尽量少用数学公式推导,数学符号尽量用经济学中通用的符号。同时,利用了大量的图表以辅助分析相关问题,目的是既帮助本书达到一定分析深度,又降低本书的阅读难度。

(5) 本书有助于强化读者对国际经济学基本概念的学习,一是尽可能多地介绍国际经济学的有关概念,将每个概念都标上对应的英文术语;二是尽可能用简练的语言表述概念。

(6) 本书在每章的练习题中增加了计算题和案例分析题,希望通过练习题提高学生对本书知识点的掌握程度,并提高学生运用基本理论分析现实问题的能力。

小结

世界经济全球化程度的加深,推动了各国对国际经济理论与政策的研究。现代国际经济学就是在这些研究的基础上形成发展起来的。随着中国经济国际化程度的提高和对国际化人才需求的增加,"国际经济学"这门课程也越来越受到重视。

本书的主要研究内容是"商品和生产要素的跨国流动规律,以及独立于有形商品之外的资本流动规律"。商品的跨国流动称为货物贸易,生产要素的跨国流动称为服务贸易。国际金融主要研究汇率决定理论以及政府如何利用货币、汇率、利率、价格等政策工具进行国际经济的内外均衡调节。

国际经济学是开放条件下的,以微观、宏观经济学为基础的经济学。因此,本书的主要研究方法是微观、宏观经济学分析方法的综合。其中,局部均衡分析和比较分析用得最多,同时结合抽象法和归纳法以进行分析。为使本书易读易懂,本书采用了大量的图表以辅助分析,以便在达到一定分析深度的同时降低本书的阅读难度。

上篇

国际贸易理论与政策

本篇共分为七章,主要介绍商品和生产要素的跨国流动规律。商品的跨国流动称为货物贸易,国际贸易理论与政策措施主要研究对象是货物贸易。生产要素的跨国流动称为服务贸易,生产要素的跨国流动包括劳动力的跨国流动和生产性资本的跨国流动。

第一章　比较优势理论

【本章要点概览】

- 绝对优势论
- 比较优势论

比较优势理论属于古典自由贸易理论。古典自由贸易理论的代表人物是亚当·斯密和大卫·李嘉图,他们从劳动生产率差异的角度提出国际分工学说,认为国际分工应根据各国劳动生产率差异造成的绝对优势或比较优势进行分析。

第一节　绝对优势和比较优势

一、绝对优势论

绝对优势是比较优势的特例,比较优势理论(比较优势论)是对绝对优势理论(绝对优势论)的完善。学习比较优势理论之前我们先介绍绝对优势的概念。

(一)绝对优势

在古典自由贸易理论提出之前,流行于西方世界的贸易观念是重商主义①思想。重商主义的贸易思想可概括为:①金银货币是财富的唯一形态,对外贸易可以使一国从国外获取金银货币从而致富;②一国之所得恰为另一国之所失,国际贸易是一个零和博弈。

作为早期的国际贸易理论,重商主义没有形成系统的理论体系,在财富的认识上存在偏差,也未能解释国际贸易发生的基础。然而,重商主义代表了资本原始积累阶段新兴商业资本阶级的利益,它适应了当时西方世界的经济发展要求,是当时国际贸易政策制定的主要依据。在重商主义思想影响下,各国均执行"奖出限入"的贸易保护政策。

18世纪末,工业革命首先在英国展开,并逐渐向其他西方资本主义国家扩散。工业革命极大提高了社会生产力,给当时的新兴资产阶级带来了高额利润。然而,由于英国国内市场的狭小,这种高额利润的维持需要以海外廉价的原材料市场和广阔的制成品销售市场作为保证。此时,依据重商主义制定的贸易保护政策已经不合时宜。

1776年,英国资产阶级古典经济学的代表人物亚当·斯密(1723～1790)出版《国民财富的性质和原因的研究》(即《国富论》)。在这本划时代的巨著中,作者批判了重商主义保守的贸易

---

① 重商主义的代表人物为托马斯·孟,他的《英国得自对外贸易的财富》直接影响了当时英国的立法。

思想,提出了以绝对优势理论为核心的自由贸易理论。斯密的自由贸易思想体现为以下几点:①一个国家社会财富的增加并非金银货币的增加,而是可供消费的商品数量的增加;②财富增加依赖于社会分工。国际贸易可通过市场的拓展来进行,这有利于社会分工范围的扩大,从而可以更大限度地提高全社会的专业化程度和劳动生产率;③如果每个国家都生产并出口自己最具竞争力的商品,则参加贸易的国家都可以从国际贸易中获得利益。各国生产相同商品的竞争力的差别源于技术水平的绝对差别,或者劳动生产率的绝对差别。而各国劳动生产率的高低差别又取决于不同的自然条件和社会因素。

具体而言,绝对优势(absolute advantage)是指在某一商品的生产上,一国所耗费的劳动成本绝对低于另一国,在生产效率上占有绝对优势。从而,绝对优势论(Theory of Absolute Advantage)认为:如果每个国家都生产并且出口自己具有绝对优势的产品,而进口自己具有绝对劣势的产品,那么交易的双方均可获益。绝对优势论是以产品生产中所耗费的劳动量来计算生产成本进而衡量生产效率的,因此绝对优势论又称为"绝对成本"理论。

(二)数字例子

我们举例解释绝对优势原理。

假定全世界仅有两个国家——A国和B国,生产两种产品——X和Y,仅使用劳动力作为生产过程中投入的唯一要素。在专业化分工之前,两国的劳动消耗和劳动生产率如表1-1、表1-2所示。

表1-1 分工前两国的单位产出的劳动消耗

比较项目	A国	B国
生产单位X的劳动消耗	3	12
生产单位Y的劳动消耗	6	4

表1-2 分工前两国的劳动生产率

比较项目	A国	B国
X的劳动生产率	1/3	1/12
Y的劳动生产率	1/6	1/4

从表1-1中可知,就X产品的生产而言,生产1单位的X,A国只需要投入3个单位的劳动力,而B国则需要投入12个单位的劳动力。而就Y产品的生产而言,生产1单位Y,A国需要投入6个单位的劳动力,而B国仅需要4个单位的劳动投入。因而,从生产成本的角度看,生产1单位X产品,A国的生产成本低于B国(3<12);而生产1单位Y产品,B国的生产成本低于A国(4<6)。换言之,A国生产X的效率高于B国(1/3>1/12),而生产Y的效率低于B国(1/6<1/4),见表1-2。由此可见,A国在生产X产品上具有绝对优势,而B国在生产Y产品上具有绝对优势。

根据绝对优势论,两国的分工模式为:A国专业化生产并出口产品X,B国专业化生产并出口产品Y。由此形成专业化分工,其后全世界两种产品的产量都会增加,国际分工后的产量如表1-3所示。

表1-3 国际分工后的产量

产量	A国	B国	世界产量
X的产量	3	0	3
Y的产量	0	4	4

分工前,全世界总共投入25个单位的劳动力,生产2个单位的X和2个单位的Y;分工后,在总投入不变的情况下(A国用9个单位的劳动力生产X,而B国用16个单位的劳动力生产Y),可生产出3个单位的X和4个单位的Y。这就是国际分工带来的收益。

在国际分工的基础上,两国进行贸易。假定国际市场上X产品与Y产品的交换比例为1∶1,A国以1个单位的X与B国1个单位的Y相交换,双方都可获益。A国多获取1个单位的X,贸易前生产并消费1单位X和1单位Y,贸易后可消费2单位X和1单位Y;而B国多获得2个单位Y,贸易前生产并消费1单位X和1单位Y,贸易后可消费1单位X和3单位Y。通过国际贸易,专业化分工的利益在两国之间进行了分配,两国均获得了好处。

(三)绝对优势论的不足

亚当·斯密的绝对优势论将劳动价值论和劳动分工理论结合起来,第一次从生产领域出发阐述了国际贸易发生的基础,明确肯定国际贸易可以使参与双方均获取收益。从而,它有力地批判了重商主义的保护贸易观点,为自由贸易的实践扫除了障碍,极大地推动了国际贸易理论和贸易实践的发展。

然而斯密的理论也存在一些不足。主要包括:①假定机会成本不变。在很多情况下,生产要素的部门转移会引起机会成本的变化,进而引起分工结构和分工程度的变化,这就说明绝对优势论需要进一步的完善;②斯密从生产成本的绝对优势推导出了自由贸易的必要性。然而,假定一个国家在任何一种商品的生产上都不具有绝对优势,这个国家还要进行自由贸易吗?如果进行,贸易各方还能否获得自由贸易的收益?针对这些绝对优势论无法回答的问题,大卫·李嘉图提出了著名的比较优势论,在更为广泛的基础上论证了国际贸易现象的客观必然性。

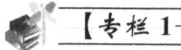【专栏1-1】

亚当·斯密小传

亚当·斯密(Adam Smith,1723~1790),英国古典政治经济学的主要代表人物之一。生于苏格兰哥尔克第的一个海关职员家庭,先后就读于格拉斯哥大学和牛津大学。1748年受聘于爱丁堡大学,讲授修辞学、文学。1751年受聘于格拉斯哥大学,先讲授逻辑学,后任道德哲学教授。1764年斯密以私人教师身份跟随布克列公爵赴欧洲大陆旅行,结识了重农学派主要代表人物魁奈和杜尔哥等,且深受他们的影响。1776年发表代表作《国民财富的性质和原因的研究》(《国富论》),第一次就如何进行贸易才能有效地积累财富和发展经济提出了系统完整的命题。其理论代表了英国新兴的产业资产阶级的利益和要求,主张国内和国家间实现贸易的自由。1778年被任命为苏格兰海关税务司长。他一生中的最后三年被任命为格拉斯哥大学校长。

二、比较优势论

(一)比较优势论的基本思想

1817年,英国资产阶级经济学家大卫·李嘉图出版《政治经济学及赋税原理》一书。在该书中,李嘉图发展了由英国经济学家托伦斯提出的比较优势学说,有效解决了斯密的绝对优势论中存在的内在矛盾,将国际贸易的基础由绝对优势发展为比较优势。该理论成为国际贸易理论发展的基石。

李嘉图采用了和斯密类似的前提假定,推导出了即使一国在任何一种产品的生产上都不具有绝对优势,但它只要选择两种产品中劣势较小的产品(具有"比较优势"的产品)进行专业化生产并出口,同样可以获得贸易利益,即所谓的"两利相权取其重,两弊相权取其轻"。这就是李嘉图的比较优势理论。

(二)数字例子

我们选用与前面的绝对优势论类似的图表来阐述比较优势理论的基本思想。

我们仍然假定全世界仅有两个国家——A国和B国,生产两种产品——X和Y,仅以劳动力作为生产过程中投入的唯一要素。在进行专业化分工之前,两国的劳动消耗或生产效率如表1-4、表1-5所示。

表1-4 分工前两国的单位产出的劳动消耗

比较项目	A国	B国
生产单位X的劳动消耗	3	12
生产单位Y的劳动消耗	6	8

表1-5 分工前两国的劳动生产率

比较项目	A国	B国
X的劳动生产率	1/3	1/12
Y的劳动生产率	1/6	1/8

由表1-4、表1-5可以看出,B国在两种产品X和Y的生产上都不具有绝对优势。根据斯密的绝对优势论,B国无法参与国际贸易,从而无法获取国际分工带来的收益。然而,根据李嘉图的比较优势论,B国尽管在两种产品的生产上均处于劣势,然而绝对劣势的程度不同。换言之,A国在两种产品的生产上的绝对优势的程度也不同。具体而言,在X产品的生产上,A国的效率是B国的4倍,或者说,A国的生产成本是B国的1/4;而在Y产品的生产上,A国的效率仅是B国的4/3倍,或者说,A国的生产成本是B国的3/4。由此可见,A国尽管在X和Y产品的生产上均具有绝对优势,但是在Y产品的生产上却不具有比较优势。同样道理,B国尽管在X和Y产品的生产上均不具有绝对优势,但是在Y产品的生产上的绝对劣势程度要轻一些,即在Y产品的生产上具有比较优势。

此时,两国可以根据比较优势论进行专业化分工和生产。A国专业化生产X,B国专业化生产Y,然后两国在国际市场上进行交换。这样,两国均可享受专业化分工带来的利益,节约社会劳动,增加产品的生产和消费。国际分工后的产量如表1-6所示。

表1-6 国际分工后的产量

产量	A国	B国	全世界产量
X的产量	3	0	3
Y的产量	0	2.5	2.5

分工前,全世界总共投入29个单位的劳动力生产2个单位的X和2个单位的Y。但分工后,在总投入不变的情况下(A国用9个单位的劳动力生产X,而B国用20个单位的劳动力生产Y),可生产出3个单位的X和2.5个单位的Y。这就是国际分工带来的收益。

在国际分工的基础上,两国进行贸易,这里仍然假定国际市场上 X 产品与 Y 产品的交换比例为 1∶1,A 国以 1 个单位的 X 与 B 国 1 个单位的 Y 相交换,双方都可获益。A 国多获得 1 个单位的 X,贸易前生产并消费 1 单位 X 和 1 单位 Y,贸易后可消费 2 单位 X 和 1 单位 Y;而 B 国多获得 0.5 个单位 Y,贸易前生产并消费 1 单位 X 和 1 单位 Y,贸易后可消费 1 单位 X 和 1.5 单位 Y。通过国际贸易,专业化分工带来的利益在两国之间进行了分配,两国均获得了好处。

通过上述例子不难看出,尽管 B 国在产品 X 和 Y 的生产上都处于劣势,但它仍然可以通过专业化分工生产自己具有相对优势的产品 Y,并参与国际贸易中因专业化带来的利益。由此可见,处于绝对优势的国家应集中力量生产优势更为明显的产品,而处于绝对劣势的国家应集中生产劣势较小的产品,这样通过国际交换两国均可得到好处。

另外,我们也可以清楚地看到:无论一国是否拥有绝对低成本的优势商品,只要存在相互间的比较优势,国际自由贸易就可以使贸易双方都获得贸易利益。这就是说,实际上,从理论分析的角度考察,比较优势理论分析研究的经济现象涵盖了绝对优势理论分析研究的经济现象。这说明,斯密提出的绝对优势论不过是李嘉图讨论的比较优势理论的一个特例。

【专栏 1-2】

大卫·李嘉图小传

大卫·李嘉图(David Ricardo,1772~1823),英国资产阶级古典政治经济学的杰出代表和完成者,生于英国犹太族大资产阶级家庭。14 岁他就结束了正规教育并到他父亲的交易所从事证券交易活动。20 岁时他和异教徒女子普利丝娜恋爱,遭到父亲坚决反对,为此他与家庭脱离关系。1793 年,他和普利丝娜结婚,独立经营交易所业务,到 1797 年即成为大富翁。此后,他把主要精力转向研究自然科学,如数学、物理、化学、矿物学和地理学等。1799 年他读了亚当·斯密的《国富论》,引起了他对经济学的兴趣。他在 1817 年出版了《政治经济学及赋税原理》,该书被誉为继斯密《国富论》之后的经济学巨著。1819 年他被选为下院议员。他代表新兴产业资产阶级的利益和要求,提倡自由贸易,反对谷物法,主张修改选举法。

第二节 单要素模型

前面用数字的例子对绝对优势和比较优势理论进行了说明,本节我们用单要素模型对比较优势理论进行一般性分析。

一、基本研究工具

(一)生产可能性边界

生产可能性边界(production-possibility frontier,PPF),也称生产可能性曲线,用来表示经济社会在既定资源和技术条件下所能生产的各种商品(一般为两种商品)最大数量的组合,反映了资源稀缺性与选择性的经济学特征。若一国在边界内进行生产,说明还有资源未得到充分利用,存在资源闲置;而边界之外的任何一点则是现有资源和技术条件所达不到的;只有生产可能性边界之上的点,才是资源配置最有效率的点。

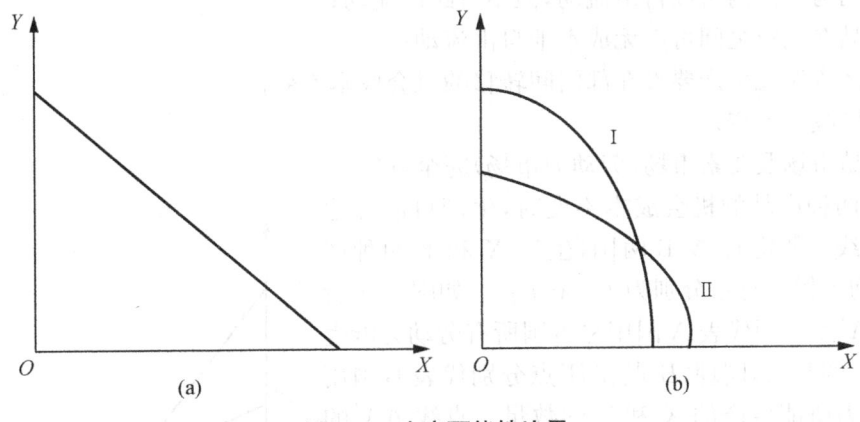

图 1-1 生产可能性边界

图 1-1 表示一国生产 X 和 Y 两种商品的生产可能性边界,具有以下特征:曲线的斜率为负。这表示一国要多生产 X,就必须减少对 Y 的生产。每增加一单位 X 的生产所必须放弃的 Y 的产量称为 X 对于 Y 的边际转换率,反映了生产 X 的机会成本(opportunity cost)。这在数学上表示为曲线上某一点的切线的斜率(绝对值)。若生产的机会成本恒定不变,则曲线上每一点的斜率处处相同,曲线为一条直线,如(a)所示;而(b)中的两条生产可能性边界则反映了生产的机会成本递增的情形,曲线上点的切线斜率(绝对值)逐渐增大。这表示随着产量的增加,一国为增加 X 的生产所必须放弃的 Y 的产量越来越多。

(二) 社会无差异曲线

在微观经济学中,无差异曲线(indifference curve)是指给消费者带来相同满足程度的两种物品不同数量组合的点的轨迹。假定个人消费偏好相同,则社会无差异曲线(social indifference curve)不过是对个人无差异曲线的简单加总,反映了一个国家的偏好和需求状况。

图 1-2 表示一国的社会无差异曲线。X、Y 分别表示两种消费品。社会差异曲线具有以下特征:①斜率为负。其反映了在保持效用不变的情况下,X 和 Y 之间的替代关系。与此相关的一个概念为边际替代率,它反映增加一单位 X 的消费而愿意放弃的 Y 的消费量。在数学上反映为经过曲线上某一点的切线的斜率的绝对值,其值等于两种商品的价格之比(P_X/P_Y)。②凸向原点。其反映了商品的边际替代率递减规律。③互不相交。这是因为不同的无差异曲线反映了不同的效用水平。在同一条曲线上,效用水平相同;而曲线的向外推进(即从曲线 U_1 到曲线 U_3)则反映了效用水平的提高。值得注意的是,如果两国的需求偏好不同,则社会无差异曲线的形状和位置也不同。

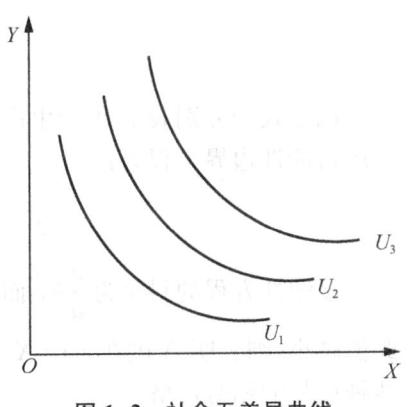

图 1-2 社会无差异曲线

二、假定条件

(1) 世界上仅有两个国家,生产两种产品,生产过程中只使用一种生产要素——劳动力要素,即 2×2×1 假设;

（2）劳动力在国内可以自由流动，但不可跨国流动；
（3）商品在国家之间可以无成本地自由流动；
（4）经济资源或生产要素在部门间转移的机会成本不变；
（5）规模收益不变；
（6）商品市场及要素市场（劳动力市场）完全竞争。

当生产两种产品的机会成本不变时，生产可能性边界为一条直线。假定有 A、B 两国，生产 X 和 Y 两种产品，两国劳动力供给总量分别为 L_A 和 L_B。如图 1-3 所示，A 点和 A' 点分别代表 A 国用尽本国所有劳动力能生产的 X 和 Y 的数量，同理，B 点和 B' 点分别代表 B 国用尽本国劳动力所能生产的 X 和 Y 的数量。直线 AA' 的斜率代表 A 国增加 X 的生产时所必须减少的 Y 的数量，即生产 X 的机会成本。由于斜率不变，则生产 X 的机会成本固定。同理，BB' 的斜率代表 B 国不变的机会成本。另外，AA' 线斜率小于 BB' 斜率，说明 A 国生产 X 的机会成本要小于 B 国。A、B 两国的生产可能性曲线如图 1-3 所示。

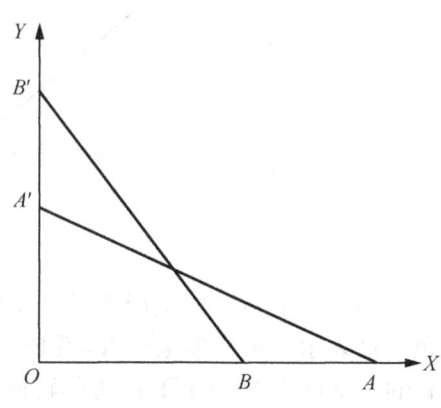

图 1-3　A、B 两国的生产可能性曲线

三、模型分析

我们用数学及图示来对比较优势论进行解释。在图 1-3 中，假定 A 国生产单位产品 X 和 Y 的劳动消耗分别为 a_X 和 a_Y，国内劳动力总供应量为 L_A；而 B 国生产 X、Y 产品的单位消耗分别为 b_X 和 b_Y，国内劳动力总供应量为 L_B。

则就 A 国而言，我们有以下三个表达式：

$$L_X = a_X X$$
$$L_Y = a_Y Y$$
$$L_A = L_X + L_Y$$

以上式子分别表示 A 国生产 X、Y 的劳动消耗，以及总消耗。由此，我们可以确定 A 国的生产可能性边界方程为：

$$L_A = a_X X + a_Y Y$$

该线性方程的斜率为 $\dfrac{a_X}{a_Y}$，而这实际上代表了 A 国生产 X、Y 两种产品的相对成本之比。此值越小，则表明 A 国在生产 X 上越具有比较优势。同时，该比率也代表了封闭条件下 A 国两种产品的相对价格。

同理可得，B 国生产两种产品的相对成本 $\dfrac{b_X}{b_Y}$。

假定存在 $\dfrac{a_X}{a_Y} < \dfrac{b_X}{b_Y}$，则表明 A 国生产 X 产品的相对成本较低，或 B 国生产 Y 产品的相对成本较低。即 A 国在 X 产品生产方面具有比较优势，B 国在 Y 产品生产方面具有比较优势。贸易开放后，A 国应该专业化生产并出口 X 产品，而 B 国则应该专业化生产并出口 Y 产品。

再假定开放后的国际市场价格刚好位于封闭条件下两国国内形成的价格之间,即存在 $\frac{a_X}{a_Y} < p < \frac{b_X}{b_Y}$,则开放后两国均可获利。以 A 国为例,在不能自由贸易时,A 国必须以 a_Y 单位的劳动生产 1 单位的 Y 产品;但能自由贸易后,该国可将这 a_Y 单位的劳动生产 $\frac{a_Y}{a_X}$ 单位的 X 产品,再以比国内市场更高的比价 p 换得 B 国 $\frac{a_Y}{a_X} \times p$ 单位的 Y 产品(国内市场 X 产品的比价为 $\frac{a_X}{a_Y}$,可换得 Y 的数量为 1),由于 $p > \frac{a_X}{a_Y}$,则 $\frac{a_Y}{a_X} \times p > 1$,即通过贸易"迂回生产"可以换得更多的产品,贸易的进行会提高 A 国的福利水平。同理,贸易的进行也会提高 B 国的福利水平。

以上说明我们可总结为图 1-4。如图 1-4 所示,AA'、BB' 分别表示 A、B 两国的生产可能性边界。由于两国消费偏好相同,因而可假定共用同一个社会无差异曲线。显然,封闭条件下,A 国具有 X 产品生产上的比较优势,因而相对价格 $(P_X/P_Y)_A$ 较低(AA' 线斜率);而 B 国具有 Y 产品生产上的比较优势,因而相对价格 $(P_X/P_Y)_B$ 较高(BB' 线斜率)。自由贸易后,A 国专业化生产并出口 X,B 国专业化生产并出口 Y。假定贸易条件位于两个封闭经济的相对价格之间(贸易条件表现为图中虚线的斜率),则开展贸易后,两国的消费可能性区间都扩大,自给自足时消费可能性曲线就是生产可能性边界,新的消费可能性曲线如虚线所示,且两国的福利水平均得到提高,表现为无差异曲线处于更高的位置。而福利水平多少,取决于自由贸易后形成的相对价格与封闭条件下的相对价格之间的差距。差距越大,获利越大;差距越小,获利越小。自由贸易使两国消费水平提高如图 1-4 所示。

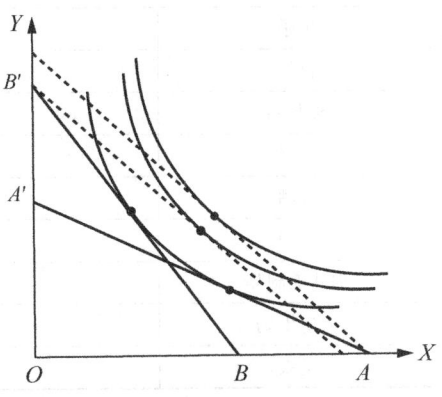

图 1-4　自由贸易使两国消费水平提高

第三节　比较优势理论的实践与不足

一、比较优势理论的实践

李嘉图用比较优势论成功证明了,即使一国在每种产品的生产上都没有优势,但只要存在生产成本的相对差别,就可以参与国际贸易,并获得贸易收益。李嘉图的理论不仅在当时直接影响了英国的立法(《谷物法》《航海法》相继废除),而且对后世产生了极大的影响,成为最具影响力的国际贸易理论之一。

实践检验的结果也为比较优势理论提供了有力的证据,如迈克·道格尔(G. D. A. MacDugall)以 1937 年为例,通过考察美国与英国各行业的出口绩效与劳动生产率之间的关系得出:对于美国劳动生产率(根据工资差异加以调整后的)相对高于英国劳动生产率的产业而言,美国在这些行业的出口也相对高于英国这些行业的出口。迈克·道格尔对比较优势理论的检验结果如表 1-7 所示。

表1-7　迈克·道格尔对比较优势理论的检验结果

行业或产品	劳动生产率比值（美国/英国）	出口比值（美国/英国）
收音机	3.5	8
生铁	3.6	5
汽车	3.1	4.3
玻璃容器	2.4	4
罐头	5.2	3.5
机械	2.7	1.5
纸	2.2	1.0
卷烟	1.7	0.5
油毡	1.9	0.33
纺织品	1.8	0.33
皮鞋	1.4	0.33
可乐	1.9	0.2
化纤	1.5	0.2
棉制品	1.5	0.11
人造丝	1.4	0.09
啤酒	2.0	0.06
水泥	1.1	0.09
男式毛制品	1.3	0.04
人造牛奶	1.2	0.03
毛衣	1.4	0.004

另外，斯特恩(R. M. Stern)比较了1950年和1959年，美国、英国劳动生产率与出口绩效之间的关系。根据他的分析，1950年在所观察的39个部门中有33个部门支持了假设检验，尽管到1959年这一关系有所削弱。

二、对比较优势理论评价

李嘉图的比较优势理论体现了工业革命时期英国工业资产阶级提高利润的要求，体现了市场经济的发展方向和价值规律在国际经济领域的作用。与斯密的绝对优势理论相比，比较优势理论是一个显著的进步。它拓宽了自由贸易实践的基础，并极大地推动了国际贸易理论的发展，进而成为当代国际贸易理论的核心。后辈的经济学家可能从不同角度阐述比较优势的成因[1]，但始终没有放弃比较优势这一基本原则。

然而，由于李嘉图采用了与斯密类似的前提假设，因此并未全部解决绝对优势理论存在的局限和问题。

(1) 李嘉图模型虽然解释了"劳动生产率的差异是如何引起国际贸易"的问题，但是未能进

---

[1] 从李嘉图时期到20世纪中期，比较优势理论(包括H-O理论)实质上都是把国家间先天赋予的生产条件差别作为贸易的基础，因此被称为外生比较优势理论。20世纪80年代，克鲁格曼和赫尔普曼引入规模经济来分析比较优势，从而将比较优势内生化、动态化。

一步解释各国的劳动生产率存在差异的原因。

(2) 由于模型中仅以劳动力作为唯一的投入要素,并且假定生产要素部门转移的机会成本不变。因此,根据比较优势的推导,贸易国将进行完全的专业化生产。然而,现实中往往是贸易国自身也生产部分进口产品,完全专业化生产的情况几乎是不存在的。

(3) 李嘉图模型直接给定贸易条件,即国际贸易中两种产品的实际交换比例,以此来探讨自由贸易利益的国际分配。然而贸易条件是如何形成的,该模型未能给出令人满意的解释。

比较优势理论是基于完美的市场经济假设,但市场失灵决定了比较优势理论的局限性,也决定了国际贸易理论还有更多的发展空间。根据约翰·穆勒的相互需求理论,国际贸易条件的形成和变动由国内外相互需求决定,"在国际贸易中享有最为有利的贸易条件的国家正是那些外国对它们的商品有着最大需求,而它们自己对外国商品的需求最小的国家"。根据恩格尔定律,农业等基础产业的收入需求弹性越小,农业和原材料产业在自由竞争中的市场份额就会越低,所以贸易条件对那些提供农产品或原材料的农业国越不利。

李嘉图的比较优势论在将工业发达的英国推向世界头号工业强国和霸主的同时,也将广大殖民地国家锁定在向英国持续提供原材料和初级产品的境地。这导致了英国与其他工业后进国家间的矛盾与冲突。美国政治家汉密尔顿与德国史学家李斯特先后提出的"幼稚产业保护论",就是后起的工业国家对英国主导的自由竞争秩序的不满与回应。

改革开放 40 多年来,中国越来越深入地融入世界经济贸易体系,遵循比较优势原理,建立了较为完善的工业体系,向世界市场提供技术含量不高的初级工业制成品,从而积累了大量的出口收益,出口成为促成中国经济繁荣的"三驾马车"之一。然而,一方面,中国具有比较优势的产业大多集中在全球生产链的中低端,在获取贸易收益的同时,也在一定程度上把中国锁定在低端技术和低端产品的生产环节,导致中国企业的技术更新速度缓慢。随着劳动力成本的不断上升,中国在低端技术环节的优势逐渐丧失。另一方面,中国与其他主要贸易国之间的贸易摩擦越来越多,美国一直指责是中国夺走了美国产业工人的工作。

【专栏1-3】

比较优势理论与《谷物法》的废除

19世纪的英国正处于资产阶段工业革命时期,工业得到了很大发展。当时英国的贸易结构大体是出口工业制成品,进口原材料及农产品谷物等。谷物的大量进口压低了英国国内谷物的价格,使农场主受到了损失。为了保护农场主的利益,英国于1815年修订了《谷物法》,增加了对农业歉收时期的保护措施。这一措施限制了谷物进口,提高了国内谷物价格,农场主得到了实惠。但粮价上升提高了工业部门的生产成本。另外,英国限制谷物进口,从而引起其他国家采取报复措施——对来自英国的工业制成品也采取限制措施,结果,英国工厂主受到很大损失。由此,英国国内对《谷物法》的修订展开了一场大辩论,新兴的资产阶级对此坚决反对,而农场主则极力拥护。

英国经济学家李嘉图也参与了这场辩论。他在1817年出版的《政治经济学及赋税原理》一书中提出了比较优势理论。他认为,英国在谷物和工业制成品生产上都有一定优势,但相比之下,英国在工业制成品的生产上优势更大。所以英国应扩大工业品生产并增加出口,通过贸易换取国外成本较低的粮食,这样做对英国更有利,而新《谷物法》恰恰违背了这一点。虽然新《谷物法》给农场主带来了好处,但英国的工业生产遭受的损失更大,因此,从整体来看,新《谷物法》给英国带来的是净损失。到1846年,《谷物法》被废除,这是比较优势理论的胜利。

第四节 劳动生产率、工资与多种产品比较优势模型

前面的模型是建立在两个产品的基础上。但是,现实中各个国家贸易的产品是多种多样的。为了使我们的模型更加符合现实,本节我们将比较优势的分析模型扩展至多产品。我们依然保持两国、单要素(劳动力)的假定。

一、模型假定

假定世界上只有两个国家:A 国与 B 国。生产 N 种产品。一国的劳动生产率取决于生产单位产品的劳动投入量,设:

a_i 为 A 国生产每单位 i 产品的劳动投入量;w_a 为 A 国工资水平;

b_i 为 B 国生产每单位 i 产品的劳动投入量;w_b 为 B 国工资水平。

另外,为了方便分析,我们按照 A、B 两国的单位产出劳动投入量之比将产品从小到大排序,序列如下:

$$a_1/b_1 < a_2/b_2 < a_3/b_3 \cdots < a_N/b_N$$

二、相对工资与生产专业化

由于使用单一要素劳动力,产品单位成本就等于单位产出的劳动投入量乘以各国的工资率。就 A 国而言,该国企业生产产品 i 的成本等于对产品 i 的单位劳动投入乘以 A 国的工资率 w_a,故 A 国的产品 i 的成本为 $a_i \times w_a$。同理可得,B 国生产产品 i 的成本为 $b_i \times w_b$。如果 $a_i \times w_a < b_i \times w_b$,或改写为 $b_i/a_i > w_a/w_b$,那么,A 国生产产品 i 的成本就比较低。同理,如果 $a_i w_a > b_i w_b$,或改写为 $b_i/a_i < w_a/w_b$,那么,B 国生产产品 i 的成本就比较低。

因此,在多种产品贸易中,各国专业化分工的原则是:凡是 $b_i/a_i > w_a/w_b$ 的产品,即 A 国相对 B 国的工资小于 B 国相对于 A 国的劳动生产率,则该产品由 A 国生产。反之,若 $b_i/a_i < w_a/w_b$,即 A 国相对 B 国的工资大于 B 国相对于 A 国的劳动生产率,则该产品由 B 国生产。

下面我们举例说明。设 A 国和 B 国都生产和消费甲、乙、丙、丁四种产品。A 国与 B 国对这四种产品的单位产出劳动投入量如表 1-8 所示。

表 1-8 两国产品的劳动生产率

劳动生产率	产品甲	产品乙	产品丙	产品丁
A 国单位产品劳动投入	1	5	3	6
B 国单位产品劳动投入	8	30	12	12
单位产品劳动投入比(B 国/A 国)	8	6	4	2
两国工资率比(A 国/B 国)	5	5	5	5
比较优势	A 国	A 国	B 国	B 国
两国工资率比(A 国/B 国)	3	3	3	3
比较优势	A 国	A 国	A 国	B 国

从表1-8不难看出,当A国工资率是B国的5倍时,则A国在甲乙两种产品上享有比较优势,A国会生产并出口甲乙两种产品,而丙丁则由B国生产并出口。而当A国的工资率是B国的3倍时,则A国也会生产并出口产品丙,而B国则仅在产品丁上享有比较优势。换言之,随着A国相对于B国工资率的下降,A国会在更多的产品上享有比较优势。相反,随着A国相对于B国工资率的上升,A国会在更多的产品上丧失比较优势。由此可见,与简单的李嘉图的两种产品模型不同的是,各国的比较优势不仅取决于两国的劳动生产率的差异,还取决于两国的工资成本。多产品模型是对劳动生产率和劳动力成本综合考虑的结果,因此在分析比较优势时是更全面、更科学的分析模型。

三、相对工资的确定

从以上的分析可知,只有在工资率已知的情况下,才能确定哪一国在哪种产品上享有比较优势。而工资作为劳动力要素价格,是由劳动力市场的供给与需求确定的。这里劳动力的需求是一种派生需求,它最终是由商品需求决定。当商品需求增大时,对劳动力的需求也扩大;反之,当商品需求减少时,对劳动力的需求也减少。下面,我们仍借助上面的例子来说明相对工资的确定。

假定A国的最初工资是B国的3倍,在这一工资水平上,根据上面的分工原则,A国将生产产品甲、乙、丙,B国将生产产品丁。如果相对工资上升,只要不超过4,则专业分工的布局不会变化。但由于A国的相对工资上升,则A国的劳动力需求减少。然而当A国的相对工资超过4时,A国在产品丙的生产上就不具有优势了,因此A国将停止对产品丙的生产,而B国则开始创建一个新的产业。由此出现A国的劳动力需求突然下跌。在相对工资为4时,两国在产品丙的相对优势相同,两国都能生产产品丙。如果工资继续上升,只要工资小于6,仍出现相对劳动需求的下降;当工资达到6这一转折点时,劳动相对需求又出现一个大幅度的下降。依次类推,我们可以得到一个"阶梯形"的劳动力相对需求(relative demand, RD)图形,如图1-5所示。

劳动的相对供给(relative supply, RS)是A国和B国可供给的劳动之比。为简便起见,我们假定劳动力的相对供给是固定的。因此,劳动的相对供给是一条垂直线。劳动的相对供给与相对需求的交点E确定了均衡的相对工资。在图1-5中,均衡的相对工资为3,在这个工资水平上,A国将生产产品甲、乙、丙,B国将生产产品丁。

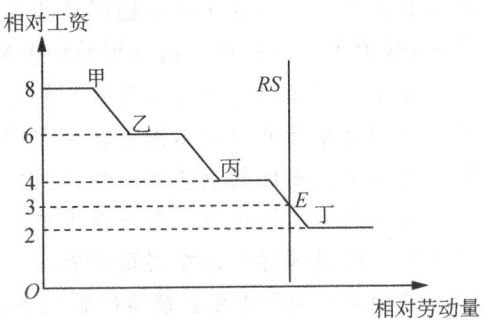

图1-5 两国的劳动分工

[专栏1-4]

劳动力成本与比较优势论

改革开放40多年以来,中国工业制造业的发展速度举世瞩目,中国的工业体系门类越来越完整。原来很多需要进口的产品都实现了国产,这些成就在很大程度上得益于人口红利所带来的低工资。低工资使得工业制造业的生产成本较低。无论是内资经营,还是吸引外资,低工资始终是中国得天独厚的优势。

然而近年来,越南加大了招商引资力度,其中着力的一个方向就是从中国"挖走"一些适合其本国生产条件和水平的制造业企业,主要包括制衣制鞋类、电子产品类等企业。迁往越南的主要制造企业中,劳动力成本低是一个重要的推动因素。对于吸引成本驱动型的国外投资,承接国外公司加工制造环节的海外转移,劳动力成本也是一个重要的考量参数。

2015年前后,中国劳动力总量达到峰值,之后慢慢下降,近年来东部沿海地区大面积用工荒、工资薪酬快速上涨就是明显例证。从制造业从业人员的平均工资看,目前越南每月1 000元左右,而中国东部沿海为2 500~3 000元。

中国制造业在吸引外资方面的能力似乎在减弱。商务部的数据显示,2012~2017年中国制造业实际使用外商直接投资的金额连续6年下降,由2011年的521亿美元持续下降至2017年的335亿美元,2018年上涨为412亿美元。而越南,2013年吸收的外资增长了54%,其中大部分集中在制造加工业领域。Nike、Puma、New Balance和Adidas在5~7年前逐渐将产能从中国向越南转移。2012年,Adidas开始在越南投资设厂,目前越南已经成为Adidas鞋类最大产能中心——生产了其品牌44%的运动鞋,而且将持续上升。2019年第一季度,越南吸引外资总额达108亿美元,同比增长86.2%,其中有一半资金来自中国,中资企业在其中扮演着重要角色。

本章小结

本章介绍了比较优势理论。该理论建立在劳动价值论的基础上,以劳动力作为生产中的唯一投入要素,从技术差异、劳动生产率的差异解释了国际贸易发生的基础。比较优势论是在绝对优势论的基础上发展起来的。

亚当·斯密在批判重商主义的基础上提出绝对优势论,认为生产成本的绝对差异是产生国际分工和国际贸易的原因,并认为只要遵循该原则,贸易双方均可获得贸易利益,增加本国的福利水平。而大卫·李嘉图则认为只要贸易国的生产成本存在相对差异,就可以展开国际贸易,从而进一步拓展了国际贸易的基础。

单要素模型以劳动力作为唯一的生产要素,各国的比较优势表现为劳动生产率的相对差异。一国将生产并出口本国劳动生产率相对高的产品,进口劳动生产率相对低的产品。自由贸易的结果使两国的消费可能性区间扩大,这就是自由贸易的好处。

比较优势理论适应了英国资本主义自由竞争的需要,但忽略了贸易利益的国际分配等一些问题。所以国际贸易在实践中依旧存在贸易摩擦,国际贸易理论需要新的发展。

将两种产品的单要素模型扩展到多种产品模型,多种产品模型不改变上述结论。多种产品模型通过比较两国工资成本差异(不随产品变动)与多种产品的相对劳动生产率差异(随产品变动),决定一国的专业化生产模式。多种产品模型的相对工资率由劳动力的相对需求决定。

练习题

一、名词解释

重商主义　绝对优势　绝对优势论　比较优势论　生产可能性边界　机会成本　无差异曲线　生产专业化　相对工资

二、问答题

1. 举例说明绝对优势论。

2. 为什么说绝对优势论只是比较优势论的特例?

3. 绝对优势论和比较优势论有何区别与联系?

4. 简述单要素模型的假设条件。

5. 用单要素模型说明自由贸易对两国福利的影响。

6. 如何用相对工资和相对劳动生产率描述比较优势?

三、计算题

1. 假设 A 国有 120 名劳动力，B 国有 50 名劳动力，如果生产棉花的话，A 国的人均产量是 2 吨，B 国也是 2 吨；要是生产大米的话，A 国的人均产量是 10 吨，B 国则是 16 吨。试分析，两国中哪一国拥有生产大米的绝对优势? 哪一国拥有生产大米的比较优势?

2. 表 1-9 列出了美国和中国生产 1 单位计算机和 1 单位小麦所需的劳动时间。假定生产计算机和小麦都只用劳动，美国的总劳动为 600 小时，中国总劳动为 800 小时。

表 1-9 美国和中国的单位劳动时间

产品	中国	美国
计算机	100 小时	60 小时
小麦	4 小时	3 小时

(1) 计算不发生贸易时，各国生产计算机的机会成本。

(2) 哪个国家具有生产计算机的比较优势? 哪个国家具有生产小麦的比较优势?

(3) 如果给定世界价格是 1 单位计算机交换 22 单位的小麦，美国参与贸易可以从每单位的进口中节省多少劳动时间? 中国可以从每单位进口中节省多少劳动时间? 如果给定世界价格是 1 单位计算机交换 24 单位的小麦，美国和中国分别可以从进口每单位的货物中节省多少劳动时间?

(4) 在自由贸易的情况下，各国应生产什么产品，数量是多少?

3. A 国和 B 国生产 X 和 Y 两种产品的机会成本如表 1-10 所示。

表 1-10 A 国 B 国的生产产品的机会成本

机会成本	A 国	B 国
生产单位 X 的机会成本	1/2 个单位 Y	3 个单位 Y
生产单位 Y 的机会成本	2 个单位 X	1/3 个单位 X

(1) 请根据机会成本，估算 A 国和 B 国各自的比较优势，说明机会成本与比较优势的关系。

(2) 用同样方法计算表 1-10 中 A 国和 B 国生产 X 和 Y 两种产品的机会成本，并根据机会成本说明各国的比较优势。

4. 英国和葡萄牙两国间的生产如下：

(单位：人劳动 1 天/单位产品)

国家	呢绒	酒
葡萄牙	120	140
英 国	200	150

假设葡萄牙投入 260(120＋140)人劳动 1 天，英国投入 350(200＋150)人劳动 1 天，计算：

(1) 根据李嘉图比较优势论,计算并说明英国和葡萄牙两国的分工格局。

(2) 两国进行分工生产之后与分工前相比,在投入劳动量不变的前提下,两国总的产出量增加了多少?

(3) 以1单位呢绒对1单位酒进行交换后,与分工前比,葡萄牙和英国的净剩余各是多少?

5. 美英两国的小麦和布两种产品生产可能性假设如下:

产品	美国	英国
小麦(蒲式耳/人工小时)	4	1
布(码/人工小时)	5	4

如果美国和英国按比较优势进行分工生产,以1单位小麦对2单位布进行交换,假设交易量为1个单位小麦(或两个单位的布),请计算:

(1) 美国获利多少?

(2) 英国获利多少?

(3) 互利贸易的范围有多大?

(4) 如果改用1单位小麦与3单位布交换,两国分别获利多少?

四、论述题

1. 在分析中国加入世界贸易组织的利弊时,有人说"为了能够打开出口市场,我们不得不降低关税,进口一些外国产品。这是我们不得不付出的代价"。请分析、评论这种说法。

2. 论述比较优势理论的前提假设条件、分工模式、贸易得益和主要结论。

第二章 要素禀赋理论

【本章要点概览】

- 要素禀赋论
- 要素价格均等化理论
- 斯托尔帕—萨缪尔森定理
- 罗伯津斯基定理
- 里昂惕夫之谜及其解释

基于各国技术水平和劳动生产率的差异,比较优势论阐明了国际贸易发生的原因、贸易模式以及贸易如何使双方受益。然而,随着经济实践的不断推进,古典贸易理论的缺陷也愈来愈明显:首先,资本主义生产关系的出现以及工业革命的进行,使得资本要素在生产中的作用逐渐凸显;其次,古典贸易理论的"单一要素(劳动)决定论"已经无法解释社会现实;最后,根据机会成本不变的假定,贸易开放后贸易参与国将实行完全的专业化,而这与现实的经济世界不相符。

19世纪末20世纪初,以瓦尔拉斯、马歇尔为代表的新古典经济学逐渐形成。在新古典经济学框架下,对国际贸易进行分析的新古典贸易理论也随之产生。在建立新古典贸易理论体系方面,瑞典经济学家埃利·赫克歇尔(Eli Heckscher)及其学生伯尔蒂·俄林(Berti Ohlin)做出了突出的贡献,提出了"要素禀赋论"。

第一节 两要素模型

要素禀赋论(Factor Endowment Theory)由瑞典经济学家赫克歇尔(Eli Heckscher)及其学生俄林(Berti Ohlin)提出,因此又被称作赫克歇尔-俄林理论(即H-O理论)。该理论从要素禀赋的角度探讨了国际贸易发生的基础和原因。其基本含义是:每个国家都应该出口那些密集使用本国丰裕资源(或生产要素)后所生产的产品,而进口那些密集使用本国稀缺资源(或生产要素)后所生产的产品。

【专栏2-1】

赫克歇尔、俄林小传

赫克歇尔于1879年生于瑞典斯德哥尔摩的一个犹太人家庭。1897年起,在乌普萨拉大学(Uppsala University)学习历史和经济,并于1907年获得博士学位。毕业后,他曾任斯德哥尔摩大学商学院的临时讲师;1909~1929年任经济学和统计学教授。此后,因他在科研方面的过人天赋,学校任命他为新成立的经济史研究所所长。他成功地使经济史成为瑞典各大学的一门研究生课程。

他对经济学的主要贡献是,在经济理论上的创新和在经济史研究方面引入了新的方法论——一种定量研究方法。

他在经济理论方法方面的重要贡献是他最著名的两篇文章:《外贸对收入分配的影响》和《间歇性免费商品》。1919年发表的《外贸对收入分配的影响》是现代赫克歇尔-俄林要素禀赋国际贸易理论的起源。他集中探讨了各国资源要素禀赋构成与商品贸易模式之间的关系,并且,一开始就运用了总体均衡的分析方法。他认为,要素绝对价格的平均化是国际贸易的必然结果。他的论文具有开拓性的意义,其后,这个理论由他的学生俄林进一步加以发展。

《间歇性免费商品》(1924)一文提出的不完全竞争理论,比琼·罗宾逊和爱德华·张伯仑的早了9年。文章中还探讨了不由市场决定价格的集体财富(即所谓的公共财物)的问题。

在经济史方面,赫克歇尔更享有盛名,主要著作有《大陆系统:一个经济学的解释》《重商主义》《古斯塔夫王朝以来的瑞典经济史》《历史的唯物主义解释及其他解释》《经济史研究》。

赫克歇尔通过对史料提出更广泛的问题或假定,进行深入的批判性研究,从而在经济史和经济理论两个方面架起了桥梁,并把两者有机地结合起来。他是瑞典学派的主要人物之一。

俄林于1899年4月生于瑞典南方的一个小村子克利潘(Klippan)。1917年,他在隆德大学获得数学、统计学和经济学学位,他1919年在赫克歇尔的指导下获得斯德哥尔摩大学(University of Stockholm)工商管理学院经济学学位,1923年在陶西格(Taussig)和威廉斯(Williams)的指导下获得哈佛大学文科硕士学位,1924年在卡塞尔(Cassal)指导下获得斯德哥尔摩大学博士学位,1925年任丹麦哥本哈根大学经济学教授,5年后回瑞典在斯德哥尔摩大学商学院教学,1937年在加利福尼亚大学(伯克利)任客座教授。俄林最为著名的工作是他对国际贸易理论的现代化处理,并由此获得1977年的诺贝尔经济学奖。他在1979年8月于书桌前逝世。

他的研究成果主要表现在国际贸易理论方面,1924年出版的《国际贸易理论》,1933年出版的《区间贸易和国际贸易论》,1936年出版的《国际经济的复兴》,1941年出版的《资本市场和利率政策》等。受他的老师赫克歇尔关于生产要素比例的国际贸易理论的影响,并在美国哈佛大学教授威廉(T. H. Williams)的指导下,结合瓦尔拉斯和卡塞尔的总体均衡理论进行分析论证,俄林的理论最终在《区间贸易和国际贸易论》中形成。因此,俄林的国际贸易理论又被称为赫克歇尔-俄林理论。

资料来源:《新帕尔格雷夫经济学大辞典》(第二卷),P666-667,(第三卷),P747-749。

一、基本概念

(一)等产量线

等产量线(isoquant curve)表示生产某一商品相同产量的两种要素投入数量的组合。无差异曲线用来探讨消费行为,而等产量线用来探讨生产行为。假定一国使用资本(K)和劳动(L)生产某种商品,则其等产量线如图2-1所示。由于等产量线从本质上属于生产上的无差异曲线,因此具有消费无差异曲线的一切特征。

如图2-1所示,等产量线的特征包括:①斜率为负。它反映了在特定产量下K和L两种生产要素之间的替代关系。与此相关的一个概念为边际技术替代率,它是指在维持产量不变时,增加一单位 L(或 K)的投入所必须减少的 K(或 L)的投入量。在数学上反映为经过曲线上某一点切线斜率的绝对值,其值等于两种要素的价格之比($P_L/P_K=\omega/r$)。②凸向原点。它反映了要素的边际技术替代率递减。而之所以存在边际技术替代率递减,主要是因为要素的边际收益递减规律在起作用。例如,技术的进步可以带来机器对于劳动的替代,但是这种替代不是无限的,最终机器还是要有人来操控。③互不相交。这是因为不同的等产量曲线反映了不同的产出水平。在同一条曲线上,产出水平相同;而曲线的向外推进(即从曲线 Q_1 到曲线 Q_3)则反映了产出水平的提高。

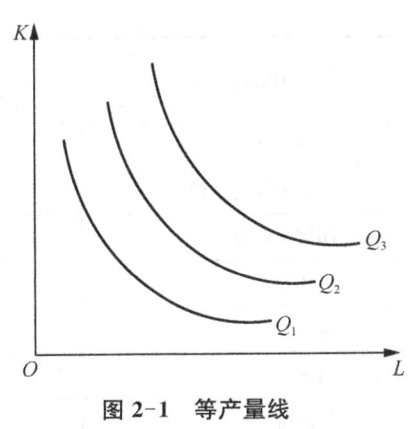

图 2-1　等产量线

(二)要素禀赋

要素禀赋(factor endowment)是指一个国家所拥有的两种生产要素的相对比例,又称为要素丰裕度(factor abundance)。

一国要素禀赋的衡量方法有两种:一是实物标准。例如,若 A 国拥有的资本数量为 K,劳动数量为 L,则其要素禀赋为 K/L;假定 B 国的资本和劳动数量分别为 K^*、L^*,则其要素禀赋为 K^*/L^*;再假定 $K/L>K^*/L^*$,我们就可以说相对于 B 国而言,A 国是资本丰裕的国家。二是价格标准。一般而言,一国丰裕要素在其国内的价格往往较为低廉。例如,若 A 国的资本要素价格(以 r 表示利息率)与劳动要素价格(以 ω 表示工资)之比小于 B 国,则相对于 B 国而言,A 国是资本丰裕的国家。价格标准又称经济标准。

表 2-1 是以两种方法衡量的 20 世纪 90 年代世界主要国家和地区的要素丰裕度。从中不难看出,发达国家或地区大都属于资本丰裕的国家。相对而言,发展中国家或地区则多属于劳动力丰裕的国家。以日本为例,其资本与劳动之比高达 9.46,资本回报率与工资之比仅为 0.25。以这两种标准判断,皆可认为日本是资本丰裕的国家,或者是劳动力(以及土地)稀缺的国家。而中国大陆不论以何种标准衡量都属于劳动力丰裕、资本稀缺的国家。

当然,一国究竟是劳动丰裕的国家还是资本丰裕的国家,取决于比较对象,如美国与日本相比属于劳动丰裕的国家;而与中国大陆相比,则属于资本丰裕的国家。

表 2-1　20 世纪 90 年代世界主要国家和地区的要素丰裕度

国家或地区	实物标准		价格标准	
	土地/劳动	资本/劳动	土地回报率/工资	资本回报率/工资
美国	2.54	3.86	0.47	0.47
加拿大	5.17	2.83	0.22	0.79
欧盟	0.92	4.80	0.91	0.34
澳大利亚和新西兰	8.75	3.75	0.28	0.58
日本	0.13	9.46	12.13	0.25
韩国	0.13	1.88	109.9	1.65
中国台湾	0.33	2.00	19.2	1.08
中国香港	0.00	5.00	293.83	0.99

(续表)

国家或地区	实物标准		价格标准	
	土地/劳动	资本/劳动	土地回报率/工资	资本回报率/工资
中国大陆	0.25	0.08	102.88	49.69
新加坡和马来西亚	1.25	1.50	10	2.86
印度尼西亚	0.64	0.15	58.71	24.9
菲律宾	0.60	0.30	47.74	16.39
泰国	1.17	0.50	31.18	17.64
南亚	0.72	0.06	64.99	39.66
墨西哥	1.46	0.62	11.12	10.73
加勒比和中美洲地区	1.10	0.30	16.46	14.21
世界其他地区	1.55	0.51	4.87	5.78

数据来源：李善同、王直、翟凡、徐林：《WTO：中国与世界》，中国发展出版社，2000年版。

（三）要素密集度

要素密集度（factor intensity）是指生产某种产品时所投入的两种生产要素的比例。生产产品 X 的资本-劳动投入比 $k_x = K_x/L_x$，而生产产品 Y 的资本-劳动投入比 $k_y = K_y/L_y$，且存在 $k_x > k_y$，则称 X 为资本密集型产品（capital-intensive products），Y 为劳动密集型产品（labor-intensive products）。衡量产品的要素密集度时，须把握以下几点：①重要的不是要素投入的绝对数量，而是其相对比例；②须给定要素的价格比率。在生产要素之间可替代的情况下，要素价格的变动可能引起产品的要素密集度的变动甚至逆转。

一国要素禀赋的不同会导致生产可能性边界偏向性的不同，其原因在于生产的机会成本不同。如图 2-2 所示，对于资本丰裕的 A 国，其生产资本密集型产品 X 的机会成本就较小，因而 A 国的生产可能性边界更靠近 X 轴。而对于劳动相对丰裕的 B 国家而言，其生产劳动密集型产品 Y 的机会成本较小，因而 B 国的生产可能性边界更靠近 Y 轴。

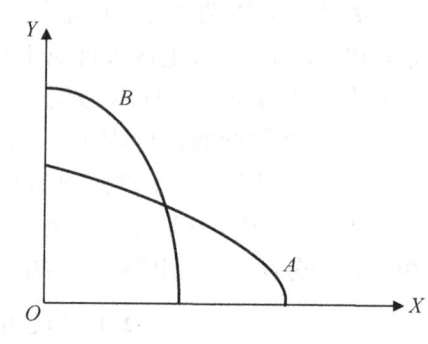

图 2-2 生产可能性边界

二、前提假定

两要素模型是基于一系列简单的假设前提，假设主要包括以下几个方面。

（1）2×2×2 假设，即假定只有两个国家、两种产品、两种生产要素（劳动和资本）。

（2）技术水平相同，即假定两国同种产品的生产函数相同。如果两国面临相同的相对要素价格，则会选择相同的劳动—资本投入比。

（3）消费偏好相同，即假定两国的社会无差异曲线的位置和形状相同。

（4）规模报酬不变，即不论哪一国，假定增加某产品的资本和劳动使用量，该产品产量将以相同比例增加。

（5）不完全专业化，即假定尽管存在自由贸易，两国仍然继续生产两种产品，亦即无一国是小国;两国生产函数相同时,要素价格的变化一般就会导致不完全专业化。

(6) 市场完全竞争,即假定两国的产品市场和要素市场都是完全竞争的,生产者为零利润状态。

(7) 生产要素在国内自由流动,而不能跨国流动。即在没有贸易时,国际要素报酬差异始终存在。

(8) 没有国际贸易壁垒,即假定没有运输费用、关税或其他贸易限制。这意味着专业化生产过程可持续到两国产品相对价格相等。

三、基本内容

以下我们通过图示来说明要素禀赋论的基本思想。假定全世界只有两个国家美国(以 A 表示)和中国(以 C 表示),美国是资本丰裕的国家,而中国是劳动力丰裕的国家。生产两种产品 X 和 Y,X 为劳动密集型产品,而 Y 为资本密集型产品。则中美两国的生产可能性边界分别以图 2-3 中的 A、C 表示。另外假定两国需求偏好相同(即无差异曲线的位置、形状完全一致)。贸易前的两国均衡如图 2-3 所示。

图 2-3 中,无差异曲线 I 与生产可能性边界的切点 E_A、E_C 分别代表贸易前美、中两国的生产、消费均衡点。在贸易前,一国的消费量(需求量)等于该国的产量(供给量),供需

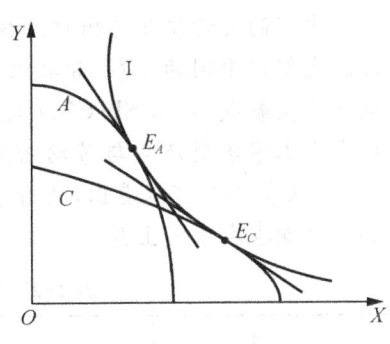

图 2-3 贸易前的两国均衡

相等决定两种商品的相对价格(P_X/P_Y),以几何表示即为通过供需均衡点(点 E_A 和点 E_C)切线的斜率(绝对值)。不难看出,贸易前,中国的 X 产品相对便宜,而美国的 Y 产品相对便宜,即 $(P_X/P_Y)_C < (P_X/P_Y)_A$,则中国在 X 产品的生产上具有比较优势,而美国在 Y 产品的生产上具有比较优势。即劳动丰裕的国家在劳动密集型产品生产上具有比较优势,而资本丰裕的国家在资本密集型产品生产上具有比较优势。

开放后,中美两国按照各自的比较优势安排专业化生产,中国专门生产并出口 X,而美国专门生产并出口 Y,由此形成的生产、消费均衡,如图 2-4 所示。在图中,以 $(P_X/P_Y)_W$ 来代表 X 和 Y 产品的国际市场相对价格,中美两国的生产可能性边界与共同的国际市场相对价格线分别相切于 B_C 和 B_A 两点,这两点决定了中美两国贸易后的生产均衡。就中国而言,与贸易前相比,由于 $(P_X/P_Y)_W > (P_X/P_Y)_C$,所以中国愿意放弃一部分 Y 的生产而更多地生产 X,即贸易后专业化生产更多的 X。美国的情况与此相反,即贸易后专业化生产更多 Y。

贸易后,中国出口 X 为线段 B_CD 代表的数量,进口 Y 为 ED 代表的数量,三角形 B_CDE 称作中国的贸易三角。而美国出口 Y 为线段 B_AD^* 代表的数量,进口 X 为 ED^* 代表的数量,三角形 B_AD^*E 称作美国的贸易三角。由于国际贸易是平衡的,因此,两个三角形全等,即中国的出口量(进口量)恰好等于美国的进口量(出口量)。贸易后的两国均衡如图 2-4 所示。

假定两国消费偏好相同,则贸易后的消费均衡点重合于点 E(面临相同的国际相对价格)。与贸易前相比,E 点能达到的无差异曲线 II 所代表的效用水平,显然高于贸易前的效用水平(由无差异曲线 I 所代表),可见自由贸易对双方都是有利的。

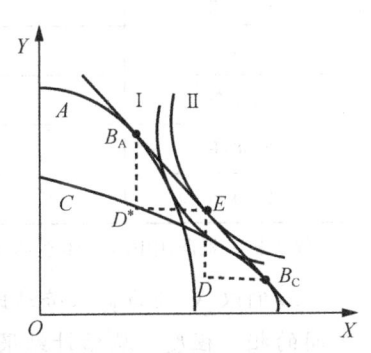

图 2-4 贸易后的两国均衡

由以上分析不难看出：①贸易前的要素禀赋状况决定了一国的相对供给能力，进而决定了产品相对价格的国际差异。具体而言，对于劳动密集型产品，劳动丰裕国家的提供能力更强，因而在贸易前该类产品的国内价格更低；对于资本密集型产品，资本丰裕的国家的提供能力更强，因而贸易前该类产品的国内价格更低。②贸易开放后，一国应该专业化生产并出口密集使用本国丰裕要素所生产的产品，而进口密集使用本国稀缺要素所生产的产品，这样贸易就可以使双方获益。这就是要素禀赋论的主要思想。

【专栏2-2】

中国的要素禀赋与出口结构的变化

中国的要素禀赋与出口结构是否符合H-O理论的预测呢？在这里我们做一个简单的估计。我们以中国的资本-劳动比来衡量要素禀赋。以SITC6、8类产品代表中国出口产品中劳动密集型制成品，以SITC5、7类代表中国出口产品中资本密集型产品，估算中国工业制成品出口中资本密集型产品与劳动密集型产品的比重。时间跨度为1995年到2009年。具体见表2-2。从表2-2可以看出，随着中国资本-劳动比的不断上升，中国制成品出口中资本密集型产品的份额也在不断上升。

表2-2 1995~2009年中国要素禀赋结构与出口结构

年份	资本劳动比	资本-劳动密集型出口产品比
1995年	0.55	0.48
1996年	0.61	0.53
1997年	0.67	0.53
1998年	0.74	0.61
1999年	0.81	0.68
2000年	0.89	0.76
2001年	0.97	0.85
2002年	1.08	0.95
2003年	1.22	1.10
2004年	1.39	1.20
2005年	1.60	1.25
2006年	1.87	1.28
2007年	2.20	1.29
2008年	2.57	1.31
2009年	3.09	1.39

数据来源：根据《中国统计年鉴》及SITC数据整理。

我们以X轴为资本劳动比，以Y轴为出口结构，做散点图，简单判断要素禀赋与出口结构之间的相关程度。从估计结果不难看出，中国的资本-劳动比与出口结构之间有较强的相关关系。中国资本-劳动比与出口结构散点图如图2-5所示。

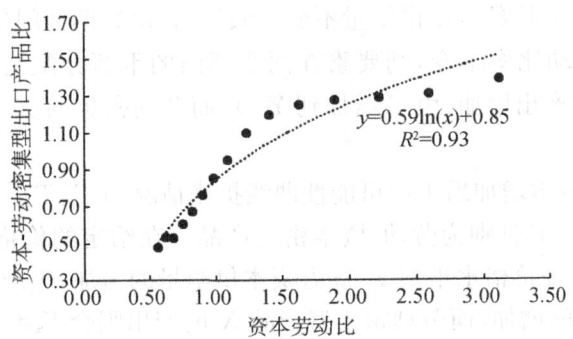

图 2-5　中国资本-劳动比与出口结构散点图

四、罗伯津斯基定理

前面我们始终假定一国的要素禀赋结构不变。然而，从动态的角度看，一国的资源总量及结构总是在不断变化。例如，人口增长率的提高或移民政策的宽松，会扩大劳动力要素的供给；外资的流入可能使得原来资本稀缺的国家变成资本丰裕的国家，等等。

罗伯津斯基定理（Rybczynski Theorem）阐述了要素禀赋的变动对一国生产的影响。该定理表述如下：假定商品的相对价格不变，则一种要素供给的增加将导致密集使用该要素部门的生产扩大，而另一部门的生产则下降。

要解释该定理，我们先假定一国的资本供给增加（源于经济增长本身的积累或外资的流入）。资本供给的相对增加，使资本能以更低的成本获得，这更有利于密集使用资本的部门扩大生产。然而，要保证该部门扩大生产以吸收新增资本，则需要一定劳动力的配合，而在劳动力要素供给不变的情况下，只有通过压缩其他部门（非资本密集型部门）的生产方能做到。

罗伯津斯基定理可以用埃基沃斯盒形图（edgeworth box）来说明。图 2-6(a)为埃基沃斯盒形图，盒形图中初始的要素供给总量为 E 点 $(\underline{L}, \underline{K})$ 所示，要素在两个部门的分配以点 X、Y 表示。假设 X 部门为劳动密集型，Y 部门为资本密集型。X 部门使用的劳动量和资本量分别用 L_X 和 K_X 表示，Y 部门使用的劳动量和资本量分别用 L_Y 和 K_Y 表示，且有：

$$L_X + L_Y = \underline{L}$$
$$K_X + K_Y = \underline{K}$$

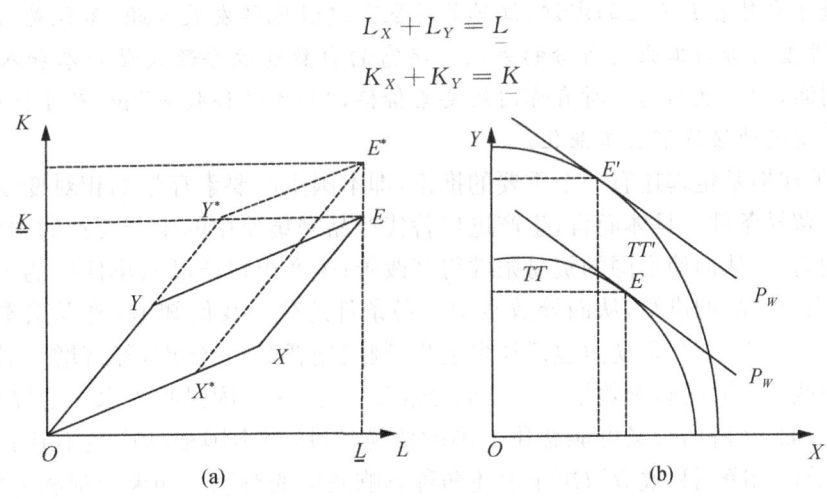

图 2-6　罗伯津斯基定理

假定资本供给量增加至 E^*，L 供给量不变。假设 X 和 Y 两部门生产方式不变，即要保证生产中使用的资本和劳动比率不变，则要素在两个部门的重新分配情况以图中点 X^*、Y^* 表示。资本密集的 Y 部门产出增加（由 Y 增加到 Y^*），而劳动密集的 X 部门产出下降（由 X 下降到 X^*）。

图 2-6 的(b)图是资本增加后生产可能性曲线扩张情况，TT、TT' 分别为资本要素增加前后的生产可能性边界，X、Y 分别为劳动、资本密集产品。在给定的价格水平下，初始的均衡产出点位于 E 点。如果保证价格水平不变，随着资本供给量的增加，生产中密集使用资本要素的 Y 产品的产出会有更大的增加，而劳动密集型产品 X 的产出则会下降（E'）。

罗伯津斯基定理给我们的启示是，一国的要素禀赋结构，以及要素禀赋结构决定的比较优势并不是固定不变的。例如，一国资本存量相对增加，则可以预计该国的劳动密集型工业的规模可能会趋于萎缩。推而广之，如果一国或地区发现了某类丰富的自然资源，这可能会引起该资源类产业大规模的扩张并带来大量的收入，但长期来看，这可能是以制造能力的丧失为代价的。一个典型的情况就是所谓的"荷兰病"(the Dutch disease)。

【专栏 2-3】

"荷兰病"与中国

荷兰病，又称"资源诅咒"，是指一国经济特别是中小国家经济，其某一初级产品部门异常繁荣而导致其他部门衰落的现象。20 世纪 60 年代，已是制成品出口主要国家的荷兰在北海发现大量天然气，荷兰政府大力发展天然气业，从而天然气出口剧增，国际收支出现顺差，经济呈现繁荣景象。可是，蓬勃发展的天然气产业却严重打击了荷兰的农业和其他工业部门，削弱了这些行业的国际竞争力。天然气生产的迅速发展，工资和利润大幅攀升，挤压了传统制造业的人力和资本，因此传统制造业的成本上升，传统制造业的比较优势逐渐丧失。到 20 世纪 70 年代，荷兰遭受到通货膨胀上升、制成品出口下降、收入增长率降低、失业率增加的困扰。这种资源产业在"繁荣"时期的价格上升是以其他行业的牺牲为代价，国际上称这种现象为"荷兰病"。

在我国经济发展过程中，也出现了类似的情况。例如，地下资源丰富的山西、云南、贵州、新疆、内蒙古、东北等某些地区，已显现出部分资源过度开采、污染严重且创新不足等通病，其经济绩效远逊于自然资源匮乏的浙江、江苏等地区。这种地区发展差距，不仅是沿海与内地的差距，也是资源型省份与工业型省份的差距。丰富的自然资源导致大量资本和人力涌入该行业以追逐高利润，但却也抬高了所有部门的要素价格，"要素转移效应"和"产业挤出效应"会使得自然资源丰富的地区逐渐去工业化。

另外，罗伯津斯基定理还有一个重要的推论，即本国生产要素存量的相对变动可能会影响到本国出口的贸易条件。具体而言，生产进口替代产品密集使用的生产要素的增加，将会减少对进口产品的需求，从而使本国的贸易条件得到改善；生产出口产品密集使用的生产要素的增加，将会增加出口产品的供给，从而导致本国贸易条件恶化。我们知道，要素积累是促进本国经济增长的原动力之一（其余动力包括技术进步、制度创新等）。然而，经济增长对增长国的福利会产生两种截然不同的影响效果。一方面，经济增长意味着国民收入水平的提高，国民福利的改善；另一方面，经济增长又可能恶化本国的贸易条件，对本国福利产生不利影响。在这种情况下，经济增长的净福利效应取决于上述两种影响效应的对比。如果净福利为负，则要素积累反而拖累了本国经济，导致悲惨化增长(miserable growth)，如图 2-7 所示。增长前，本国出

口产品 X，进口产品 Y，面对的国际市场价格条件为 P_W，生产、消费均衡点分别为 Q、C。然而，当本国生产出口品 X 密集使用的要素增加后，由于 X 产品生产的大量增加、出口的大量增加，本国的贸易条件恶化至 P_W^*，消费均衡点移至 C^*，本国的净福利损失（表现为本国的消费均衡点 C^* 位于更低的无差异曲线上。悲惨化增长的发生有以下前提：本国是世界市场上的贸易大国，其出口供给的变动足以影响世界市场价格；本国的出口产品在世界市场上需求价格弹性非常低。

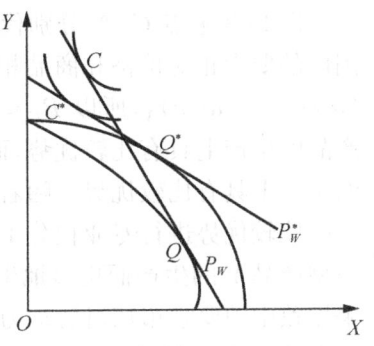

图 2-7 悲惨化增长

第二节 国际贸易对收入分配的影响

前面学过的比较优势论告诉我们，开放之后，一国参与国际贸易时遵循比较优势原则，将导致本国具有比较优势行业产品价格的提高、产量的增加，从而导致行业的扩大；而比较劣势行业则面临价格下跌、产出减少、行业萎缩的境遇。尽管如此，贸易的收入分配作用还不是很明显，因为生产中使用的要素仅有劳动力一种，且劳动力可以在不同部门自由移动。但是，当要素扩展到两要素的要素禀赋论时，这种收入分配的效应就愈加明显。在该理论看来，虽然参与国际贸易会带来巨大的贸易收益，但也会带来收入分配的改变。具体而言，一国从封闭走向开放，密集使用本国丰裕要素生产的产品及行业（出口行业），将会产出增加并获得扩张，而密集使用本国稀缺要素生产的产品及行业（进口行业），将会产出下降并萎缩，其中间的作用机制就是价格的变动。在封闭的情况下，丰裕要素价格便宜，其产成品也便宜，这种产品在开放的条件下就具有国际竞争力。随着贸易的开展，该产品的价格会提高，从而要素所有者的收入会增加。反之，稀缺要素所有者的收入则会下跌。这就是国际贸易的收入分配效应。国际贸易的收入分配效应主要有两个定理：要素价格均等化定理和斯托尔帕-萨缪尔森定理。

一、要素价格均等化定理

要素价格均等化定理（Factor Price Equalization Theorem，简称 FPE 定理）由赫克歇尔和俄林提出，后由保罗·萨缪尔森（Paul Samuelson）予以发展并证明，因此又被称作赫克歇尔-俄林-萨缪尔森定理（即 H-O-S 理论）。该定理认为，在 H-O 理论框架下，随着国际贸易的进行，贸易参加国之间的生产要素价格将实现相对和绝对意义上的均等。

（一）要素价格均等化过程说明

在 H-O 理论框架下，假定两国消费者偏好和技术水平相同，则要素供给的差异是要素价格差异，从而是商品价格差异的唯一原因。从而，就劳动丰裕的国家而言，其劳动-资本价格比率必然较低。因而贸易前，相对于资本密集型产品，本国所生产的劳动密集型产品的价格更低。相反，贸易前，资本丰裕的国家所生产的资本密集型产品价格较低。

这里我们仍然做出以下标准的 2×2×2 假定：两个国家中国（C，劳动丰裕）和美国（A，资本丰裕）；生产两种产品 X（劳动密集型）和 Y（资本密集型）；两种生产要素资本（K，其价格为利率 r）和劳动（L，其价格为工资 w）。

根据前面的推理可得：由于贸易前 $(w/r)_C < (w/r)_A$，则 $(P_X/P_Y)_C < (P_X/P_Y)_A$。从而我们可画出反映商品相对价格 (P_X/P_Y) 和要素相对价格 (w/r) 之间正向关系的曲线。我们以商品的相对价格为纵轴，以要素相对价格为横轴。要素相对价格均等化如图 2-8 所示。

图 2-8 中点 C、A 分别代表中美两国贸易前,本国国内的要素相对价格和商品相对价格。不难看出,由于 $(w/r)_C<(w/r)_A$,所以 $P_C<P_A$。中国在劳动密集型产品的生产上具有比较优势,而美国在资本密集型产品的生产上具有比较优势。随着贸易的进行,两国根据自己的比较优势进行专业化分工,中国放弃一部分资本密集型产品 Y 的生产而更多地生产劳动密集型产品 X,结果导致中国要素市场对劳动力的需求量增加,而对资本要素的需求量下降,从而国内劳动—资本价格比上升,即 C 点向右上方移动。同理可得,A 点向左下方移动。

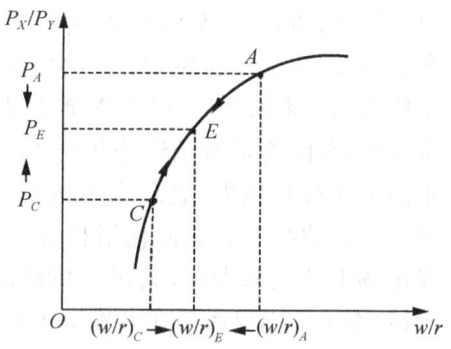

图 2-8 要素相对价格均等化

这个过程会一直持续到两国的要素相对价格完全相等,即达到 E 点,则要素相对价格不再变动。此时,由于生产技术水平相同,从而商品价格也达到一致,为 P_E。

理论上,自由贸易可以使贸易双方商品的相对价格和生产要素的相对价格不断向均等化方向移动,直到价格差异消失。

(二)要素价格均等化的限制条件

要素价格均等化是有条件的。萨缪尔森在其《再论国际要素价格均等》(1949)一文中认为,要素价格均等化的实现必须以下列条件为前提:①不变的产出物,即贸易发生前后两国生产同样两种产品,如粮食和纺织品;②不变的要素投入与同一且不变的技术,如生产每种商品都使用土地和劳动这两种生产要素,两国生产每种商品的生产函数相同且规模报酬不变;③不同的要素密集度,即两种商品的要素密集度不同,如一种是土地密集型产品,另一种则是劳动密集型产品;④不变的要素供给,即两国要素禀赋状况不变;⑤没有贸易壁垒与运输成本,商品在国家间完全自由流动,但生产要素在国家间完全不流动。如果现实中,这些条件不具备,那么要素价格均等化就不可能实现。

二、斯托尔帕-萨缪尔森定理

斯托尔帕-萨缪尔森定理(The Stolper-Samuelson Theorem,简称 SS 定理)分析了贸易商品的相对价格对生产要素相对价格的影响。该定理也可以用图 2-8 进行说明。

在完全竞争条件下,生产要素的报酬可表示为其边际产出与产品价格的乘积。如果以 i 代表 X 和 Y 两个生产部门;以 MP_{Li} 和 MP_{Ki} 分别代表劳动、资本在两个部门的边际产出;用 w/P_i 和 r/P_i 代表生产要素的货币报酬所能购买到的产品 X 或 Y 的数量。在完全竞争假设下,要素的实际报酬就是要素的边际产出,即有:

$$w/P_i = MP_{Li}$$
$$r/P_i = MP_{Ki}$$

其中 $i=X,Y$。

以中美两国为例,在图 2-8 中,X 为劳动密集型产品,Y 为资本密集型产品。贸易前,中国国内商品的相对价格 P_C 为 P_X/P_Y,要素的相对价格为 $(w/r)_C$。美国国内商品的相对价格 P_A 为 P_X/P_Y,要素的相对价格为 $(w/r)_A$。自由贸易之后,随着中国不断出口劳动密集型产品 X,美国不断进口资本密集型产品 Y。中美两国国内价格不断向均衡点 E 对应的相对价格靠近,中国具有比较优势的劳动密集型产品 X 的相对价格逐渐上升,生产 X 所密集使用的要素——劳动力的相对价格也逐渐上升。由于均衡时要素在各部门的价格趋于相同,劳动力相对价格上升使中国国内 X、Y 部门所使用的劳动数量相对下降,资本数量相对上升。劳动力相对价格上升也使中国国内 MP_{Li} 上升和 MP_{Ki} 下降,即劳动者的实际报酬上升,而资本所有者的实际报酬下降。

同理,自由贸易之后,美国具有比较优势的资本密集型产品 Y 的相对价格逐渐上升,生产 Y 中密集使用的要素——资本的相对价格也逐渐上升。美国资本所有者的实际报酬上升,而劳动者的实际工资下降。

这种情况可概括如下:某一商品相对价格的上升,将导致该商品密集使用的生产要素实际价格或报酬的提高,而另一种生产要素的实际价格或报酬则下降。

SS 定理具有明显的贸易政策和收入分配含义:①自由贸易的进行将提高本国出口部门密集使用要素的实际报酬,而降低进口部门密集使用要素的实际报酬。根据 H-O 定理,前者往往为本国的丰裕要素,后者则为本国的稀缺要素。②贸易保护主义将提高受保护产品的相对价格,从而不会下降该种产品密集使用要素的价格。而该要素往往为本国进口品中密集使用的要素(即本国的稀缺要素),这也是 SS 定理提出的初始意义。

[专栏 2-4]

1990~2015 年中国要素价格的变动

随着中国融入世界生产贸易体系,特别是 20 世纪 90 年代以来,中国的外贸出口量大幅攀升,源源不断的廉价劳动力使中国劳动密集型产品的出口具有极大的世界市场竞争力。这是所谓"人口红利"在外贸领域的集中体现。然而随着贸易的不断开展,丰裕要素(劳动力)的价格不断上升,而稀缺要素(资本)的价格不断走低。这在一定程度上是与中国的外贸结构相关的,也在一定程度上验证了 SS 定理的收入分配效应。1990~2015 年中国资本劳动价格如表 2-3 所示,1990~2015 年中国存款利率及通胀率如表 2-4 所示。

表 2-3 1990~2015 年中国资本劳动价格

年份	实际平均工资(元)	一年期实际存款利率
1990	2 140	7.03%
1994	3 545	−13.28%
1997	4 640	2.88%
2000	4 756	1.9%
2010	12 510	−0.43%
2011	13 229	−2.05%
2012	14 492	0.38%
2013	15 615	0.88%
2014	16 963	0.83%
2015	18 690	0.06%

数据来源:原始名义工资数据来源于《中国统计年鉴》,实际平均工资用名义工资除以平减指数所得,基期为 1990 年。实际存款利率为一年期存款利率减去通胀率。

表 2-4　1990～2015 年中国存款利率及通胀率

年份	一年期名义存款利率	通货膨胀率（以 1990 年为基期）
1990	10.08%	3.05%
1994	10.98%	24.26%
1997	5.67%	2.79%
2000	2.25%	0.35%
2010	2.75%	3.18%
2011	3.5%	5.55%
2012	3%	2.62%
2013	3.5%	2.62%
2014	2.75%	1.92%
2015	1.5%	1.44%

数据来源：名义存款利率取自中国人民银行，通货膨胀率指数取自国家统计局。

【专栏 2-5】

发展中国家的贸易自由化与非熟练工人的工资

根据 H-O 理论以及 SS 定理，就发达国家而言，由于其资本或技术相对丰裕，贸易自由化可能会对本国相对稀缺要素，即劳动力、特别是非熟练劳动力的部门产生不利影响。相反，对于发展中国家而言，其劳动力特别是非熟练劳动力相对丰裕，贸易自由化可能有利于扩大这些国家的就业、提高工资、缩小熟练与非熟练工人之间的收入差距。实证研究表明，这一论断与发达国家的实际情况比较符合，但不符合发展中国家的情况，即贸易自由化在这些国家同样产生了不利于非熟练劳动力的结果。理论研究往往是通过突破标准理论不现实的假定来进行解释的，如 2×2×2，不存在技术进步、不存在要素的跨国流动、不存在中间产品贸易或非贸易品等假设。以上情况的具体原因有以下几点。

(1) 保护模式。贸易自由化的进行并非从完全封闭到完全开放，我们应考虑贸易改革前后一国保护结构的变化。就此而言，研究发现，在许多发展中国家，尤其是拉美国家，最受保护的行业往往是那些对非熟练工人的雇佣有较高比例、工资较低的部门。如果对非熟练劳动力密集的产业进行保护，而贸易改革后这些部门又经历了最大限度的关税削减，则非熟练劳动力的收入下降是符合要素价格与商品价格之间线性关系的 SS 定理的。但是这种保护模式似乎与我们的直觉不相符。对此，有以下几方面的解释：①政治经济学角度的考虑；②将 H-O 理论向 3 要素扩展；③将 H-O 理论向至少 3 个国家扩展。

(2) 技能偏向性的技术进步 (skill-biased technical change，SBTC)。如果劳动力市场的变动遵循 H-O 理论，则我们预计发生了产业结构的变化、劳动力的重新配置，或不同质的劳动力之间的替换。但对于发展中国家的研究却并未发现这种调整。于是许多经济学家转向技术进步。在对发达国家的研究中，我们发现外生性的技术进步可能本身也会产生熟练劳动与非熟练劳动收入的不平等。而对于发展中国家而言，也可能产生技能偏向性的技术进步。这种技术进步既可能是外生的，也可能是内生于贸易开放度。具体情况包括：①开放带来了竞争，促使企业进行 R&D (research and development) 和技术革新，这意味着，中短期内，越自由化的部门 SBTC 越明显；②开放以后，发展中国家可以低价进口外国的资本品，并与熟练劳动力相配合。这意味着发生贸易自由化的国家对发达国家的先进设备、机器进口增加,同时对熟练工人的需求增加,从而拉大熟练与非熟练劳动力之间的工资差距。

(3) 资本的跨国流动或FDI。在传统的贸易理论中,假定要素在一国之内可以自由流动,但不可以跨国流动,这与现实中资本频繁的跨国流动不符。如果一个发达国家将其国内衰退产业转出,在发展中国家投资生产,就可以利用当地的廉价劳动力,然后将成品重新进口到本国。这些产业对于转出国而言可能是非熟练劳动密集型产业,但在发展中国家则可能属于熟练劳动密集型产业。这种资本的跨国流动以及随之而来的国际贸易会造成非熟练劳动力收入在这两个国家的下降。

(4) 中间产品贸易及外包(outsourcing)。跨国公司将其中间产品的生产在全球范围内进行重新定位,即外包部分生产过程,从而产生中间产品的贸易。外包会减少承包国产业内对于非熟练劳动力(相对于熟练劳动力)的需求。在传统的贸易理论中,贸易是通过最终产品在产业间进行的,国际贸易会影响劳动力需求的产业间变动,劳动力需求的产业内变动则只能归于技术的变革。然而如果考虑到中间投入品的贸易以及生产过程的外包,则某一产业内的劳动力需求也可因贸易而生。

(5) 非贸易品。由于非贸易品部门的存在,关税削减可能通过改变一国的贸易品与非贸易品的范围而影响要素价格。就发展中国家而言,由于存在关税壁垒,成为非贸易品的部门往往是熟练劳动力密集的部门;放开贸易后,进口和出口的集合都扩大,这些非贸易品部门可能转化为出口贸易部门。如果出口扩大的效应超过进口扩大的效应,工资不平等就可能会扩大。

第三节 对赫克歇尔-俄林模型的实证分析

根据H-O理论,一国应该出口密集使用本国丰裕要素生产的产品,而进口密集使用本国稀缺要素生产的产品。

1953年,美国著名经济学家里昂惕夫利用美国1947年的数据对H-O理论进行经验检验。由于美国是世界上资本最丰裕的国家,里昂惕夫期望能得出美国出口资本密集型商品、进口劳动密集型商品的结论。然而测算结果却与预期相悖:资本丰裕的美国反而出口劳动密集型产品、进口资本密集型产品。这就是"里昂惕夫之谜"。

具体结果如表2-5所示。

表2-5 1947年美国生产100万美元出口、进口商品所需资本及劳动

项目	出口商品	进口商品
资本(1947年价格)	2 550 780	3 091 339
劳动(年劳动人数)	182	170
资本—劳动比(美元/人)	13 991	18 184

数据来源:转引自多米尼克·索尔韦托瑞:《国际经济学》,清华大学出版社1998年版,第101页。

不难看出,美国进口产品的资本-劳动比是出口产品的1.3倍(18 184/13 991)。理论预期与经验检验的矛盾促使里昂惕夫本人及后世的经济学家在修正经验模型的同时,也对H-O理论本身进行反思。他们或者修改H-O理论的假设前提,或者拓展生产要素的外延及内涵,试图从不同角度对"里昂惕夫之谜"的产生予以解释。主要观点包括:

(1) 人力资本。一些学者拓展了资本这一概念的外延,认为资本不仅包括厂房、机器设备

等有形的物质资本,还包括无形的人力资本。人力资本(human capital)是所谓的熟练劳动力(skilled labor),它的生产需要投入大量的教育和培训费用,而一旦形成,也能够为要素持有者重复带来较高收益。人力资本与有形资本类似,不能简单地归入"劳动"要素而不考虑该要素质量的差异。学者们发现,如果在总资本中加入人力资本因素,再来比较美国出口品和进口品的资本含量,"里昂惕夫之谜"就会消失。

(2) 需求因素。H-O 理论假定贸易双方具有相同的需求偏好。然而各国由于经济发展水平不同,其消费结构也会出现明显的差别。例如,尽管美国是资本丰裕的国家,但是如果美国消费者特别偏好资本密集型产品,则美国可能反过来进口资本密集型产品,而出口劳动密集型产品。

(3) 要素密集度逆转。要素密集度逆转(factor intensity reversal)是指这样一种情况:一种给定商品在劳动丰裕的国家采用劳动密集型生产方式生产,而在资本丰裕的国家则采用资本密集型方式生产。H-O 理论假设生产方式不变,一旦发生要素密集度逆转,生产方式发生改变,则 H-O 理论不再成立。以农产品为例,与中国相比,美国资本雄厚、机械化程度高,能够用资金相对密集的生产方法来生产;而在中国,农产品往往用劳动密集型的方法来生产。里昂惕夫对美国进口产品进行资本-劳动比测验时,因为进口国的数据难以获得,所以利用的是美国国内同种产品生产所消耗的资本和劳动数据替代进口国的数据。发生要素密集度逆转后,这种测算方法得出的结论就可能与 H-O 理论不符。

(4) 贸易保护。有学者指出,H-O 理论的前提是自由贸易,而事实上,美国政府往往通过征收较高的关税保护本国缺乏竞争力的弱势产业——劳动密集型产业,从而使得美国出口产品的劳动密集型程度反而高于进口产品。

(5) 其他因素。另外,其他学者也从统计失误以及自然资源等角度对"里昂惕夫之谜"进行了解释。

【专栏 2-6】

H-O 理论与中美出口结构

表 2-6 中美出口结构对比

技术水平	技术组(关键产业)	中国对美国出口百分比	美国对中国出口百分比
高技术 ↑ ↓ 低技术	杂志、办公与计算机设备	4.8	7.7
	客机及零部件、工业无机物	2.6	48.8
	机械、涡轮机、油脂和石油	3.9	21.3
	水泥、非电力探测锤和加热设备	11.5	4.3
	手表、计时器、玩具和运动品	18.9	6.3
	木制品、鼓风炉、生铁	8.2	1.3
	造船和修船、家具和设备	4.1	2.8
	香烟、摩托车、钢铁铸造	5.2	1.8
	编织、羊毛、皮革加工和制成品	17.2	0.4
	童装、非橡胶鞋	23.5	5.2

数据来源:罗伯特·J.凯伯(Robert J. Carbaugh):《国际经济学》,原毅军、陈艳莹等译,机械工业出版社,2005,第 72 页。

表2-6为中美1990年的贸易数据,这些数据来自一项旨在验证赫克谢尔-俄林理论的研究。研究者根据技术密集度将131个样本产业分为10组。第一组的产业技术含量最高,而第十组的产业技术含量最低。美国对中国的出口集中在高技术产业;第一组至第三组占美国对中国出口的77.8%。相反,中国对美国的出口集中在低技术产业,中国对美国出口的40.7%集中在第九组和第十组。

根据赫克歇尔-俄林理论,要素禀赋是国家间比较优势的源泉,要素禀赋方面的差异决定了各国的贸易模式。资本丰富的国家在资本密集型产品的生产上具有比较优势,应专业化生产并出口资本密集型产品;而劳动力丰富的国家在劳动力密集型产品的生产上具有比较优势,应专业化生产并出口劳动密集型产品。

正如我们所知,美国人力资本(技术)丰富,而非熟练劳动力稀缺。相反,中国则拥有大量的非熟练劳动力。那么根据赫克歇尔-俄林理论,美国在生产技术密集型产品上具有比较优势,将向中国大量出口富含熟练劳动力的产品;而中国在劳动密集型产品的生产中具有比较优势,应向美国出口包含大量非熟练劳动力的产品。上述案例中,美国对中国的出口集中在杂志、办公与计算机设备、客机及零部件、工业无机物、机械、涡轮机、油脂和石油等高技术产业组;而中国对美国的出口集中于编织、羊毛、皮革加工和制成品、童装、非橡胶鞋等低技术产业组。中美之间的这一贸易模式非常符合赫克歇尔-俄林理论的预测,验证了赫克歇尔-俄林理论的结论。

本章小结

要素禀赋理论认为,每个国家都应该出口密集使用本国丰裕要素所生产的产品,进口密集使用本国稀缺要素所生产的产品,这样贸易就可以使得双方获益。一国要素丰裕度可以用实物度量,也可以用要素的相对价格来度量。一般来讲,发达国家资本要素相对丰裕,劳动力相对稀缺;发展中国家则相反。故发达国家应出口资本密集型产品,发展中国家应出口劳动密集型产品。

罗伯津斯基定理得出,在商品相对价格不变时,一种要素供给的增加将导致密集使用该要素部门的生产绝对扩大,而另一部门的生产绝对下降。故一国生产要素存量的相对变动会改变原来的比较优势并影响到一国的贸易条件,经常提到的例子有"荷兰病"和"悲惨化增长"。

根据要素禀赋理论,在自由贸易条件下,每个国家出口密集使用本国丰裕要素所生产的产品,就等于间接出口了本国的丰裕要素。由此可推出要素价格均等化定理,即自由贸易可以使贸易双方商品的相对价格和生产要素的相对价格不断向均等化方向移动,直到价格差异消失。要素价格均等化定理表明国际贸易将影响要素所有者的收入分配,其正如斯托尔帕-萨缪尔森定理所述。

里昂惕夫利用美国的数据对要素禀赋理论的经验检验发现,要素禀赋理论与预期相悖:资本丰裕的美国反而出口劳动密集型产品,进口资本密集型产品。这就是"里昂惕夫之谜"。对"里昂惕夫之谜"的解释进一步推动了要素禀赋理论的不断完善。

练 习 题

一、名词解释
要素禀赋　要素密集度　H-O 理论　要素价格均等化定理　斯托尔帕-萨缪尔森定理
罗伯津斯基定理　悲惨化增长　"荷兰病"　里昂惕夫之谜　要素密集度逆转

二、问答题
1. 试述要素禀赋论和比较优势论的主要内容,并说明二者的主要区别。
2. 简述 H-O 理论的前提假设。
3. 什么是要素价格均等化理论？国际贸易是如何使两国要素价格均等的？
4. 假定世界上仅有两国——中国和美国；两国的消费者偏好及生产技术均相同,且中国为劳动力丰裕的国家,美国为资本丰裕的国家；生产两种产品——西装和汽车。西装为劳动密集型产品,而汽车为资本密集型产品。

   (1) 描绘中美两国的生产可能性边界；
   (2) 描绘并在图上标出封闭条件下两国的生产、消费均衡点以及封闭价格；
   (3) 如果两国根据 H-O 理论开展贸易,说明其贸易模式；描述并在图上标出自由贸易条件下两国的生产和消费均衡点、进出口量以及两国的贸易条件。

5. 美国国内工资水平差异巨大。例如,同一行业制造工人的工资东南部比西海岸低 20%。上述现象为何与要素价格均等化定理不符,请对此作出解释。

三、计算题
1. 假定一国有 400 单位的劳动和 600 单位的资本,用于生产酒和奶酪。生产 1 单位酒需要 10 单位劳动和 5 单位资本；生产 1 单位奶酪需要 4 单位劳动和 8 单位资本。

   (1) 奶酪和酒的生产中所密集使用的要素分别是什么？
   (2) 该国是否可用本国拥有的资源来生产 90 单位酒和 50 单位奶酪？为什么？
   (3) 画图表示土地和劳动对该国生产的约束。
   (4) 假如劳动供给增加 100 单位,题(3)中的约束有何变化？

2. 某厂家的生产函数为 $X = 5LK$,列出 3 组使产量达到 100 的要素投入组合 (L, K),每种情况下的资本劳动比例分别是多少？如果工资为每单位 10 元,资本租金率为每单位 20 元,3 组投入组合的成本各是多少？

3. 根据表 2-7 分析(A、B 分别表示两个国家,表中数据为要素的供给数量)：

   (1) 哪个国家的资本相对丰富？
   (2) 哪个国家的劳动相对丰富？
   (3) 假设生产单位 X 产品需要投入 10 个单位的劳动和 4 个单位的资本；生产单位 Y 产品需要 12 个单位的劳动和 6 个单位的资本,则 A 国和 B 国的分工模式和贸易模式如何？

表 2-7　A、B 两国各要素的供给量

要素禀赋	A	B
劳动	45	20
资本	15	10

四、分析题

在全球第二次产业转移中,中国香港、中国澳门与珠三角地区的制造业崛起,中国香港和中国澳门凭借着廉价的土地、丰富的劳动力以及优越的地理位置,承接从美国和日本等国家迁出的诸如纺织业等劳动密集型产业,实现了经济腾飞。这一时期,制造业是港、澳地区的主导产业之一。中国香港地区,1970年工业增加值占GDP的比例为37.3%,其中制造业增加值占GDP的比例达到了30.9%。制造业的繁荣,也吸引了大量劳动力,1976年制造业就业人数占总就业人数的44.4%。到了20世纪八九十年代,随着以中国香港地区为代表的亚洲四小龙本土劳动力、土地等生产要素成本的上升,它们开始将劳动密集型等相对落后的制造业向外迁移。恰逢此时,中国大力推动改革开放,凭借着毗邻港澳的区位优势、优越的海运条件以及对外开放的传统,珠三角地区成为中国对外开放的桥头堡。珠三角地区发展之初,主要是利用廉价的劳动力、低廉的土地成本等优势,主动承接来自中国香港地区、澳门地区和其他国家与地区的产业转移。许多港澳地区企业家也看准中国改革开放带来的机会,开始在珠三角地区投资设厂,通过"三来一补""前店后厂"等模式,将相关产业的生产基地转移到珠三角地区。这一时期,珠三角地区承接的主要是劳动密集型产业,如纺织服装制造业等。

请根据以上材料回答以下问题:

(1) 以中国香港为代表的亚洲四小龙崛起的原因是什么?改革开放以后,珠三角地区发展起来的原因是什么?请从H-O理论的角度加以分析。

(2) 请运用罗伯津斯基定理分析全球产业转移的动因。

第三章 保护贸易理论

【本章要点概览】

- 幼稚产业保护理论
- 凯恩斯的超保护贸易理论
- 战略性贸易政策
- 贸易保护的政治经济学

从前面几章的分析中,我们不难看出,自由贸易是有利的,而政府对于贸易的干预往往会引起社会福利的损失。然而历史和现实均告诉我们,没有哪个国家实行完全的自由贸易。保护贸易的论调以及贸易限制的实践从来没有停止过。事实上,自由贸易与保护贸易之间的争论由来已久,不管是古典时期李斯特对自由贸易理论的质疑,还是现代许多国家以自由贸易之名、行保护贸易之实的行为,无不反映了理想与现实之间的距离。

那么,这些贸易保护论者的依据主要有哪些呢?具体而言,贸易保护论者主要是基于以下两方面的考虑进而对自由贸易论者提出质疑与批评:①纯粹自由贸易理论的假设前提过于严苛,在现实中很难得到满足,如完全竞争市场、资源有效配置、不存在外部性等;②现实世界不仅存在单纯的经济问题,还存在政治问题、社会问题等,在制定对外贸易政策时应该对其加以考虑。

本章我们介绍保护贸易理论的发展及主要论点。同自由贸易理论一样,保护贸易理论也经历了不同的阶段,主要包括古典保护贸易论(如幼稚产业保护论)、凯恩斯主义的超保护贸易理论、战略性贸易政策、贸易保护的政治经济学等。

第一节 幼稚产业保护理论

19世纪前半叶,英国完成了产业革命,获得了世界工厂的地位,代表英国资产阶级利益的著名学者亚当·斯密提出了自由贸易理论。当时的德国还是一个封建农奴制度占统治地位的国家,其国内市场竞争机制不发达、民族工业脆弱、资本主义发展相对落后。19世纪30年代,德国资本主义生产方式迅速发展,但同英国、法国相比,仍有很大差距。为发展本国的工业,对抗来自英国的工业品,19世纪40年代德国产生了自己的政治经济学,即历史学派。他们指出,本民族若不甘落后,就必须通过国家的力量来保护自己的工业,使其与强势力量进行抗争,因而要采取贸易保护政策。其中的代表人物是李斯特(Freidrich Liszt,1789~1846),他在1841年出版的《政治经济学的国民体系》一书中,抨击了亚当·斯密的自由主义学说,并集中阐述了他的幼稚产业保护理论。

一、幼稚产业保护论的基本思想

幼稚产业(infant industry)是指某一产业处于发展初期,基础和竞争力薄弱,但适度保护能够使其发展成为具有优势的产业。幼稚产业保护理论(Infant Industry Theory)最初于18世纪后半期由美国独立后的第一任财政部部长汉密尔顿(Alexander Hamilton,1757~1804)提出。李斯特对汉密尔顿的观点加以系统阐述。具体体现为以下几个方面。

1. 社会发展阶段论

李斯特认为,每个国家都必须经历五个发展时期:原始未开化时期、畜牧时期、农业时期、农工业时期和农工商业时期。在每一个发展时期,国家应相应地采取不同的对外贸易政策。

在前三个时期,由于工业体系尚未建立,国家的迫切任务是实现工业化,而实现方式则是与发达国家进行自由贸易。通过互通来往,引进国外的先进设备,促进经济发展,改造社会风气,激发人们对工业的兴趣,并逐渐建立起自己的工业。

在农工业时期,国家已初步实现工业化,但国内工业尚处于幼稚阶段,无法与国外先进工业竞争,所以应予以保护,不能任其自生自灭。对处于这一时期的国家(如德国)而言,实行商业限制,即采取关税保护制度,有利于建立工业体制并保护工业的发展。通过对关税的调节,国内新兴的、尚未发展起来的幼稚工业能够占有国内市场,不至于在与外国商品竞争时被扼杀于襁褓之中。李斯特说:"对于未开化的国家来说,农业还处于原始落后状态,只有与文明的工业国家进行贸易,才能获得进步;但是当它达到了一定的文明程度以后,除了自办工业,就再没有别的方法可以使它在富强上、文化上达到最高度。"

而在农工商业时期,国内工业已摆脱幼稚阶段逐渐成熟起来,并获得了充分发展,已具备了和国外先进工业进行平等竞争的能力。此时如继续对其进行保护反而不利于它的发展,所以应实行自由贸易政策,使从事农工商业的国民在精神上不致松懈,并且还可以鼓励他们不断努力以保持既得的优势地位,就如当时的英国。而当时德国、美国由于处于农工业时期,因此须实行贸易保护。

2. 生产力论

在李斯特看来,"财富的生产力比财富本身,不晓得要重要到多少倍"。对于后进国家而言,按照斯密的观点进行专业化分工、开展完全的自由贸易,虽然可能获得短期利益,但从长期来看,可能使一个国家丧失生产力,即因商业利益牺牲农业或工业利益,这是得不偿失的。反之,如果采取保护贸易政策,从短期看,某些商品价格(特别是先进的工业品价格)是高一些,但为了培育自己的民族工业,就应当忍受暂时的牺牲。经过一段时期,民族工业发展了起来,原来依靠进口的商品——先进工业品的价格就会降下来。这样,看起来在开始时减少一些财富,之后却通过保护贸易,发展了自己民族的生产力,即创造财富的能力,这才是真正的财富。李斯特说:"保护关税使价值有所牺牲,它却使生产力有了增长,足以抵偿损失而有余。"

3. 国家干预的正当性

李斯特认为,要想发展生产力,必须借助国家力量,而不能听任经济自发地实现其转变和增长。他承认当时英国工商业的发展,但他认为其发展是由于当时政府的扶植政策所促成的。德国正处于类似英国发展初期的状况,应实行在国家干预下的保护贸易政策。

李斯特主张通过保护关税政策发展生产力,特别是工业生产力。他认为,工业发展以后,农业自然跟着发展。因此,对于保护对象,他有以下几个观点:①幼稚工业才需保护;②在被保护的工业得到发展,其产品价格低于进口同类产品并能与外国竞争时,就无需再保护,或者被保护工业在适当时期(如 30 年)内还不能扶植起来时,也就不需再保护;③一国工业虽然幼稚,但如果没有强有力的竞争者,也不需要保护;④农业不需要保护。

【专栏 3-1】

弗里德里希·李斯特小传

德国经济学家、李斯特派保护贸易论的倡导者——弗里德里希·李斯特,生于南德符腾堡州卢林根镇的一个鞋匠家庭。他高中毕业参加文官考试被录取,任下级官吏,后被提升为该州(当时称邦)会计监察官;曾任图宾根(Tubingen)大学行政学教授,因鼓吹德国统一,废除多邦关卡,不容于当局,被迫辞职;后主持德国工商同盟工作,被选为符腾堡州议会议员,但因提出的改革方案而被迫害,被判处 10 个月监禁。1825 年赴美,他任当地德文报纸主笔,将在宾夕法尼亚工业促进协会会刊发表的文章汇集成书出版,即《美国政治经济学大纲》(Outline of American Political Economy)(1827)。1830 年,李斯特入美籍,曾任美驻莱比锡、汉堡领事,后居德国继续致力于振兴国家的事业。1834 年以普鲁士为中心的关税同盟成立,在封建势力控制下,依然实行自由贸易政策。李斯特已无法进行政策活动,特赴巴黎从事写作,1841 年其代表作《政治经济学的国民体系》(The National System of Political Economy)问世,数月之内发行 3 版。1846 年赴英,鼓吹保护贸易,因病返德,生活潦倒,身力交瘁,雪夜开枪自杀,时 1846 年 11 月 30 日,年 57 岁。

资料来源:《帕尔格雷夫经济学大辞典》(中译本),经济科学出版社,1992 年。

二、幼稚产业的选择标准

就幼稚产业保护论而言,其重要的是对幼稚产业的界定和选择。后来的学者从不同角度提出了幼稚产业的选择标准,对李斯特的理论进行了发展和补充。

1. 穆勒标准

穆勒认为,某个产业由于缺乏技术方面的经验、生产率低下、生产成本高于国际市场价格而无法与外国企业竞争,但在一定时期的保护下,该产业能够提高效率;在自由贸易条件下生存下去,并取得利润,那么该产业为幼稚产业。以上可概括为如下几点:①正当的保护期限只限于对从外国引进的产业学习掌握过程,过了这个期限就应取消保护;②保护只应限于那些即使脱离保护也能继续生存的产业;③最初为比较劣势的产业,经过一段时间保护后,有可能变为比较优势产业。

2. 巴斯塔布尔标准

受保护的产业能够在一定的保护期后成长自立,为保护、扶植幼稚产业所需要的社会成本不能超过该产业未来利润的现值总和。符合以下条件的即为幼稚产业:①受保护的产业能够在一定时期后,成长自立;②受保护产业将来所能产生的利益,必须超过现在因为实行保护而必然受到的损失。这就是巴斯塔布尔标准。

3. 肯普标准

除了要考虑前两个标准的内容外,还应考虑产业在被保护时期的外部效应,即肯普标准。如果某一产业的技术具有外部性,即该技术可为其他产业所获得,那么即使该产业的利润无法增加,将来的利润无法补偿投资成本,国家也应该予以补偿和保护。

当先行企业在学习过程中取得的成果对国内其他企业具有外部经济正效应时,这种保护才是正当的。因为开创一种新的幼稚产业,先行企业本身的投资大、成本高,要冒很大的风险,而且成功之后很容易被其他企业模仿。后来进入该产业的企业也可享用最早的幼稚工业所开发的知识及其经验,这导致市场的激烈竞争,原先的先行企业无法获得超额利润以补偿学习期间所付出的代价。对于这种幼稚产业,政府应当采取保护措施,否则企业就不愿投资于这种具有外部经济效应的产业。

4. 小岛清标准

小岛清标准是指,应根据要素禀赋比率和比较成本的动态变化,选择一国经济发展中应予以保护的幼稚产业。只要是有利于国民经济发展的幼稚产业,即使不符合巴斯塔布尔或肯普准则,也是值得保护的。至于怎样确定这种幼稚产业,则要从一国要素禀赋状况及其变化、从幼稚产业发展的客观条件方面来考察。其可概括为以下几点:①所保护的幼稚产业要有利于对潜在资源的利用;②对幼稚产业的保护要有利于国民经济结构的调整优化;③保护幼稚产业,要有利于要素利用率的提高。

三、幼稚产业保护论评述

李斯特的幼稚产业保护论代表了当时工业落后的德国产业资本家的利益,为德国工业化的发展提供了坚实的理论依据,促进了德国封建制度向资本主义制度的过渡。1841年,李斯特的著作发表,在德国引起了强烈反响,其学说也迅速为德国工业圈所接受。一方面,德国提高了部分产品的进口税,如1843年棉纱进口税提高了50%,1844年毛纺织品进口税提高了33%,金属、皮革制成品进口税提高了一倍。另一方面,德国对机器和工业原料尽量地减免关税。这些措施有效地抵销了英国工业品的竞争力,使德国的资本主义工业生产健康快速发展,并在20世纪初全面超越英国。

该理论反映了经济发展水平落后的国家想独立自主地发展民族工业的正当要求和愿望,因而在许多后进国家赶超工业发达国家的过程中,幼稚产业保护论得到重视。第二次世界大战后,幼稚产业保护论在多数较不发达的国家中得到了重视。

值得注意的是,幼稚产业保护论并非主张对所有部门都采取保护措施,而是对不同部门实行不同的贸易政策,以保证国内经济结构调整的平稳性和本国经济运行的平稳性;并非对所保护产业进行长期的无限制的保护,而是一旦其具备了与外国同类产业竞争的能力,保护即宣告结束。这些都显示了李斯特理论的合理性和积极性。

然而,同任何其他伟大理论一样,幼稚产业论也存在明显的缺陷,即李斯特过分地强调了国家干预对经济发展的作用。政府本身也存在所谓的"政府失灵"问题。试想,为了成功地运用保护政策,政府要确定幼稚产业的遴选标准、权衡保护该行业的利弊、为该行业的发展提供各种便利条件,这将是一项极其复杂而艰巨的任务。政策失误的结果往往会导致保护低效率,如巴西对本国计算机产业的保护就是幼稚产业保护失败的案例。

【专栏 3-2】

巴西计算机产业的悲剧——幼稚产业保护失败的案例

1984年巴西通过一项法令,禁止进口任何外国的计算机,其目的就是对本国处于初级阶段的计算机产业发展提供保护。该法令得到了严格的执行。

但是结果却是令人震惊的,巴西生产的计算机在技术上比迅速发展的世界水平落后了许多年,而消费者却要支付高于世界市场2倍或3倍的价格。据估计,这项法令使巴西消费者每年多付出9亿美元的代价。同时,由于巴西的计算机价格太高,在国际市场上没有竞争力,所以巴西的计算机公司不能通过向其他国家出售其产品获得规模经济效益,计算机的高价也损害了其他经济部门的竞争力。1990年巴西经济部长卡多索·德·麦罗说:"由于这一不理智的爱国主义,我们变得更加落后,计算机产业的问题严重阻碍了巴西其他产业的现代化。"

来自巴西消费者和企业界以及美国要求开放市场的压力,巴西政府在1992年被迫放弃了计算机进口禁令。在不到一年的时间里,圣保罗和里约热内卢的电器商店里便摆满了各种进口的计算机,巴西的公司开始从计算机革命中获益。

【专栏3-3】

中国汽车进口关税与汽车产业发展

为了保护中国汽车工业,让国产车有足够的发展空间,中国在进口车上一直实行的是高关税。

1985年以前,我国汽车进口关税税率为120%~150%,后又在原有基础上加征80%的进口调节税。从1986年开始,我国将关税与进口调节税合并征收,汽油轿车排量3.0升以上的进口关税税率为220%,排量3.0升以下的税率为180%。该税率一直沿用了8年。在此期间,我国的进口轿车价格比国际市场的价格高出三四倍,进口零部件组装车的价格也同样高出国际价格数倍。

1994年4月1日,我国对进口汽车关税进行第一次下调,175个汽车税目中有105个得到下调,税率平均降低13个百分点。排量3.0升以下的轿车关税降为110%,3.0升及以上排量的关税降为150%,较1986年,各自下降了70个百分点。

1996年,我国承诺到2000年中国关税平均税率从23%降至15%,1997年10月1日先降到了17%。与此相对应,1997~2004年,进口汽车关税连续5次下调,排量3.0升以下的进口汽车关税税率由80%降到34.2%,3.0升及以上的由100%降到37.6%。

2005年1月1日,我国按照承诺取消了进口汽车配额许可证制度,对汽车产品实行自动进口许可管理,同时将进口汽车关税降到30%。

2006年1月1日,我国再次将进口汽车关税税率从30%下调至28%,日历终于翻到了我国完全履行加入世贸组织承诺的最后一年。

2006年7月1日,我国进口汽车关税税率最终在第九次调整后降至25%,进口汽车零部件的关税税率也降至10%。

借助关税保护,我国在发展自主品牌的同时,也主动地引进了大众、本田、日产等品牌,合资企业在中国如雨后春笋般成长,并在当今的中国汽车市场占据重要席位。

不论是对进口车征收高关税,还是引进合资品牌,中国的目的无非是通过高关税给国产汽车业以喘息成长的机会;通过引进FDI,产生技术外溢,促进中国汽车产业在核心部门的研发能力的上升。经过几十年的保护与培育,相继产生了红旗、吉利、比亚迪、奇瑞等国产品牌。国产品牌在中国汽车市场竞争异常激烈的情况下,仍然能保持40%左右的市场占有率,这已经是一个不错的成绩单。国产品牌汽车市场占有率如表3-1所示。

表3-1 国产品牌汽车市场占有率

年度	2014年	2015年	2016年	2017年	2018年	2019年
市场占有率	33.90%	37.90%	42.60%	44.30%	41.20%	40.90%

数据来源:中国储能网。

第二节 凯恩斯超保护贸易理论

一、产生背景

19世纪末至第二次世界大战,垄断代替了自由竞争,成为社会经济生活的基础。此时,各国普遍完成了产业革命,工业得到迅速发展,世界市场的竞争变得异常激烈。20世纪30年代,资本主义世界发生了空前严重的经济危机,经济萧条、失业等问题进一步严重。在大危机后,许多资本主义国家积极干预对外贸易,实行高关税、外汇限制、数量限制、鼓励出口等措施以改善国内的经济状况。在上述历史背景下,各国经济学者提出了各种支持超保护贸易政策的理论根据,其中产生重大影响的是凯恩斯超保护贸易理论。

二、基本观点

1. 批评传统贸易理论,尊崇重商主义

古典自由贸易理论假定国内充分就业,国家间贸易以出口抵偿进口;进出口能够平衡,即使偶尔出现差额,也会由于黄金的移动及由此产生的物价变动而恢复。凯恩斯认为,古典学派的贸易理论已经过时。一方面,其前提条件——充分就业,事实上并不存在,现实社会存在着大量的失业现象。另一方面,传统理论只用国际收支自动调节机制"来证明贸易顺差、逆差的最终均衡过程,忽视了在调节过程中其对一国国民收入和就业的影响",这是不对的。而重商主义在一定阶段有其合理性,一国可以通过保护贸易、保持对外贸易的顺差来增加国内的就业。

2. 鼓吹贸易顺差有益、贸易逆差有害

凯恩斯认为,一国的国民收入水平(从而是就业水平)取决于有效需求,包括消费需求和投资需求。其中,投资需求包括国内投资需求和国外投资需求,前者由"资本边际收益"和利息率决定;而后者由贸易顺差大小决定。因此,一方面,保持贸易顺差可以扩大国外投资,直接增加投资需求和有效总需求,解决就业,促进经济繁荣;另一方面,保持顺差还可为一国带来贵金属的流入,从而增加国内货币供应量、压低利息率,并且刺激私人投资、间接增加国内有效需求。相反,贸易逆差会造成黄金外流,导致国内经济趋于萧条和失业人数增加。不仅如此,凯恩斯的追随者马克洛普(1943)还认为,保持贸易顺差不仅能够增加国民收入,而且由于"对外贸易乘数"的作用,这种增加是成倍的。总之,在凯恩斯主义看来,贸易顺差能增加国民收入,扩大就业;贸易逆差则会减少国民收入,加大失业。

3. 提倡政府干预对外贸易

凯恩斯认为,如果对外贸易不在政府的控制之下,就很难成为提高国民收入水平的重要推动力。基于此,凯恩斯认为政府不仅要利用宏观经济政策干预国内的经济,实现内部平衡,还要干预对外贸易,以便使国民收入水平稳步提高。在此基础上,凯恩斯提出了用保护关税制度来促进国内经济的繁荣。他指出保护关税制度有三个好处:首先,它可以促使人们增加国内产品消费,从而增加就业;其次,它可以减轻本国国际收支逆差的压力,以便腾出一定的资金,偿付在扩张政策下的必要的进口量,并对贫困的债务国进行贷款;最后,它能得到社会舆论的支持。

三、理论评价及实践

凯恩斯超贸易保护理论为一国如何通过对外贸易保护政策,实现充分就业、提高国民收入提供了理论依据,并在一定程度上揭示了对外贸易与经济发展之间的客观规律。但是该理论存在的严重缺陷之一是,没有考虑到国家之间贸易政策的连锁反应。一个国家的"奖出限入"政策势必招致其他贸易伙伴国的贸易报复,从长远来看,这对一国经济和贸易都会产生严重的负面影响。1930年6月,美国签署《斯穆特-霍利关税法》,修改了1 000多种商品的进口税,使美国平均总体税率从之前的15%左右提升至近20%的水平。这一保护措施立刻遭到了欧洲多国的强烈反对和回应。德国和英国将其总体关税税率由1930年的10%左右调整至1932年的25%,全球贸易整体的总体税率也从10%左右上升到20%。由此,美国进出口跌幅进一步上升,尤其出口跌得更多,基本都保持在-20%左右,失业率则从5%一路攀升到了25%以上。受贸易战影响,德国、法国、英国和意大利的出口从1930年开始由同比增长转为负增长,全球进出口贸易额在1930年到1934年持续萎缩,跌幅一度高达40%。

与古典幼稚产业保护理论不同,幼稚产业保护是对成长中的弱者的保护,对市场失灵的矫正。凯恩斯超贸易保护主义并不是选择保护弱势的幼稚产业,而是对本国产业的全面保护,特别是保护本国成熟企业的垄断地位,是对垄断的保护,是对市场的扭曲。凯恩斯超贸易保护政策是以牺牲他国的利益为代价来获取本国利益,这必然会导致个人利益和整体利益的冲突。所以,超贸易保护政策的实施必然导致贸易战,贸易战的结果一定是两败俱伤。

大危机时期,美国首先推行凯恩斯贸易保护主义政策,希望通过鼓励出口和限制进口以促进本国就业和尽快走出经济萧条的阴影。但是,1930年,《斯姆特-霍利关税法》生效后,美国宏观经济的各项指标却一路走低。受到高额关税的直接影响,美国进口贸易额缩水2/3。同时,由于许多国家都对美国采取报复性关税等反制措施,美国的出口贸易额也严重萎缩。美国商务部的统计数据指出,1929~1934年,全球贸易萎缩了大约66%。外贸的缩水进一步加剧了美国国内本已严重的产能过剩问题,因此许多企业破产,进而使美国全国失业率从1930年的7.8%猛增到1933年的25.1%。

曾经美国贸易代表办公室发言人金凯德(Trevor Kincaid),在一篇为路透社撰写的专栏评论中指出,《斯穆特-霍利关税法》引发了一场规模巨大的贸易战,让美国工人丢了工作、美国农民丢了客户、美国家庭买不起商品,将1929年的全球经济危机彻底催化成全球大萧条,某种程度上助推了许多国家的极端政治势力,间接催生了第二次世界大战。

第三节 战略性贸易政策

所谓战略性贸易政策(Strategic Trade Policy),是指在不完全竞争市场中,政府对那些被认为存在着规模经济、外部经济或其他额外收益的产业予以扶持,以扩大本国厂商在国际市场上的份额,把超额利润从外国厂商转移给本国厂商,以增加本国经济福利和加强在国际市场上的战略地位。

战略性贸易政策理论是20世纪90年代到21世纪初期以来西方发达国家比较流行的一种理论观点。该理论认为,在市场不完全竞争和存在规模经济的条件下,一国可以通过政府直接干预进行暂时的贸易保护,如征收关税、出口补贴等,以改变市场结构,提高本国企业的国际竞争力。持这种观点的经济学家包括布兰德(James Brander)、斯宾塞(Barbara Spencer)以及克鲁格曼(Paul Krugman)等。

战略性贸易政策的观点主要体现在两个方面：一是由产业的正外部性所造成的市场失灵需要政府产业政策干预；二是因为不完全竞争造成的市场失灵需要政府产业政策干预。

一、外部性与高科技产业

企业投资生产的知识和技术往往具有正的外部性(externalities)，即能给其他企业带来额外的收益而不用付出成本。无论对发展中国家的幼稚产业，还是对发达国家已经成熟的产业，外部性都是适用的。高科技产业是以知识和技术的投资生产为核心的产业。虽然高科技产业的企业可以获得由对知识和技术投资而来的某些收益，但是，这类创新企业往往不能获得全部收益。由于专利法对创新者提供的保护太微弱，其他企业可以通过模仿和学习创新者的技术获得额外的收益。所以，高科技企业在自由市场竞争下是没有创新激励的，这种情况下，政府高科技产业扶持政策就可以弥补自由市场竞争下创新激励的不足。

一方面，高科技产业具有正外部溢出是政府推行高科技产业政策的根本原因。另一个方面，因为高科技产业的外部经济效应，在20世纪，许多国家将建设高科技园区看作是推动高科技产业发展的战略举措。通过建设高科技园区形成高科技产业集聚效应，集聚效应(industrial agglomeration effect)是利用产业在空间上集中而形成的外部经济效应，以吸引经济活动向一定地区靠近的经济现象。产业集聚有专业型的集聚，如餐饮业集中在某一个区、纺织业集中在另一个区。美国硅谷IT产业集聚和华尔街金融产业集聚都是高科技产业专业化的集聚，也有综合性的集聚，如城市的形成。产业在某一地区的集聚，在早期可以是市场自发力量的推动也可以是政府力量的推动。美国的硅谷一直被视为高科技产业发展最成功的范例，IT产业在硅谷集聚主要是依靠市场力量加上政府军工订单的推动。中国台湾的新竹、印度的班加罗尔等园区则是在政府优惠政策支持下，模仿硅谷建立的高科技园区。这些高科技园区都是政府产业政策比较成功的例子。

中国自1988年开始兴办高科技园区。在《中共中央关于科学技术体制改革的决定》(1985年3月)公布之后的4个月，中国第一个高新技术产业开发区——深圳科技园区在深圳诞生了。1988年5月，中共中央、国务院批准建立中国第一个国家级高新技术产业开发区——北京中关村高新技术产业开发试验区，同时颁布了相应的18条优惠政策，接着在武汉、南京、沈阳、长春、广州、重庆、西安、上海等城市也都纷纷建立了高新技术产业开发区。截至2017年年底，国务院先后批准的国家级高新技术产业开发区达156个。

一般认为，高科技园区在完成产业集聚之后，就应该主要依靠产业集聚效应的市场力量，而不应该依靠政府的优惠政策来引导产业的发展方向。2005年，中国高科技园区取消了区域优惠政策，其目的就是希望以市场集聚效应替代政府区域优惠政策，从而强化市场的优胜劣汰机制，推动高新区的产业升级。当然，针对高科技产业创新的外部溢出效应和市场机制的不足，当地政府仍然要充分地实现高科技产业扶持政策。政府产业政策主要是为了弥补高科技企业创新的外部正溢出。科技企业创新的外部正溢出会导致高科技企业创新资金不足、研发活动资源投入不足，矫正的办法就是政府为高科技企业的创新融资提供帮助。国内外普遍实行的高科技产业扶持政策主要有：政府专项资金支持、政府创业创新奖励和补贴、人才补贴、税收优惠、土地和租房优惠、孵化器、政府创业基金、种子基金、政府风险引导基金、帮助高科技企业上市、政府融资担保等。

二、不完全竞争与战略性贸易政策

布兰德和斯宾塞于1981年提出,当市场只有为数不多的几家企业参与竞争时,企业就会有超额收益。在这种情况下,政府原则上可以通过改变博弈规则,将这些超额收益从国外转移到国内企业。

(一)布兰德和斯宾塞模型分析

例如,政府对国内企业进行补贴,从而阻止国外竞争对手进入该行业,或者是帮助本国企业击败竞争对手,这样可能使增加的国内企业利润超过补贴的数额。下面用两寡头博弈模型对政府补贴进行说明。

假设市场存在国内企业A、国外企业B生产同一种商品,两家企业只能做出生产和不生产两项决策,其收益矩阵如表3-2所示:括号中的第一个数字代表A企业的收益,第二个数字代表B企业的收益。如(100,0),代表A生产与B不生产组合下的收益情况为,A获利100,B收益为0。

表3-2 A、B两家企业竞争收益矩阵

项目	B生产	B不生产
A生产	(-10,-10)	(100,0)
A不生产	(0,100)	(0,0)

根据表3-2,当两家企业同时生产参与市场竞争时,两家企业都会遭受损失(-10,-10),如果只有一家企业生产而另一家企业不生产,则从事生产的企业将获得100的超额收益。也就是说,该市场,谁抢先占领,谁就可获得超额利润,其他企业加入就会亏损。所以正常情况下,其他企业就不会进入该市场。先进入者就可以凭借市场垄断地位获得超额利润。

布兰德和斯宾塞于是提出,如果一国政府通过补贴本国企业,进入垄断市场,就可以将竞争对手挤出去。假设政府对国内企业A补贴20个单位,两企业的收益矩阵如表3-3所示。

表3-3 国内企业A获得补贴后两家企业竞争收益矩阵

项目	B生产	B不生产
A生产	(10,-10)	(120,0)
A不生产	(0,100)	(0,0)

根据表3-3,本国企业A获得补贴后,在竞争中由亏损变为赢利,故可以将竞争对手B挤出市场,最后本国企业获得超额利润120个单位,这超过了本国补贴的20个单位。从而在整体上增加了本国的国民收入。

(二)布兰德和斯宾塞模型存在的问题

布兰德和斯宾塞模型是零和博弈(zero-sum game),即总利润是一定的,我的所得就是你的所失。布兰德和斯宾塞提出的贸易保护政策,一定会遭到竞争对手的报复,最终结果一定是两败俱伤。

例如,当本国企业A获得政府补贴后,B国企业也马上采取对等贸易政策补贴本国企业。结果,在获得补贴后,A、B两家企业竞争收益矩阵如表3-4所示。

表 3-4　两企业都获得补贴后两家企业竞争收益矩阵

项目	B生产	B不生产
A生产	(10,10)	(120,0)
A不生产	(0,120)	(0,0)

根据表 3-4,两家企业获得补贴后,在竞争中都会赢利,故两家企业都持续选择生产,收益各为 10 个单位,但各国政府都要付出 20 个单位补贴。从而在整体上,各国的国民收入都会减少 10 个单位。这对双方都是得不偿失的,所以最终结果就是两败俱伤。

三、对战略性贸易政策的评价

战略性产业的选择主要基于以下原则:①具有巨大内部规模经济的产业;②具有巨大外部规模经济的产业;③可能取得出口垄断地位的产业;④重要的尖端的研发性产业。从以上战略产业的选择标准来看,战略性贸易政策是保护那些影响深远的高新技术产业和重要的基础工业部门。战略性贸易政策对这些产业的扶植,不仅仅单纯追求这些产业自身的发展,同时还要利用这些产业的外部效应。

然而,战略性贸易政策要取得成功,仅靠选择的产业具有以上特征是不够的,还需要政府有完全的信息和准确的判断,对保护成本和收益有准确预期;受保护的企业要能够长期保持垄断地位,该产业具有很高的进入壁垒,能够保持寡占的市场结构;以及其他国家不会采取报复式的保护,等等。

因为战略性产业存在内部和外部经济效应,政府产业扶持政策有其合理性,所以对政府战略性贸易政策的效果评价不能仅仅局限于贸易的利益。一国的战略性贸易政策即使遭受他国的对等报复,导致了双方在贸易上受损,这也并不妨碍贸易双方继续推行战略性贸易政策。在布兰德和斯宾塞模型中,如果 A、B 两家企业都是高科技企业,如飞机制造或芯片制造,即使在长期,两国政府补贴超过两国企业的收益,双方都得不偿失,但考虑到飞机制造、芯片制造对一国经济的溢出效应和其他重要性,两国政府就不会放弃对本国企业的持续补贴。

战略性贸易政策与幼稚产业保护理论有相似之处,即都主张对具体产业进行保护,而不像凯恩斯的超保护贸易理论,是对各产业的全面保护。但战略性贸易政策与幼稚产业保护理论有着本质的区别,具体体现为:①幼稚产业保护理论是建立在完全竞争的市场结构上,而战略性贸易政策是建立在不完全竞争的市场结构上;②幼稚产业保护理论追求的是受保护产业的成长与独立,而战略性贸易政策理论还看重受保护企业所产生的外部经济效应;③幼稚产业保护理论多用于解释发展中国家对其欠发展产业的保护,而战略性贸易政策更能解释发达国家对某些高新技术产业的保护。

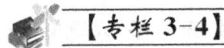【专栏3-4】

美国针对中国的战略性贸易政策

2018 年 5 月 19 日,中美双方在谈判后达成联合声明,双方同意将采取有效措施实质性减少美对华贸易逆差。然而在 6 月 15 日 8 时,白宫突然撕毁协议,发表声明宣布对价值 500 亿美元的中国输美商品加征 25% 的关税,包括"中国制造 2025"中所含的对中国未来经济增长有利的新兴高科技产品。上述声明发布后半小时,美国贸易代表(Office of the United States Trade

Representative, USTR) 办公室发布了 HS8 位分类下的 1 102 项产品的清单。其中有约 340 亿美元的 818 项产品,与此前 USTR 公布的 1 300 余项初始清单重叠,已经过公共评论期,将于 7 月 6 日开征。其余 160 亿美元的 284 项新添加产品,将重新经过公共评论期后生效。表 3-5 比较了 USTR 正式发布的产品清单与 301 调查关税清单的异同,我们统计了两份清单 HS2 分位行业下 HS6 分位产品数量如列(1)(2) 所示。

表 3-5 正式发布的产品清单与 301 调查关税清单的对比

正式清单涉及的 HS2 行业名称	(1)	(2)
无机化学品	2	1
橡胶及其制品	8	2
核反应堆、锅炉、机械器	389	311
电机、电气设备	127	114
铁道及电车道机车	11	11
车辆	38	33
航空器、航天器	14	13
船舶及浮动结构体	11	10
光学、电子产品、医疗设备	83	65

资料来源:根据 GTA 数据库整理。

与 301 调查关税清单相比,可得出三点结论。其一,在 301 调查关税清单中的有机化学品、药品、杂项化学产品、钢铁、钢铁制品、铝及其制品、贱金属杂项制品、钟表及其零件、武器弹药、家具寝具这十大类没有出现在第一批正式被征收关税的清单中。一方面,即便在 301 调查关税清单中,这十类遭受制裁的力度也并不大,可以视其为并非本次调查主要针对的行业;另一方面,这亦是一个信号,即美国未来可能会对以上行业予以额外关注。其二,在表 3-5 的九个行业中,列(2)中的产品总数约占列(1)产品总数的 82%,与 301 调查关税清单高度重合,意味着这九个行业即为美国主要的打击对象。其三,6 月 15 日公布的正式清单中,核反应堆及机器、电机及电气设备、光学、电子产品、医疗设备,这几个行业中受到制裁的产品数量最多,是其针对的重点。虽然我们从 301 调查关税清单中已得到类似结论,但正式清单一出,再无侥幸可言。本次 301 调查及相关关税清单虽然时间与金额皆出乎意料,且乍看之下似乎颇为不智,但在多方对比分析后,该调查设计得非常精妙并具有针对性。第一,该调查涵盖的行业主要为中高技术行业,这与中国进入 21 世纪以来的发展势头、美国的忌惮及其打压方向相符。美国担心中国通过获取技术、发展基础工业的自主保障,在全球产业中占据优势地位,威胁到美国自身。第二,该调查没有忽略过去已被很多贸易措施所施加的行业,而是在各类法案的基础上,对如有机化学品、钢铁制品等行业进行了进一步的打击,表明了其不会轻易放松的态度。第三,301 调查具有非常明确的针对性与指向性,在其报告中广泛引用了中国政府的多篇规划和蓝图,包括"中国制造 2025""国家中长期科技发展规划纲要""新一代人工智能发展规划"等,尤其是对"中国制造 2025"进行了深入挖掘与分析。而"中国制造 2025"中的十个领域包括新一代信息技术产业、高档数控机床和机器人、航空航天装备、海洋工程装备及高技术船舶、先进轨道交通装备、节能与新能源汽车、电力装备、农机装备、新材料、生物医药及高性能医疗器械,这些领域中以往未被政策主要管制的行业也被涵盖在本次 301 调查中,指向鲜明意味深长。

资料来源:霍伟东等:《中美贸易摩擦与美国贸易政策的战略转移》,《亚太经济》2018 年第 5 期。

第四节 贸易政策的政治经济学

贸易政策的政治经济学(the Political Economy of Trade Policy)认为,贸易政策反映了各种利益集团的政治决策过程,是国内政治经济诸因素综合作用的结果。具体包括:①政策制定者的目标;②贸易保护提议中的受益者和受损者对政策制定的影响;③管理贸易保护中受益者、受损者与政策制定者之间相互作用的制度安排。

国际贸易研究在这方面的进展得益于公共选择理论对政治市场的开创性研究。在政治领域,人们追求自身利益的最大化。选民作为政治市场需求者,投票选举那些能够增进他们利益的候选人;总统和议员等决策者作为政治市场的供给者,追求当选或连任。这一理论运用于贸易政策的决定,并且假定经济市场是完全竞争、收入再分配可行、以直接投票的简单多数原则确定当选者且投票成本为零,决策者应当选择最有效的自由贸易政策。但实际上,由于收入再分配不可行,利益集团的存在和多数人存在"搭便车"行为,一种使多数人(广大消费者)遭受损失,而有利于少数群体(国内生产者)的贸易保护政策可能会得到执行。

鲍得温(Baldwin)等人认为,应保护来自特定的选举人集团、企业、利益集团和政党的要求,应得到政治家和政府官僚的支持,并以关税保护的游说活动为例,对贸易保护作用做了政治经济学分析。一般说来,赞成关税的集团即关税保护的最大受益者,是供应国内市场与进口竞争的国内企业,也包括生产互补性产品和为进口竞争企业提供投入的企业。由于贸易保护的政策效应是有形的和直接的,可以增加国内就业和产量,所以尤其是在国内失业处于高水平时,保护主义者集团往往有着很强的游说力量,在政治竞争中起着重要的影响。而作为赞成自由贸易的主要力量——出口企业,意识到贸易保护主义加强必然会导致国外报复,从而影响其出口贸易。但由于这种损失是间接的和难以事先定量的,因而它们很难将其出口利益转移为有效的政治行动。

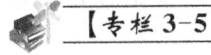
【专栏3-5】

中美贸易摩擦中的政治经济学

随着中国经济的不断崛起,中国产品在国际市场上的竞争力越来越强,对美出口不断增长,从而导致美对华贸易逆差逐年扩大。美国各界意识到中国产品的威胁性,通过各种手段,包括WTO框架内的贸易救济措施,对中国输美产品不断打压。如表3-6所示,美国从1980年到2005年发起的反倾销案件中,大部分都是针对中国。

表3-6 1980~2005年分行业美国对华反倾销案件比率

项目	案件数	专门针对中国比率	案件数	专门针对中国比率	案件数	专门针对中国比率
期间	1980~1989年		1990~2000年		2001~2005年	
钢铁行业	4	0	22	31.8%	11	36.4%
化工业	6	50%	18	72.2%	8	37.5%
机电业	1	0	7	42.9%	6	33.3%
其他	6	100%	15	66.7%	12	66.7%

数据来源:李坤望、王孝松:《美国对华反倾销的统计分析》,《亚太经济》2008年第4期。

美国存在形形色色的利益集团,主要包括:联邦政府、立法机构、行政机构、司法机构;商业利益集团,如制造商协会、商会、企业联合会等;非商业团体,如消费者协会、人权组织、环保组织、劳工组织等。

其中,美国国会作为对华贸易政策的制定者,一直对中美贸易施加负面影响。究其原因,主要是国会追求国内选民的政治支持。白宫在对华贸易政策的态度主要受到经济利益的驱使。联邦政府及其以下部门与贸易伙伴有着密切往来,更希望达成双赢局面,但有时也受到国内政治力量的支配。商业团体中,企业家协会和商会,主张积极、务实的对华贸易政策,这有利于它们的出口及投资活动。但制造商协会、纺织品协会等,则要求政府提高关税和非关税壁垒,保留进口配额,以减少进口对其国内市场的冲击。非商业团体中,消费者协会主张宽松的对华贸易政策,这样个体消费者就能从价廉物美的进口产品中受惠。

美国作为代议制国家,贸易政策的制定和实施是各方利益博弈的结果。随着中国经济的不断发展,对美国逐渐形成挑战,"中国威胁论"甚嚣尘上,各个利益集团在"压制中国"上逐渐达成一致。美国相对劣势的劳动密集型行业自不必说,具有比较优势的高科技行业既觊觎中国的市场,又担心其在该领域的优势输给中国,因而对华为所代表的高科技企业进行打压。这就是近年来中美贸易冲突愈演愈烈的政治经济学原因。

本章小结

本章介绍了幼稚产业保护理论、凯恩斯的超保护贸易理论、战略性贸易政策,以及贸易政策的政治经济学。贸易保护是作为自由贸易理论的对立面出现的,其保护理由或者是站在后进国家的角度,强调自由贸易的公平起点问题以及对于本国现有的弱势产业保护的必要性,如幼稚产业保护理论;或者是站在处于经济危机中的发达国家角度,强调全面保护对经济恢复所产生的意义,如凯恩斯的超保护贸易论;或者是站在进行贸易博弈、攫取他国贸易利益的角度,鼓吹战略性贸易政策的好处,如战略性贸易政策理论;或者是从贸易政策制定的政治过程中寻找贸易保护主义产生的土壤。

练习题

一、名词解释
幼稚产业　穆勒标准　巴斯塔布尔标准　肯普标准　小岛清标准　战略性贸易政策　外部性　集聚效应　零和博弈　贸易政策的政治经济学

二、问答题
1. 简述幼稚产业保护论中的生产力理论。
2. 简述幼稚产业保护论中幼稚产业的选择标准。
3. 简述凯恩斯贸易保护理论与重商主义的异同。
4. 简述战略性贸易政策与幼稚产业保护理论的相似之处。
5. 试述战略性产业的选择标准。

三、材料分析题
材料一:1970年之前,美国贸易一直保持顺差。但随着日本、德国等国家的制造业实力持续增强,美国贸易逐渐转向逆差。1977年开始,美国的贸易逆差从310亿美元持续扩大到

1987年的1 595亿美元。面对国内日益糟糕的经济和不断扩大的贸易逆差,美国在20世纪七八十年代先后出台了多项贸易保护措施,其中包括著名的301条款。但是,实际上美国在20世纪七八十年代发动的贸易战并没有解决美国贸易逆差扩大的问题。作为20世纪七八十年代美国贸易战的主要对象,日本经济也在20世纪90年代付出了巨大代价。

材料二:2018年6月15日,白宫对中美贸易发表声明,对1 102种产品总额500亿美元商品征收25%关税。7月11日,美国再次公布对价值2 000亿美元的中国商品额外加征10%关税的清单。

根据材料,结合所学知识,说明20世纪七八十年代美国实施的贸易保护政策,以及现在中美贸易摩擦的原因。

四、论述题

1. 论幼稚产业保护论与比较优势理论的异同。

2. 既然自由贸易有保护贸易所不具有的诸多好处,为什么到目前为止没有任何一个国家实行完全的自由贸易?请用本章相关理论回答。

3. 为什么说战略性贸易政策有其必要性,但战略性贸易政策一般又会导致贸易伙伴的报复。

第四章 国际贸易理论的新发展

【本章要点概览】

- 产业内贸易理论
- 外部经济理论
- 产品生命周期理论
- 国家竞争优势理论

前面几章我们介绍了传统的国际贸易理论,包括古典的比较优势理论、新古典的要素禀赋理论。根据前者,两国劳动生产率的差异是国际贸易发生的基础;而根据后者,两国要素禀赋的差异决定了国际贸易。如果贸易国的劳动生产率以及要素禀赋结构等方面都极为相似,两国间就不会发生贸易往来。然而自 20 世纪六七十年代以来,国际贸易呈现出新现象——制造业内部的产业内贸易,贸易主要发生在发达工业化国家之间。对此,传统的贸易理论无能为力,这就需要新的贸易理论来加以解释。由此,就导致了国际贸易理论研究的一些新发展。

这些发展主要体现为以下几点:①比较优势理论的动态化;②从需求方出发,探讨国际贸易的基础;③市场结构的变化对于国际贸易模式的影响。

第一节 产业内贸易理论

一、基本概念

(一)产业内贸易概念

20 世纪 60 年代以来,世界范围内的经济发展和专业化分工水平不断提高,随之而来的是国际贸易格局呈现出一种全新现象——工业化国家之间的制成品产业内贸易逐渐占据主流地位。产业内贸易(intra-industry trade)是产业内国际贸易的简称,是指一个国家或地区、在一段时间内,同一产业部门产品既进口又出口的现象,所以又称双向贸易(two-way trade)或是重叠贸易(over-lap trade)。例如,日本向美国出口轿车,同时又从美国进口轿车的现象;中国向韩国出口某种品牌的衬衣,同时又从韩国进口某种 T 恤衫的贸易活动。以"比较优势"为核心的传统贸易理论无法解释产业内贸易现象。这些国际贸易实践的新现象需要新的贸易理论做出解释。对此,经济学家们做出了不懈努力。

1961 年,瑞典经济学家林德尔(S. B. Linder)出版《论贸易和转变》一书,提出了收入偏好相似理论(the Theory of Income Preference Similarity)。林德尔认为,发达国家之间相互进行工业化产品贸易的种类、范围、流量是由各国的需求因素决定的。

20世纪70年代末,以克鲁格曼(Paul Krugman)、赫尔普曼(Elhanan Helpman)为代表的经济学家提出所谓的"新贸易理论"(new trade theory),从规模经济的角度说明了国际贸易的起因和利益来源,为国际贸易实践的新现象提供了理论佐证。企业内部规模收益递增成为解释产业内贸易模式的有力工具之一。

(二)产业内贸易的测量

那么,如何测量产业内贸易呢?测量产业内贸易,最为广泛使用的是Grubel和Lloyd(1975)在他们的著作《产业内贸易:异质产品国际贸易理论与测度》中提到的G-L指数。G-L产业内贸易指数(Index of Intra-industry Trade, IIT)测量的是双方国家同一产业中同一类产品同时存在进口和出口的商品数额。具体来说,它测量了一国(j国)的某一产业(i产业)的产业内贸易份额,其公式如下:

$$IIT_{ij} = 1 - \frac{|X_{ij} - M_{ij}|}{(X_{ij} + M_{ij})} \tag{4-1}$$

其中,X_{ij} 和 M_{ij} 分别代表 j 国 i 产业的出口额和进口额,指数 IIT_{ij} 被用作测量 j 国 i 产业的产业内贸易程度或比例,如果 j 国 i 产业的所有贸易均为产业间贸易,即 $X_{ij}=0$ 或 $M_{ij}=0$,则 $IIT_{ij}=0$;如果 j 国 i 产业的所有贸易均为产业内贸易,即 $X_{ij}=M_{ij}$,则 $IIT_{ij}=1$,故 $0 \leqslant IIT_{ij} \leqslant 1$。

公式中的 IIT 指数经调整后,还可用来测量一国的所有产业的综合产业内贸易指数,公式如下:

$$IIT_j = \frac{\sum_{i=1}^{n}(X_{ij}+M_{ij}) - \sum_{i=1}^{n}|X_{ij}-M_{ij}|}{\sum_{i=1}^{n}(X_{ij}+M_{ij})} \tag{4-2}$$

其中:$i=1, 2, \cdots, n$;n 表示 j 国在一定整合水平下产业的个数。

例如,2019年,中国商品按SITC分类,9类进出口商品数据及产业内贸易指数如表4-1所示。0~9类产品的产业内贸易指数可根据公式(4-1)估算;第一大类初级产品、第二大类工业制品和中国综合产业内贸易指数可根据公式(4-2)估算。其结果如表4-1所示。

表4-1　2019年中国产业内贸易指数　　　　　单位:百万元人民币

商品构成	出口 X_i	进口 M_i	$|X_i - M_i|$	$X_i + M_i$	IIT指数
总值	1 723 423	1 431 624			0.6386
一、初级产品	92 306	502 237			0.4165
0类 食品及活动物	44 843	55 677	10 834	100 520	0.8922
1类 饮料及烟类	2 399	5 278	2 879	7 677	0.625
3类 矿物燃料、润滑油及有关原料	32 403	238 399	205 996	270 802	0.2393
4类 动植物油、脂及蜡	796	6 478	5 682	7 274	0.2189
二、工业制品	1 627 473	926 113			0.6722
5类 化学成品及有关产品	111 385	150 693	39 308	262 078	0.85

(续表)

商品构成	出口 X_i	进口 M_i	$|X_i - M_i|$	$X_i + M_i$	IIT 指数
6类 按原料分类的制成品	280 332	96 525	183 807	376 857	0.512 3
7类 机械及运输设备	824 579	542 370	282 209	1 366 949	0.793 5
8类 杂项制品	402 598	99 439	303 159	502 037	0.396 1
9类 未分类的商品	8 580	37 086	28 506	45 666	0.375 8

数据来源：根据中国海关总署数据整理。

（三）产业内贸易的原因

造成产业内贸易现象的主要原因包括以下内容。

1. 产品差别

产品差别，或产品的异质性，是产业内贸易的基础。完全同质的产品没有必要拿去交换。产品的异质性满足了不同消费者的特殊偏好，并且成为产业内贸易存在与发展的客观条件。

2. 消费者偏好

消费者偏好对产业内贸易的影响体现为偏好的多样性和相似性。消费者的偏好是多种多样的，消费者会在质量性能、规格型号、色彩包装、售后服务等方面对产品做出选择。可选择的产品品种、规模、款式、等级越多，消费者需求的满足程度就越高。偏好的相似性则是指那些经济发展水平、需求结构相似的国家更有可能发生产业内贸易。这一点体现在林德尔的收入偏好相似理论中，后面我们会对此做详细分析。

3. 规模经济

产业内贸易是以产业内的国际分工为前提的。产业内的国际专业化分工越精细、越多样化，不同国家的生产厂家就越有条件减少产品品种和产品规格型号，在生产上就越专业化。这种生产上的专业化不仅有助于企业使用更好的生产设备、提高生产效率、降低成本，而且有助于降低生产企业之间的市场竞争程度，还有助于厂商扩大生产规模和市场规模，从而充分体现企业生产的内部规模经济效应。因为生产和市场的细分虽然减少了国内消费者数量，但企业可以面对同类型的、更大规模的国际消费者群体进行生产和销售，使从事国际生产和国际贸易的微观企业具有经济上的合理性和可行性。

下面我们将分别从这三个方面对产业内贸易的成因进行分析。值得注意的是，这三个方面在解释产业内贸易时并不是绝对独立的。

二、产品差别与产业内贸易

产业内贸易首先表现为差异产品的贸易。所谓差异产品（different products），是指相似但不完全相同，也不能完全替代的产品。差异产品一般分为三类：水平差异产品、垂直差异产品和技术差异产品。商品差异的类型不同，产业内贸易的原因也不同。

（一）水平差异

水平差异是指同一类商品具有一些相同的属性，但这些属性的不同组合会使商品产生差异。从水平差异分析，产业内贸易产生的原因是消费者偏好，即消费者的需求是多样化的。当不同的国家消费者对同类产品的不同品种产生相互需求时，就可能出现产业内贸易。例如，美国和日本都生产小轿车，但日本轿车以轻巧、节能、价廉、质优为特色；而美国轿车则以豪华、耐用为特色。这样就引起双方对对方产品的需求，这种相互需求导致了国际贸易的发生。

(二)垂直差异

垂直差异是指产品品种上的差异。从垂直差异产品看,产业内贸易产生的原因主要是消费者对商品档次需求的差异。这种差异主要取决于个人收入:收入高的消费者偏好高档产品,而收入低的消费者只能偏好中低档产品。为了满足不同层次的消费,高收入国家从低收入国家进口中低档产品,低收入国家从高收入国家进口高档产品的产业内贸易就可能出现。

(三)技术差异

技术差异是指技术水平提高带来的差异,也就是新产品出现带来的差异。从技术差异商品看,产业内贸易产生的原因,主要是产品存在生命周期。先进工业国技术水平高,不断推出新产品,而后进国家则主要生产标准化的、技术含量不高的产品,因而处于不同生命周期阶段的同类产品会发生产业内贸易。

三、消费者偏好与产业内贸易

为了说明消费者偏好对产业内贸易的影响,我们对林德尔的需求相似理论加以介绍。

需求相似理论(Theory of Preference Similarity)又称偏好相似理论(the Preference Similarity Theory)或重叠需求理论(the Overlapping Demand Theory)。该理论从两国的需求结构与收入水平出发来研究两国间相互贸易的理论。该理论认为两个国家人均收入水平越是接近,彼此需求结构的重叠部分就越大,两国的贸易关系就越密切,从而国际贸易往往会在收入水平相当的国家间展开。

(一)前提假设

1. 对于消费行为的假设

假设在一国的消费者偏好由消费者的收入水平决定。不同收入阶层的消费者偏好不同:收入越高的消费者就越偏好奢侈品,收入越低的消费者就越偏好必需品。消费者收入水平相同,则其偏好也相同。代表性需求反映了在一国对各类产品需求中,占比最大的那部分需求量。

2. 对于生产行为的假设

假定一国之内,生产结构(及其潜在的出口结构)取决于本国的需求和消费结构。一国的生产者总是瞄准本国具有代表性需求的产品市场。这样,由于一国大规模生产平均档次的、具有代表性需求的商品,则该商品的市场比较广阔,容易形成规模经济。

(二)基本观点

两国之间的需求结构越接近,则两国之间进行贸易的基础就越雄厚。当两国的人均收入水平越接近时,则重叠需求的范围越大,两国重叠需求的商品都有可能成为贸易品。如果两国的国民收入不断提高,则新的、有重叠需求的商品便不断地出现,贸易也相应地不断扩大,贸易中的新品种就会不断出现。所以,收入水平越相似的国家,互相间的贸易关系就可能越密切。反之,如果收入水平相差悬殊,则两国之间重叠需求的商品就可能很少,贸易的密切程度也就很小。

(三)模型分析

我们对林德尔的模型进行描述,具体如图 4-1 所示。

在图 4-1 中,我们以横轴代表一国的人均收入水平(I),以纵轴代表商品的质量(Q)。图(a)反映了收入水平与产品质量之间的正向变动关系。一国的收入水平越高,则该国消费者更倾向于消费同类产品中档次更高的商品。假定 A 国的收入水平分布于 I_{min}^A 和 I_{max}^A 之间(由于一国之内存在不同的收入阶层),则该国所生产的产品质量介于 Q_{min}^A 和 Q_{max}^A 之间。而在图(b)中我们引入另外一个国家B。假定其收入水平分布于 I_{min}^B 和 I_{max}^B 之间,则该国所生产的产品质量处于 Q_{min}^B 和 Q_{max}^B 之间。A、B两国的国际贸易部分以图(b)中的阴影部分表示。不难看出,两国越相似,需求重叠部分就越多(阴影部分面积越大),则两国的贸易量就越大。反之,两个收入水平相差悬殊的国家之间就可能没有贸易往来。

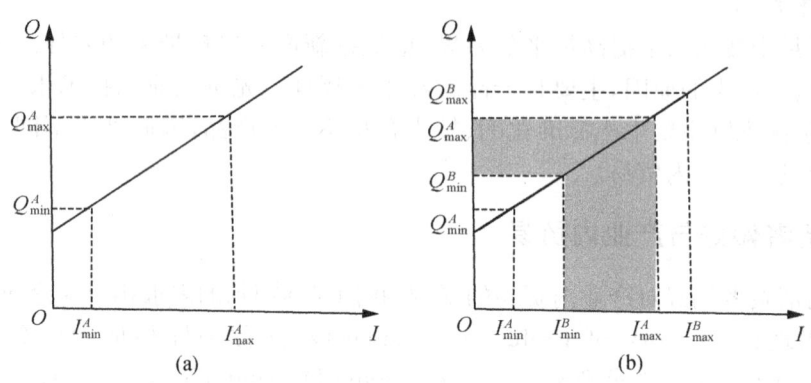

图 4-1 需求重叠导致产业内贸易

四、内部规模经济与产业内贸易

规模经济可分外部规模经济和内部规模经济。外部规模经济(external economies of scale)指的是单位成本取决于产业规模,而并不一定由单一厂商的规模决定。内部规模经济(internal economies of scale)则是指单位成本由单个厂商的规模决定,而并不一定由其所在产业的规模决定。

只存在外部规模经济的行业,一般由许多小厂商组成。单个厂商内部规模较小,但行业规模较大,市场结构是完全竞争的。相反,存在内部规模经济的行业,由于大厂商比小厂商在成本上更具有优势,因此市场结构是不完全竞争的。

外部规模经济和内部规模经济都是引起国际贸易的重要原因。这里先介绍内部规模经济引起的国际贸易。

在内部规模经济的情况下,企业大规模专业化生产一种产品时具有成本优势。因此,在市场有限的情况下,内部规模经济阻止了一国厂商在国内生产其他差异化产品的可能性。换言之,在封闭的条件下,一国必须在规模生产和产品多样化之间做出取舍。开放贸易后,一国选择生产多样化产品中的一种,然后同生产其他品种的国家进行贸易。而就消费者而言,由于既获得国内产品,又获得国外产品,产品的多样性增加,消费者的选择范围扩大,这可以看作是国际贸易带来的好处。由于两国进行的国际贸易只是不同质的相似产品的贸易,因而属于产业内贸易,即要素禀赋相似的国家也可以通过产业内贸易彼此获得贸易收益。

我们以图4-2说明这一思想。

如图4-2所示,(a)、(b)、(c)、(d)分别描绘了A、B两国X产品和Y产品的生产和市场需求情况。假定X和Y两种产品没有本质区别,只是差异化产品,比如不同设计、款式、档次的汽车。横轴代表产量,纵轴代表生产该产品的平均成本。D曲线为该国的需求曲线。假定如下:①存在内部规模经济,AC曲线向右下倾斜;②两国的生产成本相同,所以(a)与(c)中的AC曲线一致,(b)与(d)中的AC曲线一致;③两国对于同种商品的需求相同,假定市场结构为垄断竞争,长期均衡时不存在超额利润,价格等于平均成本,需求曲线与 AC 曲线相交时确定长期均衡产量。

在两国不能贸易时,各国只生产本国所需,因而两国两种产品产量分别为 X_0^A、Y_0^A、X_0^B、Y_0^B。由于规模经济之故,相对较小的产量也导致了较高的生产成本。可见,在封闭条件下,两国消费者为获得产品的多样性而支付较高的代价。而放开贸易后,各国只生产 X、Y 两种商品之一,并将多余的与他国交换,得到另一种商品,则两国消费者可在保证产品多样化的前提下支付较少的价格。由于假定两国对称,则无所谓生产哪种产品。假定 A 国专门生产 X 产品,并向 A、B 两国市场提供产品,由于产量扩大,平均成本(从而产品价格)降低(由 AC_X^0 到 AC_X^1),见(a)图;而 B 国专门生产 Y 产品,平均成本(从而产品价格)降低(由 AC_Y^0 到 AC_Y^1),见(d)图。

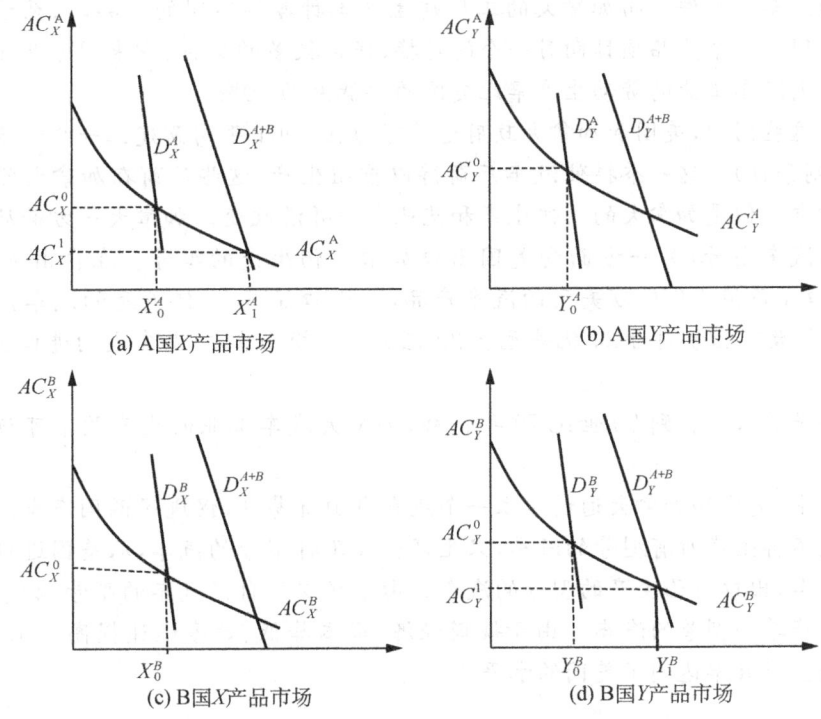

图 4-2 内部规模经济与产业内贸易

五、产业内贸易理论评述

根据国际贸易产品的异质性、需求偏好的相似性和多样性、专业化分工和内部规模收益递增等概念,产业内贸易理论解释了同一产业部门内部同种产品的国际贸易问题,对当代国际贸易发展的新格局、新现象具有较强的解释力。

然而,同其他贸易理论一样,产业内贸易理论的缺陷也是明显的。首先,产业内贸易理论也只能解释国际贸易现象的一部分而非全部。例如,南北贸易模式的解释仍然需要传统的 H-O 理论。其次,产业内贸易理论的分析方法从本质上讲,仍然属于比较静态分析的范畴。最后,对于不存在内部规模经济的行业的贸易模式及其相关的贸易问题,产业内贸易理论显然是无法解释的。

【专栏 4-1】

产业内贸易案例——1964 年北美汽车贸易协定

1965 年以前,加拿大和美国的关税保护使加拿大成为一个汽车基本自给自足的国家,进口不多出口很少。加拿大的汽车工业被美国汽车工业的几个大厂商所控制。这些厂商发现,在加拿大建立大量且分散的生产体系比支付关税要划算。因此,加拿大的汽车工业实质上是美国汽车工厂的缩版,大约为其规模的 1/10。

但是,这些美国厂商在加拿大的子公司也发现小规模带来的种种不利。一部分原因是加拿大的分厂比美国的分厂要小;但重要的原因可能是美国的工厂更加"专一"——集中精力生产单一型号的汽车或配件。而加拿大的工厂则生产各种各样不同的产品,以至于工厂不得不经常停产以实现从一个产品项目向另一个的转换、保持较多的库存、少采用专业化的机器设备等。这样加拿大汽车工业的劳动生产率比美国的要低大约 30%。

为了消除这些问题,美国和加拿大政府通过努力在 1964 年同意建立一个汽车自由贸易区(附有一些限制条件)。这一举措使汽车厂商得以重组生产,这些厂商在加拿大各子公司大力削减其产品种类。但是加拿大的总体生产和就业水平并没改变。加拿大一方面从美国进口自己不再生产的汽车型号,另一方面向美国出口加拿大仍生产的型号。在自由贸易前的 1962 年,加拿大出口了价值 1 600 万美元的汽车产品,却进口了 5.19 亿美元的汽车产品。但是到 1968 年,这两个数字已分别为 24 亿美元和 29 亿美元。换而言之,加拿大的进口和出口均大幅度增长。

贸易所得是惊人的。到 20 世纪 70 年代初,加拿大汽车工业的生产效率可与美国的同行相媲美。

在本案例中,美国和加拿大通过建立一个汽车自由贸易区,促进了两国汽车产业内贸易的发展。加拿大不再生产所有型号的汽车,只生产少数几种型号的汽车,从美国进口自己没有生产的型号的汽车,出口自己生产的型号的汽车。由于减少了自产汽车的型号,加拿大的厂商可以集中精力生产单一型号的汽车。由于规模经济,成本降低、效率迅速提高。几年之后,加拿大汽车工业的生产效率达到了美国的水平。

第二节　外部经济理论

国际贸易可以使市场扩大,从而可以带来内部规模经济效应,这也解释了具有内部规模经济效应的制造业的贸易比重越来越高的原因。规模经济除了有内部规模经济,还有外部规模经济。外部规模经济也称外部经济,外部经济可以追溯到英国经济学家阿尔弗雷德·马歇尔(Alfred Marshall),马歇尔阐述了集中在一起的厂商比单个厂商更有效率的原因。其主要有三点:能促进专业化供应商队伍的形成,有利于劳动力市场厂共享,有助于知识外溢。美国的硅谷、20 世纪 80 年代在世界范围兴起的高科技产业园区都是根据外部经济原理来促进一国产业发展的例子。

一、外部经济与学习曲线

高科技产业园区具有较好的外部经济效应,其外部经济效应主要来自行业的知识积累和溢出效应。以集成电路(integrated circuit,IC)制造为例,芯片生产线从 6 英寸、8 英寸、12 英寸,升级到16英寸,甚至20英寸。晶圆的直径越大,同一圆片上可生产的IC就越多,成本就越低,但对材料技术和生产技术的要求就越高。芯片制程工艺从90 nm、65 nm、45 nm、32 nm、22 nm、14 nm、10 nm、7 nm,发展到3 nm。芯片制程纳米数越小,制程工艺越先进,同样大小的硅晶就可以集成更多的晶体管,芯片的功耗就更低、芯片性能就更强。IC制造技术的每一次升级,都是持续研发和技术不断积累的结果。IC制造产业规模越大,IC企业越多,IC企业间人才流动越频繁,越容易形成技术和知识的溢出效应。行业或企业累积的产量越多,行业和企业的技术经验积累越丰富,行业和企业的单位生产成本就越低。我们通常用学习曲线(learning curve)来描述行业的平均生产成本随行业累积产量的增加而不断减少这一关系。

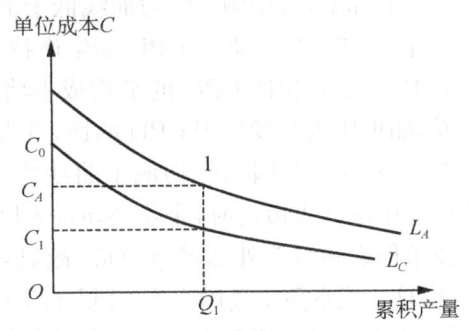

图4-3 外部经济与专业化生产

外部经济与专业化生产如图4-3所示。在图4-3中,横轴代表IC行业的累积产量,纵轴代表IC行业产品的单位成本。L_A表示美国IC制造业的学习曲线,L_C表示中国IC制造业的学习曲线。由于中国的劳动成本低于美国,如果中国和美国都同样从事IC制造业,将获得同样的行业和企业的技术经验积累。例如,在生产Q_1时,美国的单位成本为C_A,中国的单位成本为C_1。在没有行业经验之前,中国企业初始生产时的单位成本为C_0。但是,如果中国在政府产业政策的支持下,获得经验积累后,中国在IC制造业方面将具有更低的行业成本优势,故中国在IC制造业的学习曲线低于美国。所以美国国内现在除了保留高精度IC制造业之外,大量的IC制造业都先后转移到了韩国、中国大陆及中国台湾地区。

二、外部经济与竞争优势

当一个产业存在外部规模经济时,大规模从事该产业的先行者就会积累巨大的优势,该产业系列产品的生产成本会越来越低,该产业的人才积累、知识积累就越来越丰富,后来者就要面临很大的进入壁垒。集成电路(IC)产业就是具有很强外部经济效应的产业,下面以IC产业为例说明行业外部经济效应给一国企业带来的竞争优势。

IC产业产品就是我们常说的芯片,其产业链主要包括IC设计、制造、封装测试基本产业链,上下游产业链还包括专用设备、仪器、材料等。集成电路最早起源于第二次世界大战后的美国,从贝尔实验室发明晶体管,到最早的仙童半导体公司,再到美国的硅谷。美国在该产业积累了巨大的外部经济优势。根据ICInsight发布的全球IC销售区域市场份额数据,美国公司在2019年仍然占据了全球IC市场总量的55%。尤其在IC设计方面,2019年,美国在全球IC设计领域的市场占有率为68%。成立于1968年、已有50年历史的美国英特尔(Intel)公司是芯片市场上毫无争议的巨头,近几年在全球计算机中央处理器(central processing unit, CPU)市场的份额高达90%,CPU也给英特尔带来了不菲的收益。

我们可以用图4-4来描述IC产业中CPU产品的价格与产量之间的关系。图4-4横轴代表CPU的产量(或需求量),纵轴代表CPU的价格(或生产成本)。CPU产品技术研发投入高,因而面临很高的固定成本投入,由于平均固定成本分摊,市场销量越多,产品的单位成本就越低。CPU的平均成本C或价格P随产量的增加而下降,故CPU的平均成本曲线AC在图中可用一条向下倾斜的曲线表示。在图4-4中AC_A表示美国CPU平均成本曲线,D为世界市场对CPU的需求曲线。因为世界市场对美国CPU的市场需求量为Q_1，故美国CPU的生产成本或价格为P_1。

实际上，与中国的学习曲线低于美国的学习曲线原因一样，如果中国掌握了CPU的生产技术，由于中国劳动力成本更低，其生产CPU的平均成本将比美国低。也就是说，如果中国开发生产CPU的话，其潜在的平均成本曲线AC_C应该在美国的平均成本曲线之下，如图4-4所示。只是中国初入市场时，企业必须投入巨大固定成本以进行技术积累和培养外部经济效应，故其早期平均成本在C_0处，这一成本高于美国生产CPU的生产成本P_1。由此可知，由于美国在CPU相关产业上已经积累了外部经济优势，因此如果没有政府产业政策的资助，中国企业是不会进入该行业的。

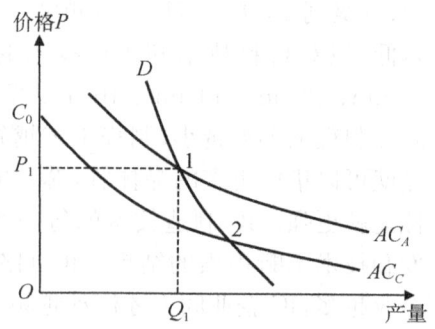

图4-4 外部经济与专业化生产

所以，在具有外部经济效应的产业，如果由于历史原因某国形成了产业优势，就可以获得高额垄断利润。他国企业即使具有潜在的竞争优势，如果没有政府产业政策的支持，也不会进入该产业。

三、产业政策、需求力量与社会福利

因为中国劳动力成本低，生产同样的IC产品，中国潜在的平均成本曲线在美国的平均成本曲线之下。所以如果通过政府产业政策的支持，中国在IC产业能形成和美国同样的外部经济效应，中国企业就能以更低的成本或价格向世界市场供应IC产品，这对整个世界的消费者都是有利的。

但是，一国产业政策能否成功，这存在很大的不确定性。一国如果国内市场足够大的话，借助国内巨大市场需求的力量，它的产业政策就更容易成功。如果一国国内市场需求力量不足，则其产业政策不容易成功。下面用图4-5说明市场力量对产业政策的影响。

（一）市场力量不足的情况

在图4-5中，D_W是世界市场对该产品的需求曲线，AC_A为美国的长期成本曲线，假设美国已经垄断了该产品市场，美国总的需求量为Q_1，生产成

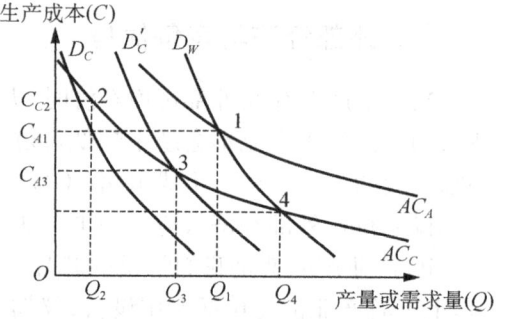

图4-5 市场需求力量与生产成本下降

本为C_{A1}。假设AC_C为中国的长期成本曲线，D_C是中国市场对该产品的需求曲线。当国际市场价格为C_{A1}，中国市场对该产品的需求量为Q_2。当中国企业在政府产业政策支持下，例如，对国内生产该产品的企业给予$C_{C2}-C_{A1}$的补贴，就能激励本国企业生产Q_2数量的产品，并以C_{A1}的价格获得国内市场Q_2的需求量。结果，中国国内的生产成本为C_{C2}（图4-5中点2的生产成本和产量），中国企业的生产成本仍然高于美国企业的生产成本。

可见，如果中国国内市场份额不够大，中国的产业政策虽然可以激励中国企业获得国内市场的需求量，但不足以使中国企业的生产成本下降到低于国际市场价格。在这种情况下，中国企业将无法获得竞争优势，美国也用不着打压中国企业，因为在自由贸易之下，进口要优于自己生产的。也就是说，国内市场力量不足的情况下，国内产业政策不容易获得成功。

当然产业政策可能带来其他好处,如产业安全、产业外部正效应。例如,中国在光刻机的研发上,由于与国际顶尖技术差距太大,中国自己研发出来的光刻机也不会有多大的市场。因为在自由贸易的情况下,使用更先进的进口光刻机要优于使用自己生产的落后的光刻机。但在全球自由贸易体系被美国打乱的情况下,担心不能进口先进的光刻机时,出于产业安全的考虑,中国就得持续进行光刻机的研发,以保障自己最基本的生产。

(二)国内市场份额足够大的情况

如果中国国内市场足够大,假设国内需求曲线为图 4-5 中的 D'_C,D''_C 与中国企业潜在的长期成本曲线 AC_C 交于点 3。在这种情况下,在产业早期,政府通过对国内生产该产品的企业给予 $C_{C2} - C_{A1}$ 的补贴,以激励本国企业生产并获得国内市场总的需求量 Q_3(国内产量达到 Q_3 前,就可以取消补贴了)。结果,中国企业生产成本下降到 C_{A3},低于美国企业的生产成本。中国企业生产成本低于美国企业,表明政府产业政策已经获得成功,企业已不再需要政府产业政策的支持。这其实就是幼稚产业保护理论的基本思想。

更进一步,由于中国企业的生产成本更低,中国将获得国际市场份额,这将进一步降低国内企业的生产成本,即为图 4-5 中点 4 对应的生产成本和总需求量。中国国内消费者和世界消费者都将因此提高福利水平。

所以,在一国国内市场力量足够大的情况下,一国的产业政策更容易获得成功。产业政策的成功将极大提高本国的社会福利水平和世界的福利水平。它表现为产品的世界生产成本下降,消费者支付的价格下降,本国的消费水平和世界的消费水平都将提高。

(三)中国 IC 产业的发展得益于产业政策和国内市场规模效应

中国在 IC 产业的成功经验也证实了"产业政策借助市场力量更容易获得成功"这一理论。

由于 IC 产业的重要性,中国早在 20 世纪 60 年代开始建立 IC 工业基础。改革开放后,通过引进国外技术和中外合资推动 IC 产业发展。2000 年前后,中国各省市先后建设了许多高科技园区,在政府产业政策支持和国内巨大市场需求引导下,中国 IC 产业发展迅速。在 IC 制造领域和部分 IC 产品设计方面,中国企业已逐渐获得了竞争优势。根据《2020~2026 年中国集成电路市场深度分析与前景展望研究报告》,2019 年中国集成电路产业销售收入为 7 562.3 亿元,同比增长 15.80%,其中集成电路设计业销售收入为 3 063.5 亿元,同比增长 21.6%;晶圆制造业销售收入为 2 149.1 亿元,同比增长 18.20%;封测业销售收入为 2 349.7 亿元,同比增长 7.10%。

得益于 IC 产业发展带来的外部经济效应和中国国内巨大市场需求的拉动,中国在电脑、通信设备、手机、互联网行业都先后实现国产化并逐渐向世界市场出口。以通讯设备为例,20 世纪 90 年代之前,中国的程控交换机主要从美国进口,因为程控交换机价格太高,那时中国家庭电话仅装机费就达 5 000 元人民币,当时基本上只有成功的商业人士才会自费给家里装电话。1994 年,华为万门机研制获得成功。由于中国自己生产的程控交换机价格便宜,中国家庭电话装机费和使用费直线下降,2000 年前后,很多普通家庭都装上了电话。中国生产的程控交换设备向广大发展中国家的出口,这些国家的消费者因为中国低成本的生产而受益。同样,手机、电脑、互联网等高科技产品也都是因为中国企业参与生产,此类产品的世界市场价格才不断下降,从而全世界的消费者都因中国低成本的产品而受益。

第三节 产品生命周期理论

"里昂惕夫之谜"的提出使得人们对 H-O 理论的普适性产生了怀疑。之后的学者主要是从以下两方面对其做出解释,这些解释也促进了贸易理论自身的发展。一部分学者在原有的理论基础上,通过引进新的生产要素,如土地、人力资本等,在更广泛的意义上探讨国家间的要素禀赋差异,企图以此来解释"里昂惕夫之谜";而另一部分学者则另辟蹊径,直接修改或放弃H-O理论的重要前提假设——如放弃原有的规模收益不变以及完全竞争市场的假设,研究规模经济对于贸易模式的影响;或放弃原有假设中贸易国双方使用相同技术的假定,研究不同国家的企业或产业获得不同水平或内容技术的可能性对国际贸易的影响。下面我们要讲到的产品生命周期理论就属于后者。

产品生命周期理论(Product Life Cycle Theory)是美国哈佛大学教授雷蒙德·弗农(Raymond Vernon)1966年在其《产品周期中的国际投资与国际贸易》一书中首次提出的。该理论认为,新的技术和产品一般是在发达国家首先开发成功的。当产品和技术趋向成熟并进入标准化阶段时,产品的生产则转移到发展中国家。与产品和技术的这种生命周期相适应,国际贸易首先是从发达国家向发展中国家输出新产品,然后再变成从发展中国家向发达国家输出成熟的和标准化的产品。

根据产品生命周期理论,产品完成一次循环,一般需要经历以下三个阶段,并带来比较优势和贸易模式的变化。

一、初始期——科技知识密集型

产品的初始期(introduction)是指产品的研制与开发阶段。在这一阶段,产品的技术还不成熟,研究与开发费用在成本结构中占据最大的比重。对于少数先进国家来说,劳动力相对稀缺,工资成本很高,因此寻找节约劳动的生产方法是他们从事技术创新的主要诱因。另外,这些国家拥有相对较高的科技水平和较多的科技人员,能集中大批高素质的科技人员从事研究与开发活动。由于资本相对丰富,这些国家也能够在研究方面、设备方面投入大量资本,并且承担风险的能力也较强。正因为如此,这些国家在这一阶段,拥有比较优势,成为新产品的出口国。

在初始阶段,新产品或改进后的产品,一般品质等级要比已有的商品品质要高。在初始阶段,贸易主要发生在少数先进国家与其他发达国家之间,因为这些国家的收入水平相对较高且比较接近。

二、成长期——资本密集型

当产品进入成长期(growth)后,技术已基本成熟并被普遍采用,新进入的厂商不会受到技术上的限制。因此,企业之间竞争激烈,为扩大生产和销售,企业进行大量的资本投入,即产品进入大量生产与销售阶段。在生产上从研究与开发密集型转化为资本(物质资本和管理、营销所需的人力资本)密集型。

这一阶段,资本成为最主要的成本构成。根据要素禀赋理论,发达国家在这一产品阶段拥有比较优势,产品将主要由发达国家输出到发展中国家。

三、成熟期——劳动密集型

产品经历了成长期后将进入成熟期(maturity),此时产品已实现了标准化,并普及到广大的市场中,厂商的生产基本达到了最佳规模点。在这一阶段,原材料和劳动工资是最重要的成本,尤其是劳动力成本(包括非熟练劳动与半熟练劳动)成为本阶段决定比较优势的最重要因素。具备这一条件的国家主要是发展中国家,特别是在工业化方面已取得相当成效的发展中国家或地区,在这一阶段,产品主要由发展中国家向发达国家输出。

在产品周期的整个过程中,国际贸易的演变可用图 4-6 来描述。图 4-6 中,横坐标表示时间,纵坐标上端表示净出口。在初始时刻 t_0,新产品刚刚由创新国(少数先进国家)研制开发出来,由于产品的技术尚未成型,生产规模较小,消费仅局限于国内市场。到了 t_1 时刻,开始有来自国外的需求,于是开始出口,由于产品的品质和价格较高,进口国主要是一些收入水平与创新国较接近的其他

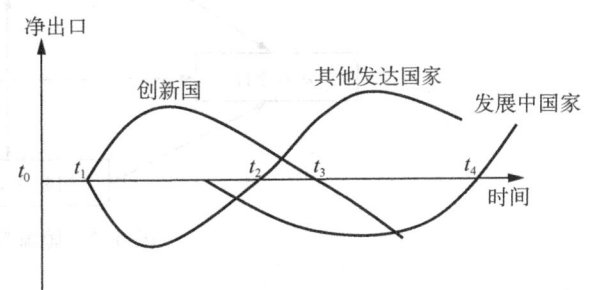

图 4-6 产品生命周期及贸易模式演变

发达国家。随着时间的推移,进口国逐渐掌握了生产技术,能够在国内进行生产,并逐渐替代一部分进口品,于是进口开始下降。到了某一阶段,由于一小部分发展中国家的需求扩大,创新国的产品也开始少量出口到一些发展中国家。到 t_2 时刻,生产技术已成型,产品达到了标准化,由技术密集型转化为资本密集型。这时,来自发达国家的第二代生产者开始大量生产和出口,原来的创新国随后(t_3 时刻)成为净进口国。最后,当产品转变为非熟练劳动密集型时(t_4 时刻),发展中国家成为净出口国。

第四节 国家竞争优势理论

国家竞争优势理论是 1990 年由美国哈佛大学商学院的波特教授(Michael Porter)在其《国家竞争优势》一书中提出的。波特在继承传统的比较优势理论的基础上提出了独树一帜的国家竞争优势(national competitive advantage)理论。该理论着重讨论了特定国家的企业在国际竞争中赢得优势地位的各种条件。这些条件包括四种本国决定因素(country specific determinants)和两种外部力量:四种本国决定因素包括要素条件,需求条件,相关及支持产业,公司的战略、组织以及竞争;两种外部力量是指随机事件和政府。

波特认为,一国的贸易优势并不像传统的国际贸易理论宣称的那样,简单地决定于一国的自然资源、劳动力、利率、汇率,而是在很大程度上决定于一国的产业创新和升级的能力。一个国家的兴衰,其根本原因在于能否在国际市场中取得竞争优势;竞争优势形成的关键在于使主导产业具有优势。优势产业的建立有赖于生产率的提高;而提高生产率的源泉在于企业的创新机制。从宏观角度来看,一个国家的竞争优势主要来源于四种本国决定因素[①]:要素条件,需求条件,相关及支持产业,公司的战略、组织以及竞争。国家竞争优势模型如图 4-7 所示,由于此图形看起来像一个菱形,所以又把它称为"菱形模型"或"钻石模型"。

一、要素条件

要素条件中的要素是指一国拥有的全部生产要素,主要包括人力资源、物质资源、知识资源、资本资源和基础设施等。要素可分为初级要素和高级要素、专门要素和一般要素。初级要

---

① 波特认为,随机事件和政府这两种外部力量对国家竞争优势产生辅助性的作用。波特在 20 世纪 80 年代初,从微观角度提出了关于企业竞争力的五力模型,注意与这里的区别。

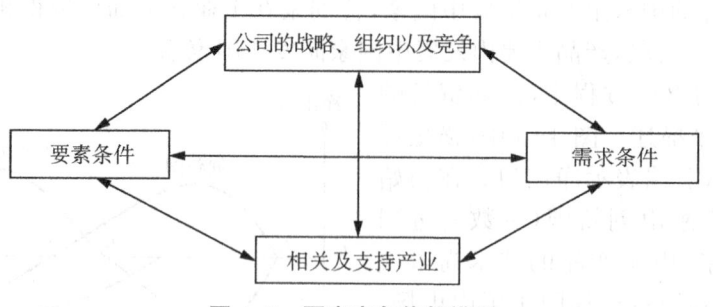

图 4-7 国家竞争优势模型

素是被动继承的,其产生需要较少的或相对简单的私人投资和社会投资,比如自然资源、气候、简单劳动力等。高级要素是指高科技、熟练劳动力等,它们往往需要长期的投资才能得到。高级要素才是竞争优势的长远来源。一般要素是指适用范围广泛的要素,如公路系统和受过高等教育的雇员等。专业要素是指专门领域的人才、特殊的基础设施、特定领域的专门知识,如掌握光学技术的研究所等。专门要素比一般要素能为国家提供更持久的竞争优势,而一般要素提供的仅是基本类型的竞争优势,它们能被许多国家得到,更容易被取代。

二、需求条件

需求条件主要通过创新激励和规模经济两方面影响一国的竞争优势。一方面,如果国内消费者过于挑剔,企业就会不断努力,以提高产品质量、档次和服务水平,使之在世界市场上具有更强的竞争力。当国内需求给当地公司及早提供需求信号或给当地企业施加压力,要求它们比国外竞争者更快创新、提供更先进产品或服务时,国家最可能获得竞争优势。国内市场的三个特征对国家竞争优势有十分重要的影响,它们是细分的需求结构、老练和挑剔的买主以及前瞻性的买方需求。另一方面,内需市场的大小对企业能否形成规模经济有着重要的影响,国内需求大,有利于企业迅速达到规模经济。独立的买主数量、需求的增长速度、需求的规模以及市场饱和的时间会对一国企业的竞争优势产生影响。

三、相关及支持产业

波特开创性地把产业集群理论与国家竞争力的形成联系起来。他认为一个产业若要形成竞争优势,就不能缺少世界一流的供给商,而且彼此之间必须维持紧密的合作关系。如果某个国家的某一区域能为某个产业提供健全而且具备国际竞争力的相关和支持性产业,并形成强大的产业集群。那么这不仅有利于降低企业的交易成本,而且有助于改进激励方式,创造出信息、专业化制度、名声等集体财富,更能改善创新的条件,并由此更轻易地形成产业竞争优势。相关和支持性产业能以下列几种方式为下游产业创造优势:以最有效的方式及早且迅速为国内公司提供最低成本的投入,不断与下游产业合作,促进下游产业的创新。以汽车行业为例,其相关及支持性产业主要包括冶金、钢铁、塑料、橡胶、合成材料、机械、电子等行业。

四、公司的战略、组织以及竞争

企业战略包括企业建立、组织和管理的环境以及国内竞争的性质。不同国家的企业在目标、战略和组织方式上都不相同。国家优势来自对它们的恰当选择和搭配。

由于环境不同,各个国家需要采用的管理体系也不相同。适应国家环境,适合产业竞争优势源泉的管理方式能提高国家竞争优势。不同国家的不同企业有着不同的目标,对经理和雇员有着不同的激励机制。国家竞争优势还取决于国内的竞争程度。激烈的国内竞争是创造和保持竞争优势最有力的刺激因素,其作用在于减少外国竞争者的渗透,造成模仿效应和人员交流效应,促使竞争升级,强化竞争程度,迫使企业走向海外。

波特认为,如果企业只依靠一项关键要素竞争,除非能由此扩张出其他关键要素,否则连保持经营都会有困难。要能将这些因素交错运用、形成企业自我强化的优势,才是外国竞争对手无法模仿或摧毁的。由此可见,以上这四个关键要素不是相互独立的,而是相互制约、相互强化的一个系统。

本章小结

本章先介绍了国际贸易的新现象——产业内贸易,在此基础上重点介绍了产业内贸易理论。然后介绍了外部经济理论、产品生命周期理论以及国家竞争优势理论等国际贸易理论的新发展。

产业内贸易是指一个国家或地区,在一段时间内,同一产业部门产品既进口又出口的现象。产业内贸易产生的原因主要有:产品差别、消费者偏好和内部规模经济。在存在内部规模经济的情况下,企业大规模专业化生产一种产品时具有成本优势。国际贸易使市场扩大,生产者可以获得规模经济的好处,消费者可获得产品多样性的好处。

由于外部经济效应,专业化和知识积累可以形成学习曲线。先行者生产成本会越来越低,从而可能因为低成本形成垄断优势。他国企业即使具有潜在的竞争优势,没有政府产业政策的支持也不会进入该产业。政府产业政策可以刺激本国企业占领国内市场,国内市场需求力量越大的国家,其政府产业政策越容易成功。

产品生命周期理论探讨了技术因素对国际贸易格局的影响。产品生命周期可分为三个阶段,即初始期、成长期和成熟期,不同阶段对应着不同的贸易格局。初始期,由于产品的技术含量较高,贸易主要发生在少数先进国家与其他发达国家之间;成长期,产品主要由发达国家输出到发展中国家;成熟期,发展中国家则成为该产品的净出口国。

国家竞争优势理论认为,一个国家的竞争优势,就是企业、行业的竞争优势。该优势来源于四个基本因素:要素条件,需求条件,相关和支持产业,公司战略、组织以及竞争。

一、名词解释

产业内贸易　产业内贸易指数　差异产品　偏好相似理论　外部规模经济　内部规模经济　学习曲线　产品生命周期理论　国家竞争优势理论　本国决定因素

二、问答题

1. 简述一国产业内贸易指数与综合产业内贸易指数的估算公式。
2. 简述内部规模经济和外部规模经济的来源。
3. 简述产业内贸易产生的原因。
4. 简述产品差异的类型。
5. 为什么高科技产品的平均成本曲线向下倾斜?

6. 为什么偏好相似理论能从需求方面解释产业内贸易产生的原因?
7. 简述产品生命周期及其各阶段特点。
8. 何谓"钻石模型"? 它如何决定一个国家的竞争优势?

三、论述题

1. 论述产业内贸易理论的内容,并搜集资料阐述当前产业内贸易发展的现状。
2. 论述一国市场规模对该国产业政策效果的影响。
3. 论述产业内贸易理论与产业间贸易理论的异同。

第五章 国际贸易政策措施

【本章要点概览】

- 国际贸易政策
- 关税壁垒
- 非关税壁垒

国际贸易政策是一国政府维持或改变国内市场和国外市场同一产品相对价格的各种措施的总称,包括自由贸易政策和保护贸易政策。我们经常提及的贸易政策主要是指保护贸易政策[①]。

在第三章,我们已经对贸易保护理论进行了简单的回顾与考察,那么在现实中采取何种手段进行贸易保护呢?一般而言,一国贸易保护政策措施主要包括以下两个方面:关税壁垒措施和非关税壁垒措施。本章我们就对两种贸易措施的基本情况、经济效应等做简单分析。

第一节 关 税 壁 垒

一、关税壁垒概述

关税(tariff)是指一国依照海关法及海关税则对进出本国关境的货物或者物品征收的一种税赋[②]。关税在各国一般属于国家最高行政单位指定税率的高级税种。关税的主要功能有:增加政府财政收入、调节国际收支平衡、作为贸易保护主义政策的手段等。

（一）征收关税的原因

1. 增加政府财政收入

从世界大多数国家,尤其是发达国家的税制结构分析,关税收入在整个财政收入中的比重不大,并呈下降趋势。但是,一些发展中国家,尤其是那些国内工业不发达、工商税源有限、国民经济主要依赖于某些初级资源产品出口,以及国内许多消费品主要依赖于进口的国家,征收进出口关税仍然是它们取得财政收入的重要渠道之一。

[①] 佟家栋.贸易自由化、贸易保护与经济利益[M].北京:经济科学出版社,2002.
[②] 注意关境不同于国境。例如,对于缔结关税同盟的国家而言,关境大于各个成员国的国境;而对于一国之中存在自由港或自由区的国家而言,关境小于国境。

2. 调节国际收支平衡

关税是国家的重要经济杠杆,税率的高低和关税的减免,可以影响进出口规模,调节国民经济活动。如果一国存在贸易赤字,则其可能通过提高进口关税来限制进口、消除贸易赤字。此时,关税体现的是一国的宏观经济政策功能,即保证宏观经济的外部平衡。

3. 作为贸易保护主义政策的手段

关税作为贸易保护主义政策的手段,即一国出于保护本国某些产业,使其不受外国同行威胁的理由,而对进口征税。进口关税提高了外国商品的销售价格、削弱了其在本国市场上的竞争力,从而有利于国内厂商扩大其市场份额,并设定较高的价格。

(二)关税的分类

1. 按征收目的划分

(1) 财政关税(revenue tariff)。以增加国家财政收入为主,通常向外国生产的、国内消费需求大的商品征收,税率适中。要达到增加政府财政收入的目的,征收财政关税需具备以下两个条件:一是该商品的进口需求缺乏弹性,且在国内大量消费;二是税率要适中,税率如果高到了完全禁止进口的程度,就成了禁止性关税,达不到增加收入的目的。

【专栏 5-1】

中国的财政关税

一般而言,财政关税的作用发挥根本上受制于一国生产力发展水平。经济落后的国家,对关税的依赖性强;而经济发达国家则由于从国内获得的其他税收更有保障,因而对关税的依赖性较低。图 5-1 反映了我国 1978~2004 年,关税收入占中央财政收入份额的演变。总体而言,曲线逐步趋于低位运行,这表明财政关税在我国的作用不断减弱。这取决于两方面的因素:①随着贸易自由化的进行,我国的关税率不断降低。1991 年,我国的关税率为 43.8%,至 2004 年已下降为 10.4%。②1994 年税制改革。1994 年之前,尤其是 1985~1993 年,由于实行中央和地方"分灶吃饭"的体制改革,导致其他税收占中央财政收入比重大幅下降,关税的作用凸显,最高时达 27%。1994 年之后,关税在中央财政中的作用显著减弱,基本上在 9% 左右。而在美国,这一比重不到 1%,这就表明财政关税的作用在我国仍然是不可低估的。

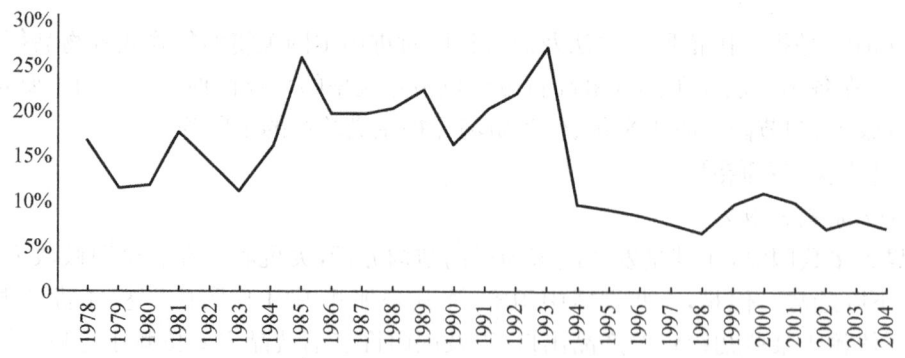

图 5-1 1978~2004 年中国关税占中央财政收入份额情况

资料来源:2005 年《中国统计年鉴》《中国海关》期刊数据。

(2) 保护关税(protective tariff)。保护关税是为保护本国产业而征收的关税,是实现一国保护贸易政策的有效工具。保护关税是对保护贸易理论的具体实施和贯彻。

2. 按征税商品流向划分

(1) 进口关税(import duties)，是进口国家的海关在外国商品输入时，对本国进口商所征收的正常关税(normal duties)。

(2) 出口关税(export duties)，是对本国出口的货物在运出国境时征收的一种关税。征收出口关税会增加出口货物的成本，不利于本国货物在国际市场中的竞争。现实中各国往往很少对本国的出口货物征税，因此我们这里的关税是指进口关税。

(3) 过境关税(transit duties)，是一国对通过其关境的外国商品征收的关税。目前已很少有国家征收过境关税。

3. 按差别待遇划分

(1) 最惠国税(most-favored-nation treatment，MFNT tariff)，适用于与该国签订有最惠国待遇条约的国家或地区所进口的商品。

(2) 特惠税(preferential duty)，是指某个国家或经济集团对特定国家或地区的所有进口商品给予特别优惠的低关税或免税待遇。特惠税一般在签订了友好协定、贸易协定等国际协定或条约的国家之间实施。任何第三国不得根据最惠国待遇条款要求享受这一优惠待遇。

(3) 普惠税(generalized system of preference，GSP tariff)，是指发达国家承诺对从发展中国家或地区输入的商品，特别是制成品和半制成品，给予普遍的、非歧视的和非互惠的优惠关税待遇。普惠税是单向的，不需要"受惠国"给"给惠国"同样的关税优惠。其税率低于最惠国税率，高于特惠税。

4. 按征收方法划分

(1) 从价关税，是依照进出口货物的价格作为标准征收关税。

(2) 从量关税，是依照进出口货物数量及其计量单位(如吨、箱、百个等)征收关税。

(3) 混合关税，是依各种需要对进出口货物进行从价、从量的混合征税。

(4) 选择关税，是指对同一种货物在税则中规定有从量、从价两种关税税率，在征税时选择其中征税额较多的一种征税，也可选择税额较少的一种为计税标准征税。

(5) 滑动关税，是关税税率随着进口商品价格由高到低或由低到高而设置的税，可以起到稳定进口商品价格的作用。

二、关税的经济效应

对进口商品征收关税，会引起该商品国内、国际价格的差异，并对该国的消费、生产、贸易以及福利产生影响，这些影响统称为关税的经济效应。要探讨关税的经济效应，我们必须区分国际贸易中的大国、小国。贸易大国是指那些贸易流量较大，且其变动会影响到世界市场价格的国家。而相反，贸易小国的贸易流量不足以影响世界市场价格，是世界市场价格的接受者。

(一) 局部均衡分析

我们以图 5-2 来说明征收关税的经济效应。如图 5-2 所示，图中的曲线 S、曲线 D 分别反映了某商品在进口国国内的供给和需求情况。自由贸易条件下，该商品的国际市场价格以 P_W 表示。假定该商品的国际贸易成本为零，则 P_W 也是其国内市场价格。此时，国内生产 S_1，消费 D_1，

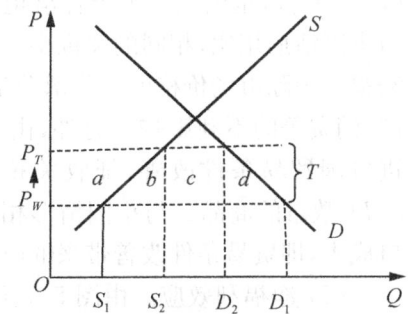

图 5-2 关税效应的局部均衡分析(贸易小国)

消费缺口以进口 D_1S_1 的数量来满足。现假定该国对进口的同类商品征收关税,这导致该商品的国内价格升至 P_T(其中,$P_T = P_W + T$,T 代表单位商品的从量税),其进口关税率为 T/P_W。由此,关税的征收会产生以下影响。

我们先来看关税对贸易小国的影响。

(1) 价格效应(price effect)。贸易小国由于无法影响进口商品的国际市场价格。因此,征收关税后,该产品的国内价格、国际价格分别为 P_T 和 P_W。征收关税 T 导致的价格上升部分($P_T - P_W$)全部由进口国的消费者承担。

(2) 生产效应(production effect),又称替代效应(substitution effect)。征收关税以后,该商品的国内价格上升,国内进口替代部门的生产者发现有利可图,对该商品供给扩大,扩大部分为 S_1S_2 的数量。这实际上是国内生产替代了国外生产。国内生产者的收益可用生产者剩余(producer's surplus)的增加来反映,增加部分为梯形面积 a。

(3) 消费效应(consumption effect)。征收关税以后,由于该产品国内价格上涨,消费者的消费数量减少,减少部分为 D_1D_2 的数量,消费者的损失可用消费者剩余(consumer's surplus)的减少来反映,减少部分为 $a+b+c+d$。其中 a 部分转移为生产者剩余,体现了贸易保护所带来的消费者与生产者之间的收益再分配;c 部分为政府关税收入。

(4) 贸易效应(trade effect),即征收关税后所导致的国内进口量的变化。不难看出,征税前本国的进口量为 S_1D_1,征税后进口量为 S_2D_2,下降了 S_1S_2(被国内生产所替代的部分)和 D_1D_2(消费者消费量减少的部分)。

(5) 收入效应(revenue effect),收入效应是指由关税征收所导致的财政收入的增加。根据图 5-2,关税收入=单位商品的税收收入×进口量。即 $T \times S_2D_2$,也就是图中的面积 c。

(6) 净福利效应,即综合考虑关税的征收对国民经济中生产者、消费者和政府的影响。由图 5-2 可知,征收关税后的净福利=生产者福利的增加+政府财政收入的增加-消费者福利的减少,即为 $a+c-(a+b+c+d)$,简化得 $-(b+d)$。就贸易小国而言,关税的征收导致国民净福利的损失,损失部分为 $(b+d)$ 代表的面积,这也是贸易保护的成本。其中面积 b 代表了生产扭曲,反映了以高成本的国内生产者代替低成本的国外生产者,所产生的资源配置效率下降的损失。而面积 d 代表了消费扭曲,反映了由于征税后消费者的消费数量减少所产生的损失。

我们再来看关税对贸易大国的影响(见图 5-3)。与小国相比,大国的特殊性在于以下几点。

(1) 贸易条件效应。我们知道,如果贸易大国征收关税,则会使得该产品的国际市场价格下降。例如,下降至 P_W^*,此时有 $P_T = P_W^* + T$,关税 T 由国内消费者承担($P_T - P_W$),也由国外生产者承担($P_W - P_W^*$)。我们发现,与小国情形相比,相同的关税率 T 导致了国内价格较小的涨幅。国际市场价格的下降部分地抵销了关税对于国内生产、消费等的不利影响。另外,由于国际市场价格的下降,进口国贸易条件改善,征收关税后,可以价格 P_W 进口 S_2D_1 数量的商品。与小国情形相比,节约面积 e 部分的进口成本,即贸易条件改善带来的收益。

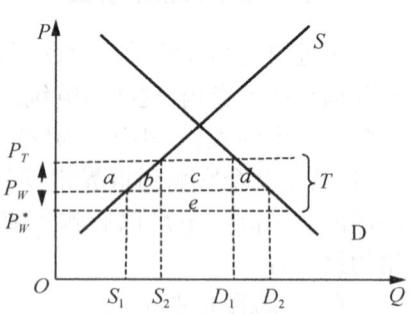

图 5-3 关税效应的局部均衡分析(贸易大国)

(2) 净福利效应。由图 5-3 可知,在贸易大国的情形下,征收关税后的净福利=生产者福利的增加+政府财政收入的增加+贸易条件改善的收益-消费者福利的减少,即 $a+c+e-(a+b+c+d)$,可简化得 $e-(b+d)$。$e>(b+d)$,则进口国净福利增加;$e<(b+d)$,进口国

净福利减少。可见,就贸易大国而言,征收关税是否导致国民福利的损失,取决于贸易条件改善所带来的收益能否弥补关税导致的生产扭曲和消费扭曲。

其余效应与小国情形类似,在此不再赘述。

(二) 一般均衡分析

通过局部均衡分析,我们探讨了关税对进口商品的价格和数量的影响,以及由此产生的生产效应、消费效应、政府税收效应以及社会福利效应。关税导致的相对价格变动不仅直接影响国内进口替代品部门的生产和消费,还会影响到其他部门的生产、消费等经济活动。因此,接下来我们再在一般均衡分析的框架下,对征收关税的经济效应做进一步的探讨。

1. 小国模型分析

如图 5-4 所示,假定本国为世界市场的价格接受者,生产两种产品 X 和 Y,且在 X 产品的生产上具有比较优势,因而本国 X 部门为出口部门,而 Y 部门为进口替代部门,TT' 代表本国的生产可能性边界。征收关税之前,该商品国际市场相对价格为 P_W,即 P_X/P_Y。作为价格接受者的贸易小国,本国国内相对价格也是 P_W,从而本国生产、消费均衡点分别为 Q 点(生产可能性边界与两种产品相对价格线的切点)和 C 点(两种产品相对价格线与社会无差异曲线的切点)[①];出口 QO' 部分的产品 X,进口 CO' 部分的产品 Y,贸易三角为 CQO'。

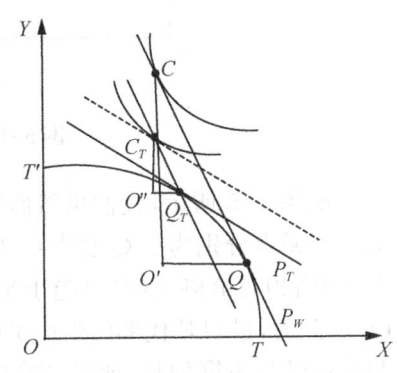

图 5-4 关税效应的一般均衡分析(贸易小国)

现假定该国对进口商品 Y 征收关税,此时,Y 部门的国内相对价格上升(即 X 部门的国内相对价格下降)至 P_T,而国际市场价格(P_W)保持不变。相对而言,国内相对价格线要比国际市场价格线平缓一些。由于产品相对价格变动,本国国内开始重新调整消费和生产:

首先,本国 Y 部门生产扩张、而 X 部门生产压缩,最终使得征收关税后的生产均衡点落在点 Q_T,此为生产可能性边界与新的产品相对价格线 P_T 的切点。

其次,由于国际贸易仍然按照不变的国际市场价格(P_W)开展,国内消费均衡点应该处于与 P_W 平行、且通过新的生产点 Q_T 的线上。又由于消费是在国内发生,消费均衡点需满足消费者效用最大化条件,即产品的国内相对价格与社会无差异曲线相切。从而,我们确定了征收关税后的消费均衡点 C_T。不难看出,无差异曲线的位置降低,这反映了征税国福利水平的降低。

最后,征收关税后,贸易三角变成了 $\triangle C_T Q_T O''$;相对于征税前,不仅进口下降,出口也下降了,贸易规模压缩。

2. 大国模型分析

我们再来看贸易大国征收关税的情形,大国的情况相对复杂一些。与小国一样,在征收关税以后,本国进口商品(即 Y 产品)的国内市场相对价格提高,从而进口替代部门的产出增加,而对于该产品的消费下降,导致进口减少;相反,出口部门(X 产品)的生产被迫压缩,出口下降。然而,贸易大国的特殊性在于其对国际市场价格会产生影响。原因是:征收关税后,该国对进口品的需求下降,而对出口品的供给减少,这两者的结合会使得国际市场上本国出口品的相对价格(P_X/P_Y)上升,此即贸易条件改善。最终,征税是导致本国福利下降还是上升,

---

① 注意,在封闭条件下,消费点 C 和生产点 Q 是重合的。二者的分离是开放经济的典型特征。

要看征收关税后贸易条件的改善程度,也即征税国对于国际市场价格的影响力。

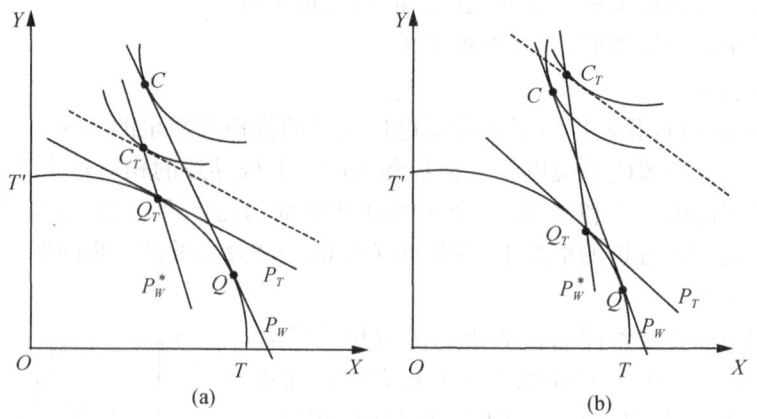

图 5-5 关税效应的一般均衡分析(贸易大国)

如图 5-5 所示,我们仍然假定本国出口 X 产品,进口 Y 产品。在自由贸易条件下,生产、消费均衡点分别为点 Q 和点 C,原因同小国情形分析。征收关税后,Y 产品的国内相对价格上升,国内相对价格线(P_T)趋于平缓,在 Q_T 处与生产可能性边界相切,形成新的生产均衡点 Q_T。此时,进口替代部门生产扩张至点 Q_T 所代表的产量,同时出口部门产量亦压缩至该点。与小国情形不同的是,此时,进口国征收关税后,国际市场的相对价格发生变化。根据前述分析,征税国贸易条件改善,国际市场上 X 产品价格上升,X、Y 产品的国际相对价格线(P_X/P_Y)趋于陡峭,达到 P_W^*。而消费均衡点必然位于点 C_T,在这一点,一方面,消费决策根据国内相对价格做出调整;另一方面,消费品的国际交换仍然需要通过国际贸易条件 P_W^* 去满足。

如果征收关税,引起 Y 产品的国内相对价格较大幅度地提高,而国际贸易条件未能改善多少,则国内生产、消费亦随之做出较大调整,即关税保护所导致生产和消费的扭曲较为严重,贸易条件改善的正效应难以弥补,本国的福利水平恶化。如图 5-5(a)所示,国内福利水平由征税前的 C 点下降到征税后的 C_T 点。相反,若征税引起 Y 产品的国内相对价格涨幅较小,而国际贸易条件却大幅度改善,则国内生产、消费不必做出较大调整,即关税保护所导致生产和消费的扭曲情况较轻,贸易条件改善的正效应比较明显,本国的福利水平改善。如图 5-5(b)所示,国内福利水平由征税前的 C 点上升到征税后的 C_T 点。

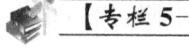

【专栏 5-2】

关税效应案例:美国征收羊肉进口关税

美国的羊肉生产商长期依靠政府。半个多世纪以来,他们一直接受羊毛补贴,直到 1995 年国会颁布农场政策改革,补贴才被取消。由于失去了援助,羊肉生产的成本高昂、效率低下,又面对鸡肉、牛肉和猪肉的竞争,羊肉生产商提出了减少进口以避免国外竞争者的请求。

在美国,几乎所有的羊肉进口都来自澳大利亚和新西兰,这两个国家在农业上拥有绝对优势。美国国际贸易委员会(International Trade Commission,ITC)判断进口是否给国内产业造成严重损害,如果是,生产商可以提请救援措施,该措施的采纳、修改或者否定由总统全权负责。在 1999 年 2 月份,ITC 并没有发觉国内产业受到严重损害,但却接受了处于劣势的国内生产者提出的进口是损害根源的说法。ITC 没有取消进口计划,只是建议对超出上年的进口商品征收20%(在4年内逐步递减)的关税。然而政府实施的贸易限制措施比ITC的建议更加严格。在现有关税基础上,第一年对所有的进口商品都征收9%的关税(第2年降至6%,第3年降至3%),超过去年的进口商品征收40%的关税(第2年降至32%,第3年降至24%)。

美国羊肉产业联盟主席宣布,这一变化会给市场带来稳定。征收羊肉进口关税的决定虽然在国内没有引起多少注意,但却被其他国家纷纷仿效。这一决定拆穿了美国政府对自由贸易的花言巧语,这让其他国家在开放市场上所做的努力前功尽弃。减少进口的预期达到了,但保护羊肉产业的目的却并没有最终实现。澳大利亚和新西兰的农民及官员把美国告上了世界贸易组织(WTO)贸易争端解决委员会。

本案例中,美国作为羊肉的进口大国,其征收的关税一部分以降低国际市场羊肉出口价格的形式被出口商承担,而另一部分则被美国消费者承担。美国羊肉生产商强烈地呼吁政府取消羊肉进口来保障自身利益,虽然政府并未取消进口计划,但是政府实施的对进口羊肉征收关税的贸易限制措施中,其仍获得了收益;而消费者则必须为羊肉价格的上涨而多支付或减少消费,其利益受到损害。更为糟糕的是,征收进口关税引起了贸易摩擦,贸易摩擦将进一步导致市场的扭曲和社会福利损失。

三、最优关税

最优关税(optimum tariff)是指这样一种关税率,相对于其贸易量减少的负面影响,它使得一国贸易条件改善的净收益最大化。

1. 最优关税确定的制约因素

在大国情形下,关税由征税国国内消费者和国外出口商共同承担。而各自承担份额的多寡,取决于该种产品的国内进口的需求弹性和国外供给弹性。一般而言,关税负担往往由弹性较小的一方更多地负担。

就需求弹性而言,其大小往往取决于以下因素:①消费者对该产品本身的需求弹性;②本国对来自国外出口商品的依赖程度;③该贸易产品所面临的替代品的多寡。在国外供给弹性给定的情况下,如果本国国内对于进口产品的需求弹性较小,则关税更多地由本国消费者负担。

如果征税国市场对于出口商非常重要,那么在征收关税后,出口商不得不承担税负以避免出口商品价格上涨,否则其在进口国的市场份额会受到损失。所以就出口供给弹性而言,其大小往往取决于该产品对于征税国市场的依赖程度。依赖程度较大,则出口供给弹性较小;反之,如果依赖程度较小,则出口供给弹性较大。

征税国在确定最优关税时就要充分考虑这两个弹性的大小。最优关税水平应该与出口国厂商向进口国提供产品的供给弹性成反比,而与本国消费者的进口需求弹性成正比。

如果考虑到贸易伙伴也征收最优关税,实行对等的贸易报复措施。这种情况下,关税征收所产生的结果往往是两败俱伤,最优的结果就是不征关税。

2. 最优关税确定的原则

最优关税确定的原则是:进口国征收关税引起的额外损失(边际损失)等于其额外收益(边际收益)。

由前面的分析不难看出,征收关税对贸易小国来说总是损失。因此,不存在最优关税的问题,或者说,贸易小国的最优关税为零。

而就贸易大国而言,征税对福利会产生正反两方面的影响。一方面,关税的征收会产生国内的生产扭曲和消费扭曲,减少贸易量,降低社会福利。另一方面,关税征收又会使国际贸易条件朝着有利本国的方向变动,提高本国的福利水平。当关税为零时,处于自由贸易状态,无所谓贸易条件的改善。而如果关税高到足以阻止贸易的程度(即禁止性关税,prohibitive tariff),则贸易国退回到封闭状态下,本国福利受到损失。因此,最优关税必然介于零和禁止性关税之间。确定最优关税,就是在零关税与禁止性关税之间,寻找某一最佳点。在这一点,因贸易条件改善而额外获得的收益,恰好抵销了因征收关税而产生的额外损失。

我们以图5-6来说明最优关税的确定。图中纵轴代表征税国的福利水平,横轴代表关税税率。曲线 AB 则反映了关税水平对本国福利的影响情况。点 A 代表自由贸易状态下的福利水平,此时的关税率为零。点 B 代表封闭状态下的福利水平,此时的关税率为禁止性关税 t_H。很明显,封闭时的福利水平低于自由贸易,这也反映了自由贸易的好处。而当关税税率为 t^* 时,所对应的经过福利曲线 AB 上点 C 的切线斜率为零,即在这一点,进口国的福利水平达到最高,t^* 可称之为最优关税。

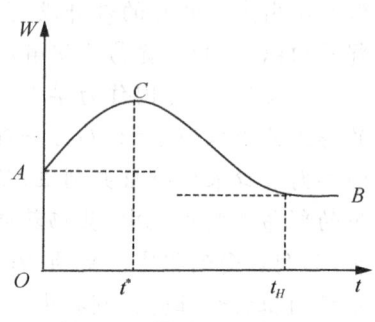

图 5-6 最优关税的确定

然而,值得我们注意的是,征税虽可改善一国的贸易条件,但却使贸易伙伴的贸易条件恶化和福利水平的下降。因此,易招致对方的报复,导致贸易战。

四、有效保护率

关税的有效保护率问题由澳大利亚经济学家马克斯·科顿(Max Cordon)和加拿大经济学家哈里·约翰逊(Harry Johnson)提出。

前面我们谈到的,关税保护仅仅是针对一种商品或进口替代部门。然而,现实中,进口国往往对多种产品同时征收进口关税。由于行业之间的联系,特定行业的受保护程度不仅取决于该行业进口关税率的高低,还取决于其他相关行业的关税率。以汽车行业为例。汽车的生产需要钢材、橡胶等行业的产品作为原材料或中间投入。因此,一国对于汽车进口征收关税后,国产汽车是否受到保护、以及受保护程度如何,还要看钢材、橡胶行业等中间投入部门的关税率。我们将这种仅考虑关税对特定行业成品价格的影响,而不考虑对其投入材料的保护的关税率称为名义关税率(nominal tariff rate),又叫名义保护率(nominal rate of protection, NRP)。它是指一类商品在进口国征收关税后,其国内市场价格超过国际市场价格的部分与国际市场价格的百分比。它是衡量一国对某类商品的保护程度的一种方法。名义保护率可用公式(5-1)表示:

$$名义保护率(NRP) = \frac{P - P^*}{P^*} \tag{5-1}$$

其中,P 代表征收关税后进口商品的国内价格,或关税价格;而 P^* 则是指该产品的自由贸易价格。

如果综合考虑相关行业的关税率来对特定行业进行保护,我们称之为有效保护。那么,如何衡量有效保护率呢?具体而言,我们衡量关税对一个行业的有效保护程度,是以征收关税后国内该行业生产的增加值的提高作为标准。所以,有效保护率(effective rate of protection,

ERP)也叫有效关税率、实际保护率,可将其定义为由于关税征收而引起的,某行业国内增值的提高部分与自由贸易条件下增值部分的比值。其计算公式如下:

$$有效保护率(ERP) = \frac{V - V^*}{V^*} \tag{5-2}$$

其中,V代表征收关税后进口商品的国内生产增加值;而V^*则是自由贸易时该商品国内生产的增加值。

下面我们仍以汽车行业为例,来说明有效保护率问题。

假定在自由贸易情况下,一辆汽车的国内价格为10万元,其中8万元是自由进出口的钢材、橡胶等的中间投入品的价格,那么另外2万元就是国内生产汽车的增加值。

现在假定对每辆汽车进口征收10%的名义关税,而对钢材仍然免税进口,同时假定进口汽车价格上涨的幅度等于名义税率即10%,即关税不影响国际市场价格。那么,征收关税使国内汽车的价格上涨到11万元,即10×(1+10%)。保护关税使国内制造的汽车增加价值增加到3万元,即11-8。那么此时国内汽车的有效保护率就是50%,即(3-2)/2。

假如该国对钢材、橡胶等中间投入品也征收10%的名义关税率。则中间投入品价格上涨到8.8万元,即8×(1+10%),从而国内汽车的附加值仅增加到2.2万元,即11-8.8。有效保护率降为10%,即(2.2-2)/2。

如果中间产品的名义关税率继续提高,则汽车行业的有效保护率可能成为负保护(negative protection)。其又称负有效保护,即一个生产过程在贸易保护措施作用下的增值额小于在自由贸易条件下该生产过程的增值额。负保护是由于不合理保护结构所致。负保护下的保护措施扭曲了投入品和产出品的价格关系,使投入品在国内加工生产不如直接进口,导致国内生产者因无利可图而放弃国内生产。因此,一般情况下应避免负保护。

第二节 非关税壁垒

非关税壁垒(non-tariff barriers,NTBs),又称非关税贸易壁垒,是指一国政府采取除关税以外的各种办法,对本国的外贸进行调节、管理和控制的一切政策与手段的总和。其目的就是试图在一定程度上限制进口,以保护国内市场和国内产业的发展。

与关税措施相比,非关税措施具有更大的灵活性和针对性、保护作用比关税的作用更为强烈和直接、更具有隐蔽性和歧视性,因而愈来愈受到国际社会的关注。

非关税壁垒名目繁多,根据美国、欧盟等WTO成员贸易壁垒的调查实践,非关税壁垒主要表现为以下形式:进口配额制、自动出口配额制、进口许可证制、外汇管制、进口和出口国家垄断、歧视性政府采购政策、国内税、进口最低限价和禁止进口、进口押金制、专断的海关估价制、进口商品征税的归类、技术性贸易壁垒等。

本节我们就集中介绍主要的、常见的非贸易壁垒:进口配额、出口补贴、反倾销等。

一、进口配额

进口配额(import quotas),又称进口限额,是政府以行政命令的方法来决定本国进口产品的数量。进口配额主要分为两大类:绝对配额和关税配额。绝对配额(absolute quota)是指一国政府在一定时间内,对某些商品一定时期内的进口数量或金额事先加以规定,超过规定限额的不准进口。而关税配额(tariff quota)是指对商品进口的绝对数额不加限制,而对一定时期内,在规定配额以内的进口商品,给予低税、减税或免税待遇,对超过配额的进口商品征收高关税、附加税或罚款。

(一)进口配额的效应

现在我们用类似分析关税效应的方法来分析进口配额的经济效应。

如图5-7所示,我们假设进口国是一个贸易小国,即该国对贸易的限制行为不足以影响世界市场价格。自由贸易条件下,该国以 P_W 的国际市场价格进口数量为 Q_1Q_2 的产品,国内生产 OQ_1,消费 OQ_2。现假定该国为了保护国内生产,对该产品的进口实施配额限制,限制数量为 Q。结果,进口锐减,产品的国内价格上升至 P_Q,国内生产增至 OQ_3,消费减少至 OQ_4,消费者剩余损失以 $a+b+c+d$ 表示。其中面积 a 部分转移为国内的生产者剩余,$(b+d)$ 为生产扭曲和消费扭曲导致的纯损失,这与关税效应是类似的。不同的是面积 c 的去向。在小国关税效应分析中,这

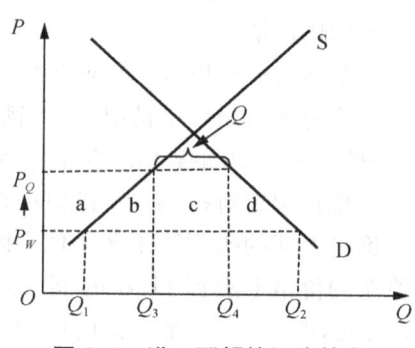

图5-7 进口配额的经济效应

部分转为征税国的关税收入;而此时,面积 c 为配额带来的收益,其去向取决于实施配额的制度安排。比如,若政府以公开竞价的方式将配额拍卖,则该收益由政府获得,产生与征收关税类似的效应。但如果政府的配额分配制度不合理,将会产生额外的社会经济代价,如滋生腐败等。

(二)进口配额与进口关税的比较

首先,前面我们已经指出了关税与配额的一个区别,即贸易限制导致价格上升的收益归属问题。对于前者,该收益以关税收入的形式为政府所得;而对于后者,该收益由进口配额持有人所获取。

其次,对国内市场的保护效果不同。在征收关税的情况下,只要出口商承担税负,使出口商品价格仍然低于进口国国内价格,那么进口国消费者还是会选择进口品。或者出口商完全承担税负,以保持自由贸易时的价格不变,这时征收关税就起不到预期的保护作用。如果进口国采取配额的方式保护本国产业,那么超过配额的外国产品不得进入本国市场。这样的话,进口配额就能排除外国出口商进入本国市场的可能性。这样产生的一个后果是,如果国内市场并非完全竞争,则处于垄断地位的国内企业可以限制产量的方式提高价格,从而导致社会经济效率和社会福利的降低。从这个意义上讲,进口配额产生的效率可能更低。

二、出口补贴

出口补贴(export subsidy),是指一国政府为了降低本国出口商品的价格,增加其在国际市场的竞争力,在出口某商品时给予出口商的现金补贴或财政上的优惠待遇。出口补贴分为直接补贴和间接补贴。直接补贴是指政府在商品出口时,直接付给出口商的现金补贴;而间接补贴是指政府对某些商品的出口给予财政上的优惠,如退还或减免出口商品所缴纳的销售税、消费税、增值税、所得税等国内税,对进口原料或半制成品加工再出口给予暂时免税或退还已缴纳的进口税、免征出口税,对出口商品实行延期付税、减低运费、提供低息贷款、实行优惠汇率以及对企业开拓出口市场提供补贴等。其目的仍然在于降低商品成本,提高国际竞争力。

出口补贴会导致进口国生产商在一个不公平的平台上进行竞争,给进口方带来损失。因

此，出口补贴往往遭到进口国生产商的抵制和反对，而WTO也允许进口国征收反补贴税以抵销出口商因享受补贴而获得的竞争力。下面我们就分别从进口国和出口国的角度，来看出口补贴给两国带来的经济影响。

在图5-8中，我们给出了出口补贴对进口国与出口国双方的经济影响，先来看进口国的情况。假定进口国为贸易小国，即为世界市场价格接受者。如图5-8(a)所示，D_M、S_M线分别为进口国国内市场的需求曲线和供给曲线，P_W代表自由贸易下的国际市场价格。此时，进口国的生产、消费、进口量分别为OQ_1、OQ_2、Q_1Q_2。假定进口国的所有贸易伙伴现在都对其出口商品进行补贴，单位补贴额为S，从而导致国际市场价格下降至(P_W-S)；则此时进口国市场上的价格下降至P_W^*（即P_W-S）。该国消费者现在能以国际价格减去S的价格购得商品，消费者剩余增加$(a+b+c+d)$。而另一方面，生产者剩余则减少面积a所代表的份额，这部分转移为消费者剩余。这也是进口国生产商反对出口国出口补贴的原因。然而，值得我们注意的是，出口补贴对于进口国的福利是有正向影响的，最终的净福利增加$(b+c+d)$。而这部分福利的增加是以损害出口国纳税人的利益为前提的，因为出口国政府的出口补贴是由纳税人承担的。

接下来我们来看出口补贴国的情况。如图5-8(b)所示，D_X、S_X线分别为出口国国内市场的需求曲线和供给曲线，P_W代表自由贸易下的国际市场价格。此时，出口国的生产、消费、出口量分别为OQ_2、OQ_1、Q_1Q_2。现假定出口国对本国商品的国外销售实施单位额S的补贴，若该国为贸易小国，则其补贴行为不足以影响国际市场价格，而本国市场的价格则上涨到P_S，即P_W+S。原因是本国出口商发现在国外销售能获得较高的价格，而在国内销售则不能获得。因而会将原本在国内销售的一部分转移到国际市场。国内供给减少，价格上涨，直至国内价格与其在国外获取的价格趋同时才停止。结果，由于出口补贴行为，国内消费者须支付更高的价格才能够获得商品。消费者剩余减少，减少份额为$(e+f)$；而生产者剩余则增加，增加份额为$(e+f+g)$；另外，政府的补贴支出增加，增加份额为$(f+g+h)$。出口补贴的福利效果为=生产者剩余的增加－消费者剩余的减少－政府补贴，即$(e+f+g)-(e+f)-(f+g+h)=-(f+h)<0$，其中$f$、$h$分别为消费扭曲和生产扭曲。

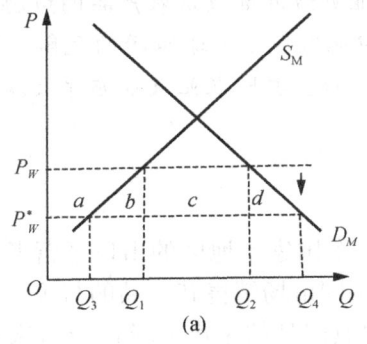
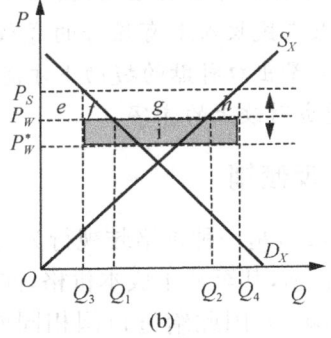

图5-8 出口补贴的经济效应

另外，若补贴国有能力影响国际市场价格（贸易大国），则该国的补贴行为会导致国际市场价格下降，下降幅度取决于其影响力。在图5-8(b)，补贴使国际市场价格下降到P_W^*，使出口数量增加到Q_3Q_4。则此时，补贴国进行补贴后，其福利损失不仅包括$(f+h)$，还包括阴影部分表示的面积i，这一部分的损失反映了贸易条件恶化带来的福利损失。当然，在这种情况下，国内价格的上涨幅度可能会低于小国的情形,因而面积($f+h$)会小于上面的情况,这一点须注意。

总之,对于出口补贴国而言,补贴只会使本国的福利情况恶化。而损失最严重的是出口国的消费者:作为消费者,他们要承受更高的国内价格;作为纳税人,他们还得为政府的补贴买单。那么,出口国政府为什么还要对本国的出口进行补贴呢?原因是,在出口国政府看来,就短期而言,本国会遭受福利损失;然而,从长期来看,本国的出口行业可能会由于产量的增加实现规模经营,或者若该产业为幼稚产业,则补贴可助其成长,培养其竞争力。这样长期的收益可以弥补短期的损失。

另外,从当前的反补贴实践来看,涉及最多的还是农产品。这就引出补贴出口的另外一种解释——即发达国家对农产品的出口补贴。许多发达国家,包括美国、日本等,实施了极为复杂的农产品价格支持体系,结果导致国内农产品供过于求。要维持这种体系的继续运转,政府必须收购多余的供给。而这些剩余的农产品若在国内销售,农业支持体系势必不能维持,但是如果在国外以较低价格销售,则不会影响到国内的价格。而国外低价与国内高价之间的差价,就是政府给予农产品的出口补贴。

【专栏 5-3】

欧洲的共同农业政策

共同农业政策(Common Agricultural Policy, CAP),系指欧盟各国对其农业发展所实施的相关政策,包括农产品价格支持及相关补贴制度。该政策最早由《罗马条约》提出,1960年6月30日在欧共体委员会上正式提出建立共同农业政策的方案。1962年则开始逐步予以实施,至今有两次大规模的调整和改革。第一次是在1992年,第二次是在2000年。共同农业政策的目标系为稳定农业市场情况,提高农民生活水平,形成对消费者合理的价格、增加农业产量,提高劳动生产率,确保粮食安全。

CAP 主要运作方式是对内建立欧盟共同农业基金(European Agricultural Guidance and Guarantee Fund),统一农产品市场和价格,对农产品出口予以补贴。对外设置随市场供求变化而调整的差价税、配额等贸易壁垒,使欧盟农业免遭外部廉价农产品的威胁。虽然共同农业政策在增加产量及农民收入上有显著的成效,但也造成了全球市场的瓦解。因为以高成本生产的产品只有在大量出口补贴的援助下才能够出口。共同农业政策亦导致欧共体内农产品的高消费价格,并造成财政上的赤字。

三、倾销与反倾销

倾销(dumping),是一种价格歧视行为,指一个国家或地区的出口经营者以低于国内市场正常价格或平均价格,甚至低于成本价格,向另一国市场销售其产品的行为。其目的在于击败竞争对手,夺取市场,并因此给进口国相同或类似产品的生产商及产业带来损害。而反倾销(anti-dumping)则是指一国(进口国)针对他国对本国的倾销行为所采取的对抗措施。

WTO《反倾销协定》中规定了倾销的三个构成要件:①进口商品的出口价格低于正常价格;②给进口国同类产品的生产造成实质性损害,或存在此种威胁,或对某一产业的形成造成实质性阻碍;③倾销行为与损害之间存在因果关系。

在现实的贸易实践中,进口国则往往夸大外国产品冲击本国市场的程度。反倾销由于具有名义上的合法性(反对不公平竞争)和使用上的便利性,在国际上大行其道,成为事实上的非关税壁垒。我国就是国际贸易中反倾销指控的主要受害国之一。

（一）倾销的分类

依据持续时间及危害程度，倾销一般可分为以下几类：

(1) 偶然性倾销(sporadic dumping)，是指某一商品的生产商为避免存货的过量积压，在短期内向海外市场大量低价销售该商品。这种倾销方式是偶然发生的，一般无占领国外市场、排挤竞争者的目的，而且因为持续时间较短，不至于打乱进口国的市场秩序、损害其工业。因此，国际社会对这种偶发性倾销通常不采取反倾销措施。

(2) 掠夺性倾销(predatory dumping)，是指某一商品的生产商为了在某一外国市场上取得垄断地位，而以低于国内销售价格或低于成本的价格向该国市场抛售商品，以期挤垮竞争对手后实行垄断高价，获取高额利润。这种倾销行为违背公平竞争的原则，破坏国际贸易的正常秩序，冲击进口国的市场，受到各国反倾销法的严厉抵制。

(3) 持续性倾销，又称长期性倾销(long-run dumping)，是指某一商品的生产商为了实现其规模经济效益，维持其国内价格的平衡，而将其中一部分商品持续以低于正常价值的价格向海外市场销售。长期倾销尽管不具占领或掠夺外国市场的目的，但由于它持续时间长、在客观上属于不公正的国际贸易行为，损害了进口国生产商的利益，因此通常受到进口国反倾销法的追究。

（二）价格歧视与持续性倾销

在分析持续性倾销时，我们需要注意的是：厂商之所以能够这样无限期地在国外以低于国内价格的价格进行销售，是因为其利润最大化的定价行为——即所谓的价格歧视(price discrimination)。厂商在国内外不同市场实行价格歧视的条件包括：①厂商有影响市场价格的能力，即厂商面对一条向右下方倾斜的需求曲线；②厂商在国内外面临的需求曲线的需求价格弹性不同。而国外市场对其产品的需求弹性往往要大一些；③厂商具有分割国内外市场的能力，以防出口的商品回流国内。

一旦具备这些条件，厂商就可以在不同市场收取不同的价格来将利润最大化了。我们以图5-9来说明这种价格歧视行为。图中以纵轴为分界线，右边代表国内市场，左边代表国外市场。厂商在国内、国外两个市场所面临的需求曲线及其相应的边际收益曲线分别为$D_D(MR_D)$、$D_F(MR_F)$[①]。为简便起见，我们假定厂商为不同市场提供产品的边际成本(MC)为相同的常量。

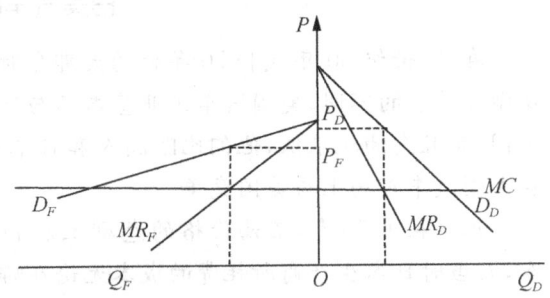

图5-9 持续性倾销的经济学分析

根据利润最大化原则，厂商确定其总产量的原则是边际收益等于边际成本，即当$MC=MR_D=MR_F$成立时，厂商利润达到最大化。

不难理解，如果存在$MR_D>MR_F$，厂商在国内销售单位商品的边际收入更高，在国内多销售，总利润就会不断增加。这种情况会一直持续到每多销售一单位商品在两地所获取的收入相同为止。根据边际成本等于各自的边际收益，我们确定了两个市场的销售量，再结合需求曲

---

① 由于厂商具有影响市场价格的能力，不妨设需求曲线方程$D_D:P=a-bQ$，则边际收入曲线方程为$MR_D=a-2bQ$，可见边际收益曲线低于需求曲线。

线,便可得到在国内外两个市场的销售价格:P_D、P_F。很明显,在国外市场的需求曲线相对平坦时(即国外对该商品需求价格弹性更大),厂商要实现利润最大化,该商品的国外价格就得低于国内价格,即$P_F<P_D$。

所以,当厂商的产品在国外市场的需求价格弹性大于国内市场的需求价格弹性时,厂商为实现利润最大化,产品在国外市场就会以更低的价格销售。

四、其他非关税壁垒

(一)技术性贸易壁垒

技术性贸易壁垒又称技术性贸易措施或技术壁垒,是以国家或地区的技术法规、协议、标准和认证体系(合格评定程序)等形式出现,涉及的内容广泛,涵盖科学技术、卫生、检疫、安全、环保、产品质量和认证等诸多技术性指标体系,运用在国际贸易当中,表现为灵活多变、名目繁多的规定。这类壁垒大量地以技术面目出现,因此它们常常会披上合法外衣,成为当前国际贸易中最为隐蔽、最难对付的非关税壁垒。

(二)自愿出口限制

自愿出口限制(voluntary export restrictions,VER),又称自动出口限制,是指在进口国的压力下,由出口国政府对出口到某个国家的某种商品实施出口配额管制。它是进口配额的一种特殊变形。

就进口国而言,出口国的自愿出口限制可以达到与征收进口关税相同的效果,即进口国国内价格上升,生产者剩余增加,消费者剩余减少。然而,与征收关税不同的是:在此制度安排下,进口国丧失了关税收入,而出口国变相获得了这种关税收入。

【专栏5-4】

日美汽车自愿出口限制

在20世纪60年代和70年代的大部分时间里,由于美国消费者与外国消费者对汽车种类及型号需求的不同,美国汽车工业基本不与进口汽车形成竞争。美国消费者,因为生活在一个大国,而且汽油税很低,他们比欧洲人和日本人更喜欢大型汽车。另外,外国公司也没有选择在大型汽车市场上与美国竞争。

但是在1979年,石油价格的急剧上涨和暂时的汽油短缺使美国市场一下子转向小型汽车,而当时日本生产商所耗费的成本无论在哪个方面都已经低于美国的竞争者,因此它们迅速打入美国市场并满足了新的需求。随着日本厂商的市场份额持续扩大以及美国的产量不断下滑,美国国内的强大政治力量要求保护美国的汽车工业。为了避免单方面的行为和引发贸易战的危险,美国政府要求日本限制出口。日本担心若不答应美国要求,可能招致美国的单方保护措施,也就同意限制其销售。在1981年,双方达成了第一份协议,把日本每年向美国的汽车出口量限制在168万辆,1984~1985年又把总数修正到185万辆。1985年美国允许日本不再执行这一协议。这一自愿出口限制产生的影响是复杂的,主要由以下原因:第一,日本和美国产的汽车显然不是完全替代品;第二,作为对配额的反应,日本汽车工业也从某种程度上提高了汽车质量,转而出售具备更多功能的较大型的汽车;第三,汽车工业明显不是完全竞争的。尽管存在这些因素,其基本结果与先前对自愿出口限制的讨论还是一样的,日本汽车在美国的售价上升。美国政府估计美国在1984年的总损失为32亿美元。

（三）歧视性政府采购政策

歧视性政府采购政策（discriminatory government procurement policy），是指一国政府根据相关的法律制度，要求本国政府机构在招标采购时必须优先购买本国产品，从而对来自外国的产品构成歧视与限制的做法。例如，美国 1933 年开始实行直至"东京回合"之后才废除的《购买美国货法案》（Buy American Act），就属于典型的歧视性政府采购。依据《购买美国货法案》，美国政府机构必须采购美国货，除非采购的价格不合理。而所谓价格的"不合理"，主要是指美国货的价格超过同类外国产品 6% 以上，在国防部的采购计划中超过 50%。

歧视性的政府采购这种做法对于进口国有何影响，我们以图 5-10 加以说明。曲线 S 为本国某产品的供给曲线，曲线 D_G、D_{G+P} 分别为本国对于该产品的政府需求以及总需求（包括政府需求和私人需求）。假定该国为国际市场价格的接受者。自由贸易条件下，本国按照国际市场价格开展生产、进行消费。其中，国内生产为 OQ_1、政府消费为 OQ_G、全社会消费总量为 OQ_2、进口量为 Q_1Q_2。

现假定政府实行歧视性采购，要求政府机构不得进口，只能购买本国产品。换言之，就政府消费部分而言，必须实现国内市场出清。结果，国内价格上升至 P_d，政府消费等于国内生产，为 OQ_d。价格上升使国内生产增加 Q_1Q_d，价格上升使政府需求下降 Q_dQ_G。而私人需求则不受影响，仍按照 P_w 价格进口 Q_GQ_2 部分的产品。不难看出，该国生产者获利，生产者剩余增加面积 a；而消费者（政府）剩余则减少 $(a+b+c)$，净福利损失为三角形面积 $(b+c)$。

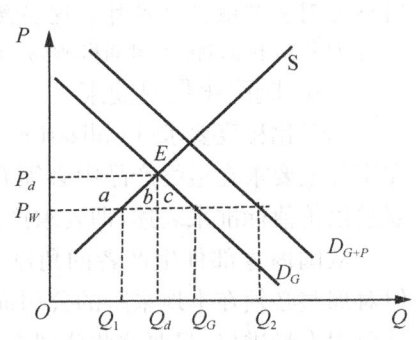

图 5-10　歧视性政府采购的经济效应

[专栏 5-5]

非关税壁垒案例——美国歧视性政府购买

1933 年的《购买美国货法案》是美国政府采购的核心法律，也是美国联邦政府采购中对外国产品歧视的法律基础。它包含有很多歧视性的规定，如禁止一些公共部门从国外采购产品及服务；建立本地的特殊标准，要求为本地的供应商提供优惠的价格条款等。按照《购买美国货法案》，美国联邦政府在采购时应优先考虑购买美国产品，即在美国制造且其中 50% 以上的部件为美国制造的产品。该法规定，在参加招标时，竞标者需证明其产品是美国生产还是外国生产。该法没有直接禁止联邦政府采购外国产品，但明确规定在进行价格评估时，对外国产品须加价 6%（如果该产品的美国竞争者是小企业或是在美国劳动力过剩地区经营的企业，则加价 12%；国防类产品加价 50%）。

美国的国防采购立法将美国制造组件的比例从 50% 提高到 65%。这些法律将其他非政府采购协议成员国的公司挡在了门外，有失公平。1954 年第 10582 号行政令扩大了该法的适用范围，客观上起到了扶植美国的小企业及开工不足企业的作用，并使美国政府可以保护国家利益或国家安全为由拒绝外国投标者。联邦政府还以其他形式支持美国的小企业参与政府采购项目的投标。如《小企业法》规定，只要能"合理"地预期有至少本国两家小企业参与投标，而且其价格是"公平"的市场价格，就必须将一定比例的合同预留给本国小企业。这种预留合同的价值约占联邦政府采购总支出的 30%。

此外,《购买美国货法案》的原则常常被美国各州政府仿效,至少有 40 个州以联邦法律为基础对本州的政府采购实施限制,这些州一级的限制同样构成了对外国产品的歧视。而且,由于类似的本地化要求被加入了《北美自由贸易协定》中,有理由担心这种歧视可能会在加入自由贸易区的其他国家推行。

在伊拉克重建过程中,美国国际开发署 2003 年提供的价值约十亿美元的主要重建合同明确规定只授予美国公司,完全排除了国际竞争。布什政府还明确表示伊拉克重建的采购只限于美国及其伊拉克战争中的盟国的公司和伊拉克公司,而对这场战争持怀疑和反对态度的各国公司则全部被排斥在外。这显然与《政府采购协议》的有关原则和精神背道而驰。

资料来源:卜伟、刘似臣、李雪梅、张弼:《国际贸易》,清华大学出版社,北京交通大学出版社,2006 年。

(四) 国产化程度要求

国产化程度要求(localization requirements)又称国内投入要求,是指一国政府通过法令或在实际上要求在最终产品中必须有一个明确规定的比例是本国生产的。一般而言,这一比例要求以价值标准来表述,即要求产品价格至少有某一个份额反映的是国内附加值。

从国内零部件生产者的角度来说,国产化程度规定给它们提供的保护与进口配额相似。但对那些必须在本地采购的公司而言,其影响就不一样。国产化程度要求并不限制进口,它允许公司大量进口,只要这些公司在本国也大量采购。这就意味着这些公司在生产投入中支付的实际价格是进口投入与国产投入价格的平均值。我们以汽车制造业为例,假定某国的汽车生产行业,如果使用进口零部件,则汽车的生产成本为 5 000 美元,而如果购买同样的国产的零部件为 8 000 美元。但政府要求组装厂商必须使用 50% 的国产零部件,因此,该厂商面临的零部件平均成本就是 6 500 美元($0.5 \times 5\,000 + 0.5 \times 8\,000$)。这 6 500 美元在最终的汽车售价中会体现出来。

本章小结

本章主要介绍了关税壁垒和非关税壁垒。

关税的经济效应包括价格效应、生产效应、消费效应、贸易效应、收入效应、贸易条件效应以及净福利效应等。理论上,贸易大国可以通过最优关税将本国的福利最大化。另外,考虑到中间投入,关税保护还存在一个有效保护的问题。

主要的非关税壁垒包括进口配额、出口补贴、倾销与反倾销等。相对于关税保护而言,进口配额和出口补贴会给出口国带来更多的福利损失,且效率更低。倾销有其合理的一面,现实中反倾销往往成为合法的贸易保护行为。

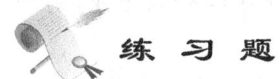

一、名词解释

国际贸易政策 关税 普惠税 最优关税 名义关税率 有效保护率 负保护 非关税壁垒 进口配额 绝对配额 关税配额 出口补贴 倾销 掠夺性倾销 自愿出口限制 歧视性政府采购政策 国产化程度要求

二、问答题

1. 试述征收关税的主要原因。
2. 什么是非关税壁垒？其与关税壁垒相比，有哪些特点？
3. 进口配额与关税保护在保护本国产业方面有何异同？如果让国内生产者选择，他们会选择哪种措施？
4. 什么是有效保护率？有效保护率与名义保护率有什么区别？
5. 如果将关税改为对国内出口部门给予出口补贴，则消费者的福利还会受到影响吗？
6. 倾销包括哪几类？作为一种价格歧视行为，持续性倾销实施的前提条件是什么？
7. WTO认为构成倾销的三个要件是什么？

三、计算题

1. 假设美国在大米生产上是"小国"，世界市场大米价格是15美元每袋，美国国内市场供给方程为 $Q^S = -150 + 20P$，需求方程为 $Q^D = 450 - 10P$，请计算：

   (1) 自由贸易时，求市场均衡的价格和进口数量。
   (2) 如果进口配额限制为60袋，求均衡的市场价格。
   (3) 如果征收20%的进口从价税，求市场均衡的价格和进口数量。

2. 本国对玉米的进口需求曲线为 $D = 100 - 20P$，供给曲线为 $S = 20 + 20P$；外国对玉米的需求曲线为 $D^* = 80 - 20P$，供给曲线为 $S^* = 40 + 20P$。要求：

   (1) 求自由贸易时，玉米的均衡价格和贸易量。
   (2) 若本国对进口玉米征收0.5的从量税，求新的均衡价格和贸易量。
   (3) 阐述关税对本国生产者、消费者和政府福利的影响及计算本国的净福利变化。

3. 一小国能以每单位10的国际价格进口某种产品。这种产品在该国的国内供给曲线为 $S = 10 + 10P$，需求曲线为 $D = 400 - 5P$。假设每单位产品能产生价值为10的边际社会收益。要求：

   (1) 计算自由贸易时的进口量。
   (2) 若对每单位产品征收5单位关税，阐述其对本国进口量和本国社会福利产生的影响。
   (3) 若对每单位给予5单位生产补贴，阐述其对本国进口量和本国社会福利产生的影响。

四、论述题

1. 根据小国模型，论述关税对本国社会福利的影响。
2. 既然关税有损一国社会福利，为什么一国还要征收关税？

第六章 生产要素的国际流动

【本章要点概览】

- 劳动力国际流动的动因和经济效应
- 资本国际流动的动因和经济效应
- 要素流动与商品流动的替代与互补关系

生产要素的国际流动是指劳动力、资本、技术等要素在国际转移。这种流动是由国家间生产要素禀赋的差异所引起的。在前面各章的探讨中有一个基本的假定前提,就是生产要素不能在国家间流动。但事实上,除土地之类的自然资源外,资本、劳动力、技术等生产要素的国际流动是经常发生的。这些要素的国际流动与国际商品流动之间存在着某种相互替代关系。例如,一个资本相对充裕和劳动力相对稀缺的国家,可以通过输出资本密集型产品和输入劳动密集型产品实现资源的有效利用并增加国民福利,也可以通过资本输出和接受外来劳动力达到同样目的。然而,国际贸易和生产要素的移动对所卷入国家的经济影响是很不相同的。本章将对生产要素流动的原因和所产生的经济效应做深入地探讨。

第一节 劳动力的国际流动

一、劳动力国际流动概况

劳动力的国际流动是一个复杂的社会现象,它是多种因素作用的结果。我们先就国际劳动力流动的历史作简要回顾,然后着重从经济学的角度分析其流动原因及效果。

劳动力要素的流动虽然比资本要素流动少得多,但是劳动力流动的历史却更久远。自哥伦布1492年发现了美洲新大陆以后,劳动力的国际流动就开始了,至今也没有停止。而且更多的经济学家也越来越关注这个问题。通过对以往劳动力流动的分析,我们可以将劳动力的国际流动大致分为三个阶段。

第一阶段的劳动力流动主要指哥伦布发现美洲新大陆到第一次世界大战前。在此期间的劳动力流动主要表现为:1492年以后,西欧国家特别是英国向北美大规模移民、通过"三角贸易"从非洲贩卖黑人奴隶经过欧洲再到北美,以及为了逃避欧洲的宗教和政治迫害或者怀着各种经济目的而移民。这一时期正是欧美资本主义生产方式产生和发展的重要时期,急需从国外输入大批劳动力以进行工业化生产,这就决定了这一时期国际劳动力流动的主要流向是从亚非国家到欧美新兴资本主义工业国家或新开发的国家。然而,我们可以看出第一阶段的劳动力流动并不同于现代意义的劳务输出，而是带有浓重的移民色彩。

第二阶段的劳动力流动主要指第一次世界大战开始到第二次世界大战结束。在这个阶段，劳动力的流动主要是战争劳务性质。不仅大量的殖民地的劳动力被迫充当前线士兵和后方劳动力，而且为了对付德、意、日法西斯国家，各个国家联合起来进行人力调动，以至各国的劳务合作快速发展。这种联合行动因为是有组织的、临时的劳动力流动，所以它比较接近于现代意义的劳务输出。另外这个时期的欧洲，工业化导致欧洲人口急剧扩张，生存压力也促使欧洲人口大规模向外迁移。

第三阶段的劳动力流动主要指第二次世界大战结束至今。这期间的劳动力流动呈现出多样化的趋势。首先，劳动力的大量流动来自政治性的难民流动，第二次世界大战遗留下大批无家可归的战争难民，许多难民长期留在国外、难以返回家园或者是不愿意返回家园。2018年6月20日，联合国难民事务高级专员菲利普·格兰迪（Filippo Grandi）在国际难民日致辞中指出："当今世界，由于冲突的爆发、再起、持续与恶化，全球共有6 850万人被迫流离失所。"难民和移民流动的原因不同，但所走的路线可能相似。难民大规模流动的主要原因有两点：一是战争和武装冲突；二是民族、种族、宗教冲突。其次，高技术人才的国际流动是20世纪50年代以来的一个突出特点，大量的高级人才从发展中国家流入发达国家，从欧洲流入美国。这给急需人才的发展中国家带来了巨大的损失。最后，为了获得更高的收入、过更好的生活，一些人铤而走险，以各种各样的方式进行非法移民。从表6-1我们可以看出移民大国美国从1992年到2004年的移民流入情况。

表6-1　1992～2004年流入美国的移民情况　　　　单位：人

国家或地区	1992年	1994年	1996年	1998年	2000年	2002年	2003年	2004年
移民总计	973 977	804 416	915 900	654 451	849 807	1 063 732	705 827	946 142
非洲(总计)	27 086	26 712	52 89	40 660	44 731	60 268	48 735	66 304
美洲(总计)	439 355	319 603	402 309	298 390	400 879	478 943	305 976	413 012
亚洲(总计)	367 738	305 116	320 207	223 003	272 029	351 344	251 296	337 794
欧洲(总计)	134 609	148 389	135 181	87 486	125 851	164 964	94 227	119 873
大洋洲(总计)	5 169	4 592	5 309	3 935	5 136	5 557	4 372	5 956
中国(含中国台湾)	38 907	53 985	41 728	36 884	45 652	61 282	40 659	51 156

资料来源：http://www.migrationinformation.org/GlobalData/countrydata/data.cfm。

二、劳动力国际流动的经济效应分析

为了简化分析，现作如下假定：①两个国家（国家Ⅰ和国家Ⅱ）；②两种生产要素（劳动力和资本）；③劳动力是同质的，可以在国家间自由移动且不存在移动成本；④使用劳动力生产一种同质的商品并且假定两国之间不存在商品贸易。

如图6-1所示，劳动力在国家间移动之前，国家Ⅰ的劳动力总量用OA的长度来表示，国家Ⅱ的劳动力总量用$O'A$的长度来表示，两国的劳动力总量OO'固定不变。以纵轴表示实际产出，各国对劳动力的需求用图中的边际劳

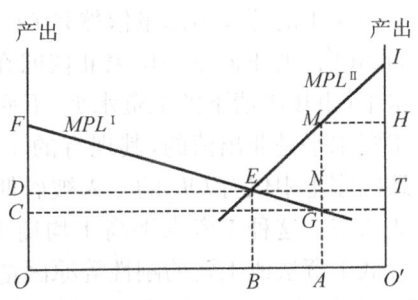

图6-1　无剩余劳动力移动的经济效益

动实物产出曲线 MPL^{I}、MPL^{II} 来表示(假设市场有效,劳动的边际产出等于劳动的工资)。由于劳动力失业是一种较普遍的情况,我们下面将分劳动力充分就业和存在失业两种情况进行分析。

(一) 充分就业的情况

所谓劳动力充分就业,就是不存在失业工人的情况。国家 I 的劳动力总量是 OA,国家 II 的劳动力总量为 $O'A$,那么当市场是完全竞争并且劳动力可以自由移动的时,由于国家 I 的工资水平(用 OC 的长度表示)远低于国家 II 的工资水平(用 $O'H$ 来表示),以及利益的驱动,国家 I 的劳动力将向国家 II 移动,以便获得更高的工资收入。劳动力移动的最终结果会使两国的工资水平达到均衡,即停留在如图 6-1 所示的 E 点(均衡工资可以用 OD 的长度表示)。

由此可知,在劳动力流动之前,国家 I 的总产出水平为 $OFGA$,其中长方形 $OCGA$ 的面积是国家 I 中劳动所有者的收益,面积 CFG 代表的是资本所有者的收益。国家 II 的总产出水平可用面积 $IMAO'$ 表示,其中 $O'HMA$ 是劳动所有者的收益,面积 IMH 代表其他要素(假设其他要素为资本)所有者的收益。

劳动力在国际流动使得国家 I 中劳动力的边际产出提高,国内总产出水平变为 $OFEB$,其中面积 $ODEB$ 代表留在国内的劳动所有者的收益。面积 $ABEN$ 是移动到国外的劳动所有者所获得的收益,面积 DFE 则代表劳动力流出后国家 I 资本所有者的收益。而国家 II 中的劳动力的边际产出随着劳动力的流入而下降,国内总产出水平为 $O'IEB$,其中劳动所有者的收益为 $O'TEB$,资本所有者的收益为 EIT。

根据图 6-1 可知,劳动力的自由流动同样可以带来世界总产出的净增长。对于劳动力流入国(国家 II)来讲,总产出从面积 $O'IMA$ 增加为 $O'IEB$,总产出增加了 $ABEM$ 的面积。而对于劳动力流出国(国家 I),其总产出从面积 $OFGA$ 下降到 $OFEB$,总产出下降了 $ABEG$ 的面积。故世界总产出净增长可以用三角形 EMG 的面积来表示。

对于劳动力流入国(国家 II)来讲,劳动力的流入使其总产出增加了 $ABEM$。国内原劳动力的所有者的总收益由 $O'HMA$ 下降为 $O'TNA$,而资本所有者的收益则由 IMH 上升为 IET。

而对于劳动力流出国(国家 I),劳动力的流出使其总产出下降了 $ABEN$。国内劳动力所有者的收益从 $OCGA$ 上升到 $ODNA$(其中 $ABEN$ 为流出的劳动力所得),资本所有者的收益则由 FCG 下降为 FDE。

因此,劳动力跨国流动的经济效应主要表现为:通过提高资源配置效率增加世界的总产出。劳动力在国际自由流动还会影响要素所有者的收入分配。

(二) 存在失业的情况

存在失业的情况,在此指国家 I 中存在部分失业工人的情况。如图 6-2 所示,我们可以看出国家 I 的劳动力总量依然是 OA,国家 II 的劳动力总量为 AO'。所不同的是国家 II 依旧在国内均衡工资 $O'H$ 的水平(市场出清下的工资水平)下雇用劳动力,而国家 I 的工资水平是非出清的,其现有的工资水平为 OS。这就导致国家 I 中仅有 OL 的工人被雇佣,而 LA 的工人处于失业状态。这种工资水平高于均衡工资的结果可能是由于最低工资法或工资的刚性等原因造成的。总之,在这种情况下,国家 I 的工人不能实现充分就业,那么在劳动力可以在国家间自由流动时,失业工人将从国家 I 流入国家

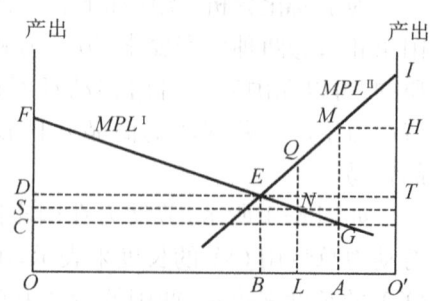

图 6-2 有剩余劳动力移动的经济效应

Ⅱ。这不仅可以使国家Ⅱ的产出增加,而且不会减少国家Ⅰ的产出水平,世界从劳动力流动中所获得的利润就更加明显了。当然,要实现世界工资的完全均等,就会有额外的 BL 的工人流入到国家Ⅱ中,这种情况的分析就等同于第一种情况。

因此在有失业工人的情况下,失业工人移动将导致全球的产出水平增加 ALQM(消除国内市场扭曲导致的产出增加)。如果实现世界工资完全均等,让 BL 的工人流入到国家Ⅱ中,将导致全球的产出水平增加 EQN(消除国际市场扭曲导致的产出增加)。相对于第一种情况这就明显增加了 ALNG 的产出。因此我们可以得出结论,消除因国内劳动力市场无法出清而造成的国内市场扭曲、各国工资水平不同所造成的国际市场扭曲,可以获得更大的收益。

【专栏 6-1】

国际人才流动的驱动因素

(1) 经济发展和收入水平是人才流动的第一驱动力。全球移民和人才跨国流入主要分布在高收入国家,2017 年高收入国家移民达到 1.64 亿人,占全球移民总量的 63.8%;居住在中等收入国家的国际移民为 8 143 万人;居住在低收入经济体的只有 1 091 万人。从移民趋势看,高收入国家的移民人口比重在逐步增加;中等偏上收入国家的移民人口比重长期徘徊在 1.6% 左右,中低收入国家的移民人口比重呈现下滑趋势。

(2) 高端科技人才首要选择职业发展空间和工作环境。对高端科技人才尤其是职业成熟期群体,经济因素往往不是最重要的,职业发展、工作条件和国家间项目合作等非经济因素才是他们在选择跨国流动时首要考虑的。欧盟关于科研人员流动性与职业路径项目的报告显示,博士阶段及取得博士学位后的科研人员,选择跨国流动超过 3 个月时,首要考虑的因素是职业发展、参与特定研究主题的机会,以及与权威专家共事的机会,而设施设备、可用资金和地位等因素相对次要。

(3) 企业家和创业群体首要考虑当地营商环境和贸易水平。在稳定的政治、经济和社会环境下,当地的营商环境、与国际市场的联系、政府效率和制度规范性是吸引企业家海外投资、创业群体和职业经理人团队流入的首要因素。这些因素决定了企业海外发展的风险成本和创业成本,进而影响对国际人才流入的吸引力。吸引跨国流动的投资和创业群体,可有效地整合国际资源,发挥全球产业链中不同地区的比较优势,促进开源创新并开拓国际市场。

(4) 社会关系与合作网络明显影响了国际人才的文化融入与绩效水平。多项研究表明,海外员工跨文化胜任力与工作绩效呈显著的正向关系:跨文化胜任力越强,在东道国的工作表现越好、工作绩效越高。国际人才跨文化的适应一般经历新奇阶段、文化冲突阶段、复苏阶段和文化融入阶段。良好的社会关系和合作网络能够帮助国际人才获得资源支持和归属感,顺利渡过文化冲突阶段而实现文化融合与适应,提高人才在海外工作的绩效和稳定性。

资料来源:刘理晖,胡晓:《全球人才流动特点和自由贸易港(区)的人才政策》,《重庆理工大学学报(社会科学)》,2019 年第 33 期。

三、劳动力国际流动的其他福利影响分析

在以上分析中,我们实际上已经假设了所有劳动力都是非熟练劳动力。然而,对现实世界进行观察就会发现,劳动力的流动不仅包含非熟练劳动力的流动,还包含大量受过高等教育或者经过培训的高质量人才流动。而高质量人才的流动对世界福利的影响显然不同于非熟练劳

动力流动所带来的影响。因此我们也需要考虑到这部分人员流动所带来的影响。

从20世纪五六十年代起,就有相当数量的科学家、工程师、医生、护士以及其他一些高技能的人员从发展中国家流入发达国家、从欧洲地区流入美国。例如,在20世纪80年代就有大约870万人从世界各地涌入美国,其中150万人接受过大学教育。贝尔实验室(American Telephone and Telegraph,AT&T)中,研究通讯科学的200名研究员中至少有40%是外籍人员。在20世纪90年代初期,美国大学的计算机科学博士学位一半以上都颁发给了国外出生的学生,而且他们中的大部分至今仍留在美国工作。的确,越来越多的美国高科技产业,从半导体的研发到生命科学,要在全球市场上保持竞争优势,就需要依赖流入美国的各国科学家和工程师。这种高技能劳动人员的流动问题被人们形象地称为"智力流失",而智力流失对于人才流失国的经济发展是相当不利的。美国《财富》杂志就曾报道说,企业在一个员工离职之后,从找新人到顺利上手,光是替换成本就高达离职员工薪水的1.5倍;而如果离开的是管理人员,代价会更高。发展中国家的人力成本虽然低于美国,但道理是一样的,而这还只是在账面上反映出来的成本。另外,劳动力的流动不仅给世界经济造成影响,也给两国的公共财政带来一定的影响。

其一,劳动力国际流动对输出国产生负的财政效应。流动到国外的劳动力特别是高级知识分子一般都是青壮年,而他们在流动之前却享受了多年由其他纳税人承担的公共产品和服务,特别是国家花费了很大一笔资金对他们进行教育或培训,使之具备回馈祖国的能力。然而,当他们终于可以为社会工作并有能力成为纳税人的时候却移居国外为他国纳税。虽然看似他们的流动可以减轻本国公共财政及公共服务的负担,但实际上输出国不仅失去了移民未来所产生的各项税收,而且也损失了对劳动力的前期投入成本。

其二,劳动力的国际流动给输入国带来净收益。曾经有人提出,移民的劳动力中有一部分是非法移民,他们工资收入低,对输入国的税收贡献小。而高技能劳动力流入时则拖家带口,大量没有劳动能力的老人和小孩只会增加公共财政的负担,因此劳动力的流入对于输入国只能是净损失。而国际经济学家金德尔伯格则认为,流动的劳动力以青壮年人口为主,虽然他们享受了输入国的公共服务和公共设施,但由于他们正处于一生中的工作高峰期,其为输入国所作的贡献以及所交纳的税款完全可以抵销因劳动力流入而带来的财政支出压力。因此,从一般意义上讲,特别是从长期角度考虑,劳动力的国际流动对于输入国带来的是财政净收益。

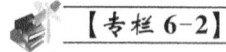

人才流失:恐慌漫及世界

从世界范围看,除美国、日本、西欧一些国家和地区外,人才流失问题在多数国家都不同程度地存在着,对人才流失的担忧和恐慌在全球不断蔓延。

一、非洲

非洲是人才流失的重灾区。联合国专家估计,1960~1975年,2.7万名非洲专业人员移居国外;而1975~1984年,移居人数增加到4万;1987年达到8万。国际移民组织估计,在工业化国家工作的非洲专业人员现在有10万人,占该洲熟练劳力的1/3。世界银行的一项研究表明,由于非洲国家的经济危机,每年大约有2.3万名合格的学术研究人员从非洲流失,以寻求较好的工作条件。仅美国一国估计就雇用了1.2万名尼日利亚的科研人员。

二、拉丁美洲

拉美国家紧邻美国和加拿大,在移民方面可谓"近水楼台先得月"。根据人口普查数据,20世纪60年代到20世纪90年代,拉美国家流入美国的移民,无论是专业人员还是一般劳动力,数量都很庞大,总数从100万跃升至850万!流向美国的大量移民,有许多是高技术人员,他们中相当一部分有研究生(硕士、博士)学历。调查显示,在拉美技术移民的14个主要目的地中,美国占了13个。

三、欧洲和独联体

据欧洲共同体专家调查小组报告,1991年由欧洲共同体成员国流向美国的科技人员达到1 488人,1992年上升到1 720人,其中英国科技人才流失最为严重。据美国科学基金会统计,20世纪80年代初以来,英国每年流失的人才超过1 000人,其中90%流入美国。英国皇家学会中,有四分之一的英籍会员在国外工作,大部分效力于美国。与西欧相比,东欧和独联体人才外流问题更加突出。20世纪80年代后期,"苏东巨变"使这一地区人口流动和人才外流。20世纪90年代初,官方登记的从中东欧国家向西方国家净流出人口年平均约85万人。这些移民从人口统计学和社会学上看,是经过高度优选的,从而给输出国造成严重的智力流失。例如,1994年到1996年,有大学学历的移民,占俄罗斯去加拿大的族裔移民的一半以上,去美国的45%,去以色列的1/3,去希腊的1/5,去德国的1/6。

四、亚洲

亚洲人才流失在速度和数量上都堪称世界之最。据美国移民局统计,美国每年发放的H1B签证中,大部分科技人员来自亚太地区,印度占44%,中国占9%,菲律宾占5%。印度人才流失最为严重,据印度信息技术部估计,印度各个技术院校和工程学院每年大约培养出10万名工程师,其中5万至6万人都去了美国,或正在打算前往美国,国内的技术人才所剩无几。20世纪90年代,亚洲人占加拿大入境移民的一半以上,占美国入境移民的1/3～4/5,占澳大利亚的1/2～4/5。从1980年到1990年,海外华人增加了40%,从2 200万增加到3 070万;海外南亚人在1970年后20年翻了一番,从500万增加到1 000万。而1990年到现在,增加速度更快。

五、大洋洲

大洋洲的澳大利亚和新西兰是亚洲移民的重要输入国。但是,这两个国家也为人才流失发愁。据澳大利亚研究生协会调查,该国研究生外流人数每年正以10%的速度增长,仅1992年就有60%攻读自然科学和工程专业的研究生毕业后赴国外工作,大部分流入美国。

六、北美——加拿大

北美是人才荟萃之地。但这里也存在人才流失的问题。在加拿大,大批有才华的年轻人受美国生活方式、价值观念、创业环境、低税收以及就业和发展机会的吸引,出走美国。从1970年至今,加拿大有60.1万人移居美国。调查发现,20世纪90年代,加拿大从国外获得的研究生,1/4又流失到了美国,而且,流失到美国的、具有大学学历的加拿大人是进入加拿大的移民的2倍。

人才流失是激烈的国际人才竞争的必然产物。随着经济全球化的发展,人才国际流动是大势所趋。由于每个国家站在不同的起跑线上,国际人才流动和人才竞争对不同的国家意义绝然不同。以上的环球浏览说明,那些处于相对劣势地位的国家和地区,特别是发展中国家,必须面对人才流失的严峻挑战。对加入世界贸易组织之后的中国更是如此!

资料来源:李建钟:《人才流失:恐慌漫及世界》,《中国人才》,2002年第11期。

第二节 资本要素的国际流动

一、资本国际流动的类型

当资本要素可以在国家间自由流动时,投资者为了获得较高的收益,将进行对外投资。正是这种对外投资行为,使资本在国家间流动成为可能。我们也根据投资者在投资行为中,对所投入资金的实际运行过程所产生的影响力和控制权,将资本的国际流动划分为对外直接投资和对外间接投资两大类型。

对外直接投资(foreign direct investment,FDI)指的是包括所有权与控制权的资本流动。根据国际货币基金组织的划分标准,其定义是:"投资人在国外所经营的企业中拥有持续利益的一种投资,其目的在于对该企业的经营管理拥有有效的控制权。"对外直接投资的主要表现形式有:在国外建立自己的全资子公司、分支机构、附属机构、收购兼并当地的公司企业,或者与东道国共同创办合资企业等,或者根据许多西方国家的统计标准,通过购买外国企业的股票而拥有10%及以上的股权。

对外间接投资(foreign indirect investment,FII),是指一个国家的投资者以取得利息或股息、分得红利等资本增值形式为目的,以被投资国的证券为主要对象的投资。其特点是投资者不直接参与资本企业的经营和管理。它包括对外证券投资(foreign portfolio investment)和国际贷款(foreign loan)。

二、世界直接投资情况

(一)直接投资流量情况

根据表6-2,2002年至2018年,从对外直接投资流出(outward-FDI)情况看,对外直接投资在次贷危机发生前的2007年达最高值——22 675亿美元。2002年,发达国家对外直接投资占世界的92%,其中欧盟占59%,美国占21%;发展中国家仅占7%,中国对外直接投资不到世界的1%。到2018年,发达国家对外直接投资占世界的比重下降到55%,发展中国家上升到41%;中国对外直接投资占世界的比重达到了13%。

表6-2 世界对外直接投资流出情况 单位:亿美元

年份	世界	发达国家		欧盟		美国		发展中国家		中国	
2002年	6 522	5 999	92%	3 845	59%	1 349	21%	478	7%	25	0
2007年	22 675	19 239	85%	12 873	57%	3 935	17%	2 921	13%	225	1%
2013年	13 766	8 921	65%	3 429	25%	3 034	22%	4 087	30%	1 078	8%
2014年	12 988	7 795	60%	2 142	16%	3 330	26%	4 469	34%	1 231	9%
2015年	16 826	12 435	74%	6 550	39%	2 644	16%	4 070	24%	1 457	9%
2016年	15 501	11 051	71%	4 895	32%	2 893	19%	4 198	27%	1 961	13%
2017年	14 254	9 253	65%	4 129	29%	3 004	21%	4 617	32%	1 583	11%
2018年	10 142	5 584	55%	3 904	38%	−636	−6%	4 176	41%	1 298	13%

数据来源:根据历年《世界投资报告》整理。

根据表6-3,全世界对外直接投资流入(inward-FDI)与流出情况相似。2002年至2018

年,对外直接投资流入在次贷危机发生前的2007年达最高值——21 000亿美元。2002年,发达国家对外直接投资占世界的76%,其中欧盟占59%,美国占10%;发展中国家占22%,中国对外直接投资流入占世界的7%。到2018年,发达国家对外直接投资占世界的比重下降到43%,发展中国家上升到54%;中国对外直接投资占世界的比重上升到11%。

表6-3 世界对外直接投资流入情况　　　　　　　　　　　　　　　　　　　单位:亿美元

年份	世界	发达国家		欧盟		美国		发展中国家		中国	
2002年	7 161	5 478	76%	4 204	59%	713	10%	1 555	22%	527	7%
2007年	21 000	14 441	69%	9 238	44%	2 660	13%	5 649	27%	835	4%
2013年	14 312	6 948	49%	3 450	24%	2 014	14%	6 526	46%	1 239	9%
2014年	13 572	6 231	46%	2 656	20%	2 017	15%	6 774	50%	1 285	9%
2015年	20 338	12 686	62%	6 358	31%	4 676	23%	7 288	36%	1 356	7%
2016年	19 187	11 977	62%	5 561	29%	4 718	25%	6 563	34%	1 337	7%
2017年	14 974	7 593	51%	3 406	23%	2 773	19%	6 906	46%	1 341	9%
2018年	12 972	5 569	43%	2 776	21%	2 518	19%	7 060	54%	1 390	11%

数据来源:根据历年《世界投资报告》整理。

(二)直接投资存量情况

全世界直接投资存量情况如表6-4所示。

对外直接投资流入存量(inward-FDI stock:IFDI)情况:全世界由2000年的73 773亿美元增加到2018年的322 720亿美元,年均递增8.54%。其中,发达国家年均递增7.37%,低于世界平均水平,占世界FDI的比重由2000年的78%下降到2018年的64%;发展中国家年均递增达11.34%,高于世界平均水平,占世界FDI的比重由2000年的21%上升到2018年的33%。中国利用FDI在2000年达到世界的3%的比重,到2018年上升到世界的5%的份额。

表6-4 世界跨国直接投资存量情况　　　　　　　　　　　　　　　　　　　单位:亿美元

国家或地区	FDI流入存量				FDI流出存量			
时期	2000年	2010年	2018年	年增长率	2000年	2010年	2018年	年增长率
世界	73 773	197 519	322 720	8.54%	74 089	203 109	309 749	8.27%
发达国家	57 796	129 591	207 896	7.37%	66 993	169 333	230 492	7.11%
	78%	66%	64%		90%	83%	74%	
欧盟	23 221	68 505	101 138	8.52%	29 071	85 153	115 071	7.94%
	31%	35%	31%		39%	42%	37%	
美国	27 832	34 223	74 647	5.63%	26 940	48 096	64 747	4.99%
	38%	17%	23%		36%	24%	21%	
发展中国家	15 457	60 945	106 789	11.34%	6 899	30 085	75 237	14.19%
	21%	31%	33%		9%	15%	24%	
中国	1 933	5 878	16 277	12.57%	278	3 172	19 389	26.60%
	3%	3%	5%		0	2%	6%	

数据来源:根据历年《世界投资报告》整理。

对外直接投资流出存量(outward-FDI stock:OFDI)情况:全世界由2000年的74 089亿美

元增加到2018年的309 749亿美元,年均递增8.27%。其中,发达国家年均递增7.11%,低于世界平均水平,占世界FDI的比重由2000年的90%下降到2018年的74%;发展中国家年均递增达14.19%,高于世界平均水平,占世界FDI的比重由2000年的9%上升到2018年的24%。中国对外直接投资存量在2000年时仅278亿美元,不到世界的1%;2018年对外直接投资存量达19 389亿美元,占世界对外投资的比重已达6%。

(三)跨国并购情况

跨国并购(mergers and acquisitions,M&As)一直是国际直接投资的主要形式之一。根据2017年《世界投资报告》跨国并购净出售数据,世界净出售与FDI流出之比:2010年跨国并购占直接投资的25%,2016年上升到60%。发达国家跨国并购2010年占直接投资的75%,2016年占91%;其中全球跨国并购主要发生在欧盟和美国企业之间。中国企业跨国并购在2014年净出售占世界比重为13%,达到历史最高水平。

从跨国并购净购买数据看,世界净购入与FDI流入之比:2010年跨国并购占直接投资的25%,2016年上升到50%。发达国家跨国并购2010年占直接投资的65%,2016年占81%;2010～2014年,欧盟企业跨国购入较少,2015年开始,欧盟企业跨国购入迅速增加,2016年欧盟企业跨国购入达世界45%。美国企业全球跨国并购约占世界的1/4。2010年开始,中国企业参与全球跨国并购较多,2013年净购入占世界比重达20%,达到历史最高水平。具体如表6-5所示。

表6-5　世界跨国并购(M&As)情况　　　　　　　单位:亿美元

项目	时间	世界		发达国家		欧盟		美国		中国	
净出售	2010年	3 471	25%	2 599	75%	1 182	34%	843	24%	68	2%
	2011年	5 534	35%	4 369	79%	1 846	33%	1 461	26%	115	2%
	2012年	3 282	24%	2 668	81%	1 283	39%	648	20%	95	3%
	2013年	2 625	19%	2 301	88%	1 266	48%	434	17%	311	12%
	2014年	4 281	34%	2 931	68%	1 749	41%	141	3%	568	13%
	2015年	7 351	46%	6 408	87%	2 653	36%	3 039	41%	124	2%
	2016年	8 686	60%	7 943	91%	3 626	42%	3 608	42%	59	1%
净购买	2010年	3 471	25%	2 248	65%	231	7%	851	25%	298	9%
	2011年	5 534	35%	4 319	78%	142	3%	1 377	25%	364	7%
	2012年	3 282	21%	1 839	56%	190	6%	725	22%	379	12%
	2013年	2 625	18%	1 207	46%	−337	−13%	596	23%	515	20%
	2014年	4 281	32%	2 441	57%	234	5%	851	20%	393	9%
	2015年	7 351	41%	5 875	80%	2 702	37%	1 279	17%	511	7%
	2016年	8 684	50%	7 075	81%	3 910	45%	779	9%	922	11%

数据来源:根据2017年《世界投资报告》整理。

【专栏6-3】

外国直接投资的结构性变化

虽然外商直接投资仍然是国际资本流动的主要形式(约占全部资本流动的72%),但以购买资产组合为形式的资本流入近两年快速增加。不过,与20世纪90年代中期相比,仍有较大差距。这与近年来一些发展中国家的国内金融经济形势不稳定有密切关系。随着全球经济的逐渐复苏,以购买证券资产组合方式投资的流量也将逐步回升。

资产组合权益投资与外商直接投资的明显不同点在于,后者意在长期中控制被投资企业,而前者只是对金融收益有兴趣;外商直接投资的投资者是跨国公司,而新型权益市场上的投资者却主要是投资银行、投资基金和对冲基金。资产组合型权益投资的途径是,在国际金融市场上购买企业首次公开发行的股票或美国存款证、全球存款证。有些资产组合投资者还会使用风险资本投资或可转换债券来进行这类权益型投资。

以购买股票、美国存款证、全球存款证和在二级市场上交易的股票的形式实现资产组合型资本流动,从2002年的49亿美元急速上升至2003年的143亿美元。前20名国家在2003年获得的资产组合型权益投资流入量为161亿美元,而2002年的这一数额为71亿美元。这个数据的强劲上升很大程度上是印度拉动的(中国次之)。2003年资本流入的这种扩张与新兴市场股票指数从2002年的低水平上涨了50%的趋势是相称的。因此,新兴市场国家经济的强劲恢复和全球的低利率共同促成了这一结果。当然,一些国家像阿根廷、土耳其、巴西和南非在经历货币贬值之后的汇率稳定也促进了资产组合型资本的流入。

借着印度经济的快速增长,以资产组合形式流入南亚的权益资本在2003年急剧增加。由于中国的一些企业上市活动,如中国人寿持有超过30亿美元的股票,流向东亚和太平洋地区的资产组合型权益资本也大量增加。这种形式的资本流入水平在拉丁美洲和加勒比海与2004年基本相当。流向阿根廷和智利的这类资本流入也在2004年的负水平上有所增加,而巴西的这类资本流入量与2004年相比没有变化,可能是利率下降、汇率稳定、经济恢复的结果,还可能存在没有当地企业去海外上市的原因。同时由于流入俄罗斯联邦的这类资本流量的下降,流向欧洲和中亚的资产组合型权益资本只有稍许的增加,最后一个季度的尤克斯公司事件使国际投资者担心政府会介入私营企业的经营。南非良好的经济恢复形势使撒哈拉非洲地区的资本流入也上升了,而中东和北非仍然依赖于债务融资。

一方面,私有化通常会伴随着较大量的资本流动,对资产组合形式的权益资本流动有着显著的影响。事实上与私有化有关的资产组合型资本流动规模一直都比较大。在1990~1996年,公共部门企业的权益发行超过了私人部门。继20世纪90年代初期的资产组合形式的权益资本流动急剧增加之后,亚洲金融危机的爆发使这种形式的资本流动又经历了几近崩溃的急剧下降过程。自此之后,这种形式的资本流动规模一直保持在一个较低的水平上。

另一方面,自20世纪90年代后期以来,由于发展中国家资信状况不佳,国际债务市场上的贷款人和借款人对债务融资都非常谨慎。尤其是1997~1998年的亚洲金融危机之后,东亚国家尽量避免在债务市场上发行债券。其他地区的国家也都以亚洲国家的惨痛经历为戒。而且,一些国际上的大银行也逐渐改变自己的贷款模式,而不再倾向于单独向发展中国家的政府和私人部门提供贷款。所以,以银行贷款进行债务融资的渠道也逐渐缩小。

2003年国际债务市场上的新债券发行有了相当的增长。总的来看,2003年的主权借款人和公司借款人的债券融资量较2002年都有所增长,其中主权借款人债券融资总规模在2003年上半年达到了440亿美元,占到了总债券融资额的2/3。

资料来源:韩玲慧、吕旺实:《当前国际资本流动的基本形势与特点》,《宏观经济研究》,2005年第3期。

三、资本国际流动的经济效益分析

在现实经济中,资本在国家间大量的流动会对东道国、投资国的产出,资本和其他生产要素的收益率产生各种各样的影响。在此,我们运用类似劳动力国际流动的分析方法对这些影响作一下分析,其假设条件与分析劳动力的国际流动时相同。资本流动的经济效应如图6-3所示。

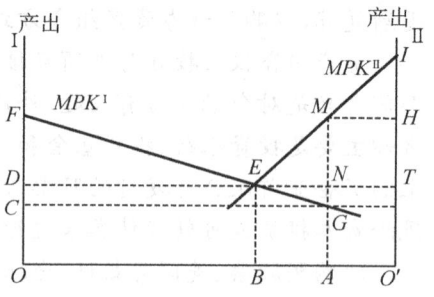

图6-3 资本流动的经济效应

假设资本在国家间移动之前,国家Ⅰ的资本存量用OA的长度来表示,国家Ⅱ的资本存量用$O'A$的长度来表示,两国的资本总量为OO'固定不变。MPK^I是国家Ⅰ在不同投资水平上的资本边际产出,MPK^{II}是国家Ⅱ在不同投资水平上的资本边际产出。在完全竞争的假设前提下,资本的边际产出代表了资本的收益或报酬水平。由图6-3可以看出,国家Ⅰ的资本相对丰富,国家Ⅱ的资本相对短缺,在均衡时,国家Ⅰ中资本的收益水平OC低于国家Ⅱ中资本的收益水平$O'H$。由于总产出可以用相应的资本存量规模下、边际产值曲线下方区域的面积来表示,因此国家Ⅰ的总产出水平可用$OFGA$的面积表示,其中长方形$OCGA$的面积是国家Ⅰ中资本所有者的收益,CFG的面积代表其他要素(假设其他要素为劳动力)所有者的收益。类似的推理可知,在国家Ⅱ内,总产出水平可用$O'AMI$的面积表示,其中$O'AMH$是资本所有者的收益,HMI的面积代表劳动所有者的收益。

由以上分析我们可知,如果不允许资本在国家间流动,则国家Ⅰ中资本的收益水平OC低于国家Ⅱ中资本的收益水平$O'H$。因此,在允许资本在国家间自由流动的情况下,为了获得较高的收益率,资本将从国家Ⅰ流入国家Ⅱ,直至两国资本的收益水平均等才停止流动。从图6-3可以看出,AB数量的资本从国家Ⅰ流入国家Ⅱ后,两国的资本收益水平在E点达到均衡;资本在国际流动使国家Ⅰ中的资本边际收益率提高,国内总产出水平变为$OFEB$。其中,$ODEB$的面积代表资本所有者国内投资的收益,$ABEN$的面积是资本所有者在国外进行投资所获得的收益,DFE的面积则代表劳动所有者的收益。同理可知,国家Ⅱ中的资本边际收益率下降,国内总产出水平为$O'BEI$,其中资本所有者的收益为$O'BET$,劳动所有者的收益为EIT。

下面我们来具体分析AB数量的资本在国家间流动后对投资国(国家Ⅰ)、东道国(国家Ⅱ)以及对世界整体水平的影响。首先,从世界整体水平来看,由于资本自由流动,资本配置效率的提高带来了世界总产出的净增长。在图6-3中,可以用三角形EMG的面积来表示世界总产出净增长的部分。其次,对于东道国(国家Ⅱ)来讲,由于有额外的资本进入并运用于生产过程之中,该国的总产出增加了。从$O'AMI$变为$O'BEI$,总产出增加了$ABEM$。其中$ABEN$部分由外来资本所有者获得,NEM部分为东道国劳动力所有者获得。国内资本所有者的总收益由$O'AMH$下降为$O'ANT$,而劳动力所有者的收益则由HMI上升为TEI。最后,通过对投资国(国家Ⅰ)的分析可知,投资国的总产出从原来的$OFGA$下降为$OFEB$,国内资本所有者的收益从$OCGA$上升为$ODNA$,劳动力所有者的收益则由CFG下降为DFE。

因此,从以上建立的模型分析可知,资本在国际自由流动可以使要素在国家之间进行重新分配,从资本丰富的国家流入资本稀缺的国家,从而提高世界的总产出水平。资本输出国的资本边际收益率提高,但劳动力的边际收益率则下降。因此,资本输出国的资本所有者会主张资本外流,劳动力所有者则持反对态度。资本流入国则正好与之相反,劳动力所有者支持资本流入、资本所有者则反对资本流入。

四、对外直接投资对东道国的影响

(一)对外直接投资的潜在收益

对外直接投资作为全球化进程的主要动力,不仅可以为东道国带来新的竞争机会,也为其带来了潜在的生产力进步。我们在此列出对外直接投资对东道国可能带来的种种潜在收益。值得指出的是,这些情况并非在任何情况下都会出现,而是需要针对不同东道国、不同情况进行分析。

(1)正如我们在前面进行资本国际流动的经济效益分析时得出的结论,对外直接投资对东道国的最大贡献,就是使东道国的产出水平上升。因为资本流入国一般来讲都是资本相对短缺的国家,外资的流入缓解了这种情况。增加的资本要素与其他生产力要素结合起来投入生产,势必会增加东道国的总产出。

(2)对东道国来说,对外直接投资不仅带来了新的设施,增加了东道国的资本存量,还增加了东道国的就业、提高了工资水平。其中,工资水平上涨,是因为外国资本的流入提高了东道国国内劳动力要素的相对稀缺程度。并且我们可以从前面的分析中看出,一部分工资的上涨是从国内资本利润的再分配中获得的。而增加就业对人口过多而导致劳动力过度供给的发展中国家相当有吸引力。

(3)外资的流入可以使东道国某些行业实现规模经济,特别是对于那些有一定市场规模和技术特征、能够实现规模经济但苦于资金不足的企业,外资的注入可使其实现规模经济。一旦形成了规模经济,也有助于其降低平均成本和国内市场价格,使东道国的消费者大大受益。

(4)对对外直接投资项目实行合理而有效的税收措施和税收监管制度,可以增加东道国的税收收入。这些增加的税收可以弥补东道国财政收入的不足,增加政府收入以及对发展项目的投入。当然这些取决于政府的税收政策,若政策不合理则会挫伤外国投资者的积极性而导致资金撤出东道国。

(5)若外资注入的、企业所生产的产品具有潜在的出口能力,则对外直接投资的增长可能导致东道国出口水平的扩张,出口创汇能力的增强。进而使东道国有额外的外汇收入用于进口资本设备、偿还所欠国外的本金或利息。

(6)外资企业的进入会带来先进的技术、完善的管理系统等,这些技术知识和思想观念的外溢效应对东道国来讲是一种无形的收益,能够明显地提高东道国的生产能力。

(7)如果东道国内部存在着垄断性的行业,则随着对外直接投资的流入,出现了新的竞争者,可能有助于打破国内垄断性的产业结构,促进国内市场竞争,从而使该行业的产出扩大、价格降低。

(二)对外直接投资的潜在成本

虽然对外直接投资可能给东道国带来种种的潜在收益,但其所带来的一些潜在风险也是不可忽视的,其中主要有:

(1)对对外直接投资的依赖性可能削弱东道国企业的竞争能力。虽然外资企业的建立给东道国带来了先进的生产技术,但是这种技术并不能在东道国自由转移和扩散,而是受到外资企业的种种限制。因此,先进的技术依旧只是集中于外资企业。这就拉大了外资企业与国内企业的技术差距,使得东道国对国外技术产生依赖性。如果东道国的自主研发能力比较欠缺,那么将导致东道国的企业竞争力越来越弱。

（2）外资企业通过偷税漏税、转移定价等不合理的手段获取高额利润可以使得东道国商品贸易条件恶化。另外，由于外资企业为了自身的利益，常常将市场内部化，从国外母公司或子公司进口原材料、中间产品等，而避开对东道国国内资源的使用，这就使得外资企业与东道国国内企业联系减少，从而也难以带动国内经济发展。

（3）通常情况下，外资企业会以向东道国资本市场融资的方式发展自身或筹集部分直接投资的资金。而国内的资金供给者通常会认为向这些企业提供资金支持的风险比较小，从而更愿意将资金提供给外资企业而不是当地企业。这一行为可能导致东道国国内的利率上升，从而通过挤出效应减少国内的投资，资金有可能从更有利于东道国发展的用途中转移出来。

（4）跨国公司作为对外直接投资的产物，它在东道国投资的行为动机就是实现公司利润最大化。而当跨国公司的投资目标与东道国的政策目标发生冲突时，跨国公司可能会凭借其强大的综合经济实力或者母国政府的支持，对东道国的政治、经济施加种种影响，并借此来干预或控制东道国的政策实施。甚至，也有强大的外国投资者带有强烈的政治目的，用尽一切力量以各种方式试图架空东道国，从而威胁到东道国的政治经济安全。

（5）外资企业优厚的薪酬待遇会吸引东道国优秀的人才到外资企业服务，这使得人才从当地民族企业渐渐流向外资企业。外资企业有时也会凭借其强大的优势在当地形成垄断，从而与东道国的民族工业展开不平等的竞争，使当地的民族工业受到严重损害甚至被兼并、倒闭。

总之，对外直接投资对东道国有利有弊，究竟是利大于弊，还是弊大于利，要根据不同的国家、不同的投资行业作具体的分析，各国政府需要根据自身的情况制定政策以更好地利用外资。

第三节　生产要素流动与商品贸易的关系

一、要素流动与商品流动的相互替代

一般说来，商品流动和要素流动都会对要素的边际生产力产生影响，这两种方式都会导致商品和要素的相对价格在国家间趋于均等。从这一角度出发，商品流动或要素流动存在着替代关系（substitution relationship），其主要表现为：

（1）完全的自由贸易或完全的要素流动都会实现全世界生产要素的最优配置。

（2）在贸易限制的条件下，要素的自由流动最终也会实现各国商品价格的均等化，从而消除贸易产生的基础。

（3）在要素流动限制的条件下，贸易的自由化最终也会实现各国要素价格的均等化，从而消除要素跨国流动的基础。

在这个问题上做出过突出贡献的是美国经济学家、1999年诺贝尔经济学奖获得者罗伯特·蒙代尔（Robert Mundell）。他在H-O-S理论前提下证明了投资和贸易的相互替代关系。假设两个国家A和B生产两种商品X和Y。其中，X为资本密集型商品，Y为劳动密集型商品。生产过程中，两国只使用两种生产要素，资本和劳动；两国的生产函数完全相同；A国资本相对丰裕而B国劳动力相对丰裕。在这样的前提下，投资和贸易的替代关系可以通过图6-4来分析。

（一）商品自由流动可替代要素流动

根据H-O-S理论，在没有贸易壁垒的情况下，两国可以通过商品贸易达到资源的最优配

置。其过程是 A 国向 B 国出口商品 X，并从 B 国进口商品 Y。A 国在 P_A 点生产，在 C_A 点消费，并且实现了生产者最优（即，成本一定时，产出水平的最大化）和消费者效用水平的最大化。同理，B 国在 P_B 点处生产，在 C_B 点处消费，并且实现了生产者最优和消费者效用水平的最大化。这时，两国的生产要素无须跨国流动，但两国的生产要素都实现了最优配置。而且，当贸易条件线 $M'M$ 恰好使两国的贸易三角全等，即当三角形 $P_A C_A Q_A$ [图 6-4(a)]与三角形 $P_B C_B Q_B$ [图 6-4(b)]全等时，两国贸易恰好实现均衡。

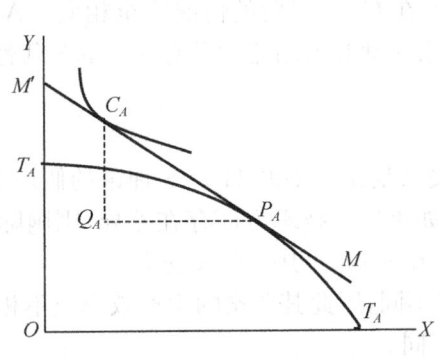

图 6-4(a)　A 国自由贸易时的生产消费

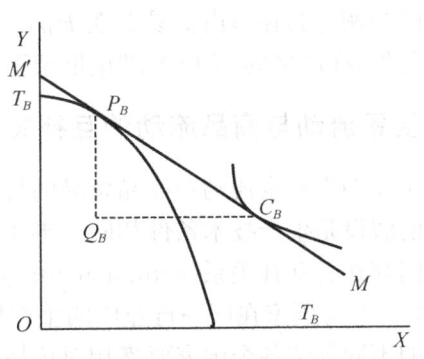

图 6-4(b)　B 国自由贸易的生产消费

（二）要素自由流动可替代商品流动

假如这时出现贸易壁垒，要素流动将代替商品流动以实现上述同样的目的。例如，B 国对进口商品 X 征收关税。通过国内物价水平的上涨刺激 B 国增加 X 产品的生产，减少 Y 产品的生产。由于 X 是资本密集型商品，其产量的增加势必导致资本价格上涨。根据资本流动的基本机制，这会吸引 A 国的资本流动到 B 国。假设劳动力不发生流动，由于资本的流出，A 国的生产可能性边界将收缩，如图 6-5(a)所示，A 国国内生产点由原来的 P_A 点移动到新的生产可能性曲线上的 P'_A 点，X 产品的生产绝对减少，Y 产品的生产绝对增加。在理想情况下，直到要素的相对价格相对均衡，要素才停止跨国流动。两国的要素密集度相等，生产可能性形状相似，A 国与 B 国贸易消失，最终实现要素流动替代商品流动。

由于 A 国的资本流入，B 国的生产可能性边界将扩展，如图 6-5(b)所示。B 国国内生产点由原来的 P_B 点移动到新的生产可能性曲线上的 P'_B 点，X 产品的生产绝对增加，Y 产品的生产绝对减少。直到两国要素密集度相同，要素停止流动，B 国与 A 国贸易消失，最终实现要素流动替代商品流动。

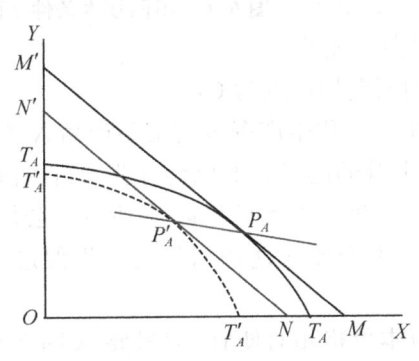

图 6-5(a)　有贸易壁垒的情况

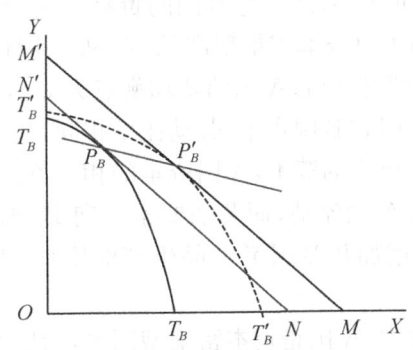

图 6-5(b)　有贸易壁垒的情况

比较要素流动与商品流动下的两种均衡结果,我们发现,由于两国的生产函数相同,当资本从 A 国流动到 B 国后,A 国产量的减少,恰为 B 国产量的增加。世界总产量水平不会发生变化,从而世界总福利水平也不发生变化。两种情况并没有实质的区别。

一个确定的差别是:A 国产出减少了,而 B 国产出增加了。A、B 两国产出的增减是否会造成两国福利分配上的差别呢?不会。因为 B 国产量虽然增加了,但其中相当于 $M'N'$ 单位的商品 Y,或者相当于 MN 单位的商品 X 是要以资本报酬的形式支付给 A 国的。B 国在支付了资本报酬后的余额与其在自由贸易下在 P_B 点生产、在 C_B 点消费的情况完全相同。A 国也是如此。由此可见,在严格的 H-O-S 理论框架下,要素流动和商品流动具有完全的替代性。

二、要素流动与商品流动的互补关系

蒙代尔模型中要素流动和商品贸易的替代关系是在严格的 H-O-S 理论的假设下发生的,其中重要的假设是生产技术条件相同。事实上,如果生产技术方面存在差异,则国际贸易与要素流动之间存在着互补关系(complementary relationship),其主要表现为:

(1) 由于两个国家在同一行业内的生产技术不同,因此其要素的生产效率也不相同。要素生产效率的不同导致各个国家要素相对价格的不同。

(2) 在要素流动开放条件下,要素将从收益低的地方流向收益高的地方。而这会加剧贸易的流动。

(3) 在上述条件下,要素流动会增大每个国家出口部门所密集使用的要素存量。这反过来会强化 H-O-S 理论中贸易发生机制的基础。

于是,在生产技术条件存在差异的情况下,要素流动和商品流动之间不仅不是相互替代的,而且是互补的。生产要素在国际流动会促进贸易规模的扩大。具体解释如下:

为简单起见,假定 A 和 B 两个国家资本和劳动的比率相同,且在生产商品 Y 时使用完全相同的技术,但在生产商品 X 上,A 国拥有更先进的技术。这意味着,在同样的投入条件下,A 国会有更多的产出,这表现为 A 国的生产可能性边界高于 B 国。再假设商品 X 为资本密集型产品,商品 Y 是劳动密集型产品。这种情况下的均衡过程可以用图 6-6 来描述。

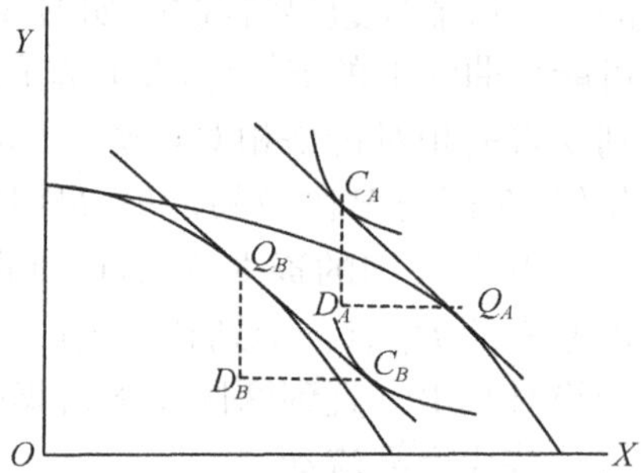

根据图 6-6,A 国在 Q_A 点生产,B 国在 Q_B 点生产。A 国的贸易三角 $Q_A D_A C_A$ 与 B 国的贸易三角 $Q_B D_B C_B$ 全等。A 国向 B 国出口资本密集型产品 X,从 B 国进口劳动密集型产品 Y。贸易之后,A 国消费均衡点为 C_A,B 国消费均衡点为 C_B。

图 6-6 不同技术条件下两国生产均衡

由于 A 国和 B 国资本-劳动比率相同,且 A 国专业化生产资本密集型产品 X 有比较优势,故 A 国需要更多的资本,A 国资本的相对价格有上升的趋势。如果允许要素自由流动,那么资本要素将向 A 国流动,而劳动要素将向 B 国流动。生产要素的国际流动显然会促进 A 国 X 产品生产的增加和 B 国 Y 产品生产的增加,因此,生产要素这种国际流动将促进两国的贸易活动。

其实,即使 A 国是资本密集型国家,初始的资本价格相对便宜,但只要 A 国在资本密集型产品 X 生产上有更先进的技术,就意味着 A 国资本的边际产出更高,自由贸易的结果必然导致 A 国资本的相对价格高于 B 国。如果允许要素自由流动,必然是资本要素由 B 国流向 A

国,而劳动要素由 A 国流向 B 国,这种要素流动可促进贸易。

本章小结

本章主要分析了劳动力和资本跨国流动的原因及其产生的经济效应,以及要素流动与商品流动的替代与互补关系。

劳动力跨国流动部分,分两种情况,即充分就业和存在失业,对劳动力国际流动的动因与经济效应进行了分析。劳动力边际产出差异或工资差异是劳动力跨国流动的动因。劳动力跨国流动提高资源配置效率,可导致世界产出增加。劳动力跨国流动还会影响要素所有者的收入分配。在失业的情况下,劳动力的跨国流动可以带来更大的收益。

在进行资本跨国流动分析中,首先分析了资本跨国流动的类型,然后分析了资本跨国流动的动因与经济效应,以及资本跨国流动对东道国的影响。资本跨国流动的动因和效应与劳动力跨国流动的效应相似。

在不同条件下,要素流动与商品流动具有相互替代与互补关系。根据 H-O-S 理论,相互替代表现为:在没有贸易壁垒的前提下,商品自由流动可以替代要素流动达到价格均等的效果;在有贸易壁垒的前提下,要素自由流动可以替代商品流动达到价格均等的效果。在生产技术条件存在差异的假设下,要素流动和商品流动之间则具有互补关系。

练习题

一、名词解释

FDI FII 劳动力国际流动 要素流动的经济效应 要素流动对贸易的替代 要素流动对贸易的互补

二、问答题

1. 劳动力国际流动对流出国和流入国各有什么影响?
2. 在充分就业和存在失业两种情况下,劳动力国际流动对世界总产出的影响有什么不同?
3. 分析劳动力国际流动对两国要素所有者收入分配的影响。
4. 分析 FDI 和 FII 的异同。
5. 分析资本跨国流动的产出效益及其对收入分配的影响。
6. 在有贸易壁垒和没有贸易壁垒两种假设下,分析要素流动和商品流动的相互替代关系。
7. 在生产技术存在差异的假设下,分析要素流动与商品流动的互补关系。

三、论述题

1. 分析要素流动和商品流动的替代关系和互补关系的假设条件的不同之处,并联系国际经济现象,举出具体实例进行说明。
2. 既然要素的国际流动能提高社会福利,为什么发达国家资本市场比发展中国家资本市场更开放,而发达国家对劳动力流入限制又更严?

四、材料分析题

中国向美国的移民人数不断增加,截至 2000 年,中国(包括中国香港)出生者居住在美国的人数为 119 万人,从 2000 年至 2016 年,中国出生者居住在美国的人数增加了 120 多万,平均每年增加 7.5 万人左右。到 2016 年,中国移民至美国的人数总计达 242 万人。根据经济合作与发展组织国际移民数据集的统计结果,2000~2016 年,每年从中国移民至美国的人数在 4 万~9 万人,受美国移民政策的影响,移民数量呈现出波动的态势。中国移民至美国的公民大多具有良好的教育和职业背景。

在受教育水平方面,2016 年 25 岁以上的中国移民近一半拥有学士及以上学位,而在所有移民中,只有 30% 的人拥有学士或更高学位;27% 的中国移民拥有硕士及以上学位,而所有移民中,只有 13% 的人拥有硕士及以上学位。在职业方面,52% 的中国移民从事管理、商业、科学和艺术等技术水平较高的职业,而所有外来移民从事这类职业的比例为 32%。在创业方面,移民创建了美国 1/4 的高技术公司,中国、印度和韩国属于向美国输送移民创业家排名前 10 位的国家。

随着中国经济稳定增长和社会环境持续优化,中国出国留学人员回流率显著提高。从 2004 年出国留学人员 11.5 万人、归国人员 2.5 万人,发展为 2017 年出国留学人员 60.8 万人、归国人员 48.1 万人。学成归国人员占出国留学人员的比例逐年上升,2017 年已经超过了 80%。

资料来源:杨晶,郝君超:《中美两国间人才流动的特点及启示》,《全球科技经济瞭望》,2019 年第 8 期。

根据材料分析:

(1) 根据中国向美国移民情况、留学生归国情况,分析劳动力国际流动的动力有哪些。

(2) 分析中国向美国移民对中国经济和美国经济的影响。

第七章 跨国公司与国际资本流动

【本章要点概览】

- 跨国公司的特点
- 跨国公司对外投资方式
- 对外直接投资理论
- 发展中国家的对外直接投资

国际资本流动主要是以跨国公司为主体进行的,前一章从纯理论的角度分析了资本跨国流动的一般规律。本章主要从跨国公司的角度来考察资本跨国流动的规律和特点。

第一节 跨国公司及其特点

一、跨国公司的概念

跨国公司(transnational corporation),又称多国公司(multi-national enterprise)、国际公司(international firm)、超国家公司(supernational enterprise)和宇宙公司(cosmo-corporation)等。跨国公司是一种复杂的经济组织,其活动涉及不同国家的经济、法律乃至文化等多个方面,而且在不同情况下表现出不同的特征,因此很难给它下一个严格的、为各方都接受的定义。1983年的联合国跨国公司中心对此的定义是,由分设在两个或两个以上国家的实体组成的企业,而不论这些实体的法律形式和活动范围如何;这些企业的业务是通过一个或多个决策中心,根据一定的决策体制经营的,可有一贯的政策和共同的战略;企业的各个实体由于所有权或其他的因素,使其中一个或一个以上的实体能对其他实体的活动施加重要影响,尤其是在分享知识、资源和分担责任方面。简而言之,跨国公司就是指由两个或两个以上国家的经济实体所组成,并从事生产、销售和其他经营活动的国际性大型企业。

大多数的跨国公司都是采取股份有限公司的形式,跨国公司的具体组织,包括设在母国的母公司,设在东道国的子公司、分公司以及各种分支机构。其中,母公司(parent company)是跨国公司在母国(home country)登记注册的法人公司;子公司(subsidiary company)则是在东道国(host country)登记注册的法人公司;而分公司(branch company)在法律上、经济上没有独立性,仅仅是总公司的附属机构。母公司通过在各东道国参股和控股活动来实际控制一些子公司,母公司通常要达到子公司股票权的50%,它们才能成为母公司的附属公司。子公司受母公司管理和控制,但它们有自己的名称和章程,按照母公司统一的全球战略进行自主经营、独立核算。

上述跨国公司的定义至少包括以下几点内容:①跨国公司是指一个工商企业,通过对外直接投资或收购当地企业等方式建立子公司或分公司,在两个或两个以上的国家经营业务;②它有一个中央决策体系和最高决策中心,各子公司或分公司也有自己的决策机构,可以根据自己经营的领域和特点进行决策活动,但其决策必须服从于最高决策中心;③企业在世界范围内寻求市场和合理的生产布局,各个实体实现资源、信息共享并分担责任。

二、跨国公司的类型

根据不同的角度,跨国公司可以分为不同类型。

1. 横向型、纵向型和混合型

从经营结构上分类,可以分为横向型、纵向型和混合型跨国公司。

(1) 横向型跨国公司,是指跨国公司内部基本上经营同种行业,生产同类产品,母公司和子公司都能够独立地完成产品的全部生产与销售。母公司和众多子公司之间在生产经营上专业化分工程度很低,在工艺技术、原材料供应、产品销售等方面基本上是相同的。这种类型跨国公司的主要优势在于它能内部转让生产中形成的诸如生产技术、市场销售技能和商标等无形资产,有利于增强各自的竞争优势与公司的整体优势、减少交易成本。它们通过在东道国生产与销售,克服东道国的贸易壁垒,巩固和拓展市场,形成强大的规模经济。例如,瑞士的雀巢公司就是典型的横向型跨国公司,它在不同的国家设立子公司,但母公司和子公司都是从事速溶饮料等的生产和经营。属于横向型跨国公司的还有可口可乐公司、福特公司等。

(2) 纵向型跨国公司,是指跨国公司内部实行纵向一体化的专业分工,无论母公司和子公司,还是子公司与子公司,都不是制造完全同类产品、经营同行业务的,而是生产和经营不同行业的相互关联产品,或者生产和经营同行业但不同加工程序和工艺阶段的产品。这种类型的公司专业化分工与协作程度相对较高,每个子公司只负责生产一种或少数几种零部件,但各个生产经营环节紧密相扣,便于实施全球战略,实现标准化、大规模生产,获得规模经济效益。以法国的雪铁龙汽车公司为例,它的子公司分别从事铸模、铸造发动机、减速器、齿轮、机械加工、组装、销售等各工序的业务,从而实现了垂直型的生产经营一体化。属于纵向型跨国公司的还有德国的西门子公司、日本的新日铁公司等。

(3) 混合型跨国公司,是指母公司和设在各地的子公司生产不同的产品,经营不同的业务,而且公司内部生产经营的多种产品之间互不关联。由于混合型跨国公司的产品多样化经营能有效地分散经营风险,也便于跨国公司跨行业的兼并和发展,扩大公司的经营规模,但与此同时,混合型跨国公司业务的复杂性也会给企业的管理带来不利影响。美国的埃克森-美孚集团就是典型的混合型跨国公司,其不仅涉及石油开采、精炼和销售,而且还涉及机器制造业、石油化学工业、旅游业等多个关联性并不大的行业。属于混合型跨国公司还有日本的三菱重工业公司、美国 AT&T 公司等。

2. 资源型、制造型和服务型

从经营项目上分类,可分为资源型、制造型和服务型跨国公司。

(1) 资源型跨国公司,即在世界范围内开发和利用资源,以获得母国所急需的各种资源,主要涉及种植业、采矿业、石油业等领域的公司。由皇家荷兰公司和英国壳牌运输贸易公司于1907年联合组成的英荷壳牌石油公司就是典型的资源型跨国公司,主营业务是石油,曾先后在原英属婆罗洲、墨西哥、委内瑞拉、罗马尼亚、埃及、特立尼达和多巴哥和美国等地开辟新油源。

(2) 制造型跨国公司,即主要从事最终产品和中间产品的加工制造业务的公司,包括金属制品、机电产品、化工产品、轻纺产品、电子产品、耐用消费品等的公司。这种类型的跨国公司以生产加工为主,一般是对东道国的原材料或来料加工后再出口,这种类型的跨国公司在第二次世界大战后得到了飞速的发展,已经成为当代一种重要的公司形式。"要做全球最大的家电生产制造中心"的格兰仕就是典型的制造型跨国公司。

(3) 服务型跨国公司,这类公司主要在贸易、金融、运输、通讯、旅游、房地产、保险、广告、管理、咨询、信息等行业和领域内从事经营活动,以提供各种服务盈利。这类公司包括跨国银行、保险公司、咨询公司、律师事务所以及注册会计师事务所等。随着服务业的迅猛发展,服务业已逐渐成为当今最大的产业部门,提供服务的跨国公司也成为跨国公司的一种重要形式。著名的管理咨询公司麦肯锡就是典型的服务型跨国公司,它是1926年在美国成立的专门为企业高层管理人员服务的国际性公司。目前,麦肯锡已经拥有遍及38个国家和地区的74个分公司。

3. 民族中心型、多元中心型和全球中心型

按照战略决策分类,可以分为民族中心型、多元中心型和全球中心型跨国公司。

(1) 民族中心型跨国公司,即公司所做出的重大决策都是以本民族利益为准,实际上就是以母国权益为首要考虑因素,即在维护和增进母国权益的前提下,考虑母公司的利益和发展。公司的管理决策高度集中于母公司,对于子公司采取集权式的管理体制。这种类型的管理体制主要是在跨国公司发展初期出现,它有利于母公司对子公司的统一管理,优化资源,但子公司比较缺乏自主性和积极性,往往不能很好地适应东道国的投资环境。

(2) 多元中心型跨国公司,即公司做出的重大决策是以遍及海外的众多子公司的权益为中心进行的。母公司对子公司采取分权式管理体制,允许子公司根据自己所在国的具体情况独立地确定经营目标与长期发展战略,以求在当地最有效地利用资源,取得较好的经营成果,争取市场发展的有利机会。这种管理体制相对于民族中心型比较灵活,各个子公司有较大决策权,因此积极性和责任感相对较强,有利于适应东道国的投资环境。但缺点在于母公司对子公司的统一决策比较难,不利于资源的优化使用。

(3) 全球中心型跨国公司,以全球化的观点看待经营,即跨国公司在进行重大决策时,都是以公司的全球战略目标和全球利益最大化来抉择的,甚至可以选取那些牺牲母公司或少数子公司利益的策略方案来获取公司全球利益的最大化。母公司拥有重大决策权和管理权,但与此同时,子公司可以在母公司的总体经营战略范围内自行制定符合自身特点的计划和措施,拥有较大的经营自主权。这种类型的企业在充分调动子公司积极性的情况下,很好地维护了公司的整体利益。

4. 按股权结构分类

跨国公司股权结构类型大致可分为以下几种。

(1) 全部拥有。一般地认为,母公司只要拥有了子公司95%以上的股份,不一定要拥有100%的股权,即可认为是全部拥有。

(2) 多数拥有。母公司拥有子公司股权在51%～94%之间。跨国公司只要掌握了某一公司51%的股票,就取得了对该公司的绝对控股权,因而51%的股权也叫绝对控股。

(3) 平等拥有。母公司拥有子公司50%的股权。

(4) 少数拥有。母公司拥有子公司 49% 以下的股权,即被看作是少数拥有。少数拥有也可能掌握子公司的控制权,只要在众多股东中,处于相对多数股,即为相对控股。所谓相对控股就是根据出资额或者持有股份所享有的表决权判断其对股东会、股东大会的决议产生的影响。如果股权比较分散,一般达到 30% 以上就可控股,在特定情形下甚至 20% 就能控股。

与上述股权结构类型相对应,跨国公司海外子公司按股权投资形式可分为独资企业、合作企业和合资企业。

(1) 当股权参与度(跨国公司母公司在其子公司中拥有股权的份额)为 100%,即全部拥有时,子公司为独资企业(全资子公司、完全控股)。

(2) 当股权参与度为 0 时,子公司为合作企业(非股权控制)。

(3) 当股权参与度介于 0 到 100% 时,子公司为合资企业(包含多数占有和少数占有两种情况)。

三、跨国公司的转移定价

1. 转移定价的含义

转移定价(transfer pricing),又称转让定价或划拨定价,它是指跨国公司内部、母公司与子公司、子公司与子公司之间相互约定出口和采购商品、劳务和技术时所规定的价格。这种定价在一定程度上不受市场供求关系法则的影响,它不是独立各方在公开市场上按"独立竞争"原则确定的价格,而是根据跨国公司的全球战略目标和谋求最大限度利润的目的,由总公司上层决策者人为确定。转移定价有转移低价和转移高价之分。

例如,有一国际集团公司 A,它分别在两个国家设立了两个子公司 B 和 C,B 公司所在国家的所得税率为 25%,C 公司所在国家的所得税率为 10%。A 公司于是让 B 公司将销售价格原本是 50 元的货物按 40 元销售给 C。这样一来,B 的收入少了,利润也就少了,所得税自然也就少了。而 C 公司利润会增加,但因为 C 公司所得税率低,所以即使利润高一点,缴的所得税也不那么多。从而整个集团公司缴的税就会减少。这样的一种操作就叫转让定价。

2. 跨国公司转移定价的主要目的

跨国公司转移定价的主要目的有以下几点。

(1) 减少整个公司利润所得税或减少利润。例如,在合营企业里,跨国公司转移利润可以少纳税,或者将利润转出合营企业,避免过多的利益被当地合营者瓜分。

(2) 减少风险。例如,子公司存在被东道国政府国有化和被没收的政治风险时,通过转移定价转移利润。

(3) 支持子公司争夺市场。例如,子公司在遇到激烈的竞争对手时,为了进行市场渗透,或开拓新的市场,跨国公司可以转移低价提高子公司的竞争力。

(4) 减少跨国公司与东道国的矛盾冲突。例如,担心子公司过高的利润引起东道国不满时,可通过转移定价降低子公司账面利润额。

(5) 绕过贸易壁垒和外汇管理。例如,当子公司进口遇到限定进口商品价值量等限制措施,或东道国实行外汇定量配给制时,实行转移低价可绕过贸易壁垒。

(6) 减少竞争。例如,子公司因其非常高的利润率而吸引更多的新竞争者进入该行业或该市场,可利用转移高价进口原材料减少竞争。

第二节 跨国公司与对外直接投资

一、对外直接投资

关于对外直接投资的概念,前章已有介绍,这里只简介一下对外直接投资的类型与特点。

1. 对外直接投资的分类

(1) 从子公司与母公司生产经营方向是否一致看,可分为,①横向型投资:对外直接投资投向同类或相似产品,常见于机械制造业、食品加工业。②垂直型投资:对外直接投资投向同一行业的不同程序产品,多见于汽车、电子行业;或者是不同行业有关联的产品,多见于资源开采、加工行业。③混合型投资:对外直接投资投向完全不同类产品,目前只有少数巨型跨国公司采取这种方式。

(2) 从投资者是否创办新企业的角度,可分为:①绿地投资(greenfield investment):指投资者在国外创办新企业的投资模式。绿地投资有两种形式:一是建立国际独资企业,其形式有国外分公司、国外子公司以及国外避税地公司;二是建立国际合资企业,其形式有股权式合资企业和契约式合资企业。②跨国并购(transnational merge & acquisition)是跨国兼并(merge)和跨国收购(acquisition)的总称,是指一国企业(又称并购企业)为了达到某种目标,通过一定的渠道和支付手段,将另一国企业(又称被并购企业)的所有资产或足以行使经营活动的股份收买下来,从而对另一国企业的经营管理实施实际的或完全的控制行为。跨国并购不属于创建新企业,因此对东道国的就业和产出影响不大。

(3) 从投资者对外投资的参与方式的角度,可分为合资企业、合作企业和独资企业三种形式。

2. 对外直接投资的特点

对外直接投资与其他投资相比,具有长期性、实体性、控制性和跨国性等特点。其具体表现在:

(1) 对外直接投资是长期资本流动的一种主要形式,它不同于短期资本流动。直接投资者和被投资者之间存在着长期的关系,对外直接投资对企业经营管理施加相当大的影响。

(2) 对外直接投资表现为资本的国际转移和拥有经营权的资本国际流动两种形态,投资形式既有货币又有实物。

(3) 对外直接投资不同于间接投资,他要求取得对企业的控制权,通过参与、控制企业经营权获得利益。

二、跨国公司对外直接投资的动机

跨国公司对外直接投资动机主要有以下几点。

1. 资源导向型投资

资源导向型投资是指跨国公司为寻求稳定的资源供应和利用廉价资源而进行的对外直接投资。这类投资又可分为两种情况:一是寻求自然资源,即自然资源导向型投资,企业对外直接投资是以取得自然资源为目的,如开发和利用国外石油、矿产品以及林业、水产等资源;二是寻求人力资源,利用国外廉价劳动力。随着世界经济的快速发展,市场对资源的需求也在不断上涨,跨国公司通过资源导向型对外直接投资获取经济发展的资源,这已成为必然。

2. 出口导向型投资

所谓出口导向是指通过利用国外资源与开拓国际市场,以出口的增长带动本国经济发展的战略投资模式。出口导向型投资可以从利用 FDI 和 FDI 流出两个方面来理解。从利用 FDI 来讲,发展中国家根据出口导向型战略利用跨国公司的直接投资,推动本国出口产业的发展。其特点是:外资企业的最终产品面向国外市场,以外资企业生产的制成品出口代替过去初级产品的出口。发展中国家利用跨国公司的直接投资,实施出口导向型战略。对于东道国来说,可以获取更多的外汇,改善其国际收支状况;对于外资企业来说,可以利用东道国当地的廉价劳动力,降低其产品成本,提高产品的国际市场竞争力。从 FDI 流出来讲,就是 FDI 与国际贸易的互补。例如,通过对外直接投资推动本国设备的出口。

3. 市场导向型投资

这类投资的动机又可分为四类:①开辟新市场。企业通过对过去没有出口市场的东道国直接投资,从而在东道国占有一定的市场。②保护和扩大原有市场。③打破贸易限制和障碍。企业通过向进口国或第三国直接投资(当第三国与进口国为区域经济一体化成员时),在进口国当地生产或在第三国生产再出口到进口国,以避开进口国的贸易限制和其他进口障碍。④跟随竞争者。在寡头垄断市场结构中,当一家企业率先对外直接投资,其他企业就会跟随而至,有时甚至不惜亏损维护自己的相对市场份额,保持竞争关系的平衡。

4. 效率导向型投资

效率导向型投资是指企业对外直接投资的目的在于降低成本、提高生产效率。通常有两种情况:一是为了降低生产成本。如果企业在国内生产出口产品,其生产成本高于在国外生产,企业可通过对外直接投资方式在国外设厂生产,以降低生产成本以及运输成本等,从而提高生产效率。二是获得规模经济效益,当企业的发展受到国内市场容量的限制,难以达到规模经济效益时,企业可通过对外直接投资,将其相对闲置的生产力转移到国外,以实现规模经济效益。

5. 分散风险型投资

企业在进行对外直接投资过程中面临着种种风险,主要有经济风险(如汇率风险、利率风险、通货膨胀风险等)和政治风险(如政治动荡风险、国有化风险、政策变动风险等)。对于政治风险,企业通常采用谨慎的方式对待,尽可能避免在政治风险大的国家投资;对于经济风险,企业主要采用多样化投资方式来分散或降低风险,通过对外直接投资在世界各地建立子公司,将投资分散于不同的国家和产业,以便安全稳妥地获得利润。

6. 技术导向型投资

企业通过对外直接投资获取东道国的先进技术和管理经验,这种投资通常流向发达国家和地区的资本技术密集型产业。第二次世界大战后,发达资本主义国家之间的对外直接投资不断增加。20 世纪 90 年代以来,这种趋势更为突出,国际直接投资的 80% 左右集中在"欧共体-日本-美国"之间。欧共体和日本不断扩大对美国的直接投资,而美国也在不断增加对欧共体和日本的直接投资。出现这种情况的一个重要原因就是各国为了获得对方的先进技术。

7. 追求优惠政策型投资

企业被东道国政府的优惠政策所吸引而进行直接投资,可减少投资风险,降低投资成本,获得高额利润。这类投资一般集中在发展中国家和地区。东道国特别是发展中国家东道国的优惠政策,对外国直接投资有强烈的吸引力,促进了企业对外直接投资的发展。

8. 环境污染转移型投资

一些发达资本主义国家迫于日益严重的环境污染问题,严格限制企业在国内从事污染较严重的产业,从而促使企业以对外直接投资的方式,将污染产业向国外转移。在发达国家对外直接投资中,尤其是在制造业对外直接投资中,化工产品、石油和煤炭产品、冶金、纸浆造纸这四大高污染行业所占比重相当高。

9. 全球战略型投资

全球战略是跨国公司的对外直接投资发展到全球化阶段,跨国公司在全世界范围内安排投资,从事生产经营活动的战略。跨国公司在进行对外直接投资决策时,所考虑的并不是某一子公司在某一时期或某一地区的盈亏得失,它所关心的是跨国公司长期的、全局的最大利益,以保证全球战略目标和整体利益的实现。

三、跨国公司对外投资方式

1. 股权投资方式

股权投资(equity investment),指跨国公司购买其他企业的股票或以货币资金、无形资产和其他实物资产直接投资于其他单位。其最终目的是获得长期的经济利益。

股权投资通常具有投资大、投资期限长(至少在一年以上)、风险大,以及能为企业带来较大利益等特点。股权投资的利润空间相当广阔,一是企业的分红,包括股息和红利;二是资本利得。例如,购买未上市企业的股票,一旦企业上市,股票价格上涨,购买者就会获得更大的投资收益,同时还可享受企业的配股、送股等一系列优惠。股权投资可以分为以下四种类型。

(1) 控制,即有权决定一个企业的财务和经营政策,并能据此从该企业的经营活动中获取利益。控制包括绝对控制和相对控制。

(2) 共同控制,是指按合同约定对某项经济活动所共有的控制。

(3) 重大影响,是指对一个企业的财务和经营政策有参与决策的权力,但对这些政策并没有决定权。

(3) 无控制、无共同控制且无重大影响。

2. 跨国并购方式

跨国公司在全球范围进行投资时常常采用并购方式,企业跨国并购日益成为跨国公司对外直接投资的主要手段。以跨国公司在中国的跨国并购为例,一类是跨国公司并购中国非上市企业。例如,跨国公司整体买断中国相关的国有企业、集体企业和私营企业的全部资产,组成外商独资企业;或是通过参与国内原有企业的重组,或是在原有中外合资企业的基础上以增资扩股部分收购中国企业。另一类是跨国公司并购中国上市公司。例如,格林柯尔通过协议收购的方式,受让科龙电器法人股之后成为科龙电器第一大股东;法国公司阿尔卡特通过增持上海贝尔公司股票,控股上海贝尔,而上海贝尔是上市公司上海贝岭的第二大股东,从而实现其间接参股上海贝岭的目的。

近来中国公司在国际化过程中也常采用跨国并购方式,例如,联想并购 IBM、吉利并购沃尔沃等。

3. 合资方式

合资方式在中国比较有代表性,中国早期利用外资,主要采用合资方式。

中外合资经营企业(joint venture)是由中国投资者和外国投资者共同出资、共同经营、共负盈亏、共担风险的企业。1997 年以来,中国新批外资企业中,外商独资企业数量远超合资企业数量。

合资经营企业的特征主要有：①合资经营企业为有限责任公司,合营主体一方为中国的企业或其他经济组织,另一方为外国的企业或其他经济组织和个人；②在中国境内,按中国法律规定取得法人资格,为中国法人；③合营各方遵照平等互利原则,共同出资、共同经营、按各方注册资本比例分享利润、分担风险和亏损。

4. 跨国战略联盟

跨国战略联盟(multinational strategic alliance),也称国际战略联盟,指两个或两个以上的跨国公司为实现某些共同战略目标而结成的联合体。

跨国战略联盟目前正在全球迅速发展。尤其20世纪90年代以来,西方国家的跨国公司,为扩大市场份额、增强竞争优势、降低成本、优势互补,纷纷组建战略联盟、开展合作,以增强各自在国际竞争中的实力与地位。

跨国战略联盟主要特征有：①两个或两个以上的公司建立长期的战略关系,实现全方位合作,目的是成为竞争领域中的领先者；②每个联盟者有相当大的独立性,合作形式具有较大的灵活性和随意性；③联盟者各自拥有特定的资源或能力并与对方共享,联盟者之间是一种横向合作关系,并不完全是同一产业的企业行为,而经常是跨越多个产业的企业行为。

四、跨国公司对外投资的新特点

1. 非核心业务外包的趋势进一步增强

作为产业国际转移的主体,跨国公司进行全球战略部署是国际产业转移的主要推动力量。20世纪90年代后期开始,跨国公司不但大规模转移生产制造环节,而且开始转移研发、设计、采购、销售和售后服务环节,以增强核心竞争能力。以美国为例,由于其跨国公司将生产环节分包甚至完全退出生产,出现了"虚拟生产"现象,如美国苹果公司、HP公司、DELL公司、耐克公司等,其产品的生产制造环节和非核心部件,基本上都转移到了国外或由国外生产商提供。

2. 服务业投资成为新热点

随着非核心业务外包趋势的增强,跨国公司对外投资已不仅仅局限于生产领域。一方面,外国企业在发展中国家开辟生产基地,需要配套的服务设施以支持其产品和服务的销售、售后服务等业务的正常运转；另一方面,越来越多的跨国公司选择在东道国进行融资、信贷,需要外资在这些领域的投入。所以,一些服务企业为跨国公司在东道国市场开展业务提供配套服务,将服务进行国际转移,或者服务企业为了开展国际服务贸易而进行服务业国际转移。

3. 从单个项目投资到产业链投资

与一般中小企业投资不同,跨国公司对外投资往往不是单打独斗,而是带动整个产业链投资,进行群体竞争。例如,诺基亚公司在北京经济技术开发区星网工业园的投资就是一个典型的产业链投资的案例。

五、跨国公司对国际资本流动的推动作用

1. 跨国公司是资本国际化的微观基础

跨国公司分支机构的跨国界分布,使跨国公司的资金流动具有资本国际流动的特征。从跨国公司系统内的资金流动看,即由母公司为子公司筹措,或子公司由母公司调度,这部分资金的流动既不受国界限制,也不受地理上分割的市场限制。即使是在国际资本流动受管制的国家,跨国公司的对外直接投资仍然是超越这种管制的。从跨国公司外部资金流动看,以往跨

国公司的外部资金多来源于母国资本市场,或母国金融机构在投资当地的海外分支机构。与此情形不同,如今跨国公司外部融资的范围有所扩大,形式也更趋多样,直接构成了当前国际资本流动的重要组成部分。同时,跨国公司的投资体制对投资东道国资本市场的发育、发展乃至成熟也具有促进作用。

2. 跨国并购浪潮促进了国际资本证券化

跨国公司的跨国并购活动大多采用股权转换来实现。规模庞大的跨国并购交易,刺激了股权资本的相互渗透,使各类股票、债券的国际发行比重逐年上升。国际资本的证券化,意味着国际资本市场的日趋成熟和一体化,意味着国际货币资本流动的进一步发展。

3. 推动国际资本流动的增长

跨国公司内部的国内机构与国外机构之间货款与费用的支付、结算等业务通常引起大量的资金转移。同时,母公司从全球利益出发,一方面经常利用资金往来和借贷统一安排调度头寸。这里的头寸(position)就是跨国公司可以运用的资金总和。另一方面,为了投机获利或避免利率、汇率风险,跨国公司经常参与各种金融衍生产品交易,从而推动了国际资本流动的增长。

第三节　跨国公司对外直接投资理论

第二次世界大战后,随着跨国公司对外直接投资的迅速发展,各种有关跨国公司的理论应运而生。这些理论大多沿着三个方面展开:一是跨国公司为什么要到国外投资,即对外投资的目的分析;二是跨国公司要具备什么条件才能在当地企业的竞争中取胜,即对外投资条件和能力分析;三是跨国公司在何处进行海外投资最为有利,即跨国公司的区位分析。下面介绍几种比较有影响的跨国公司对外投资理论。

一、垄断优势理论

垄断优势理论(Monopolistic Advantage Theory),又称特定优势理论,是美国经济学家斯蒂芬·海默(Stephen Hymer)于1960年在其博士论文《本国公司的国际性经营:一种对外直接投资的研究》中首先提出来的。该理论以市场结构的不完全性为依据来解释国际直接投资行为,后经其导师、著名的国际经济学家查尔斯·金德尔伯格(Charles Kindleberger)进一步完善,成为研究跨国公司与对外直接投资最早和最有影响力的理论。

在该理论中,海默明确指出跨国公司对外直接投资的根本原因是,利用不完全竞争市场所产生的企业特定优势(firm-specific advantages)对海外业务进行控制,充分利用自己具备的垄断优势,消除跨国竞争和国外经营所面对的种种不利而使企业处于有利地位,并凭借其拥有的垄断优势排斥东道国企业的竞争,维持垄断高价,获得丰厚的利润回报。因此,垄断优势理论是以不完全竞争为基本假设前提,以垄断优势为中心的跨国公司对外直接投资理论。

海默认为完全竞争市场是一种理论状态,现实中更多的情况是不完全竞争市场,这也是跨国公司对外直接投资的理论前提。在完全竞争市场上,市场所有参与者供应的商品均是同质的,生产要素在市场上自由流动且不存在信息不对称的情况,即市场参与者面对的市场条件均等。虽然有众多的卖者与买者,但任何人都无法影响商品市场价格的变化。在这种情况下,跨国公司对外直接投资就不会给自己增加优势和利益,企业也没有对外直接投资的激励。因此要解释对外直接投资就需要从不完全竞争的角度来分析。

在不完全竞争的市场条件下，企业有可能获得垄断优势，并通过对外直接投资在国外生产并加以利用。跨国公司的垄断优势主要来自对知识产权的占有、垄断，以及跨国公司的规模经济优势。其中，知识产权的特点是生产成本很高，但一拥有该知识产权，利用该知识或技术进行生产所要付出的边际成本就很小，而未拥有该产权的企业为获取该知识却要付出相当高的成本。这就使跨国企业可以通过将知识产权保持在企业内部、对外进行直接投资来获取更大的利益。而处于规模经济的跨国公司，更可以通过企业大规模的生产，使单位成本递减或收益递增，从而产生价格竞争优势，使企业获得垄断势力。于是，企业倾向于进行对外直接投资。

作为最早系统解释对外直接投资的理论，垄断优势理论突破了传统国际资本流动理论的束缚。它指出对外直接投资是以不完全竞争为前提的，垄断优势在对外直接投资中起到非常重要的作用，奠定了当代跨国公司与对外直接投资理论研究的基础，并对以后的各种理论产生了深远的影响。但是，该理论无法解释为什么拥有垄断优势的企业不能通过出口或转让技术许可证来代替对外直接投资获取利益，也无法说明一些并不比发达国家有更强垄断优势的发展中国家的企业为什么也在进行对外直接投资，而且有日益增多的趋势，等等。

二、内部化理论

内部化理论(the Theory of Internalization)也称为市场内部化理论。该理论是在1976年，由英国学者巴克利(Peter J. Buckley)和卡森(Mark C. Casson)合著的《跨国公司的未来》一书中提出，后经加拿大学者拉格曼(Alan M. Rugman)等西方学者对其作了进一步的解释。该理论提出了建立在垄断优势理论和科斯交易成本理论基础之上的跨国公司内部化理论，用于解释对外直接投资动机及其决定因素。

内部化(internalization)，是指市场不完全造成了中间产品交易的低效率，企业为了提高交易效率而把市场建立在其内部的过程，即以内部市场取代原来固定的外部市场，把本来应该在外部市场交易的业务转变为在公司所属企业之间进行的业务。这种内部化跨越了国界，就形成了跨国公司的对外直接投资。

市场内部化形成主要有以下几个原因：①中间产品交易困难而产生内部化。这里的中间产品不仅是指通常意义上的原材料和零部件，更主要的是指知识产权类的中间产品，如专有技术、专利、管理及销售技术等。这些与知识有关的中间产品由于市场不完全，往往很难准确地定价，这使市场交易困难，难以达成协议。比如买卖双方的讨价还价、缺乏可比价格的中间产品等。②为了拥有持续的垄断优势而将市场内部化。知识产权类的中间产品具有很强的垄断性和技术保密性，外部市场的交易可能导致垄断技术优势迅速扩散，而企业内部交易则可将技术的控制权掌握在自己手中，以此保持持久的垄断优势。③外部市场交易成本过高而导致内部化。交易成本(transaction costs)是指企业为了克服外部市场的交易障碍所需要付出的成本，一般包括市场上的签约成本、所有权转让成本等。中间产品难以定价，从而使交易成本增加。当交易成本过高时，根据经济学家科斯的理论，当市场交易所需成本高于企业内部协调成本时，企业内部交易活动将取代外部市场交易活动。于是，跨国公司就倾向于通过对外直接投资开辟内部市场，将原本通过外部市场进行的交易转化为内部所属企业间的交易，并以此降低交易成本。除此之外，逃避政府管制及税收、避开各种政治经济风险也是跨国公司进行对外直接投资、将市场内部化的主要原因。

根据内部化理论，企业通过对外直接投资形成内部市场，在全球范围内组织生产与协调分工。这既避免了外部市场不完全对其经营产生的影响，又有效地防止了技术迅速扩散，保护了企业的知识财富。在不确定性不断增加的外部市场环境下,内部交易可以根据企业自己的需要进行资金、产品和生产要素的调拨,从而保证效益最大化。因此,内部化理论依然沿用市场不完全的假设,从内部市场形成的角度阐述了对外直接投资理论,对跨国公司的内在形成机理有比较普遍的解释力,大大推进了对外直接投资理论的发展。

三、国际生产折衷理论

国际生产折衷理论(the Eclectic Theory of International Production)又称国际生产综合理论。该理论是由英国著名跨国公司专家、里丁大学教授邓宁(J. H. Dunning)在 1977 年撰写的《经济活动的贸易区位与多国企业:一种折衷理论的探索》中提出的。邓宁教授认为,过去的各种对外直接投资理论都只是从某个角度进行的片面解释,比如工业组织理论、厂商理论、金融理论等,未能进行全面而综合的分析。因此,需要用一种将有关理论综合起来的折衷理论解释企业对外直接投资的动机,即形成了国际生产折衷理论。该理论认为一个企业必须同时具备三个条件才能从事境外直接投资:所有权特定优势、内部化优势和区位特定优势。

1. 所有权特定优势

所有权特定优势(ownership specific advantages)又称垄断优势,是指一国企业拥有或能够获得的他国企业所没有或无法获得的特定优势。其主要包括技术优势、企业规模经济优势、组织管理优势、金融和货币优势等。邓宁认为,所有权特定优势只是企业对外直接投资的必要条件,即企业开展对外直接投资必然具备上述所有权特定优势,但具有这些优势并不一定会导致企业的对外直接投资。

2. 内部化优势

内部化优势(internalization advantages)是指拥有所有权特定优势的企业,为了避免外部市场不完全对企业具有垄断优势的产品造成损害,而将企业优势保持在企业内部的能力;即指企业通过对外直接投资的方式,把所有权优势经过内部市场转移给国外子公司,从而取得更多收益。但邓宁认为,内部化优势和所有权特定优势一样,也是企业对外直接投资的必要条件,而不是充分条件。

3. 区位特定优势

区位特定优势(location specific advantages)是指跨国企业在投资区位上所具有的选择优势,即某一国外市场的投资环境相对于企业所在国市场,在企业生产经营上更具优势。其优势主要包括:东道国丰富的自然资源、广阔的商品销售市场、低廉的生产要素成本,以及当地政府为了吸引外资而实施的优惠政策等。邓宁认为,区位特定优势是企业对外直接投资的充分条件。

当一个企业同时具备了所有权特定优势、内部化优势和区位特定优势时,企业就可以进行对外直接投资了。邓宁的国际生产折衷理论借鉴和综合了以往海外直接投资理论的精华,较为全面地分析了企业进行对外直接投资的动因和决定因素。但其不足之处在于该理论将所有权、内部化、区位优势三种因素等量齐观,缺乏主次之分且无动态变化分析,这与形式多样、变化频繁的跨国投资实践有较大差距。另外,该理论也不适用于那些不具独占性技术优势的发展中国家企业的对外直接投资。

四、边际产业扩张理论

20 世纪 60 年代,随着日本经济的高速发展,其国际地位日益提高,与美国、西欧共同构成国际直接投资的"大三角"格局。然而,从美国跨国公司对外直接投资的资料而归纳得出的理论,无法解释日本跨国公司的对外直接投资行为。于是,日本一桥大学教授小岛清(K. Kojima)根据日本国情,在1987年的《对外贸易论》中提出了他的对外直接投资理论——边际产业扩张理论(the theory of marginal industry dilation)。

小岛清在分析美国和日本企业对外直接投资情况后认为,美国企业的对外直接投资是从本国具有比较优势的行业开始的。其目的是垄断东道国当地市场,通过在海外设立子公司而把生产基地转移到国外。这样减少了母公司的出口,对本国经济产生了不利影响,违背了比较优势。因此,属于"贸易替代型"对外直接投资,同时也不利于东道国经济的发展。而日本企业对外直接投资则是从不具有比较优势的所谓"边际产业"开始的,即日本跨国公司的对外直接投资大多集中于那些已失去或即将失去比较优势的传统工业部门,属于"贸易创造型"投资。这些传统行业虽然不具备垄断优势,但很容易在海外找到生产要素和与技术水平相适应的投资地点,获得的收益将远远高于在国内投资的收益。而它们拥有的适用技术在东道国当地具有较强的吸纳性,有利于东道国建立比较优势产业,增加就业和出口,促进东道国经济发展。

因此,小岛清认为对外直接投资应该从本国(投资国)已经处于或即将处于比较劣势的产业(可称为边际产业)依次进行。这些边际产业正好也是东道国具有比较优势或潜在比较优势的产业。而且两国可以在对外直接投资及其吸引的贸易中互补并获得更大的收益。

该理论否定了垄断优势因素在对外直接投资中的决定作用,强调运用与东道国生产力水平相适应的标准化技术,来拓展国外市场。应该肯定,小岛清的理论比较符合日本20世纪六七十年代发展对外直接投资的实践,反映了这个后起的经济大国寻找最佳对外发展途径的愿望。但是,该理论无法解释日本20世纪80年代以来,许多大型企业纷纷加入境外直接投资行列,与美国方式越来越趋同的现象。此外,该理论仅以日本的对外直接投资为研究对象,不能盲目用于指导发展中国家对外直接投资的实践。

第四节 发展中国家的对外直接投资

一、发展中国家的对外直接投资发展状况

对外直接投资一直被认为是发达国家的资金和技术流向发展中国家的一个重要渠道。然而,随着世界经济一体化的不断深入发展,全球对外直接投资也逐步呈现出多元化的趋势。发展中国家,尤其是处于经济转型期的新兴发展中国家正逐渐成为全球对外直接投资的主要来源之一,在全球投资方面发挥的重要作用日益凸显。

根据联合国贸易和发展会议《世界投资报告》数据,20世纪90年代以前,发展中国家对外直接投资很少。1980年,对外直接投资总存量只占GDP的1.3%,1990年的也只占GDP的2.8%。2000年,发展中国家的对外直接投资存量达到6 899亿美元,约占全球外资总额的9.3%,其在GDP的所占比重上升到11.9%。2000年之后,发展中国家对外直接投资的增长速度已明显超过发达国家。2018年发展中国家对外直接投资存量达到75 237亿美元,比2000年增长了近11倍,占全球外资总额的比重上升到24.3%。2018年,中国对外直接投资存量达到19 389亿美元,比2000年增长了约70倍,约占全球外资总额的6.3%,约占发展中国家总额的25.8%。具体见表7-1。

表 7-1　有关国家或地区对外直接投资流出量　　　　单位：亿美元

国家或地区	2000 年	2002 年	2006 年	2007 年	2008 年	2010 年	2015 年	2018 年
世界	74 088	6 522	12 158	22 675	19 288	8 190	7 657	309 749
发达国家	66 993	5 999	10 227	19 239	15 719	5 937	4 856	230 492
欧盟	29 071	3 845	5 724	12 873	9 158	3 281	2 517	115 071
美国	26 940	1 349	2 166	3 935	3 305	1 409	1 159	64 747
日本	2 784	323	503	735	1 280	529	564	16 652
发展中国家	6 899	478	1 744	2 921	2 963	2 066	2 648	75 237
中国	278	25	161	225	522	205	598	19 389
印度	17	11	97	172	185	193	150	1 662
韩国	215	26	71	156	189	300	264	3 876
马来西亚	159	19	60	113	150	201	81	1 189

资料来源：根据历年《世界投资报告》整理。

二、发展中国家对外直接投资的特点

1. 全球化竞争压力推动下的对外直接投资

与发达国家相比，发展中国家的对外直接投资并非是经济高度发达下资本过剩的产物，而是在很大程度上受到了经济全球化的影响。一方面，经济全球化给企业带来了更大的竞争压力，这使各国企业要同时面对国内、国外企业的"双重竞争"，发展中国家普遍存在跟随竞争对手进行海外投资的现象；另一方面，经济全球化又使各国企业与世界经济的联系更加紧密，为企业提供了更多机遇和发展空间，进一步开拓了企业全球化经营的意识。因此，发展中国家的对外直接投资是由经济全球化推动的。

2. 发展中国家对外直接投资优势集中在生产制造环节相关领域

由于发展中国家的比较优势主要在自然资源和劳动力，相应地，企业的竞争优势则集中在与生产制造环节相关的领域。这种竞争优势的流动性较差，与发达国家企业所拥有的无形资产所有权优势（如技术、品牌、人力资源等）相比，发展中国家企业的对外投资优势具有一定的局限性。

3. 所有权劣势与市场寻求型投资

联合国贸易和发展会议对全球调查后的结果显示，约 51% 的发展中国家企业将从事对外直接投资首要动机归为寻求海外市场。所有权优势理论可以解释发达国家的 FDI，但不能解释从发展中国家到发达国家的反向投资。发展中国家市场寻求型 FDI 的根本动因既不是所有权优势，也不是区位因素，而是因发展中国家企业的所有权劣势（如有限的市场份额）而引起的企业资产组合的不均衡。首先，发展中国家某些行业的企业面对已经趋于饱和的国内市场，不得不转向海外开拓新市场。其次，为了避开贸易壁垒，一些发展中国家选择进行对外直接投资以获得海外市场。最后，经济全球化的竞争与机遇促使发展中国家的企业，在与国外企业争夺国内市场时，不断寻求和开辟新市场，以改善企业生存和发展的环境。

4. 生产要素寻求型投资

发展中国家对外投资的主要动因不是发挥所有权优势，而是弥补其明显的所有权劣势，或者是解决两者之间的不均衡。发展中国家的企业为了寻求恰当的生产要素供应，通过对外直接投资、建立跨国公司，企业不但可以利用自己的竞争优势，而且可以有效吸收利用发达国家的先进技术。例如,中国联想收购 IBM,吉利并购沃尔沃都是为获得对方的技术或品牌而进行的投资。一些学者的研究发现,美国先进的技术、管理诀窍、技术开发环境和研究资源是吸引发展中国家投资的重要因素。

5. 投资对象多为经济水平发展相近或地域邻近的国家

在经济发展水平相近的国家或地理位置相互邻近的国家之间,由于消费水平、技术水平以及资源禀赋类型等方面的相似性或对东道国当地经济、文化的较高熟识程度,市场寻求型的投资模式可以更好地进行。因此,发展中国家的对外直接投资多表现为"南南"投资。

【专栏 7-1】

中国"一带一路"投资情况

根据联合国贸易和发展会议《世界投资报告》,2000~2018 年中国的对外直接投资存量增长了约 70 倍,年均递增 26.6%。根据中国历年对外投资统计公报数据,中国 2004~2015 年对"一带一路"国家的对外直接投资总值约增长了 50 倍,年均递增 42.66%。

1. 投资总量情况

在非金融类直接投资方面,2019 年,中国企业对"一带一路"沿线 56 个国家投资 150.4 亿美元,占同期总额的 13.6%,同比下降 3.8%。主要投向新加坡、越南、老挝、印尼、巴基斯坦、泰国、马来西亚、阿联酋、柬埔寨和哈萨克斯坦等国家。

在对外承包工程方面,中国企业对"一带一路"沿线 62 个国家新签对外承包工程项目合同 6 944 份,新签合同额 1 548.9 亿美元,占同期中国对外承包工程新签合同额的 59.5%,同比增长 23.1%。

在 2013~2017 年期间,中国企业对"一带一路"国家 1 亿美元以上并购案例为 831 例,总投资额为 2 652.1 亿美元,其中最大规模投资项目为 2015 年中国广核集团有限公司在马来西亚 59.6 亿美元的能源投资。同期,中国企业在全球 1 亿美元以上并购案例为 2 495 例,涉及资金总额为 16 527.7 亿美元,其中"一带一路"并购总额占 16%。

2. 投资结构情况

中国企业"一带一路"投资特点,一是投资国基本上都是发展中国家,它们主要为东盟国家、石油输出国家、与中国接壤的邻国,以及印度、俄罗斯等大国。

中国企业"一带一路"投资的另一个特点是,单个投资的平均规模较大。这主要是因为中国企业对"一带一路"国家的投资大多涉及制造、建筑、冶炼、发电等需要较大规模投资的生产经营活动,只需要小规模投资的市场开发、售后服务等生产性服务活动相对较少。中国企业对"一带一路"国家或发展中国家平均投资规模远远大于对发达国家的平均投资规模。因为中国企业对发达国家的投资活动多与开拓这些国家的商品市场有关,这些投资主要涉及市场开发、商业服务、总部服务、研发设计、物流等小规模的生产性服务活动。

中国企业对"一带一路"国家的投资活动大多为规模制造、基础设施建设等涉及规模经济、自然垄断,可能需要政府规制的行业,受东道国政府因素影响较大。同时,这类大规模投资多与中国国内的大型国有企业有关。因此,中国对"一带一路"国家的投资项目更需要政府协调双边关系。

2013~2017 年,中国企业对"一带一路"国家 1 亿美元以上并购项目如表 7-2 所示,其中,52.26% 的投资与能源有关(主要是发电),然后是运输(陆海空运,19.04%)、房产(主要是房产建造,8.30%)、金属(主要是冶炼 5.57%)、农业(3.05%)等其他产业。

表 7-2 中国企业对"一带一路"国家并购产业分布(2013～2017年)　单位:百万美元

产业	能源	运输	房产	金属	农业	科技
投资额	147 660	53 780	23 440	15 750	8 610	7 610
比重	52.26%	19.04%	8.30%	5.57%	3.05%	2.69%
产业	化工	娱乐	金融	旅游	其他	
投资额	5 870	5 660	4 570	2 420	7 160	
比重	2.08%	2.00%	1.62%	0.86%	2.53%	

数据来源:The American Enterprise Institute and The Heritage Foundation。

三、发展中国家对外直接投资理论

1. 邓宁的投资发展周期理论

投资发展周期理论(the Theory of Investment Development Cycle)是邓宁的国际生产折衷理论的延伸与发展。该理论的基本思想是,一国的经济发展状况和水平对本国企业的所有权优势、内部化优势、区位优势有重大影响,从而决定该国直接投资的地位和状态。邓宁以人均 GDP 为标准将各国的经济发展水平分为四个阶段,并指出在不同阶段直接投资的流出入状况。第一阶段,人均 GDP 在 400 美元以下,处于这一阶段的国家由于没有形成所有权优势,因而没有直接投资输出,只有少量直接投资流入。第二阶段,人均 GDP 在 400～2 000 美元,处于这一阶段的国家对外国资本的吸引力明显增加,外资大量流入。但由于国内经济发展水平不高,对外资本输出仍然十分有限。第三阶段,人均 GDP 在 2 000～4 750 美元,处于这一阶段的国家对外投资大幅度上升。其发展速度有可能超过外国直接投资的流入,但净对外投资仍为负值。第四阶段,人均 GDP 在 4 750 美元以上,处于这一阶段的国家拥有了强大的所有权优势,净对外投资呈正数增长。

投资发展周期理论的突出贡献在于提出了对外投资的动态性,从宏观上构建了一国直接投资的演进模型。实践表明,世界上多数发达国家和发展中国家国际投资地位的变化基本上符合这一趋势。但仅以人均国民生产总值这个单一指标来反映各国的经济发展阶段,并据此来判断各国的优势状态和国际投资规模,难免会让结论与实际在一定程度上悖离。

2. 威尔斯的"小规模技术理论"

威尔斯(Louis T.Wells)的"小规模技术理论"主要观点有以下三点:

(1) 对外直接投资竞争优势的来源。威尔斯认为,发展中国家的竞争优势主要体现在跨国企业对更不发达的国家进行投资时具有独特的优势。因为大多数发展中国家的制成品市场规模较小,如果本地企业从发达国家进口技术,可能会导致企业规模过大而与当地市场规模不匹配。在产品市场较小的情况下,使用的技术也应该适合于小规模制造,这样才能增加利润,而发展中国家掌握的技术就符合这一要求。另外,本地企业想要模仿发达国家投资国的技术,可能要支付比较高昂的成本,而发达国家的跨国公司并不愿意将资源浪费在小规模生产和小规模市场上。所以,发展中国家的投资者就具备了技术上的优势。此外,竞争优势还体现在因恶劣的国际收支状况,发展中国家会限制进口而鼓励本国企业制造,因而进一步促进了发展中国家跨国公司的发展。

(2) 对外直接投资的动因。为了实现企业的竞争优势,发展中国家首先会选择商品出口。在出口受到威胁时才会考虑对外直接投资活动,通过对外直接投资活动保护本国产品的国外市场(市场开拓型投资)、寻求更低的生产成本和更廉价的原材料。另外,因为投资国与东道国邻近的地理位置、相近的经济文化环境,产品和技术更容易被接受与认可。

(3) 发展中国家跨国公司的前景。发展中国家的跨国公司和发达国家的相比,具备的竞争优势比较小,从而容易失败。一旦发展中国家的小规模技术优势被取代,它们就很难寻求其他的优势来源。但是,只要发展中国家的企业能继续保持对更低发展水平国家的优势与经验,这些具备新的竞争优势的企业就会不断涌现,并对原有的企业进行替代。另外,出口继续受到威胁,建立的海外子公司使优势内部化,也会促使发展中国家的企业不断进行对外直接投资。

3. 拉奥的技术地方化理论

英国经济学家拉奥在《新跨国公司——第三世界企业的发展》中指出,发展中国家的企业如果不只是简单地模仿技术,还能够根据自身实际对外国技术做出大规模的调整,那么这种技术地方化的过程可以使发展中国家的跨国公司具有竞争优势。他比较了发达国家和发展中国家跨国公司竞争优势的来源,发现发展中国家跨国公司的优势来自:容易本地化的技术和知识;和同类型国家产品市场的相似性;小规模技术效应;专门针对发展中国家研发的产品与跨国公司产品的差异化。发展中国家跨国公司通过对外国技术的消化、改进、创新,使其更适应当地生产的需要。这一创新过程给企业带来了新的竞争优势,促进了企业的对外直接投资。

4. 小泽辉智的"一体化国际投资发展论"

日本学者小泽辉智(Ozawa)提出了"一体化国际投资发展论"。该理论认为从国家层面来讲,发展中国家 FDI 会经过 4 个连续的阶段:第一阶段为吸引外国投资阶段;第二阶段为输入 FDI 到输出 FDI 的转型阶段;第三阶段为从劳动力导向的 FDI 向技术导向、贸易支持型 FDI 过渡;第四阶段是资本密集型输入的 FDI 和资本导向型输出的 FDI 交叉发生阶段。

小泽辉智强调发展中国家的 FDI 结构升级应以增强比较优势为基准、以出口导向战略为条件,把国家的工业化战略与开展对外投资的比较优势结合起来。他把经济发展、比较优势的动态化与对外直接投资作为相互作用的三种因素并对其分析,认为经济发展会改变要素禀赋和比较优势,推动企业的跨国增长,海外经营反过来也会提升产业竞争力,让相关企业成长为国际领先的优势企业。

【专栏 7-2】

中国企业对美国和澳大利亚的直接投资

截至 2018 年年底,中国对美国直接投资存量为 755.1 亿美元,占中国对外直接投资存量的 3.8%,占对北美洲投资存量的 78.4%。中国对美国的直接投资有明显的市场导向和战略资产导向性。从存量行业分布来看,截至 2018 年年底,中国对美国的直接投资主要集中在制造业(占 23.5%)、金融业(占 14.9%)、租赁和商务服务业(占 13.2%)、信息传输软件和信息技术服务业(占 8.9%)、批发和零售业(占 8%)、文化、体育和娱乐业(占 7.6%)、采矿业(占 7.2%)、房地产业(占 5.5%)、科学技术服务(占 4.2%)等。基于产业链的高价值攀升,中国对美国投资日渐关注高技术行业和高端服务业,通过收购实现技术获取、品牌获取,进入高附加值行业。同时,中国对美投资的多元化也体现在对美能源业、农业和基础设施改造领域的投资。然而,2017 年以来,受中美贸易冲突的影响和美国投资限制政策(《外国投资风险评估现代化法案》)的影响,中国对美国的投资持续下降,投资结构将逐步调整,中国对美直接投资中以高技术获取为目标的收购难度可能加大。

截至 2018 年年底,中国对澳大利亚投资存量达 383.8 亿美元,占中国对外直接投资存量总额的 1.9%,占中国对大洋洲投资存量的 87%。中国对澳大利亚的投资呈现多元化特征,以采矿业为主(存量占 51%),同时覆盖房地产业(占 10.8%)、租赁和商务服务业(占 10%)、金融业(占 7%)和制造业(占 6%)等。在中国企业对外投资并购额中澳大利亚排名前十以内。同时,澳大利亚是中国"一带一路"倡议的战略合作伙伴,双方签署了双边自由贸易协定(Bilateral Free Trade Agreement,FTA),中国是澳大利亚最重要的货物贸易伙伴之一。未来双方将在能源、矿产直接投资的基础上,拓展到农业、食品加工、医疗等领域。

资料来源:旷昕:《以跨国并购为主的中国对发达国家直接投资初探》,《商业经济》,2020 年第 4 期。

本章小结

跨国公司是对外投资的载体,跨国公司可以根据对外投资方式、经营结构、经营项目等分类。跨国公司对外直接投资的动机有寻求资源、市场和技术、增加出口、分散风险等。跨国公司对外投资有股权投资、跨国并购、合资或形成跨国战略联盟等几种主要方式。跨国公司对外投资呈现出许多新的特点,对国际资本流动起到了很大的推动作用。

对外直接投资理论主要有垄断优势理论、内部化理论、国际生产折衷理论、边际产业扩张理论等。这些理论是以发达国家的跨国公司为研究对象的,并不能解释 2000 年以来发展中国家对外直接投资快速增长的现象。

随着世界经济一体化的不断深入与发展,发展中国家,尤其是处于经济转型期的新兴发展中国家正逐渐成为全球对外直接投资的主要来源之一。发展中国家对外直接投资具有与发达国家明显不同的特点。随着发展中国家对外直接投资的增长,有关发展中国家对外直接投资的理论研究也越来越多。

练 习 题

一、名词解释

跨国公司　子公司　分公司　转移定价　绿地投资　跨国并购　股权投资　合资经营企业　跨国战略联盟　企业特定优势　内部化　交易成本　所有权优势　区位优势

二、问答题

1. 简述跨国公司的主要特点。
2. 简述跨国公司对外直接投资的主要动机。
3. 简述跨国公司的各种分类方法。
4. 简述跨国公司转移定价的主要目的。
5. 简述跨国公司对外投资的新特点。
6. 简述垄断优势理论。
7. 简述内部化理论。
8. 简述国际生产折衷理论。
9. 简述发展中国家对外直接投资的特点。

三、材料题

1. 2020 年新冠疫情全球爆发,疫情对中国"一带一路"投资项目的实施和营运产生了很复杂的影响。①从中国企业"一带一路"投资项目的实施情况看,疫情的主要影响体现在人员往来、商务谈判、设备材料供应等方面。如项目相关进出口的设备、材料、劳工人员等能否顺利通关。②从疫情对中国企业在"一带一路"已完成的投资项目营运情况的影响看,不同产业间存在较大差异:对已完成的基础设施项目的运营影响较小,如对中国"一带一路"投资比重最多的能源和运输(>70%)行业基本没有什么影响;对金属(冶炼和采掘)、农产品、化工业,产品涉及出口的,会增加通关风险和增加卫生检疫费用;对房产、娱乐、金融、旅游(4个行业约占12.78%)的负面影响最大。③"一带一路"项目对中国的战略溢出效益可能因疫情受到影响。如"一带一路"交通基础设施可能因疫情,难以发挥中国与世界"设施联通、贸易畅通、资金融通"的功能,导致道路不通、国内产品难以出口、原材料难以进口的结果,从而影响中国产业结构的调整,不得不重新考虑国内产业结构的布局。④疫情对一些项目营运产生负面影响的同时,也给有些项目提供了机遇。如疫情期间中国在移动支付、网络购物、网络教学、视频会议、居家办公等方面的经验。中国企业可以在"一带一路"投资中加以推广发挥,以寻找更多的发展机遇。

根据材料,分析以下问题:

(1) 分析新冠疫情对"一带一路"投资影响的产业差异性。

(2) 如何减轻疫情对中国"一带一路"投资的负面影响?

2. 中国企业对外直接投资经营活动的类型与投资规模密切相关。对外直接投资项目中,市场开发、售后服务、物流、总部、研发设计、商业服务、教育培训等项目的投资规模都很小;制造、建筑、提炼、发电及相关基础设施建设等项目的投资规模都相对较大。中国企业对外直接投资经营活动类型及其数量分析表明:中国企业对"一带一路"国家的投资大多涉及制造、建筑、提炼、发电等需要较大规模投资的生产经营活动,只需要小规模投资的市场开发、售后服务等生产性服务活动涉及的相对较少。而中国企业对非"一带一路"国家,特别是对非"一带一路"发达国家的投资主要是涉及市场开发、商业服务、总部服务、研发设计、物流等只需要较小规模投资的生产性服务活动;中国企业对非"一带一路"国家在制造、建筑、提炼、发电等生产经营活动的投资相对较少,且对需要较大投资规模的生产经营活动也主要集中在非"一带一路"的发展中国家。这就造成了中国企业对"一带一路"国家或发展中国家平均对外直接投资规模,远远大于对发达国家的平均投资规模。这可能表明中国企业对发达国家的投资活动与中国产品出口贸易有关,因为拓展发达国家市场需要进行相应的市场服务类投资活动。

根据材料,分析以下问题:

(1) 中国企业对"一带一路"国家的直接投资动机与对发达国家的直接投资动机有什么不同?

(2) 中国企业在"一带一路"国家的直接投资与贸易的关系和在发达国家的直接投资与贸易的关系,有什么不同?

下篇

国际金融理论与政策

本篇共有七章,主要介绍国际宏观金融理论与政策。国际生产性资本流动属于国际服务贸易的内容,已在第一篇进行了介绍。资本跨国流动独立于商品和生产,促成了国际金融和国际资本市场的发展。汇率是国际资本跨国流动的主要价格调节工具,因而国际宏观金融理论以汇率理论和汇率政策为中心,包括汇率制度选择理论、汇率决定理论、汇率对国际收支的调节理论、官方外汇干预以及国际经济政策的协调等内容。

第八章　汇率、外汇市场与汇率制度

【本章要点概览】

- 汇率的概念和分类
- 汇率制度的概念、类型和特点
- 外汇市场概念、结构和功能
- 人民币汇率制度演化

汇率、外汇市场与汇率制度是国际经济调节理论的核心概念,汇率是一国调节外部经济的重要政策工具。本章先介绍汇率和汇率制度的概念、分类和特点,然后通过介绍人民币外汇市场来介绍外汇市场的概念、结构和功能,最后介绍人民币汇率制度的演化。

第一节　汇率的概念和分类

一、汇率的概念

汇率(foreign exchange rate)又称汇价,即用一国货币表示的另一国货币的价格,通常用两种货币之间的兑换比例来表示。在外汇市场上,汇率是以五位数字来显示的。如人民币对美元汇率为6.7587人民币/美元,也就是说1美元可以兑换6.7587人民币元。

以不同国家的货币做标准,便产生了不同的标价法:直接标价法和间接标价法。

(一) 直接标价法

直接标价法(direct quotation)也称应付标价法,是以一定单位的外国货币为标准,来计算应付多少单位的本国货币。如,人民币对美元汇率为6.7587人民币/美元,就表示1美元可以兑换6.7587人民币元。其中,美元是单位货币,人民币元是计价货币。

在直接标价法下,汇率是以本国货币表示的单位外国货币的价格。汇率上涨,表明外币升值、本币贬值,单位外币能换取的本币增多;汇率下降,表明外币贬值、本币升值,单位外币能换取的本币减少。目前,世界上大多数国家采用直接标价法,我国也采用直接标价法。

(二) 间接标价法

间接标价法(indirect quotation)也称应收标价法或数量标价法,是以一定单位的本国货币为标准,计算应收进多少外国货币。例如,人民币对美元汇率为0.1480美元/人民币,就表示1人民币元可以兑换0.1480美元。其中,人民币元是单位货币,美元是计价货币。

在间接标价法下,汇率是以外国货币表示的单位本国货币的价格。本币汇率的涨跌用外国货币的数额来表示,如果单位本国货币兑换的外国货币的数额减少,说明本币贬值、外币升值;反之,则说明外币贬值、本币升值。目前,世界上只有英国和美国等少数国家使用间接标价法。

本书中提到人民币对美元汇率,如无特别说明,都指的是直接标价法汇率。

二、汇率的分类

(一)按国际货币制度演变划分

1. 固定汇率

固定汇率(fixed exchange rate)是指某一国家的货币与别的国家之间的货币兑换比率基本不变、或其变动被限制在一定幅度内的汇率。固定汇率可分为金本位制下的固定汇率和纸币流通下的固定汇率两种。

在金本位制下,以货币的含金量作为制定汇率的基础,对比不同货币的含金量,由此来制定不同货币之间的汇率。第二次世界大战后到20世纪70年代初期,国际货币基金组织会员国实行纸币流通下的固定汇率制,到20世纪70年代初期,随着美元的一再贬值,固定汇率制趋于崩溃。

2. 浮动汇率

浮动汇率(floating exchange rate)是指一国货币对外币的汇率,依据外汇市场上的供求状况,任其自由涨落,对汇率的波动幅度不予固定。

(1)按其浮动过程是否受到干预,分为自由浮动和管理浮动。

自由浮动(free floating):货币当局对汇率的上下浮动不采取任何干预措施,汇率完全随外汇市场供求变化而自由涨落。它是一种纯理论分析,事实上并不存在。

管理浮动(managed floating):货币当局以各种方式干预和影响汇率的变动。

(2)按浮动方式又可分为:联合浮动、单独浮动和钉住浮动。

联合浮动(joint floating)又称共同浮动或集体浮动,是指某些国家组成货币集团,集团内各种货币间实行固定汇率,而对集团外的货币汇率实行共同浮动。例如,以前欧盟的汇率制度。

单独浮动(single floating):一国货币不与其他国家货币发生固定联系,而按市场供求变化独立实行浮动,如美元、日元、英镑等。

钉住浮动(pegged floating):一种货币钉住另一种货币,或特别提款权或"一篮子货币"(basket of currencies),并随其汇率的变化而变动。

(二)按银行买卖外汇的角度划分

1. 买入汇率

买入汇率(buying rate)又称买入价,指银行向同业或客户买入外汇时使用的汇率。采用直接标价法时,外币折合本币较少的那个汇率即为买入价。

2. 卖出汇率

卖出汇率(selling rate)又称卖出价,是指银行向同业或客户卖出外汇时所使用的汇率。在直接标价法下,外币折合本币较多的那个汇率即为卖出价。买入汇率与卖出汇率之间的差价,是银行经营外汇买卖业务的收益。

3. 中间汇率

中间汇率(middle rate)也叫中间价,是买入价与卖出价的平均数。

中间汇率＝(买入价＋卖出价)÷2

4. 现钞汇率

现钞汇率(bank notes rate)就是买卖外币现钞的汇率。由于外国货币不能在本国流通,只能将外币兑换成本国货币才能购买本国商品。在外汇市场,由于现钞存在运输成本等原因,现钞汇率的买卖差价稍大于现汇汇率的买卖差价。在直接标价法下,现钞买入价稍低于现汇买入价,而现钞卖出价稍高于现汇卖出价买。

(三) 按外汇管理的宽严程度划分

1. 官方汇率

官方汇率(official rate)是指外汇管制较严格的国家授权其外汇管理当局制定并公布的,本国货币与其他各种货币之间的外汇牌价。例如,中国在1993年年底汇改之前就存在官方外汇牌价(1993年年底为1美元兑5.8左右人民币元)和外汇市场调剂价(1993年年底为1美元兑8.7人民币元)双重汇率。官方汇率又分为单一汇率和多重汇率。多重汇率(multiple exchange rate)是一个国家对本国货币规定的一种以上的汇率,属于外汇管制的一种形式。其主要用于奖励出口、限制进口、限制资本的流入或流出,以改善国际收支不平衡状况。

2. 市场汇率

市场汇率(market rate)是指自由外汇市场上进行外汇交易的汇率。

(四) 按汇率在经贸金融往来中的重要性划分

1. 实际汇率

实际汇率(real exchange rate)是指名义汇率用两国价格水平调整后的汇率,即外国商品与本国商品的相对价格。它反映了本国商品的国际竞争力。

2. 有效汇率

有效汇率(effective exchange rate)即某种加权平均汇率,是报告期一国货币对各样本国货币的汇率,以选定的变量为权数计算出的与基期汇率之比的加权平均汇率之和。通常可以一国的对外贸易额比重为权数。以贸易比重为权数计算的有效汇率所反映的是,一国货币汇率在国际贸易中的总体竞争力和总体波动幅度。

(五) 按外汇买卖交割期限划分

1. 即期汇率

即期汇率(spot exchange rate)也称现汇汇率,是交易双方达成外汇买卖协议后,在两个工作日以内办理交割的汇率。这一汇率一般就是当时外汇市场的汇率水平。

2. 远期汇率

远期汇率(forward exchange rate)也称期汇汇率,是交易双方达成外汇买卖协议,约定在未来某一时间进行外汇交割时所使用的汇率。远期合约到期时,无论即期汇率如何变化,买卖双方都要按合约规定的价格执行交割。在外汇市场,虽然远期汇率与即期汇率并不必然相等,但它们总是相互正向影响、同方向变动。

(六) 按外汇银行营业起讫时间划分

1. 开盘汇率

开盘汇率(opening rate)又叫开盘价,是外汇银行在一个营业日刚开始营业时进行外汇买卖使用的汇率。

2. 收盘汇率

收盘汇率(closing rate)又叫收盘价,是外汇银行在一个营业日外汇交易终了时的汇率。

第二节 汇率制度的概念和特点

一、汇率制度的概念

汇率制度(exchange rate system)又称汇率安排(exchange rate arrangement),是指一国货币当局对本国汇率变动的基本方式所作的一系列安排或规定。

传统的汇率制度分类是两分法,即按照汇率变动幅度的大小分为固定汇率制和浮动汇率制。但由于固定或浮动的程度难以掌握,在固定汇率制和浮动汇率制之间还存在众多的中间汇率制度。为了把握不同类型汇率制度的特点,我们首先要了解固定汇率制和浮动汇率制的特点。

二、固定汇率制及其特点

1. 固定汇率制的含义

固定汇率制(fixed exchange rate system)是指两国货币比价基本固定、或汇率的波动范围被限制在一定幅度之内的汇率制度。

按国际上目前流行的分类,固定汇率制包括无独立法定货币的汇率制度和货币局制度两种。前者如拉美的巴拿马、厄瓜多尔和萨尔瓦多,它们没有自己的货币,以美元作为自己的法定货币;后者如中国香港和一些东欧国家和地区,它们虽然有自己的货币,但其货币的发行量受制于自己所持有的某一外汇的储备量。

2. 固定汇率制的主要优点

固定汇率制的主要优点表现在:①有利于国际经济交易的进行与发展;②便于对国际贸易、国际信贷与国际投资的经济主体进行成本和利润的核算,也使进行这些国际经济交易的经济主体面临较小的汇率波动上的风险损失。

3. 固定汇率制的主要缺点

固定汇率制突出的缺点主要表现在,①汇率基本不能发挥调节国际收支的经济杠杆作用。②维护固定汇率制将破坏内部经济平衡。例如,当一国国际收支出现逆差时,为不使本币贬值,该国就需要采取紧缩性货币政策或财政政策,但这会使国内经济增长受到抑制,失业增加。③易引起国际汇率制度的动荡和混乱,东南亚金融危机就是一例。

三、浮动汇率制及其特点

1. 浮动汇率制的含义

浮动汇率制(floating exchange rate system)是指一国不规定本币与外币的黄金平价和汇率上下波动的界限,货币当局也不再承担维持汇率波动界限的义务,汇率随外汇市场供求关系变化而自由上下浮动的一种汇率制度。浮动汇率制的极端为自由浮动汇率制,其特点是货币汇率单独浮动,货币当局对汇率只是偶尔进行干预,但不加以控制,汇率完全浮动。介于完全固定汇率制和完全浮动汇率制之间的为中间汇率制,它们包括传统的固定钉住制、水平调整的钉住、爬行钉住、爬行区间浮动和不事先公布干预方式的管理浮动等。这些汇率制度的共性是:在政府控制下,汇率在一个或大或小的范围之内变化,它们并没有质的区别。目前,国际社会把完全固定汇率制和完全浮动汇率制习惯地称为两极汇率制或角点汇率制。

2. 浮动汇率制的主要优点

浮动汇率制的主要优点表现在：①浮动汇率制能发挥调节国际收支的经济杠杆作用；②只要国际收支失衡不特别严重，就没有必要调整财政货币政策，从而不会产生以牺牲内部平衡来换取外部平衡的后果；③减少了对储备的需要，并使逆差国避免了外汇储备的流失。

3. 浮动汇率制的主要缺点

浮动汇率制的主要缺点：①汇率频繁且剧烈地波动，使进行国际贸易、国际信贷与国际投资等国际经济交易的经济主体难以核算成本和利润，并使它们面临因较大的汇率波动而造成的外汇风险损失，从而会在一定程度上阻碍国际经济交易的发展；②为外汇投机提供了土壤和条件，助长了外汇投机活动，这必然会加剧国际金融市场的动荡与混乱；③各国政府无须履行维持固定汇率的义务，这削弱了固定汇率制下的货币纪律，助长了货币政策中的通货膨胀倾向；④在浮动汇率制下，实行钉住汇率制的货币特别容易受到国际投机资本的冲击。

四、IMF 汇率制度安排

根据 IMF（International Monetary Fund，IMF）《汇率安排和汇兑限制年报（2018）》（Annual Report on Exchange Arrangements and Exchange Rate Restrictions，2018 年），IMF 将 192 个成员的汇率制度分为 4 类，共 10 种：第一类为"硬钉住"汇率制度，包括无独立法定货币的汇率制度、货币局制度；第二类为"软钉住"汇率制度，包括传统钉住汇率制度、水平带内钉住汇率制度、爬行钉住汇率制度、稳定汇率制度、类爬行汇率制度；第三类为"浮动"汇率制度，包括浮动汇率制度、自由浮动制度；第四类为其他汇率管理安排。2018 年，192 个 IMF 成员实行的 10 种汇率制度简介如下：

(1) 无独立法定货币的汇率制度（no separate legal tender），指政府以某一外国货币作为唯一的法定货币流通的制度。采用这种制度意味着货币当局完全放弃了货币政策的控制权。2018 年，IMF 共有 13 个成员采用这一汇率制度。其中，厄瓜多尔、巴拿马、萨尔瓦多、密克罗尼西亚等就选择以美元作为法定货币流通；科索沃、黑山共和国和圣马力诺就选择以欧元作为法定货币流通。

(2) 货币局制度（currency board），指政府承诺本币与某一外国货币以固定比率进行无限制兑换的汇率制度。它们虽然有自己的货币，但其货币政策没有独立性，它们的货币发行量受制于所持有的某一外国货币的储备量。2018 年，IMF 共有 11 个成员采用这一汇率制度。其中，中国香港、多米尼加、吉布提、格林纳达等就实行与美元相联系的货币局制度；波斯尼亚和黑塞哥维那、保加利亚则实行与欧元相联系的货币局制度。

(3) 传统钉住汇率制度（conventional pegged arrangement），指政府将其货币以固定汇率钉住另一种货币或"一篮子货币"，主管部门随时准备通过直接干预，即通过在市场上买卖外汇，或间接干预（例如通过与汇率有关的利率政策）来维持固定的比价的制度。从经验上讲，汇率可能会在±1%的窄幅内波动，或者汇率的最大值和最小值保持在 2%的窄幅范围内六个月。2018 年，IMF 共有 43 个成员采用这一汇率制度。其中，伊拉克、约旦、阿曼、卡塔尔等就选择钉住美元的汇率制度；喀麦隆、马里、尼日尔、多哥等就选择钉住欧元的汇率制度。

(4) 水平带内钉住汇率制度（pegged exchange rate within horizontal bands），指货币的价值维持在一定的波动范围内，围绕固定的中央汇率的波动幅度最少为±1%，或者汇率的最大值和最小值之间的幅度超过 2%的制度。2018 年，IMF 仅有汤加选择这种汇率制。

(5) 爬行钉住汇率制度（crawling peg），指允许货币逐渐升值或贬值的一种汇率制度。在此制度下,平时汇率是固定不变的,但视通货膨胀的程度而定,必要时可每隔一段时间作微小调整。2018年,IMF共有3个成员采用这一汇率制度。其中,洪都拉斯、尼加拉瓜选择爬行钉住美元汇率制度;博茨瓦纳选择爬行钉住"一篮子货币"的汇率制度。

(6) 稳定汇率制度(stabilized arrangement),指采取官方行动保持汇率稳定和确定锚定货币或"一篮子货币",以使即期汇率不浮动且在6个月或更长时间内保持外汇市场套利空间低于2%的水平的汇率制度。2018年,IMF共有27个成员采用这一汇率制度。其中,圭亚那、马尔代夫、黎巴嫩、特立尼达和多巴哥就选定美元作为锚定货币的稳定汇率制度;克罗地亚、北马其顿就选定欧元作为锚定货币的稳定汇率制度。

(7) 类爬行汇率制度(crawl-like arrangement),指汇率波动6个月内保持在2%的窄幅范围,并且汇率安排不得被认为是浮动的汇率制度。通常,要求汇率最小波动大于稳定汇率制度下的汇率波动。当汇率连续地升值或贬值,且年度变化率达到一定幅度后,则该制度将被视为类爬行汇率制度。2018年,IMF共有15个成员采用这一汇率制。其中,中国、孟加拉国、布隆迪、卢旺达、阿富汗选择货币总量目标下的类爬行汇率制度;多米尼加、哥斯达黎加、塞尔维亚选择通货膨胀目标下的类爬行汇率制度。

(8) 浮动汇率制度(floating),指汇率的浮动在很大程度上由市场决定,没有确定或可预测的汇率路径的汇率制度。2018年,IMF共有35个成员采用这一汇率制度。其中,阿根廷、马达加斯加、塞舌尔选择货币总量目标下的浮动汇率制;巴西、印度、阿尔巴尼亚等选择通货膨胀目标下的浮动汇率制。

(9) 自由浮动汇率制度(free floating),指外汇干预仅在例外情况下发生,旨在解决混乱的市场状况,并且当局提供的信息或数据确认干预在过去6个月中最多限于3次、每次不超过3个工作日。如果IMF工作人员无法获得所需的信息或数据,则该汇率制将被归类为浮动汇率制。2018年,IMF共有31个成员采用这一汇率制。其中,澳大利亚、加拿大、日本等选择通货膨胀目标下的自由浮动汇率制;美国、欧盟等选择其他目标下的自由浮动汇率制。

(10) 其他汇率管理安排(other managed arrangement),指汇率制度不符合其他任何类别的条件,如汇率政策频繁变动下的汇率制度可能属于此类。2018年,IMF共有13个成员的汇率制度可归为这一类。其中,柬埔寨、利比里亚、津巴布韦就选择锚定美元的其他汇率管理安排。

第三节 外汇市场

一、外汇市场相关概念

外汇市场(foreign exchange market),是指由经营外汇业务的银行、各种金融机构以及个人进行外汇买卖、调剂外汇供求的交易场所。它是金融市场的主要组成部分。

正如商品价格由市场买方和卖方相互作用形成的,外汇市场汇率也是由外汇市场买卖外汇的参与者相互作用形成的。外汇市场的主要参与者包括:中央银行、商业银行、跨国公司、非银行金融机构。外汇市场交易包括即期、远期、掉期、期货、期权交易等。

外汇掉期交易(forward exchange swaps),是指外汇交易者在买进或卖出一种期限、一定数额的某种货币的同时,卖出或买进另一种期限、数额相同的同种货币的外汇交易。外汇掉期交易是即期交易与远期交易的结合,一种货币在被买入的同时即被卖出,或者是一个相反的操作;外汇掉期买卖的货币币种、金额都必须一致;但买与卖的交收时间不同。正因为如此,外汇掉期交易不会改变交易者的外汇持有额,改变的只是交易者所持有的外汇的期限结构。例如,A公司刚获得600万元人民币收入,这笔收入3个月后要支付给一家供应商,但公司资产管理部希望将这笔收入投资于欧元债券。公司可以做一笔人民币转化为欧元的掉期交易(相当于买入即期欧元的同时,卖出3个月欧元远期)。这比分两次进行外汇交易(一次是"在即期市场卖出人民币,买入欧元";另一次是"在远期市场卖出欧元,买入人民币")要少花一些经纪人佣金。

外汇期货(futures),是指外汇买卖成交后,买卖双方均未提供现货,而仅提供若干的保证金,并订立契约,约定在未来某月依据约定的汇率办理实际收付的外汇业务。外汇市场上的未来货币交换中,还有外汇远期合约,外汇远期合约通常只在场外交易,合约是非标准化的,其流通量不如外汇期货合约,如果其中一方违约,则另一方会因此承受违约风险。而外汇期货是标准化的合约,以集中交易的方式进行,外汇期货的流通性好,发生违约的风险非常低,甚至没有。外汇期货的交割期一般为1个月、3个月、6个月。

外汇期权(options),是指合约购买方在向出售方支付一定期权费后,所获得的在未来约定日期或一定时间内,按照规定汇率买进或者卖出一定数量外汇资产的选择权。外汇期权支付一定费用后获得的选择权,可以放弃也可以执行。如果到期交易时,汇率对自己不利就选择放弃交易。假设你在一定期限的某个时候有一笔外汇收入,为了避免由这笔外汇贬值而带来的风险,你可以购买一个卖出期权。它使你有权在期权有效期内按协定的价格和数量,在任何时候卖出外汇,卖出期权亦称"看跌期权"或"敲出"。相反,如果你在一定期限的某个时候有一笔外汇支出,为了避免这笔外汇可能升值带来的风险,你可以购买一个买入期权。它使你有权在期权有效期内按协定的价格和数量买入外汇,买入期权也称"看涨期权"或"敲入"。当然,期权是一种选择权,如果价格不合适,期权持有者也可以选择放弃行使这一权利。

例如,某客户购买了100万美元的卖出期权,期权费1 000美元,有效期3个月,汇率为6.600 RMB/USD。在这3个月内,当美元贬值到6.500 RMB/USD时,客户行使期权,按协议价格6.600 RMB/USD卖出美元。这时美元市价与协议价的差额使客户获得$(660-650)\div 6.5 \approx 1.538$(万美元),扣掉期权费1 000美元,这笔投资获利约1.438万美元。但如果美元在这3个月内没有贬值,甚至还逐步升值,客户就只能放弃行使期权,客户仅损失期权费1 000美元。

二、外汇市场结构

中国目前的外汇市场从结构上看,可以分为以下三个层次。

(1) 外汇零售市场(foreign exchange retail market),是指客户与外汇指定银行之间的市场。客户主要是工商企业、事业单位、进出口商、个人等。由于国际贸易、国际投资以及其他方面的原因,客户需要与银行进行外汇买卖。外汇零售市场构成了外汇市场的基本业务。银行和个人及企业之间进行的外汇交易业务包括货币兑换、进出口结算和外汇买卖。个人、企业通常与银行直接进行交易。零售市场以零星交易为主,没有最小交易金额限制,买卖差价大,交易成本比较高。零售市场进行外汇交易的汇率就是"零售"汇率。

(2) 外汇批发市场(foreign exchange wholesale market),是指银行同业间外汇买卖行为及其交易场所。外汇批发市场主要采取整数批发交易,有最小交易金额限制且交易量巨大,所以交易成本低、买卖差价较小。外汇批发市场是外汇市场的主流。银行同业间外汇市场进行外汇交易的汇率,就是银行间汇率。

(3)中央银行与外汇指定银行间的市场,是指中央银行以普通会员身份入市,进行市场干预,调节外汇供求、保持汇率相对稳定,对外汇市场进行调控和管理的市场。

在中国,暂时还没有像纽约和伦敦那样的专业性的外汇交易所。所以,凡在中国境内营业的金融机构,其从事的外汇交易均应通过银行间外汇市场。银行间外汇市场,是指经国家外汇管理局批准、可以经营外汇业务的境内金融机构(包括银行、非银行金融机构和外汇金融机构)之间通过中国外汇交易中心进行人民币与外币之间交易的市场。中国已建成包括外汇即期、远期、外汇和货币掉期、非标准外汇期权在内的银行间外汇市场,其交易主体包括外汇指定银行、具有交易资格的非银行金融机构和有实需背景的企业。中国国家外汇交易中心受中国人民银行和国家外汇管理局委托,为银行间外汇市场提供统一、高效的电子交易系统。该系统提供集中竞价与双边询价两种交易模式,支持人民币对9个外币(美元、欧元、日元、港币、英镑、林吉特、俄罗斯卢布、澳大利亚元和加拿大元)的即期,人民币对7个外币(美元、欧元、日元、港币、英镑、澳大利亚元和加拿大元)的远期、掉期,人民币对5个外币(美元、欧元、日元、港币、英镑)的货币掉期和期权交易,以及9组外币对(欧元/美元、澳元/美元、英镑/美元、美元/日元、美元/加元、美元/瑞士法郎、美元/港币、欧元/日元、美元/新加坡元)的即期、远期和掉期交易。2017年中国银行间外汇市场和银行对客户外汇市场交易量如表8-1所示。

表8-1 2017年中国银行间外汇市场和银行对客户外汇市场交易量　　单位:亿美元

时期	合计	银行对客户市场	银行间外汇市场	即期	远期	外汇和货币掉期	期权
2017M1	15 247	3 101	12 146	6 402	387	7 821	638
2017M2	13 303	2 438	10 865	5 514	262	7 164	363
2017M3	20 573	3 314	17 259	8 453	332	11 262	526
2017M4	16 530	2 665	13 865	6 932	197	9 040	361
2017M5	18 659	2 971	15 688	8 060	258	9 900	441
2017M6	20 550	3 446	17 105	8 587	259	11 225	479
2017M7	20 462	2 908	17 554	8 078	271	11 653	460
2017M8	22 896	3 166	19 731	9 386	281	12 710	519
2017M9	20 986	3 661	17 325	8 124	534	11 808	519
2017M10	19 405	2 806	16 599	6 783	400	11 821	401
2017M11	26 576	3 374	23 202	9 197	537	16 243	598
2017M12	25 657	3 630	22 027	9 377	541	15 024	716
合计	240 845	37 480	203 365	94 894	4 259	135 672	6 021

与伦敦、纽约等专业性外汇市场相比,中国外汇市场交易管控较严(企业批发交易需按实需原则进行),存在买卖差价大、避险成本高、交易效率低等问题。随着人民币汇率自由浮动范围扩大,企业国际化业务的外汇风险加大,这就需要建设类似伦敦、纽约的专业化的人民币外汇市场,以发挥外汇市场对人民币汇率的价格指引作用,同时服务实体企业,满足企业因国际化发展而日益增长的汇率避险需求。

三、外汇市场的作用和功能

外汇市场的作用和功能主要表现在:实现购买力的国际转移、提供资金融通和调剂外汇余缺、提供外汇保值和投机的机制、便于中央银行稳定汇率。

1. 实现购买力的国际转移或转换

国际贸易和国际资金融通至少涉及两种货币,这要求将本国货币兑换成外币来清理债权债务关系,使购买行为得以实现。国际外汇市场的主要功能就是通过完备的通讯设备和先进的经营手段,将一国的购买力转移到另一国并交付给特定的交易对象,或者一国交易者把一种货币兑换成另一种货币以作为支付手段,实现国与国之间货币购买力的有效转移或不同货币在购买力方面的有效转换。

外汇市场所提供的就是这种购买力转移(或转换)得以顺利进行的机制,它的存在使各种潜在的外汇售出者和外汇购买者的意愿联系起来。当外汇市场汇率变动使外汇供应量正好等于外汇需求量时,所有潜在的出售和购买愿望都得到了满足,外汇市场处于平衡状态。这样,外汇市场提供了一种购买力国际转移(或转换)机制。发达的通信工具已将外汇市场变成一个整体,使得货币兑换和资金汇付能够在极短时间内完成,购买力的这种转移(或转换)变得迅速和方便。

2. 提供资金融通和调剂外汇余缺

外汇市场向国际交易者提供了资金融通的便利。外汇的存贷款业务集中了各国的社会闲置资金,从而能够调剂余缺、加快资本周转。外汇市场为国际贸易的顺利进行提供了保证,当进口商没有足够的现款提货时,出口商可以向进口商开出汇票,允许延期付款,同时以贴现票据的方式将汇票出售,拿回货款。银行也有可能利用外汇收支的时间差,为进出口商提供贷款。外汇市场便利的资金融通功能也促进了国际借贷和国际投资活动的顺利进行。美国发行的国库券和政府债券中有很大一部分是由外国官方机构和企业购买并持有的,这种证券投资在脱离外汇市场的情况下是不可想象的。

3. 提供外汇保值和投机的机制

在以外汇计价成交的国际经济交易中,交易双方都面临着外汇风险。由于市场参与者对外汇风险的判断和偏好不同,有的参与者宁可花费一定成本来转移风险,而有的参与者愿意承担风险以实现预期利润。由此产生了外汇保值和外汇投机两种不同的行为。在金本位和固定汇率制下,外汇汇率基本上是平稳的,因而就不会形成外汇保值和投机的需要及可能。而浮动汇率制下,外汇市场的功能得到了进一步的发展,外汇市场的存在为套期保值者提供了规避外汇风险的场所,又为投机者提供了承担风险、获取利润的机会。

套期保值(hedge):为了使外汇收入(或支出)不因日后汇率的变动而遭受损失,以外汇期货卖出(或买进)同等数量的期货合同作为保值。如果出口商有一笔远期外汇收入,为了避免由这笔外汇贬值带来的风险,出口商可以将这笔外汇当作期货卖出,等到期时买入平仓,就可以对冲这笔外汇贬值的风险。反之,进口商也可以在外汇市场上购入外汇期货,以对冲将来因支付需要而购入外汇时,外汇升值的风险。

例如,某出口商3个月后有一笔100万美元外汇收入,现在即期汇率为6.600 RMB/USD。但出口商担心3个月后美元贬值,出口商在期货市场卖出3个月100万美元期货,成交的价为6.600 RMB/USD。3个月后,人民币对美元汇率为6.500 RMB/USD,出口商按当时市场汇率买入平仓。在这笔交易中,厂商3个月后的100万美元收入,按当时的汇率能换660万元人民币。如果不做套期保值,3个月后的收入仅能换650万元人民币,出口商将遭受美元贬值带来的10万元人民币损失;做了套期保值后,外汇市场交易获得了10万元人民币收入。虽然外贸市场交易因美元贬值而损失了10万元人民币收入,但出口商3个月后仍然能得到660万元人民币收入。如果3个月后美元升值,这笔期货交易在平仓时将遭受损失,但外贸市场收到的美元则能换得更多的人民币,从而也能保证出口商3个月后能得到660万元人民币收入。

外汇投机(speculation):外汇投机是指以赚取利润为目的的外汇交易,投机者利用汇率差异,贱买贵卖,从中赚取差价。在外汇期货市场上,投机者可以利用汇价的变动牟利,产生"多头"和"空头",对未来市场行情下赌注。多头是预计在某种外汇的汇价上涨时,按当时价格买进,而待远期交割,该种外币汇价上涨时,按"即期"价格立即出售,就可牟取汇价变动的差额。相反,空头是预计在某种外币汇价下跌时,按当时价格售出远期交割的外币,到期后,价格下降,按"即期"价买进补上。这种投机活动,是利用不同时间外汇行市的波动进行的。

4. 便于中央银行稳定汇率

1982年6月,凡尔赛工业国家高峰会议决定成立一个由官方经济学家组成的"外汇干预工作小组",专门研究外汇市场干预问题。1983年,该小组发表了工作组报告,其对干预外汇市场的狭义定义是:"货币当局在外汇市场上的任何外汇买卖,以影响本国货币的汇率"。其途径可以是外汇储备、中央银行之间调拨,或官方借贷等。

政府之所以干预外汇市场而不是任之完全由市场调节,是因为国家要预防非正常因素对外汇市场造成的负面影响,尽量避免非正常汇率波动对国民经济的负面影响。例如,受金融危机影响,国际投机资本大量流进和流出,导致本币大幅升值贬值。汇率不稳定不仅助长投机,更使国内企业进出口和国际投资货币结算面临更大的汇率波动风险。因此,政府就不能对本币汇率波动听之任之。总之,政府干预外汇市场的目的,就是保证汇率处于一个国民经济能承受的、合理的波动范围,防止汇率大幅波动、影响金融稳定和经济增长。

第四节 人民币汇率制度安排

一、改革开放前的人民币汇率安排

1949~1978年,我国人民币汇率安排大致经历了三个发展阶段。

第一阶段:1949~1952年,频繁调整的钉住美元汇率制度。由于人民币没有规定含金量,人民币对西方国家货币的汇率最初不是按两国货币的黄金平价来确定,而是以物价对比法为基础来计算的。也就是说,建国初期人民币汇率制定的依据是物价水平,这是一种比较市场化的汇率安排。新中国成立初期,由于国内物价上涨、国外物价趋跌的价格对比关系,人民币对美元汇价由1949年1月18日的1美元=80元旧人民币,调低至1950年3月13日的1美元=42 000元旧人民币。在一年零一个月的时间内,人民币汇价下调49次。从1950年3月至1952年年底,国内物价由上涨转变为下降,1952年12月,人民币汇价调高至1美元=26 170元旧人民币。

第二阶段:1953~1973年,保持固定的钉住美元汇率制度。从1953年起,国内物价趋于全面稳定,对外贸易开始由国营公司统一经营,而且主要产品的价格也纳入国家计划。计划经济本身要求对人民币的汇价采取基本稳定的政策,以利于企业内部的核算和各种计划的编制、执行。同时,由于以美元为中心的固定汇率制度的确立,各国之间的汇价在一定程度上也保持了相对稳定。在国内物价水平趋于稳定的情况下,进行新中国成立以来的首次币制改革。1955年3月1日,我国开始发行新人民币,新旧人民币折合比率为1∶10 000。自采用新人民币后,1955~1971年,人民币对美元汇率一直是1美元折合2.4618元新人民币。1971年12月18日,美元兑黄金官价宣布贬值7.89%,人民币汇率相应上调为1美元合2.2673元人民币。这一时期人民币汇率政策采取了稳定的方针。

第三阶段:1973~1978年,钉住"一篮子货币"的可调整钉住汇率制度。1973年3月以后,布雷顿森林体系彻底解体,西方国家普遍实行了浮动汇率制。为了避免西方国家通货膨胀及汇率变动对我国经济的冲击,我国从1973年开始频繁地调整人民币对外币的汇率(仅1978年,人民币对美元的汇率就调整了61次),而且在计算人民币汇价时,采用了钉住加权的"一篮子货币"的办法。所选用的"篮子货币"都是在我国对外贸易的计价货币中占比较大的外币,并以这些货币加权平均汇价的变动情况,作为人民币汇价相应调整的依据。这一时期人民币汇价政策的直接目标仍是维持人民币的基本稳定,针对美元危机不断发生且汇率持续下浮的状况,人民币汇率变动较为频繁,并呈逐渐升值之势。1972年,1美元=2.24元人民币;1973年,1美元=2.005元人民币;1977年,1美元=1.755元人民币。

二、改革开放后的人民币汇率制度安排

1979年以后,我国人民币汇率安排大致经历了六个发展阶段。

第一阶段:1979~1984年,官方汇率与贸易结算汇率并存的双重汇率制度。1979年,我国的外贸管理体制开始改革,对外贸易由国营外贸部门一家经营改为多家经营。由于我国的物价一直由国家计划规定,长期没有变动,许多商品价格偏低且比价失调,形成了国内外市场价格相差悬殊且出口亏损的状况。这就使人民币汇价不能同时照顾到贸易和非贸易两个方面。为了加强经济核算并适应外贸体制改革的需要,国务院决定从1981年起实行两种汇价制度,即另外制定贸易外汇内部结算价,并继续保留官方牌价以用作非贸易外汇结算价。这就是所谓的双重汇率制或汇率双轨制。从1981年1月到1984年12月,贸易外汇1美元=2.80元人民币;官方牌价,即非贸易外汇1美元=1.50元人民币。随着美元在20世纪80年代初期的逐步升值,我国相应地调低了公布的人民币外汇牌价,使之同贸易外汇内部结算价相接近。1984年年底公布的人民币外汇牌价已调至1美元=2.7963元人民币,与贸易外汇内部结算价持平。

第二阶段:1985~1990年,单一的管理浮动汇率制度。在人民币双重汇率制下,外贸企业产生政策性亏损,加重了财政补贴的负担,而且国际货币基金组织和外国生产厂商也对双重汇率提出异议。于是,1985年1月1日,我国取消了贸易外汇内部结算价,重新恢复单一汇率制,1美元=2.80元人民币。1986年全国性外汇调剂业务的全面展开,促成了事实上的官方牌价与千差万别的市场调剂价并存的新双轨制。从1986年1月1日起,人民币放弃钉住"一篮子货币"的做法,改为管理浮动。其目的是要使人民币汇率适应国际价值的要求,且能在一段时间内保持相对稳定。20世纪80年代中期以后,由于国内持续通货膨胀,再加上我国政府有意识地运用汇率政策调节经济与外贸,人民币汇率相应地持续下调。1986年7月5日,人民币汇率再度大幅调低至1美元=3.7036元人民币。1989年12月16日,人民币汇率又一次大幅下调,由此前的1美元=3.7221元人民币调至当日的1美元=4.7221元人民币。1990年11月17日,人民币汇率再次大幅下调,并由此前的4.7221元人民币调至当日的5.2221元人民币。

第三阶段:1991~1993年,官方汇率与市场汇率并存的双轨汇率制。这期间,人民币汇率

实行官方汇率与市场汇率(即外汇市场调剂价格)并存的多重汇率制度。自1991年4月9日起,人民币官方汇率实施有管理的浮动,国家外汇管理局根据我国改革开放与发展的状况,特别是对外经济活动的要求,参照国际金融市场主要货币汇率的变动情况,对公布的人民币官方汇率进行适时适度、机动灵活、有升有降的浮动调整。当时的大背景是企业外汇存款多,而官方外汇储备不足,企业出口所得外汇按官方价格卖给国家,进口所需外汇向国家申请按官方价格购买,如果企业需要更多外汇,只能按外汇市场调剂价格购买。当时外汇市场调剂价格和官方价格差距甚大,1993年美元对人民币的官方汇价是1∶5.7619,而外汇市场调剂价格则一度达到1∶10。国家因此可以利用多重汇率制度影响企业进出口成本,达到进出口管理的目的。

第四阶段:1994~2005年,单一的、有管理的钉住美元汇率制度。1993年12月31日,官方汇率1美元兑换人民币5.8元;外汇市场调剂价为1美元兑换人民币8.7元左右。从1994年1月1日起,我国将这两种汇率合并,实行单一汇率,人民币对美元的汇率定为1美元兑换8.70元人民币。同时,取消外汇收支的指令性计划,取消外汇留成和上缴,实行银行结汇、售汇制度,禁止外币在境内计价、结算和流通,建立银行间外汇交易市场,改革汇率形成机制。这次汇率并轨后,我国建立的是以市场供求为基础的、单一的、有管理的浮动汇率制度。1996年7月1日,我国将外商投资企业也全面纳入全国统一的银行结售汇体系,从而取消了1994年外汇体制改革后尚存的经常项目汇兑限制。自1996年12月1日起,我国接受国际货币基金组织协定第8条第2款、第3款和第4款的义务,实现人民币经常项目可兑换。2001年11月17日,根据中美1998年签订的有关协议,中国承诺将扩大人民币汇率弹性,提高人民币汇率生成机制的市场化程度。

第五阶段:2005年7月到2015年8月,参照"一篮子货币"有管理的浮动汇率制度。2005年7月21日,中国人民银行发布公告称我国开始实行以市场供求为基础、参考"一篮子货币"进行调节、有管理的浮动汇率制度。人民币对美元汇率当天一次性升值2.1%,从8.28升至8.11。人民币汇率中间价由参考上日银行间市场加权平均价确定,改为参考上日收盘价,但维持人民币汇率日浮动区间±0.3%不变。2005年7月22日,中国人民银行宣布将于每个工作日闭市后公布当日银行间外汇市场美元等交易货币对人民币汇率的收盘价。为完善外汇市场价格形成机制、充分发挥市场在资源配置中的基础性作用、满足国内经济主体规避汇率风险的需要,2005年8月9日,中国人民银行决定扩大外汇指定银行远期结售汇业务和开办人民币与外币掉期业务。2006年1月4日,中国人民银行在银行间外汇市场引入了做市商制度和询价交易机制,改变中间价的定价方式。人民币中间价由做市商在每日开市前向中国外汇交易中心报价,去掉最高价和最低价加权平均形成,以发挥外汇市场做市商的作用。2007年5月21日,人民币对美元汇率日波动区间从±0.3%扩大至±0.5%。±0.3%浮动区间可以追溯到1994年汇率改革的时候,2005年7月以后的一系列改革主要是通过逐渐扩大人民币汇率浮动区间,以强化市场在汇率价格形成中的作用。

2005年7月中国人民银行开启人民币汇率形成机制改革,人民币对美元汇率从8.2765升至2008年12月6.823,期间累计升值超过17%,然后进入双向浮动和暂近升值周期。2008年9月,美国次贷危机转变为全球金融危机,为应对次贷危机,人民币汇率波动幅度收窄,重新钉住美元,到2010年6月份才正式恢复原有的浮动区间。2012年初,人民币汇率双向浮动成为常态,汇率预期开始分化,人民币对美元汇率稳定,为之后进一步扩大人民币汇率浮动区间和央行退出常态化的外汇干预打下了良好的基础。2012年4月16日,银行间即期外汇市场人民币对美元汇率波动区间由±0.5%扩大至±1%,外汇指定银行为客户提供当日美元的最高现汇卖出价与最低现汇买入价之差,不得超过当日汇率中间价的幅度,由±1%扩大至±2%。2014年3月17日,银行间即期外汇市场人民币对美元交易价浮动幅度由±1%扩大至±2%,外汇指定银行为客户提供当日美元的最高现汇卖出价与最低现汇买入价之差,不得超过当日汇率中间价的幅度,由±2%扩大至±3%。2014年7月2日,中国人民银行宣布取消银行对客户美元挂牌买卖价差管理。这等于中国人民银行银行基本上退出了常态外汇干预,市场供求在人民币汇率形成中将发挥更大的作用。

第六阶段:2015年8月11日之后,完善人民币汇率中间价的形成机制。2015年8月11日之后的汇改主要是不断完善人民币汇率中间价的形成机制。2015年8月11日,中国人民银行宣布自即日起,做市商在每日银行间外汇市场开盘前,参考上日银行间外汇市场收盘汇率,综合考虑外汇供求情况以及国际主要货币汇率变化,向中国外汇交易中心提供中间价报价。在"8·11汇改"之前,中国人民银行对人民币/美元汇率中间价具有较强的干预能力:当市场上存在人民币升值压力时,中国人民银行通过低开人民币对美元开盘价来避免人民币汇率过快升值;反之,当市场上存在人民币贬值压力时,中国人民银行通过高开人民币对美元开盘价来避免人民币汇率过快贬值。通过"8.11汇改",中国人民银行主动放弃对每日人民币对美元中间价的管理,也是为了促进人民币在2015年年底加入IMF的特别提款权(special drawing right, SDR)货币篮子。

人民币汇率中间价主要由前一日收盘价决定,这不利于人民币汇率稳定。为了进一步完善人民币汇率中间价的形成机制,官方相继采取了一系列改革措施,包括:①2015年12月11日,中国外汇交易中心(China foreign exchange trade system, CFETS)发布"CFETS人民币汇率指数",指数参考了包括欧元、澳元、墨西哥比索等13种与人民币直接开展交易的货币的表现;②2016年年初,中国人民银行宣布人民币对美元汇率的中间价制定同时参考前一日收盘价和人民币对特定篮子货币汇率,赋予收盘价与"一篮子货币"汇率各50%的权重;③2017年年初将CFETS篮子货币中的货币数量由13种增加至24种,并把参考"一篮子货币"的时间由过去24小时缩短为过去15小时;④2017年5月下旬,中国人民银行宣布在人民币汇率中间价报价模型中增加逆周期调节因子。在人民币中间价报价模型中增加逆周期调节因子,主要是考虑到我国外汇市场仍然存在一定的顺周期性,容易受到非理性预期的惯性驱使,增加市场汇率超调的风险。引入逆周期调节因子可以适度对冲市场情绪的顺周期波动,缓解外汇市场可能存在的"羊群效应"。引入逆周期调节因子之后,中间价新公式为:中间价=收盘汇率+"一篮子货币"汇率变化+逆周期调节因子。在新的公式下,逆周期调节因子根据宏观经济等基本面变化动态调整,有利于引导市场在汇率形成中更多关注宏观经济等基本面情况,使中间价报价更真实地体现外汇供求和"一篮子货币"汇率变化。但是,引入逆周期调节因子也会使市场参与者预期汇率变动更加困难,从而降低了汇率形成机制的透明度。2005年以来人民币对美元汇率走势如图8-1所示。

三、对人民币汇率制度演变的评价

1949~1952年,我国对外贸易对象主要是美国,对外贸易主要由私营进出口商经营。实行频繁调整的钉住美元汇率制度,可以调节进出口贸易,保证出口的增长。自20世纪50年代中期以来,我国开始实行社会主义计划经济,对外自我封闭,对内高度集权。直至20世纪80年代初,国家外汇基本上处于零储备状态,外贸进出口主要局限于社会主义国家,且大体收支平衡,国内物价水平也被指令性计划冻结。这时,实行钉住美元的固定汇率制度,尽管人民币汇率严重高估,但它并未带来明显的消极影响。

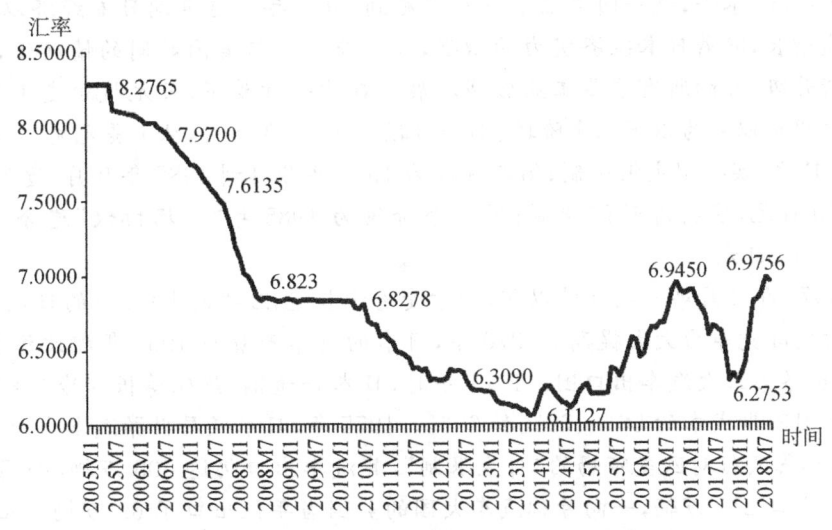

图 8-1　2005 年以来人民币对美元汇率走势图

数据来源：根据 IMF 官网统计数据。

改革开放以后，人民币汇率政策分别实施过贸易外汇内部结算价与外汇牌价并存的双重汇率体制，以及官方汇率与市场调剂汇率并存的多重汇率体制。人民币官方汇率按市场情况调整，且呈大幅贬值趋势，这与同期人民币对内实际价值大幅贬值以及我国的国际收支状况基本上是相适应的。随着国内改革的向前推进，人民币汇率政策在官方汇率调整机制上，多次尝试钉住"一篮子货币"的小幅逐步调整方式以及一次性大幅调整的方式。这些为 2005 年 7 月实施人民币有管理的浮动汇率制度改革奠定了基础。2005 年 7 月人民币汇率制度改为钉住"一篮子货币"的有管理的浮动汇率制度，中国货币当局顶住人民币升值的外部压力，选择了人民币对美元渐进升值而非一步到位的汇率政策。在人民币汇率升值压力逐渐得到释放，2007 年 5 月之后开始逐渐扩大人民币汇率浮动区间并不断完善汇率的市场价格形成机制，如表 8-2 所示，从而避免了人民币汇率的大幅波动。人民币汇率新机制的建立，有利于推进人民币汇率安排的市场化改革进程，最终为人民币在资本项目下实现可兑换创造条件。

表 8-2　1994 年年底汇率并轨后的汇率市场化改革

扩大浮动	1994 年 1 月 1 日	2005 年 7 月 21 日	2007 年 5 月 21 日	2012 年 4 月 16 日	2014 年 3 月 17 日
	±0.3%	维持±0.3%	±0.5%	±1%，±2%	±2%，±3%
改革定价	2005 年 7 月 21 日	2005 年 8 月 9 日	2006 年 1 月 4 日	2014 年 7 月 2 日	2015 年 8 月 11 日
	中间价改革：根据次日收盘价	开办人民币与外币掉期业务	引入做市商制度	央行退出常态化外汇干预	中间价改革：做市商+收盘价
改革定价	2015 年 12 月 11 日	2016 年 1 月	2017 年 1 月	2017 年 5 月	
	发布 CFETS 人民币汇率指数	中间价改革：收盘价+篮子货币	中间价改革：增加篮子币种和改权重	中间价改革：引入逆周期调节因子	

【专栏 8-1】

日本汇率制度改革导致经济发展受挫的教训

1949 年，日本在美国占领当局的支持下，实施振兴日本经济的"道奇计划"，将日元对美元汇率锁定在1∶360水平,这一固定汇率一直实施到1971年。这期间日本经济以每年10%左右的速度快速增长,随着日本经济实力的增强,在产业结构与美国趋同的情况下,日美之间的贸易摩擦不断升级,并向所有重要工业领域扩展。在这一背景下,日元被迫走上了升值之路。日元的升值过程可以分为以下三个阶段:第一阶段是1971年2月,从1美元兑360日元升值为1美元兑306日元,实行固定汇率制;第二阶段为1973年2月到1985年9月,逐步升值为1美元兑240~250日元,实行浮动汇率制;第三个阶段为1985年"广场协议"迄今,日元升值为1美元兑90~140日元。

日元在1971年2月第一次升值以前,由于受惠于长达22年的1∶360的日元固定汇率,日本出口产业的国际竞争力大大提高。1970年,日本的汽车产量与1960年相比增长了10倍以上,并成长为世界第三大汽车出口国。1971年时,日本普通钢、热轧薄板和冷轧钢板的成本仅分别相当于美国同期成本的56%、70%和68%。1975年,日本跃居世界汽车出口的第一大国。1981年,日本尽管实行对欧美市场的"自主限制",其汽车出口仍达605万辆,而同年排第二位的联邦德国仅出口215万辆,一向号称汽车大国的美国当年仅出口了69万辆。正是这样一个严重不均衡的市场格局引发了此后长达数年的日美汽车贸易摩擦。随着美国对日的贸易赤字不断扩大,两国的贸易矛盾终于激化,"广场协议"由此产生。"广场协议"即1985年9月,美、英、法、日、德的财政部部长和央行行长在纽约广场饭店举行会议,达成了促使日元、德国马克对美元升值的"广场协议"。此后,日元汇率开始迅速上升,进入了长达10年之久的升值周期,1995年达到1美元兑换80日元的最高水平。后来,汇率在1美元兑90~140日元之间波动。

日本在并不情愿发生的日元大幅且急速升值,对日本经济产生了巨大的冲击,特别是对美出口比重很高的汽车、家电、机械等制造业。日元升值以后,日本企业开始向海外转移生产,数以万计的企业把工厂搬到海外,这使原本已经低迷的国内需求更加萎缩,以至于零售业竞争空前惨烈,许多著名商店如崇光、八佰伴等纷纷破产倒闭。在国内经济不景气的情况下,日本政府采用低利率政策、放松银行信贷的方法以刺激经济,结果导致大量资本涌向房地产和股市,导致房地产和股市泡沫。泡沫越吹越大,至1990年终于破灭,从此日本经济一蹶不振,直到现在。

本章小结

本章主要介绍了汇率、外汇市场、汇率制度等一些概念,并简要介绍了人民币汇率制度的演进历程。

汇率是两种货币的比价,其表示方法有直接标价法和间接标价法两种。汇率有多种分类方法,例如按国际货币制度演变,可分为固定汇率和浮动汇率;按银行外汇买卖价格,可分为买入汇率、卖出汇率和中间汇率;按外汇买卖交割期限,可分为即期汇率和远期汇率等。

外汇市场是买卖外汇的场所。外汇市场的作用和功能主要表现在:实现购买力的国际转移、提供资金融通和调剂外汇余缺、提供外汇保值和投机的机制、便于中央银行稳定汇率。

汇率制度是一国对本国货币的汇率变动方式所作的规定。汇率制度主要有固定汇率制和浮动汇率制之分,这两种汇率制度各有优缺点。根据IMF《汇率安排和汇兑限制年报(2018)》,IMF中192个成员的汇率制度可分为4类、10种。

中国的汇率制度经历了一个不断调整、发展和完善的过程,先后选择了钉住美元的汇率制度、多重汇率体制、有管理的钉住美元汇率制度。2005年7月改为钉住"一篮子货币"的有管理的浮动汇率制度,并逐渐扩大人民币汇率浮动区间和不断完善汇率的市场价格形成机制。

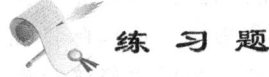 练 习 题

一、名词解释

汇率 直接标价法 间接标价法 固定汇率 浮动汇率 买入汇率 卖出汇率 中间汇率 现钞汇率 官方汇率 市场汇率 实际汇率 有效汇率 即期汇率 远期汇率 开盘汇率 收盘汇率 外汇零售市场 外汇批发市场 外汇掉期交易 外汇期货 外汇远期 外汇期权 卖出期权 买入期权 套期保值 外汇投机 空头 多头 汇率制度 固定汇率制 浮动汇率制 货币局制度 双重汇率制 经常项目可兑换 逆周期调节因子

二、问答题

1. 简述外汇市场的作用和功能。
2. 举例说明外汇市场的套期保值和投机的实际操作。
3. 简述中央银行利用外汇市场稳定汇率的实际操作。
4. 简述固定汇率制和浮动汇率制的优缺点。
5. 简述外汇期货和外汇远期合约的异同。

三、计算题

1. 某投资者预期美元要升值,购买了数量为100万美元的买入期权,期权费1 000美元,有效期3个月,汇率为6.600 RMB/USD。计算:

(1) 在3个月内的某一天,当美元升值到6.650 RMB/USD的时候,若该投资者行使期权,则该投资者在一投资中收入是多少美元?

(2) 如果在3个月内,美元不但没有升值,反而贬值到了6.550 RMB/USD,则该投资者在一投资中收入是多少美元?

2. 某企业进口一台设备,3个月后需支付100万美元,现在即期汇率为6.600 RMB/USD,但企业担心3个月后美元升值,在远期市场进行套期保值,买入3个月远期100万美元,成交时的3个月远期汇率为6.598 RMB/USD。3个月后,美元贬值为6.500 RMB/USD,出口商按当时市场汇率卖出平仓,求:

(1) 美元贬值使该企业损失多少人民币?

(2) 如果不做套期保值,美元贬值使该企业损失多少人民币?

(3) 如果美元升值到6.700 RMB/USD,做了套期保值,该企业损失多少人民币?

(4) 如果美元升值到6.700 RMB/USD,不做套期保值,该企业损失多少人民币?

四、思考题

1. 1990年以来,中国利用外资的增长和历年贸易顺差导致大量的美元流入,在这一过程中,中国是如何通过外汇干预稳定人民币/美元汇率的?政府的外汇干预稳定汇率,对中国的外汇储备、人民币国内货币总量、人民币国债总量各有什么影响?

2. 2017年5月,中国人民银行为什么要在人民币汇率中间价报价模型中增加逆周期调节因子?

3. 人民币汇率的市场价格形成机制是如何形成并完善的?

五、材料题

如果将国际投机资本冲击分为内流和外逃两类冲击的话,内流冲击会导致汇率过度升值

和国内流动性过剩,这种情况下主要是影响一国的出口和可能导致通货膨胀。中国政府对资本内流冲击不太担心,因为在资本内流冲击时,中国政府通过外汇干预,增加储备(在冲销干预过程中国债也同时增加)和本币适度升值就能吸收资本内流冲击的风险和影响。而国际投机资本外逃冲击可能会导致本币过度贬值和国内利率过高,甚至产生本币崩溃和国内经济崩溃的预期。由于资本外逃冲击比资本内流冲击危险,中国政府对资本外逃冲击一向管制较严。例如,在2015~2016年,中国出现大量资本外流、人民币汇率持续贬值、外汇储备急速下降时,中国政府马上采取了一系列措施进行干预:一方面通过外汇储备干预稳定本币汇率,另一方面收紧对资本外流的管理,限制资本外流。这主要是因为中国国内资本市场不发达,人民币汇率波动对资本跨国流动调节作用不大,中国必须直接对资本项目进行管制才能限制资本外流。

根据上述材料,分析以下问题:

(1) 冲销干预在应对国际投机资本内流和外逃冲击时,分别是如何操作的?

(2) 2015~2016年,中国出现大量资本外流时,中国政府如何操作以稳定汇率和防止外汇储备过度流失?为什么不能让汇率自由浮动?

(3) 如果政府不干预外汇市场,让人民币汇率自由浮动和资本自由流动,可能会有什么结果?

第九章 利率平价理论

【本章要点概览】

- 影响外汇资产需求的因素
- 外汇市场均衡分析
- 抛补和无抛补利率平价

汇率决定理论是国际宏观金融理论的核心内容之一。汇率是两种货币的比价,如同商品价格由商品市场供求决定一样,外汇市场的汇率也是由外汇市场供求决定的。本章将根据国际外汇市场供求规律分析外汇市场汇率决定问题。

第一节 影响外汇资产需求的因素

一、资产收益率

1. 资产的收益

某项资产未来的收益是影响投资者对该项资产需求的主要因素。某项资产的收益(return on assets)主要取决于两个方面,一方面来自资产本身价格的上涨,另一方面来自资产的利息、租金、利润或其他投资收益。例如,股票资产的收益一是来自股票价格的上涨,二是来自股息和红利;房产的收益一是来自房价的上涨,二是来自房租;外汇资产的收益一是来自货币的升值,二是来自货币的利息收入。从这个角度看,影响外汇资产收益的因素与影响股票、房产等其他资产收益的因素,都可以从资产本身的价格变动和资产使用产生的价值(利息、租金、利润或其他投资收益)两个方面来分析。

2. 资产收益率

投资者对不同规模投资项目进行比较评价时,主要是基于投资收益率(rate of return)。资产收益率定义为:经过一定时期后,其资产价值增值的百分比。

例如,2015年年初,你购买了100元股票,这一投资当年给你带来了2元股息,并且这一股票在这1年里的价格由100元上升到了108元。所以你的这项100元投资在2015年年底的时候变成了110元,你该年的投资收入为10元,该年的投资收益率为10%。

实际上,当你在进行某项投资时,你并不能确切知道你的这项投资能获得多少收益。例如,投资股票时,你并不能确定股票的股息和股票未来价格的变动。因此,你的投资是基于你的预期投资收益率,即对一项资产的需求与这项资产的预期收益率成正比。资产预期收益率

(expected rate of return)是指资产的预期价值与目前购买这一资产所应支付的价值之间差额的百分比。

3. 实际收益率

由于 2015 年中国的通货膨胀率 1.4%（表 9-1 中的通货膨胀率由消费者价格指数代表），2015 年年初的 100 元和 2015 年年底的 101.4 元，它们所能代表的商品组合的价值基本上是一样的。看前面购买股票的例子，2015 年年初投资 100 元，年底获得 110 元，投资收益率为 10%。这里的投资收益率是根据现价来计算的，这一收益率我们称为名义收益率（nominal rate of return）。如果用 2015 年年初的不变价格计算，2015 年年底的 110 元，只相当于 2015 年年初的 108.5 元（110÷101.4%），这一投资的实际收益率就是 8.5%。我们把这种用不变价格计算出的资产收益率称为实际收益率（real rate of return），用不变价格计算实际上就是用基期代表性商品价格计算。实际收益率也可以用名义收益率直接减去通货膨胀率来估算，即：

实际收益率＝名义收益率－通货膨胀率

看前面购买股票的例子，名义收益率为 10%，通货膨胀率为 1.4%，用名义收益率减去通货膨胀率来估算，则实际收益率为 8.6%（10%－1.4%）。这种估算方法在实际收益率接近于零时误差很小，本例中误差为 0.1%。

能真正评估一项资产收益率高低的应该是实际收益率而不是名义收益率。如表 9-1 所示，银行储蓄存款资产的名义收益率就是年利率，1994 年，中国银行储蓄存款的 1 年期利率高达 10.98%；而 2000 年，这一利率为 3.25%。虽然 1994 年中国银行储蓄存款的名义收益率远高于 2000 年，但实际收益率则远低于 2000 年。所以在高通货膨胀率时期，尽管银行提高存款利率，消费者也不愿意存款，更愿意把银行存款转化为实物资产。

表 9-1　中国的通货膨胀率与 1 年期银行存款的收益率

年份	1994 年	2000 年	2008 年	2012 年	2015 年	2019 年
CPI	24.1%	0.4%	5.9%	2.6%	1.4%	2.9%
年利率	10.98%	3.25%	3.87%	4.1%	2.5%	1.75%
实际收益率	−13.12%	2.85%	−1.03%	1.5%	1.1%	−1.15%

虽然投资者更关心实际收益率，但以货币表示的名义收益率仍然可用于比较不同资产的实际收益。例如，在前文的例子中，2015 年，我国通货膨胀率为 1.4%，投资某一房产名义收益率为 50%，投资某一企业股票的名义收益率为 10%。很显然，在 2015 年，房产是一笔更好的投资，因为其实际收益率为 48.6%（50%－1.4%），而某一企业股票的实际收益率为 8.6%（10%－1.4%），两者的实际收益率相差 30%。实际上，在两笔投资进行收益率比较时，如果投资发生在同一时期，该两笔投资的实际收益率之差就是名义收益率之差（在前面的例子中，两笔投资的名义收益率相差也是 30%）。因此，在同一时期，以同一种货币表示的名义收益率同样可用于比较不同资产的实际收益率。

资产的需求与资产的收益率成正比，但由于资产的实际收益率与名义收益率存在差别，要对不同资产的收益率进行比较，就得将资产的收益率以相同的方法来表示。例如，都用资产的实际收益率表示，或者都用资产的名益收益率来表示。

二、资产需求与资产的风险和流动性

在条件相同的情况下,投资者对某项资产的需求取决于资产未来收益率的高低。在资产未来收益率相同的情况下,投资者还关心资产收益率之外的因素,如资产的风险与流动性等特征。风险(risk)是指给投资者的资产价值造成的不确定性,风险产生的结果可能是损失、获利或是无损失也无获利。流动性(liquidity)是指资产是否便于流动和交换其他商品,反映资产的变现能力,现金是流动性最高的资产。

1. 风险

投资者对某项资产的未来收益率通常是难以预测的,可能与投资者的预测大相径庭。前面的例子中,投资者购买价格 100 元的股票,影响这一投资实际收益率的因素包括,股票价格的变动、股息和当年的通货膨胀率,而这些因素都不是投资者可以充分预测的。谁也不能保证这一股票 1 年后的价格会上涨到 108 元,股息和通货膨胀率也同样难以预测,这会导致投资的实际收益率有很大的不确定性。大多数投资者都厌恶不确定性,也就是所说的"大多数投资者都是风险厌恶者",他们不愿意所持有的资产价值处于高度不稳定的状态,在实际收益率相同的情况下,风险厌恶者往往会选择风险更小的资产。或者说,一般来讲,投资者宁可牺牲一定的收益也不愿意持有高风险的资产,对资产的需求与该资产的风险成反比。高风险的资产要想吸引投资者就得提供更高的实际收益率,这种因资产的高风险而提供的更高的资产收益部分称为资产的风险溢价。

2. 流动性

不同资产的变现成本和变现能力差异较大。前面的例子中,房产的流动性就较差,股票的流动性次之,银行存款的流动性就很好,现金是流动性最高的资产。消费者需要流动性资产以应对日常交易性需求、预防性需求和投机性需求。所以,在决定对某种资产的需求量时,投资者不仅要考虑收益率和风险,还要考虑流动性。对资产的需求与该资产的流动性成正比。流动性很差的资产要想吸引投资者,就得提供更高的实际收益率,这种为弥补资产的流动性过差而提供的更高的资产收益率部分称为资产的流动性溢价。

三、资产需求与利率

与对其他资产的需求一样,外汇资产的需求也取决于外汇资产的收益率。而外汇资产的收益与其他资产的收益一样,一方面是来自资产本身价格的变动,即货币本身价值(如汇率等)的变动;另一方面来自资产的使用价值,即货币的利息收入的变动。货币的利率(interest rate)在数值上等于借出 1 单位货币 1 年后可以获得的这种货币的报酬数量。如前面提到,1996 年,银行储蓄存款的 1 年期利率为 10.98%,则 0.1098 元就是 1 元的年利息。

人民币的利率就是人民币存款的名义收益率,美元的利率就是美元存款的名义收益率。因为名义收益率是用本币表示的,所以货币的名义收益率不受货币本身价值(如汇率等)的影响,仅取决于货币的利率。在其他条件一定的情况下,某种货币的利率越高,这种货币的收益率(名利收益率和实际收益率)就越高,外汇市场交易者对这种货币的需求就越大。

四、资产需求与汇率

投资者在外汇市场投资前,就得比较不同货币的收益率。汇率是货币的相对价格,汇率变动影响货币的价值,从而影响货币的收益率。要比较两种货币的收益率,必须将两种货币的收益率换算成同一种货币来度量,换算的过程中就会涉及两种货币间的汇率。例如,要比较人民币和美元的收益率,如果两种货币的收益率都用人民币来度量,则人民币的收益率就是人民币的利率,而美元的人民币收益率则由美元的利率和美元对人民币的升水(或贴水)两部分组成。升水(或贴水)是远期汇率与即期汇率的差额,远期汇率比即期汇率高叫升水;反之,叫贴水。如果两种货币的收益率都用美元来度量,则美元的收益率就是美元的利率,而人民币的美元收益率则由人民币的利率和人民币对美元的升水(或贴水)两部分组成。

所以,要估算两种货币的收益率,除了要知道两种货币的利率,还得要知道两种货币之间的汇率变化。下面我们举例说明。

假设人民币年利率为 4%,美元年利率为 2%,人民币/美元的即期汇率为 7.00 人民币/美元,1 年后人民币/美元汇率为 7.07 人民币/美元。请问,你现在手中的 100 万美元要不要换成人民币?

这里的关键是要比较 100 万美元存款(以美元形式持有的资产)和 700 万元人民币存款(以人民币形式持有的资产),1 年后谁的收益率更高。下面不妨分别计算用人民币度量的货币收益率和用美元度量的货币收益率。用人民币度量的货币收益率就是投资者将手中货币最终换算成人民币后所计算出的收益率;用美元度量的货币收益率就是投资者将手中货币最终换算成美元后所计算出的收益率。

1. 用人民币度量的货币收益率

以人民币形式持有的收益率(人民币的人民币收益率),即为人民币利率(4%)。

以美元形式持有的收益率(美元的人民币收益率),年初的 700 万元人民币为 100 万美元,1 年后加上利息收入变为 102 万美元,然后按 1 年后的汇率可换算成 721.14(102×7.07)万元人民币,故以美元形式持有的收益率为 3.02%[(102×7.07−700)÷700]。

即用人民币度量,以人民币形式持有的收益率为 4%,高于以美元形式持有的收益率 3.02%,故投资者应以人民币形式持有这笔货币。

2. 用美元度量的货币收益率

以美元形式持有的收益率(美元的美元收益率),即为美元利率(2%)。

以人民币形式持有的收益率(人民币的美元收益率),年初的 100 万美元按即期汇率换成 700 万元人民币,1 年后加上利息收入变为 728(700×104%)万元人民币,然后按 1 年后的汇率可换成 102.97(728÷7.07)万美元,故以人民币形式持有的收益率为 2.97%。

即用美元度量,以人民币形式持有的收益率为 2.97%,高于以美元形式持有的收益率 2%,故投资者应以人民币形式持有这笔货币。

可见比较两种货币收益率的大小,只要度量收益率的单位一致,得到的结论就是一致的。按传统习惯,都用本币(人民币)度量货币的收益率。

3. 资产收益的近似估算法

前文讲过,用本币度量,本币的收益率就是本币的利率,外币的收益率由两个部分组成,一个部分是利率(资产使用价值部分),另一个部分是外币对本币的升水(资产价格上涨而升值的部分)。例如,美元的人民币收益率(以后简称美元的收益率)就由美元的利率和美元对人民币的升水两部分组成。

看前面 100 万美元是否要换成人民币的例子。由于 1 年后美元对人民币升值 1%。人民币的收益率为 4%;美元的收益率为 3%(2%+1%)。

这与前文"用人民币度量,人民币收益率为 4%,美元收益率为 3.02%",误差不是很大。实际上，在进行货币收益率的比较时，只要两种货币的汇率波动幅度不是很大，近似估算法的误差就不大，且近似估算法的误差不会影响比较结果。

4. 用符号表示货币的收益率

用人民币度量不同货币的收益率，先引入下列符号：

$R_¥$ 代表人民币年利率；

$R_\$$ 代表美元年利率；

$E_{¥/\$}$ 代表人民币/美元的即期汇率（美元的人民币数额）；

$E^e_{¥/\$}$ 代表 1 年后人民币/美元的预期汇率。

利用上面的符号，用人民币度量，则：

$$人民币的收益率 = 人民币利率 = R_¥$$

$$美元的收益率 = \frac{(1+R_\$)E^e_{¥/\$} - E_{¥/\$}}{E_{¥/\$}} = R_\$ \times E^e_{¥/\$}/E_{¥/\$} + (E^e_{¥/\$} - E_{¥/\$})/E_{¥/\$}$$

当汇率波动不大时，即 $E^e_{¥/\$}/E_{¥/\$}$ 接近于 1 时，用近似估计法：

$$美元的收益率 = 美元利率和美元升水之和 = R_\$ + (E^e_{¥/\$} - E_{¥/\$})/E_{¥/\$}$$

$$两种货币收益率之差 = R_¥ - R_\$ - (E^e_{¥/\$} - E_{¥/\$})/E_{¥/\$}$$

当这个差为正时，持有人民币的收益率就更高；当这个差为负时，持有美元的收益率就更高。

可以根据表 9-2 比较人民币与美元的收益率之差。在表 9-2 的 1～4 种情形中，$R_¥ = 4\%$，$R_\$ = 2\%$，表示人民币利率比美元利率高 2%；随着美元对人民币升水幅度（$E^e_{¥/\$} - E_{¥/\$}$）/$E_{¥/\$}$ 的不断增加，人民币收益率对美元收益率之差将逐渐下降。

情形 1，人民币利率比美元利率高 2%，两种货币之间的汇率不变，人民币收益率比美元收益率高 2%，故投资者倾向于持有人民币。

情形 2，人民币利率比美元利率高 2%，高于美元对人民币的升水幅度 1%，人民币收益率更高，故投资者倾向于持有人民币。

情形 3，人民币利率比美元利率高 2%，正好被美元对人民币的升水幅度 2% 抵销，两种货币收益率相等，投资者持有两种货币是无差异的。

情形 4，人民币利率比美元利率高 2%，小于美元对人民币的升水幅度 3%，美元收益率更高，故投资者倾向于持有美元。

可见，当人民币对美元的利差大于美元的升水时，持有人民币的收益率就高于持有美元的收益率，投资者倾向于持有人民币。

表 9-2　人民币与美元的收益率之差

情形符号	人民币利率 $R_¥$	美元利率 $R_\$$	美元升水 $(E^e_{¥/\$} - E_{¥/\$})/E_{¥/\$}$	人民币对美元收益率之差 $R_¥ - R_\$ - (E^e_{¥/\$} - E_{¥/\$})/E_{¥/\$}$
1	4%	2%	0	2%
2	4%	2%	1%	1%
3	4%	2%	2%	0
4	4%	2%	3%	−1%

第二节 外汇市场均衡分析

在外汇市场上,一种货币的需求就是另一种货币的供给。当外汇市场上的交易者认为,所有货币收益率都是无差异的时候,外汇市场就达到了均衡。

一、利率平价条件

在不考虑风险和流动性差异的情况下,外汇市场均衡的条件是:外汇市场上用同一货币度量的所有货币的预期收益率都相等。这一外汇市场均衡的条件我们称为利率平价条件(interest parity condition)。

以人民币-美元外汇交易为例,利率平价条件成立时,用人民币度量的人民币和美元这两种货币的收益率都相等,即下式成立:

$$R_¥ = R_\$ + (E^e_{¥/\$} - E_{¥/\$})/E_{¥/\$} \tag{9-1}$$

(9-1)式成立时,人民币和美元对外汇交易者来说是无差异的货币资产,交易者没有交易动机。所以(9-1)式成立,外汇市场人民币-美元交易达到了均衡。

(9-1)式不成立时,外汇市场会怎样呢?不妨假设:

$$R_¥ > R_\$ + (E^e_{¥/\$} - E_{¥/\$})/E_{¥/\$}$$

这种情况下,外汇市场美元持有者将抛售美元换取人民币,以获得更高的收益。随着对人民币需求的增加和对美元需求的减少,人民币/美元即期汇率将下降(美元贬值),在其他条件不变的情况下,$(E^e_{¥/\$} - E_{¥/\$})/E_{¥/\$}$增加,直到等式(9-1)成立,外汇市场达到均衡。

同理,当$R_¥ < R_\$ + (E^e_{¥/\$} - E_{¥/\$})/E_{¥/\$}$时,外汇市场人民币持有者将抛售人民币换取美元,直到(9-1)式成立,外汇市场达到均衡。

所以,只有当利率平价条件成立时,外汇市场才能达到均衡。

二、即期汇率与预期收益率

为了进一步分析利率平价理论,我们先假设利率和预期汇率不变,分析外汇市场即期汇率变动如何影响外汇市场货币的预期收益率。

对此,我们不妨举例说明:

假设人民币存款利率$R_¥$为8%、美元存款利率$R_\$$为5%、人民币/美元预期汇率$E^e_{¥/\$}$为7.00人民币/美元,三个变量保持不变。随着人民币/美元即期汇率$E_{¥/\$}$的变化,美元和人民币收益率如何变动?

在利率和预期汇率不变条件下,表9-3列举了人民币/美元即期汇率在不同情况下,美元的收益率和人民币的收益率及其差异。在表9-3中,收益率是以人民币度量的,故人民币的收益率等于人民币利率8%保持不变。

根据表9-3的数据,当人民币/美元即期汇率$E_{¥/\$}$为6.406人民币/美元的时候,美元的人民币收益率为14%,比人民币收益率高6%;当即期汇率为6.796人民币/美元的时候,美元的收益率与人民币的收益率相等;当即期汇率为7.00人民币/美元的时候,美元的收益率比人民币的收益率低3%。

所以,当人民币/美元即期汇率 $E_{¥/\$}$ 不断上升的时候,美元的收益率就不断下降,人民币相对美元的收益率就越来越高。

表 9-3 即期汇率变动与收益率变动之间的关系($E^e_{¥/\$}=7.00$)

人民币利率	美元利率	即期汇率	美元升水	美元的收益率	收益率差
$R_¥$	$R_\$$	$E_{¥/\$}$	$(E^e_{¥/\$}-E_{¥/\$})/E_{¥/\$}$	$R_\$+(E^e_{¥/\$}-E_{¥/\$})/E_{¥/\$}$	$R_¥-R_\$-(E^e_{¥/\$}-E_{¥/\$})/E_{¥/\$}$
8%	5%	6.406	9%	14%	−6%
8%	5%	6.598	6%	11%	−3%
8%	5%	6.796	3%	8%	0
8%	5%	7.000	0	5%	3%
8%	5%	7.210	−3%	2%	6%

三、均衡汇率

根据表 9-3 的计算结果,在利率和远期汇率不变的情况下,人民币/美元即期汇率与美元的预期收益率之间的关系可用图 9-1 中向下倾斜的曲线 RE 表示。在图 9-1 中,横轴代表美元的预期收益率,纵轴代表人民币/美元即期汇率,RE 曲线上每一点代表人民币/美元即期汇率与对应的美元收益率的组合,斜率为负表明人民币/美元的即期汇率与美元的收益率成反比。

图 9-2 说明了人民币/美元即期汇率与外汇市场供求力量的相互作用,也展示了外汇市场达到均衡的过程。

在图 9-2 中,竖直线 $R_¥$ 代表人民币存款利率,也代表了人民币的收益率,且 $R_¥=8\%$。RE 曲线与直线 $R_¥$ 在点 1 相交,在交点 1 处,人民币的收益率与美元的收益率相等,外汇市场达到均衡状态,对应的汇率是市场均衡汇率。

根据表 9-3 的数据,当人民币/美元即期汇率 $E_{¥/\$}$ 为 7.00 人民币/美元的时候,对应的美元收益率为 5%(如图 9-2 中点 2 的位置),人民币的收益率比美元的收益率多 3%。这种情况下,交易者会抛售美元换成人民币持有,进而人民币/美元即期汇率不断下降(美元贬值),对应的美元收益率将由点 2 沿 RE 曲线向均衡点 1 移动。

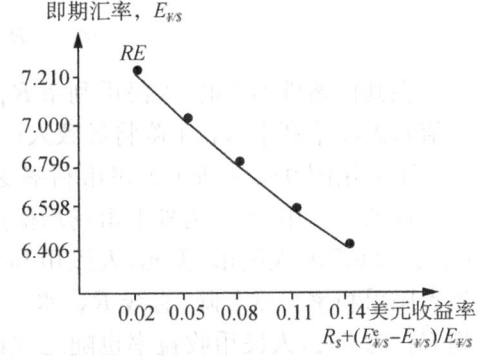

图 9-1 人民币/美元即期汇率与美元的收益率之间的关系

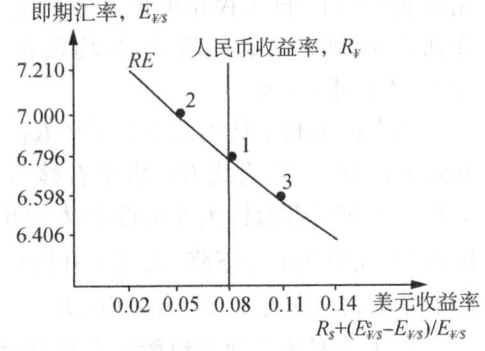

图 9-2 人民币/美元即期汇率与美元的收益率之间的关系

当人民币/美元即期汇率下降到 $E_{¥/\$}$ 为 6.796 人民币/美元的时候,美元的收益率与人民币的收益率相等,即期汇率与对应的美元收益率由点 2 沿 RE 曲线移动到均衡点 1 位置,外汇市场达到均衡状态。

当人民币/美元即期汇率 $E_{¥/\$}$ 为 6.598 人民币/美元的时候,美元的收益率比人民币的收

益率高3%。这种情况下,交易者会抛售人民币换持美元,进而人民币/美元即期汇率上升(美元升值),对应的即期汇率与美元收益率组合点将由点3沿RE曲线向均衡点1移动。

当人民币/美元即期汇率高于均衡汇率时,市场力量推动人民币/美元即期汇率下降(美元贬值);当人民币/美元即期汇率低于均衡汇率时,市场力量推动即期汇率上升(美元升值);直到即期汇率回到均衡汇率为止。

四、利率、预期与均衡

前面讨论了即期汇率与利率平价的关系。现在假设其他条件不变,分别讨论利率变动和预期汇率变动对均衡的影响。

(一) 利率变动对均衡汇率的影响

不妨先假设人民币-美元外汇市场处于均衡状态,然后分别讨论人民币利率和美元利率变动对均衡汇率的影响。

1. 人民币利率变动对均衡汇率的影响

根据利率平价公式:

$$R_¥ = R_\$ + (E^e_{¥/\$} - E_{¥/\$})/E_{¥/\$}$$

在其他条件不变时,人民币利率 $R_¥$ 上升将导致人民币/美元即期汇率 $E_{¥/\$}$ 下降(人民币升值);人民币利率 $R_¥$ 下降将导致人民币/美元即期汇率 $E_{¥/\$}$ 上升(人民币贬值)。

下面用图9-3来理解人民币利率变动对均衡汇率的影响机理。

在图9-3中,点1为外汇市场均衡点,对应的汇率 $E_{¥/\$}$ 为6.796人民币/美元,人民币利率 $R_¥$ 为8%。当人民币利率突然下降(直线 $R_¥$ 水平左移),如下降到 $R_¥$ 为5%,人民币收益率也随之立即下降到5%。在预期汇率不变的情况下,人民币收益率的下降将导致交易者抛售人民币而改持美元,从而导致人民币/美元即期汇率上升(人民币贬值),直到美元的收益率下降到5%,到达新的均衡点2,均衡汇率 $E_{¥/\$}$ 变为7.000人民币/美元。

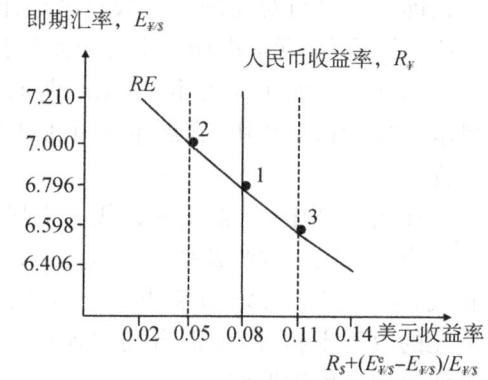

图9-3 人民币利率变动对均衡汇率的影响

当人民币利率从均衡点1水平 $R_¥$ 为8%,突然上升到 $R_¥$ 为11%(直线 $R_¥$ 水平右移),人民币收益率上升导致交易者抛售美元而改持人民币,从而导致人民币/美元即期汇率下降(人民币升值),直到美元的收益率上升到11%,到达新的均衡点3,均衡汇率 $E_{¥/\$}$ 变为6.598人民币/美元。

2. 美元利率变动对均衡汇率的影响

根据利率平价公式:

$$R_¥ = R_\$ + (E^e_{¥/\$} - E_{¥/\$})/E_{¥/\$}$$

在其他条件不变时,美元利率 $R_\$$ 上升将导致人民币/美元即期汇率 $E_{¥/\$}$ 上升(美元升值);美元利率 $R_\$$ 下降将会导致人民币/美元即期汇率 $E_{¥/\$}$ 下降(美元贬值)。

下面用图9-4来理解美元利率变动对均衡汇率的影响机理。

在图 9-4 中,点 1 为外汇市场均衡点,对应的美元利率 $R_\$$ 为 5%。当美元利率 $R_\$$ 突然上升到 8%,在其他条件不变时,美元的收益率将随之上升 3%,RE 曲线向右平移到新的 RE′ 曲线位置。交易者抛售人民币换持美元,这会导致人民币/美元即期汇率上升(美元升值),直到即期汇率 $E_{¥/\$}$ 为 7.000 人民币/美元,到达新的均衡点 2。

总的来讲,一种货币的利率上升将导致该货币即期升值,一种货币的利率下降将导致该货币即期贬值。

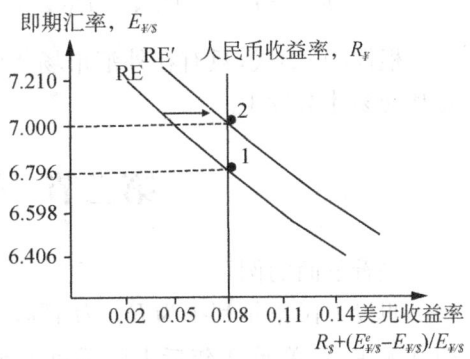

图 9-4 美元利率上升对均衡汇率的影响

(二)预期汇率变动对均衡汇率的影响

下面假设其他条件不变,分析人民币/美元预期汇率 $E^e_{¥/\$}$ 变动对即期汇率 $E_{¥/\$}$(均衡汇率)的影响。

根据利率平价条件公式:

$$R_¥ = R_\$ + (E^e_{¥/\$} - E_{¥/\$})/E_{¥/\$}$$

在其他条件不变时,要维持利率平价条件成立,预期汇率 $E^e_{¥/\$}$ 与即期汇率 $E_{¥/\$}$ 应同方向变动。即人民币/美元预期汇率上升,即期汇率就随之上升。

即期汇率随预期汇率的变动而变动,这被称为"预期的自我实现"。在外汇交易市场,当交易者预期美元 1 年后将升值,交易者就会增加对美元的需求,这将导致美元即期升值。

预期汇率 $E^e_{¥/\$}$ 与均衡汇率 $E_{¥/\$}$ 的关系也可以用图 9-4 分析,在均衡点 1,均衡汇率 $E_{¥/\$}$ 为 6.796 人民币/美元,预期汇率 $E^e_{¥/\$}$ 为 7.000 人民币/美元。当其他条件不变,预期汇率 $E^e_{¥/\$}$ 从 7.000 人民币/美元上升到 7.210 人民币/美元,提高 3%,美元的收益率随之提高 3%,对应于 RE 曲线向右平移 3% 到新的 RE′ 曲线位置,均衡点由点 1 上升到点 2,均衡汇率 $E_{¥/\$}$ 从 6.796 人民币/美元上升到 7.000 人民币/美元,也跟着上升 3%。

我们可以归纳一下利率平价的基本观点,两种货币的利差与两种货币汇率的远期汇差相互影响,其结果是:在即期市场,货币的利率上升将导致该货币即期升值,利率下降将导致该货币即期贬值;在远期市场,高利率货币将贴水,低利率货币将升水。当"汇差=利差"时,外汇市场达到均衡。

五、风险、流动性、交易成本与利率平价条件

利率平价条件是一种理想化的外汇市场平衡条件。投资者对某一货币的需求不仅取决于对货币收益率的预期,还取决于货币的风险和流动性。例如,美元和津巴布韦币的风险和流动性差异就很大,津巴布韦币因为国内通货膨胀率太高和使用地域的限制,在同样收益率的情况下,人们将选择美元而不会选择津巴布韦币。所以,那些高风险和流动性差的货币要提供更高的收益率才能和美元具有相同的投资吸引力。此外,外汇市场的交易成本也是投资者要考虑的因素,如果两种货币的收益率差异太小,小到不足以弥补这笔套利交易的手续费用时,投资交易也不会发生。

所以,在外汇市场均衡时,两种货币的收益率会因风险、流动性、交易成本而存在一定的差额。假定 τ 为两种货币因风险、流动性、市场交易费用等导致的收益差异,则利率平价条件可以重新表述为:

$$R_¥ = R_\$ + (E^e_{¥/\$} - E_{¥/\$})/E_{¥/\$} + \tau \text{ 或 } R_¥ - R_\$ = (E^e_{¥/\$} - E_{¥/\$})/E_{¥/\$} + \tau \qquad (9-2)$$

根据(9-2)式,只有在外汇市场货币的利率(或汇率)波动产生的利差高于 τ 时,资本市场套利交易才会发生。

第三节 抛补和无抛补利率平价

先看下面的例子:

假设人民币年利率为 $R_¥$ 为 4%,美元年利率 $R_\$$ 为 2%,人民币/美元的即期汇率 $E_{¥/\$}$ 为 7.00 人民币/美元,1 年后人民币对美元远期汇率 $E^f_{¥/\$}$ 为 7.07 人民币/美元。

(1) 计算人民币的收益率和美元的收益率?

(2) 要使外汇市场达到均衡,利率、即期汇率、远期汇率之间的关系如何?

解:(1) 用人民币度量。

$$人民币收益率 = R_¥ = 4\%$$

美元收益率估算:将 7 元人民币在即期市场换 1 美元持有,1 年后价值为 1.02 美元,并按远期汇率卖出,得 $1.02 \times 7.07 = 7.2114$,美元收益率 $= (7.2114 - 7) \div 7 = 3.02\%$。

这一计算过程用符号表示为:

$$美元收益率 = \frac{E^f_{¥/\$}(1+R_\$) - E_{¥/\$}}{E_{¥/\$}}, 近似为:$$

$$美元收益率 = 美元利率 + 美元升值率 = R_\$ + (E^f_{¥/\$} - E_{¥/\$})/E_{¥/\$}$$

(2) 要使外汇市场达到均衡,两种货币的收益率需相等,即:

$$人民币收益率 = 美元收益率 = R_¥ = R_\$ + (E^f_{¥/\$} - E_{¥/\$})/E_{¥/\$}$$

可见,外汇市场达到均衡时,人民币对美元的利差,应等于美元相对于人民币的远期升水。这一均衡条件被称为抛补的利率平价条件(covered interest parity condition)。

均衡汇率是通过国际外汇市场抛补套利机制形成的。只要利率平价条件不成立,外汇市场就存在套利机会。套利者在比较金融资产的收益率时,不仅要考虑两种资产利率所提供的收益率,还要考虑两种货币汇率变动所产生的收益率变动。大量外汇市场套利交易的结果是,低利率货币出现远期升水;高利率货币出现远期贴水。直到升(贴)水正好等于利差,即利率平价成立,两种货币的收益率完全相等,这时抛补套利活动就会停止。

抛补的利率平价套利的做法就是做一笔掉期交易:即期本币兑换成外币时,在远期外汇市场上做一笔相反的交易。到期时,以远期的汇率将外币兑换为本币。假如现在人民币 1 年期利率为 5%,美元 1 年期利率为 10%,我们会考虑持有美元存款,但是我们担心 1 年后美元贬值。为避免套汇风险,我们可以在远期外汇市场上锁定 1 年后的人民币/美元的预期汇率。如果这时 1 年期美元对人民币贴水是 2%,就可以通过美元掉期交易(买入即期美元,卖出远期美元)锁定 3% 的超额回报。也就是说,人民币存入银行年收益为 5%,而买入即期美元存入银行年收益 10%,但是 1 年后把美元按远期汇率换成人民币要缩水 2%。那么持有美元存款最后实际上收益为 8%,比持有人民币存款高 3% 的收益率。这就是抛补套利过程。如果美元 1 年对人民币的汇率贴水是 5%,就无利可套了,这时两国货币的利差(5%)就等于远期汇率与即期

汇率之间的差额(即美元1年期汇率贴水5%),也就是抛补利率平价了。

与抛补的利率平价相对应,前文的"利率平价"就是无抛补的利率平价。抛补利率平价与无抛补利率平价的不同之处在于,外汇市场交易者可以通过远期汇率交易锁定预期汇率,从而避免预期汇率不确定的风险。

无抛补利率平价(uncovered interest parity)套利的做法是:在即期将本币兑换成外币时,并没有在远期外汇市场上做一笔相反的交易。到期时,以当时的汇率(未来的即期汇率)将外币兑换为本币。无抛补利率平价套利的决定取决于你对汇率的预期而非远期汇率。接上面的例子来讲,你买入即期美元存入银行,但并没有在远期合约上避险,到期时你只能按1年后的即期汇率换回人民币。这种情况下,决定你收益的就是人民币/美元的汇率变化。1年后,美元对人民币贬值率只要不超过5%,就有赚;如果贬值超过5%,就亏。

一般认为,抛补的利率平价假设投资者是风险规避的,因为套利者利用远期外汇交易锁定了预期汇率,避免了预期汇率不确定性风险。而无抛补的利率平价则假设投资者是中性的或是风险偏好的,套利者没有动机规避预期汇率波动风险,甚至利用预期汇率波动以获得更高的投机收益。抛补与无抛补利率平价的共同点是:交易的动机都取决于两种货币存款未来的收益率。只是收益率的计算方法不同,一种按照汇率升贴水算,另一种按照汇率的实际变动算。只要持有这两种货币的收益率不同,就有交易的动机,直到持有这两种货币未来收益率的差别消失从而达到均衡,即所谓的平价条件成立。

【专栏9-1】

人民币/美元外汇市场利率平价条件检验

一、检验模型

根据利率平价理论,在不考虑货币的风险和流动性差异时,外汇市场所有货币的收益率应该相等,预期汇率是对远期汇率的无偏估计。远期汇率我们选用离岸市场人民币/美元1年期NDF价格($NDF1Y$)、离岸1年远期价格($OFF1Y$)、在岸市场1年远期价格($FUT1Y$),6个月NDF价格($NDF6M$)、离岸6个月远期价格($OFF6M$)、在岸6个月远期价格($FUT6M$)。

我们用符号$EAD1Y$和$EAD6M$分别代表1年和6个月后的预期汇率E^e,根据利率平价条件,外汇市场有效时,预期汇率E^e,应等于即期汇率进行利率调整后的值,如可用下式估算$EAD1Y$:

$$EAD1Y = E^e = E(1+R_¥)/(1+R_\$)$$

检验1年预期汇率$EAD1Y$与1年远期汇率的方程为:

$$NDF1Y = \alpha_0 + \alpha_1 EAD1Y + \varepsilon$$

上式中$NDF1Y$可分别用$OFF1Y$和$FUT1Y$替代,进行轮番检验,如果外汇市场是有效的,α_0为0,α_1为1,ε为白噪声。

当资本市场不完全有效时,远期价格对预期价格是有偏的,如果要估算是否存在系统性偏差(正偏还是负偏),可以去掉上式中的常数项,直接用下面的方程进行回归分析:

$$NDF1Y = \alpha EAD1Y + \varepsilon$$

上式中,若α大于1,则$NDF1Y$定价偏高;若α小于1,则$NDF1Y$定价偏低。正常情况下考虑到美元相对于人民币存在流动性溢价,$NDF1Y$定价应该略低于即期汇率利率调整后的

价格 $EAD1Y$，也就是说正常情况下，α 应该略小于1。

二、样本数据

进行1年期外汇市场有效性检验时，本文采用2009年11月2日至2018年12月21日的样本，样本总数为2 307个；进行6个月市场有效性检验时，本文采用2016年1月2日至2018年12月21日样本，样本总数为1 033个。2016年1月5日前因缺失人民币1年期国债收益率样本，2009年11月2日至2016年1月5日用人民币定期存款1年期利率替代。

从1年期外汇市场样本数据看，即期汇率和远期汇率、在岸市场汇率和离岸市场汇率在长期总的波动趋势基本一致，但短期存在一定的偏差。即期汇率在人民币升值周期（约2009年11月至2011年9月以前）总是高于远期汇率，在人民币贬值周期（约2014年4月至2017年5月）总是低于远期汇率。在岸市场远期汇率与即期汇率间的差距要小于离岸市场远期汇率与即期汇率间的差距。

三、系统性偏差检验

用美国国债1年期收益率样本（$R_\$$）、中国人民币1年期国债收益率样本（$R_¥$）、国内人民币/美元即期汇率样本（E），计算即期汇率利率调整值 $EAD1Y$ 和 $EAD6M$，用以估算预期汇率。然后进行系统性偏差检验，以估算远期汇率对预期汇率的系统性偏差，估算结果见表9-4。通过计算 $\alpha-1$ 的 t 值，可以看出，$\alpha-1$ 都显著异于0，得出 α 显著异于1，系统性偏差存在。这说明国内远期外汇市场和离岸远期外汇市场人民币/美元1年期和6个月远期价格，与相应的预期汇率存在系统性差异。

其中，1年远期外汇市场，α 小于1，表明人民币/美元远期外汇产品（$NDF1Y$、$FUT1Y$、$OFF1Y$）相对即期汇率定价偏低，低于即期汇率利率平价调整价格（$EAD1Y$）。6个月远期外汇市场，α 大于1，表明人民币/美元远期外汇产品（$NDF6M$、$FUT6M$、$OFF6M$）相对即期汇率定价偏高，都高于即期汇率利率平价调整价格（$EAD6M$）。为什么6个月远期外汇市场与1年远期外汇市场差异如此之大？

通过对样本观察发现，其差异存在的主要原因在于分析的样本区间不一样。在人民币升值周期（2009年11月至2011年9月以前），人民币/美元即期汇率总是高于远期汇率。在人民币贬值周期（2014年4月至2017年5月），人民币/美元即期汇率总是低于远期汇率。由于国内人民币/美元即期汇率因政府外汇干预不能充分调整，在人民币升值周期就存在对人民币的升值预期，而离岸市场人民币/美元远期汇率则会充分下调，所以这时人民币/美元远期汇率就会过度低于即期汇率（低于即期汇率利率调整后的价格 $EAD1Y$）。在人民币贬值周期，由于人民币/美元即期汇率不能充分上调，在人民币贬值周期就存在对人民币的贬值预期，而离岸市场人民币/美元远期汇率则会充分上调，所以这时人民币/美元远期汇率就会过度高于即期汇率（高于即期汇率利率调整后的价格 $EAD1Y$）。因为这一缘故，所以样本区间选择对分析结果就有很大的影响。由于6个月远期市场样本为2016年1月2日至2018年12月21日，这期间，对人民币大部分时间具有贬值预期，所以得出人民币/美元远期汇率高于即期汇率利率调整后的价格 $EAD6M$。而1年期样本区间为2009年11月2日至2018年12月21日，这期间人民币/美元汇率存在双向波动，升值预期和贬值预期对系统性偏差的影响基本上可以相互抵销，出现系统性偏差的主要原因之一可能是美元相对人民币存在流动性溢价，人民币需要比美元提供更高的收益率（表现为人民币存款利率显著高于美元或者人民币/美元即期价格偏高），所以得出人民币/美元远期汇率低于即期汇率利率调整后的价格 $EAD1Y$。

表 9-4　人民币/美元远期外汇与预期汇率系统性偏差检验

因变量	自变量	α	$\alpha-1$	标准差	$\alpha-1$ 的 t 值
NDF1Y	EAD1Y	0.9883	−0.0117	0.00047	−24.8936
OFF1Y	EAD1Y	0.9805	−0.0195	0.00078	−25.0000
FUT1Y	EAD1Y	0.9860	−0.0140	0.000349	−40.1146
NDF6M	EAD6M	1.0107	0.0107	0.0002	53.5000
OFF6M	EAD6M	1.0120	0.012	0.0002	60.0000
FUT6M	EAD6M	1.0062	0.0062	0.00019	32.6316

数据来源：WIND 数据库。

第四节　对利率平价理论的评价

利率平价理论分析了外汇市场的投机动机,揭示了利率和汇率的动态关系,阐述了汇率的市场价格形成机制。关于利率和汇率的动态关系,利率平价理论表明,货币市场和外汇市场是联动的。其政策意义在于,政府可以通过货币政策干预外汇市场,稳定汇率或是让汇率向有利于本国的方向变动。利率平价理论关于汇率的市场价格形成机制的各种假设条件,成了利率市场化和汇率市场化改革的理想目标。例如,人民币利率市场化改革,就是根据货币市场供求规律,逐步放开利率上下限管制和疏通利率的市场传导机制;人民币汇率市场化改革也主要包括逐渐放开汇率波动幅度、不断完善汇率的市场价格形成机制两个方面。

利率平价理论揭示了,资本跨国流动套利主要来源于利差、汇率预期变动和交易成本等几个方面。这为政府采取有效措施、稳定资本市场和打击资本市场跨国投机提供了理论依据。例如,在出现资本外逃时,政府可以通过货币紧缩提高利率吸引外资,或者让本币贬值提高升值预期吸引外资;或者通过增加外汇市场交易成本(如对短期流动资本征收托宾税)以减少短期资本跨国流动的冲击。

当然这一理论也存在一些缺陷,主要表现在:

(1) 利率平价理论假设外汇市场是有效的:交易成本足够小、资本自由流动、汇率自由浮动、市场充分竞争、交易者有充分信息、市场均衡是常态。利率平价理论的假设条件离现实差距太远。目前,除了少数发达国家,大多数国家的金融市场都不够发达,汇率的市场价格机制不健全,这些国家货币的汇率基本上不是由市场机制形成的,也不可能满足利率平价条件。在全球金融危机时期或是一国出现国际收支危机、债务危机时期,外汇市场往往失去均衡调节能力,国际投机资本炒作和操控市场常常发生。所以在特殊时期,几乎所有国家都会对国际金融市场进行或多或少的干预。这时,几乎所有国家货币的汇率都不全由市场机制决定,因而也就不能满足利率平价条件。当然,在金融市场正常运行时,金融市场充分发达国家的货币(如美元、英镑、欧元、日元、加元等)的汇率基本上由市场机制形成的,比较符合利率平价理论。

(2) 外汇市场汇率,只能代表外汇市场货币的交易价格,难以真实反映现实的价格。市场价格相同的货币在不同的地区,其价值实际上是不一样的。例如,外汇市场汇率:1 美元＝7 元人民币。这里的 1 美元和 7 元人民币的市场价格相等,这两种货币的价值如果用可贸易品度量,其价值差异还不大;但如果用不可贸易品度量,1 美元在美国的价值和 7 元人民币在中国的价值的差异就大了。假如一般情况下,在美国理发单价约 20 美元,在中国理发单价约 20 元人民币,1 美元＝1/20 单位产品,而 7 元人民币＝7/20 单位产品,两者价值相差了 7 倍。可见,这里的利率平价汇率完全偏离了现实世界的生活,忽略了不同发展水平国家间不可贸易产品比价与市场交易价格相差甚远的实际情况。

（3）利率平价理论的成立条件与理论的结论在某种程度上是自相矛盾的。利率平价汇率是完美市场的均衡汇率,而均衡汇率形成的动力则源于不均衡。外汇市场中总是有不断的、动态的交易,实际上并不存在稳定的均衡汇率。外汇市场是极易波动的(参考后文的汇率超调理论),预期的自我实现和短期炒作意味着外汇市场常常是发散的而不是收敛的。发散的市场意味着政府必须要进行外汇市场干预才能避免市场崩溃。外汇市场需要政府干预也就违反了利率平价条件的理论假设。

本章小结

资产的收益率是影响外汇市场资产需求的主要因素。资产的收益率有名义收益率和实际收益率。用本币度量时,外汇资产的收益率由外币资产的利率和外币对本币的升水(或贴水)两部分组成。

在外汇市场,两种货币的利差与两种货币汇率的远期汇差相互影响。在即期市场,一种货币的利率上升将导致该货币即期升值,利率下降将导致该货币即期贬值;在远期市场,高利率货币将贴水,低利率货币将升水。当两种货币的"汇差＝利差"时,利率平价条件成立,外汇市场达到均衡。在考虑到风险、流动性和交易成本的情况下,外汇市场均衡时,两种货币的收益率会存在一定差异。

投机者在外汇市场套利时,利用远期外汇交易锁定预期汇率以避免汇率不确定性风险,这种套利称为抛补利率平价套利。均衡汇率是通过抛补套利机制形成的,外汇市场存在大量的抛补套利,直到各种货币的收益率完全相等。这时,抛补套利活动就会停止,从而形成外汇市场均衡汇率。

练 习 题

一、名词解释

资产的收益　资产预期收益率　名义收益率　实际收益率　风险　流动性　风险溢价　流动性溢价　美元的人民币收益率　升水(或贴水)　利率平价条件　均衡汇率　抛补的利率平价条件　抛补的利率平价套利　无抛补的利率平价套利

二、问答题

1. 美元的收益率用人民币度量和用美元度量有什么不同？
2. 其他条件不变时,人民币利率变动如何影响人民币/美元的均衡汇率？
3. 其他条件不变时,美元利率变动如何影响人民币/美元的均衡汇率？
4. 其他条件不变时,人民币/美元预期汇率变动如何影响均衡汇率？
5. 货币的风险和流动性差异如何影响利率平价条件？
6. 抛补利率平价和非抛补利率平价的根本区别是什么？

三、计算题

1. 2015年年初，某人投资100万元购买的房产当年价格上涨了49%，且该房产当年的租金收入为1万元人民币。要求：

(1) 请计算该投资的名义收益率。

(2) 2015年我国的通货膨胀率为1.4%，请用两种方法计算该投资的实际收益率。（提示：可用不变价格法和直接扣除通货膨胀法）

2. 已知人民币年利率 $R_¥$ 为4%，美元年利率 $R_\$$ 为2%，人民币/美元的即期汇率 $E_{¥/\$}$ 为7.00 人民币/美元，人民币/美元1年预期汇率 $E^e_{¥/\$}$ 为7.07 人民币/美元。要求：

(1) 如果用近似估计法，用美元度量时，人民币的美元收益率是多少？美元的美元收益率是多少？

(2) 用 $E_{\$/¥}$ 代表美元/人民币的即期汇率，$E^e_{\$/¥}$ 代表美元/人民币的1年预期汇率，$R_¥$ 和 $R_\$$ 分别代表人民币和美元的利率，重新写出货币收益率用美元度量的利率平价公式。

3. 如果欧元/美元1年后的预期汇率 $E^e_{€/\$}$ 为1.26 欧元/美元，即期汇率 $E_{€/\$}$ 为1.2 欧元/美元，美元的利率 $R_\$$ 为5%。计算：

(1) 要保持外汇市场均衡，欧元的利率 $R_€$ 应为多少？

(2) 如果美元的利率 $R_\$$ 下降到3%，欧元的利率 $R_€$ 为5%，预期汇率 $E^e_{€/\$}$ 不变，市场均衡汇率是多少？

4. 如果欧元/美元即期汇率 $E_{€/\$}$ 为1 欧元/美元，美元年利率 $R_\$$ 为2%，欧元年利率 $R_€$ 为4%，欧元/美元1年远期汇率 $E^f_{€/\$}$ 为0.95 欧元/美元。问：

(1) 手中的美元是否要换成欧元？

(2) 如果远期汇率不变，欧元/美元即期汇率 $E_{€/\$}$ 为多少时，外汇市场是均衡的？

四、思考题

1. 美元利率上升之后，如何通过外汇市场投机交易影响人民币/美元的均衡汇率？

2. 抛补利率平价套利和非抛补利率平价套利各是怎样操作的，其根本区别是什么？

五、材料分析题

在资本市场开放、利率和汇率市场化之后，利率和汇率是联动的。如果一国想通过货币扩张降低利率以刺激产出的话，就会导致本币相对外币预期贬值，从而影响汇率的稳定。利率和汇率联动也表明，在预期不变的前提下（如果预期汇率可以通过远期外汇市场锁定），资本跨国流动导致一国货币汇率的波动也会影响该国的利率。只要资本跨国自由流动，即使汇率自由浮动，利率也同样波动，这可能导致货币政策独立性受到影响。根据相关学者的研究（如曹远征、郝志运，2016），以前人民币资本项目受管制时，人民币利率和汇率没有什么关系，但在2016年10月1日人民币加入SDR后，人民币利率和汇率的平价关系开始显现。

根据上述材料，分析以下问题：

(1) 在资本市场开放、利率和汇率市场化之后，为什么利率和汇率是联动的？货币扩张降低利率以刺激产出的话，为什么会影响汇率的稳定？

(2) 在资本市场开放、利率和汇率市场化之后，资本跨国流动对一国货币的汇率和利率有什么影响？

(3) 为什么在人民币资本项目受管制时，人民币利率和汇率没有什么关系，但在2016年10月1日人民币加入SDR后，人民币利率和汇率的平价关系开始显现？

第十章 购买力平价理论

【本章要点概览】

- 购买力平价
- 购买力平价与汇率的货币分析法
- 实际汇率与购买力平价

马克思主义关于价值与价格关系理论认为,商品的价值是价格的基础,价格围绕价值上下波动,但最终是由价值决定的。货币的市场汇率是由外汇市场供求决定的,货币的相对价格的基础也是由货币的内在价值决定,而货币的内在价值就是货币所能购买的商品的价值。本章从货币所能购买商品的价值角度分析汇率的决定理论。

第一节 购买力平价

人们需要某种货币,一定是这种货币存在某种价值。例如,可以购买商品,而且这种货币购买商品的能力越强,这种货币就越有价值。货币购买商品的能力叫货币的购买力。

一、一价定律

在学习购买力平价理论之前,先学习另外一个概念,一价定律。

一价定律(law of one price)认为,在没有运输成本和贸易壁垒的自由竞争市场,同样的商品,不管在哪里出售,按同样的货币度量都应该卖同样的价格。例如,如果人民币/美元的市场汇率是1美元兑换7元人民币,那么在中国卖14元人民币一双的袜子,在美国就应该卖2美元。

但实际上,由于运输费用、贸易壁垒、垄断、不可贸易产品等原因,同样的商品在不同国家价格差异很大。例如,在中国理发价格为20元人民币,在美国理发价格为20美元,如果人民币对美元的市场汇率是1美元兑换7元人民币,把在美国理发的价格换成人民币度量,则在美国理发价格为140元人民币,这远高于在中国理发的价格。这里价格差异的主要原因是因为理发是不可贸易产品,或者说理发是运输成本过高的产品(因为美国人来中国理发的话,运输成本就太高了)。

我们可以用一个简单的数学公式描述一价定律。假设 $P^i_¥$ 和 $P^i_\$$ 分别代表商品 i 在中国市场的人民币价格和在美国市场的美元价格,$E_{¥/\$}$ 代表人民币/美元汇率。根据一价定律,商品 i 在美国市场和中国市场用同一货币表示时,价格应该相等。如果商品 i 的价格都用人民币度量,则商品 i 在美国市场上的人民币价格为 $P^i_\$ \times E_{¥/\$}$,应等于商品 i 在中国市场的人民币价

格 $P_¥^i$，即有：

$$P_¥^i = P_\$^i \times E_{¥/\$}$$

一价定律成立也意味着，人民币/美元汇率是商品 i 在中国市场和美国市场的价格之比，即：

$$E_{¥/\$} = P_¥^i / P_\$^i$$

二、购买力平价

购买力平价(purchasing power parity，PPP)理论认为，两国货币的汇率等于两国的价格水平之比。一国的价格水平反映了一国货币的购买力，通常用一组代表性篮子商品的价格来表示。如果 $P_¥$ 为中国市场上代表性篮子商品的人民币价格（代表中国的价格水平），$P_\$$ 为美国市场上同样的代表性篮子商品的美元价格（代表美国的价格水平）。用 $E_{¥/\$}$ 表示购买力平价决定的汇率，则有：

$$E_{¥/\$} = P_¥ / P_\$ \tag{10-1}$$

(10-1)式中，两国的价格水平之比就是两种货币的购买力之比，这种以货币的购买力比价决定的汇率叫做购买力平价汇率(PPP exchange rate)。例如，中国的代表性篮子商品的市场价格为 500 元人民币，同样的篮子商品在美国的市场价格为 100 美元，可得人民币/美元的购买力平价汇率 $E_{¥/\$}$ 为 5 人民币/美元。

根据(10-1)式还可以得到，两国货币之间的购买力平价汇率随两国价格水平的变化而变化，在其他条件一定的情况下，一种货币价格水平的上升会导致其货币贬值。接上面的例子，如果美国篮子商品的价格水平由 100 美元提高到 110 美元，中国的篮子商品价格水平不变，则人民币/美元购买力平价汇率 $E_{¥/\$}$ 为 4.545 人民币/美元（500÷110），即美元价格水平上涨，美元的购买力下降，这将导致美元对人民币贬值。如果美国篮子商品的价格水平不变，中国篮子商品的价格水平由 500 元人民币提高到 550 元人民币，则人民币/美元购买力平价汇率 $E_{¥/\$}$ 将由 5 人民币/美元上升到 5.5 人民币/美元，即人民币价格上涨，人民币的购买力下降，人民币对美元贬值。

购买力平价汇率只是一种理论上的汇率。在现实中，这一理论汇率并不一定等于外汇市场上的汇率，就如同价值不一定等于价格一样。

在一价定律中，我们判断同样的商品是否有同样的市场价格时，一般是依据有形的市场汇率换算来判断。购买力平价理论用"同样的代表性篮子商品"替代一价定律中的"同样的商品"，比较不同国家同样的代表性篮子商品，用同一种货币度量时，其价格是否一样，我们同样也是依据有形的市场汇率换算进行比较。如果用符号 $E'_{¥/\$}$ 表示人民币/美元的市场汇率，将美国的篮子商品价格也用人民币度量，则美国的篮子商品价格为 $P_\$ \times E'_{¥/\$}$。当两国同样的代表性篮子商品的价格相等，购买力平价条件则成立，用公式表示为：

$$P_¥ = P_\$ \times E'_{¥/\$} \tag{10-2}$$

将上式推广到所有国家的情况，购买力平价条件成立，如果用同一种货币来度量，所有国家的价格水平是相等的。即现行的市场汇率下，当每种货币的国内购买力与它的国外购买力相等时，购买力平价条件才成立。

结合(10-2)式和(10-1)式，可得 $E_{¥/\$} = E'_{¥/\$}$。也即，货币的市场汇率能充分反映货币本身所代表的价值[①]时，购买力平价条件成立。

三、购买力平价与一价定律的关系

一价定律适用于单个商品的情况，而购买力平价理论则适用于普遍的价格水平。如果一价定律对所有商品都成立，那么只要用来计算不同国家价格水平的代表性篮子商品一样，那么购买力平价就成立。

但现实世界中，由于运输费用、贸易壁垒、垄断、不可贸易产品等原因，一价定律的成立非常难。每个国家总是有的商品价格比别国的贵，而有的商品价格比别国的便宜，但如果每个国家把所有贵的商品价格和便宜的商品价格加权平均，则国家间的商品平均价格水平差异就会大大缩小。所以，即使一价定律不成立，购买力平价中"代表性篮子商品价格水平相等"也是可能的。

四、购买力平价汇率与市场汇率的关系

购买力平价汇率与市场汇率的关系就如同商品价值与价格的关系。购买力平价汇率是根据两种货币所代表的商品价值之比估算货币之间的汇率，以商品的价值为基础，反映货币间内在的、长期稳定的价值关系。购买力平价汇率如商品的价值一样是隐形的，在现实市场交易中看不到，但在评估市场价格体系是否有效时会用到。如 IMF 在评估一国经济总量的时候，就会按购买力平价汇率估算的 GDP 和按市场汇率估算的 GDP 进行对比分析。

市场汇率是由外汇市场供求决定的，总是随外汇市场供求的变动而波动，具有短期性、不稳定性，反映的是货币间表面的价格关系。市场汇率如同商品的价格一样是显形的，如专业性外汇市场、银行外汇市场交易的即期汇率、远期汇率等。市场汇率受国际政治经济关系的影响很大，例如，两国一旦发生战争，市场汇率便不复存在。购买力平价汇率主要受国家经济基础的影响，受国际政治经济关系的影响很小，两国即使在战争期间，各国的货币仍然代表着本国商品的价值，故仍然可以根据货币的购买力估算各国货币间的购买力平价汇率。

货币的购买力是市场汇率的长期基础，如果一种货币失去了购买力，外汇市场上就没有人需要这种货币，这种货币也就没有了市场汇率。但外汇市场消失并不意味着货币本身所代表的商品的价值就消失了，货币间的购买力平价汇率仍然存在。如果外汇市场和商品市场都是有效的，外汇市场的长期均衡汇率（利率平价条件成立时的即期汇率）应等于购买力平价汇率。但现实社会中，劳动力流动壁垒和不可贸易产品，会使购买力平价汇率与市场汇率在人均收入水平差异较大的国家之间，存在较大的系统性差异。例如，劳动力流动壁垒使人均收入水平很低的发展中国家的劳动力价格，远低于人均收入水平很高的发达国家，这会使发展中国家的不可贸易产品价格水平远低于发达国家，从而低估发展中国家的篮子商品的价值，故按"市场"汇率计算出来的发展中国家的 GDP 被低估。当发展中国家的人们按市场汇率获得发达国家的货币，然后去发达国家消费不可贸易商品，如旅游、教育等服务时，发展中国家就会面临大量的价值损失。此外，发达国家通过限制劳动力流动、鼓励资本流动，利用发展中国家的低劳动力成本制造产品并获得垄断利润。这种发展中国家劳动力要素价值的低估，也会导致在发展中

[①] 根据马克思主义政治经济学理论，"商品的价值是凝结在商品中无差别的人类劳动"。同样的篮子商品，虽然在低收入国家可能投入了更多的劳动数量，但用"无差别的人类劳动"来度量，其耗费的劳动量是相等的，故其价值是相等的。

国家生产的可贸易品价值的系统性低估,进而导致发展中国家的 GDP 被低估。从表 10-1 可以看出,在人均收入相对较低的中国、印度、巴西,按 PPP 估算的 GDP,要显著高于按市场汇率估算的 GDP。

对于经济发展水平相似的国家,运输费用、贸易壁垒、要素流动壁垒、不可贸易产品等因素,虽然会导致单个商品在不同国家存在较大的价格差异,但不会导致篮子商品价格水平存在较大的系统性差异,故购买力平价汇率与市场汇率在经济发展水平相似的国家基本上是一致的。表 10-1 中,人均收入较高的美国、日本、德国、英国、法国,按两种方法估算的 GDP 则没有显著性差异。

表 10-1 2019 年世界各国 GDP 按 PPP 估算和按市场汇率估算排名

按 PPP 估算 GDP			按市场汇率估算 GDP			
名次	国家	GDP(十亿美元)	名次	国家	GDP(十亿美元)	人均(美元)
1	中国	27 253.84	1	美国	21 439.45	65 112
2	美国	21 024.42	2	中国	15 099.25	10 099
3	印度	11 384.10	3	日本	5 154.48	40 847
4	日本	5 711.95	4	德国	3 863.34	46 564
5	德国	4 464.11	5	印度	2 935.57	2 172
6	俄罗斯	4 294.73	6	英国	2 743.59	41 030
7	印度尼西亚	3 750.94	7	法国	2 707.07	41 761
8	巴西	3 469.07	8	意大利	1 988.64	32 947
9	英国	3 091.26	9	巴西	1 847.02	8 797
10	法国	3 051.48	10	加拿大	1 730.91	46 213

五、绝对购买力平价与相对购买力平价

相对购买力平价(relative PPP)理论认为两种货币的汇率变动等于两国价格水平的变动率之差。前文的购买力平价汇率理论,即两种货币的汇率等于两国的价格水平之比,被称为绝对购买力平价。

绝对购买力平价等式(10-1):$E_{¥/\$} = P_¥/P_\$$,两边进行差分,得到如下的差分方程:

$$(E_{¥/\$,t} - E_{¥/\$,t-1})/E_{¥/\$,t-1} = (P_{¥,t} - P_{¥,t-1})/P_{¥,t-1} - (P_{\$,t} - P_{\$,t-1})/P_{\$,t-1} \quad (10\text{-}3)$$

其中,$(E_{¥/\$,t} - E_{¥/\$,t-1})/E_{¥/\$,t-1}$ 为人民币/美元汇率的变动率,$(P_{¥,t} - P_{¥,t-1})/P_{¥,t-1}$ 为中国的通货膨胀率、$(P_{\$,t} - P_{\$,t-1})/P_{\$,t-1}$ 为美国的通货膨胀率。按习惯,从 $t-1$ 到 t 表示变化的时期。

用符号 $\pi_{¥,t}$ 表示中国的通货膨胀率、$\pi_{\$,t}$ 表示美国的通货膨胀率,则(10-3)式可以重新写为:

$$(E_{¥/\$,t} - E_{¥/\$,t-1})/E_{¥/\$,t-1} = \pi_{¥,t} - \pi_{\$,t} \quad (10\text{-}4)$$

(10-4)式左边为人民币对美元的汇率变动率,右边为中国的通货膨胀率与美国的通货膨胀率之差。

将等式(10-4)扩展到所有国家就得到了相对购买力平价。我们可以根据相对购买力平

价、汇率与通货膨胀之间的关系,预测两国货币之间的汇率变化。

假如,2019 年年初,人民币/美元汇率 $E_{¥/\$}$ 为 7.000 人民币/美元,预计该年中国国内的通货膨胀率为 10%,美国国内的通货膨胀率为 5%。根据相对购买力平价,我们可以预测 2019 年年底美元对人民币将升值 5%,即人民币/美元汇率将上升到 7.350 人民币/美元。

与绝对购买力平价相比,相对购买力平价关注汇率与价格水平之间随时间变动而变动的关系。不同的国家,在计算本国的物价水平数据时,可能所用的代表性篮子商品存在差异,这种差异会导致绝对购买力平价存在固定的系统性误差,但相对购买力平价可以通过差分过滤掉这种误差。所以即使各国篮子商品存在差异,我们仍然可以利用各国的价格水平数据,根据相对购买力平价估算汇率变动。

第二节 购买力平价与汇率的货币分析法

绝对购买力平价汇率是两国的价格水平之比,而根据货币供求理论,一国的价格水平从长期来看则是由该国的货币供求决定的。从而我们可以从货币供求影响方面分析汇率。

一、价格水平与货币供求

一国货币的总需求是所有个人货币需求量之和。决定货币总需求 M^d 的三个主要因素是利率、价格水平和实际国民收入,分别以 R、P、Y 表示。①利率。利率上升持有货币的机会成本上升,人们会减少对货币的需求量,因此货币的需求量与利率成反比关系。②价格水平。价格水平上升,购买同样的商品就需要更多的货币,货币的名义需求量就要增加。③实际国民收入。实际国民收入增加,人们财富增加,需要购买更多的东西,这会提高货币的实际需求水平。

货币总需求 M^d 用公式表示为:

$$M^d = P \times L(R, Y)$$

其中,M^d 是货币的名义需求,$L(R, Y)$ 是货币的实际需求,$L(R, Y)$ 随 R 上升而下降,随 Y 上升而上升。

货币供给量是由中央银行决定的,故可将货币供给 M^S 看成是外生变量,货币市场均衡条件是货币供给量等于货币需求量,即:

$$M^S = M^d = P \times L(R, Y)$$

当货币市场均衡时,价格水平可以表示为:

$$P = M^S / L(R, Y) \qquad (10-5)$$

(10-5)式表示,从长期来讲,一国的价格水平等于该国的名义货币供给量与实际货币需求量之比。当货币需求水平一定时,一国的货币供给量增加将导致该国的价格水平同比例上升,即通货膨胀是一种货币现象。

二、汇率决定的货币分析法

商品价格短期是粘性的,但在长期是有充分弹性的。也就是说,在长期,一国的价格水平能对该国的货币供求水平充分调整。根据货币市场均衡条件(10-5)式,中国的价格水平可表示为:

$$P_¥ = M_¥^S / L(R_¥, Y_¥) \tag{10-6}$$

同样,美国价格水平可表示为:

$$P_\$ = M_\$^S / L(R_\$, Y_\$) \tag{10-7}$$

(10-6)式表示,中国的价格水平,等于中国的名义货币供给量与实际货币需求量之比。中国货币供给量增长将导致中国价格水平上升,即通货膨胀。

(10-7)式表示,美国的价格水平,等于美国的名义货币供给量与实际货币需求量之比。美国货币供给量增长将导致美国价格水平上升,即通货膨胀。

根据(10-6)式和(10-7)式,从长期来讲,购买力平价决定的汇率由货币的供求决定,利率和产出通过影响货币需求从而影响汇率。具体来讲:

(1) 货币供给。因为人民币/美元购买力平价汇率 $E_{¥/\$}$ 为 $P_¥/P_\$$,中国货币供给量增加在长期导致 $P_¥$ 上升,故导致 $E_{¥/\$}$ 上升(人民币贬值);美国货币供给量增加在长期导致 $P_\$$ 上升,故导致 $E_{¥/\$}$ 下降(美元贬值)。所以,在其他条件不变的情况下,一国货币供给量增长,在长期将导致该国通货膨胀,其货币在长期将贬值。在货币供给量增长率相对高的国家,通货膨胀率越高,其货币在长期将相对贬值。

(2) 利率。如果人民币利率 $R_¥$ 上升,人民币货币的需求量下降,在长期将导致中国的价格水平 $P_¥$ 上升,从而在长期导致 $E_{¥/\$}$ 上升(人民币贬值);如果美元利率 $R_\$$ 上升,美元货币的需求量下降,在长期将导致美国的价格水平 $P_\$$ 上升,从而在长期 $E_{¥/\$}$ 下降(美元贬值)。所以,在其他条件不变的情况下,一国货币的利率上升将导致该国货币供给量相对过剩,价格水平上升,通货膨胀,该国货币在长期贬值。这里利率对汇率的影响,与在利率平价理论中是不同的。在外汇市场,一种货币利率上升将导致该货币即期升值;而在长期,利率上升导致的货币供给相对增加,则会导致该货币在长期贬值。

(3) 产出水平。中国的国内产出水平 $Y_¥$ 上升,对人民币货币的需求 $L(R_¥, Y_¥)$ 上升,在长期将导致中国的价格水平 $P_¥$ 下降,从而导致 $E_{¥/\$}$ 下降(人民币升值)。美国的国内产出水平 $Y_\$$ 上升,对美元货币的需求 $L(R_\$, Y_\$)$ 上升,这在长期将导致美国的价格水平 $P_\$$ 下降,从而导致 $E_{¥/\$}$ 上升(美元升值)。所以,在其他条件不变的情况下,一国国内产出的增加将导致货币供给量相对不足、价格水平下降、通货紧缩,该国货币在长期升值。

三、利率平价与相对购买力平价

根据相对购买力平价,两国货币的汇率变动等于两国的通货膨胀率之差。如果我们以预期的两国的通货膨胀率之差来预测将来的汇率变动。以人民币/美元汇率为例,对汇率和通货膨胀率都附加预期,则人民币/美元购买力平价汇率的预期变动与两国预期通货膨胀率的关系,可根据(10-4)式改写为:

$$(E_{¥/\$,t}^e - E_{¥/\$,t-1}) / E_{¥/\$,t-1} = \pi_{¥,t}^e - \pi_{\$,t}^e$$

根据利率平价理论,人民币/美元的市场汇率的预期变动率(或远期变动率)等于两国货币的利差,即如下等式成立:

$$(E_{¥/\$}^e - E_{¥/\$}) / E_{¥/\$} = R_¥ - R_\$$$

在购买力平价和利率平价都成立的时候,如同商品的价值在长期等于市场平均价格一样,

根据购买力平价预期的汇率变动,和根据利率平价条件预期的汇率变动是一致的,即有:

$$(E^e_{¥/\$,t} - E_{¥/\$,t-1})/E_{¥/\$,t-1} = (E^e_{¥/\$} - E_{¥/\$})/E_{¥/\$}$$

故可以得出:

$$\pi^e_{¥,t} - \pi^e_{\$,t} = R_¥ - R_\$ \qquad (10\text{-}8)$$

(10-8)式反映了两国的预期通货膨胀率与两国货币利率之间的长期关系。这一关系表明,通货膨胀率越高的国家,就得有更高的名义利率,以此维持相对稳定的实际收益率。预期通货膨胀率上升,最终导致货币的名义存款利率上升,这种通货膨胀率与利率之间的长期关系称为费雪效应(Fisher Effect)。

为了进一步理解上述推导过程的经济意义,下文以现实经济举例说明。

假设其他条件不变,在某1年期,美国和中国的货币供给量分别增长5%和10%,则1年后,美国和中国的国内通货膨胀率分别为5%和10%。根据相对购买力平价条件,美元对人民币1年升值约5%。

根据利率平价理论,因为美元对人民币预期升值约5%,只有当人民币存款利率比美元存款利率高5%时,投机者才会继续持有人民币以维持外汇市场的均衡。

由于名义货币供给增长率等于通货膨胀率,实际货币供给不变,货币市场将继续维持原有的均衡,货币市场实际利率不变。因为预期通货膨胀率,人民币的名义利率需提高10%,美元的名义利率需提高5%,美元对人民币升值5%,从而两种货币的实际收益率不变且相等,货币市场和外汇市场回到原来的均衡状态。

这一过程也说明了,名义货币增长从长期来讲,对实际生活中的相对价格没有影响,这也被称为"货币中性"。

第三节 实际汇率与购买力平价

一、实际汇率

在国际货币出现之前,国际贸易中的易货贸易就是按商品的实际价格交换的。例如,10只鸡换一头羊。有了国际货币之后,商品就可以按货币表示的名义价格进行交换了,如1只鸡50元,一头羊500元。这都是商品用货币表示的名义价格。如果两个国家用同样的代表性篮子商品进行交换,其交换比价,我们称之为实际汇率。实际汇率(real exchange rate)是国家间价值相等的篮子商品之间的交换比价。与之相对应,两种货币之间的比价我们称之为名义汇率(nominal exchange rate),我们通常所说的汇率都是名义汇率。显然,当实际汇率等于1时,国际交换就是完全的等价值交易。这时,购买力平价条件成立,购买力平价汇率等于市场均衡汇率。可见,实际汇率对1的偏离程度就是国际市场交易价格对购买力平价的偏离程度。

实际汇率可由价格水平和名义汇率来确定。同样以中美两国为例,首先就是要选择价值相等的代表性篮子商品,然后用 $P_¥$ 表示中国的代表性篮子商品的人民币价格,用 $P_\$$ 表示美国的代表性篮子商品的美元价格,用 $E_{¥/\$}$ 表示人民币/美元的市场汇率,用 $q_{¥/\$}$ 表示中美两国的实际汇率。中美两国的实际汇率就是美国篮子商品相对于中国篮子商品的价格,即:

$$q_{¥/\$} = E_{¥/\$} \times P_\$ / P_¥$$

我们不妨举个数字例子来进一步说明实际汇率的概念。假设中国代表性篮子商品价格 $P_¥$ 为 500 元人民币，美国同样价值的代表性篮子商品价格 $P_\$$ 为 100 美元，人民币/美元市场汇率 $E_{¥/\$}$ 为 7.000 人民币/美元，则中美两国的实际汇率：

$$q_{¥/\$} = 7.000 \times 100/500 = 1.4 (中国篮子 / 外国篮子)$$

中美两国的实际汇率为 1.4，表明 1.4 单位的中国篮子商品才能换得 1 单位美国篮子商品。这说明中国人按市场汇率换得美元后去美国消费，与国内消费相比，中国人去美国消费要多付出 40% 的价值。

在其他条件不变的情况下，如果中国的篮子商品价格下降，实际汇率 $q_{¥/\$}$ 上升，称为中国对美国的实际汇率贬值；如果中国的篮子商品价格上升，实际汇率 $q_{¥/\$}$ 下降，称为中国对美国的实际汇率升值。中国对美国的实际汇率升值，就是中国篮子商品相对美国篮子商品购买力提高了。同样的，中国篮子商品就可以换得更多美国篮子商品。在上面的例子中，当中国的篮子商品价格 $P_¥$ 上升到 700 元人民币，则导致中国对美国的实际汇率升值，$q_{¥/\$}$ 由 1.4 下降到 1。而 $q_{¥/\$}$ 由 1.4 下降到 1，也意味着，中国篮子商品的价格赶上了美国篮子商品的价格，购买力平价条件刚好成立。

在其他条件不变的情况下，如果人民币/美元名义汇率 $E_{¥/\$}$ 下降（人民币升值），则实际汇率 $q_{¥/\$}$ 下降（中国对美国的实际汇率升值）。在上面的例子中，当人民币/美元名义汇率 $E_{¥/\$}$ 下降到 5.000 人民币/美元，则导致中国对美国的实际汇率升值，$q_{¥/\$}$ 由 1.4 下降到 1，中国篮子商品与美国篮子商品价格相等，购买力平价条件刚好成立。

二、影响实际汇率偏离购买力平价的因素

1. 经济增长与实际汇率升值

前文提到，劳动力流动壁垒和不可贸易产品会导致人均收入水平低的国家的商品价格被低估。我们现在从实际汇率的角度来进一步分析这一现象。

在现实经济中，自由贸易使可贸易商品在世界各国之间的价格差异很小，但各国对劳动力流动限制很严，这使人均收入水平差异较大的国家间劳动力成本差异很大。结果导致不可贸易商品在世界各国之间的价格差异很大，人均收入水平很低国家的篮子商品价格远低于人均收入水平很高国家的篮子商品价格。也就是说，低收入水平国家要用远多于 1 单位的篮子商品才能换得高收入水平国家的相同篮子商品，低收入水平国家对高收入国家的实际汇率远大于 1。

在低收入国家的国内经济增长过程中，可贸易部门的工业化水平不断提高，该部门的劳动生产率迅速提高，可贸易部门劳动工资水平随劳动生产率的提高而提高。劳动力在国内市场自由流动竞争将导致非贸易部门的劳动工资水平向可贸易部门看齐，由于不可贸易产品（如理发）的劳动生产率难以提高，所以不可贸易产品的生产成本将因为本部门劳动工资上涨而上涨，从而导致本国篮子商品的价格水平上涨，进而本国实际汇率升值。低收入国家由于更高的经济增长率导致其实际汇率升值的现象，被称为巴拉萨-萨缪尔森效应（Balassa-Samuelson effect）。

图 10-1 中，横轴为中国人均 PPP 收入与美国人均 PPP 收入之比，纵轴为中国商品美元价格水平与美国商品美元价格水平之比。该图显示了自 1985 年以来，随着中国经济的高速增长，人均收入水平相对美国快速上升。这导致国内商品价格水平相对美国商品价格水平逐渐

上升,也即中国对美国实际汇率不断升值。1985 年中国人均 PPP 收入仅有美国的 7.6%,中国商品相对价格水平也只有美国的 15.7%,这说明 6.37 个中国篮子商品才能换得 1 个等价值的美国篮子商品。到 2017 年,中国的人均 PPP 收入达到了美国的 23.1%,中国商品相对价格水平上升到美国的 74%,说明 1.35 个中国篮子商品可以换得 1 个等价值的美国篮子商品。在这个意义上看,2017 年,中国对美国实际汇率 $q_{¥/\$}$ 约为 1.35。

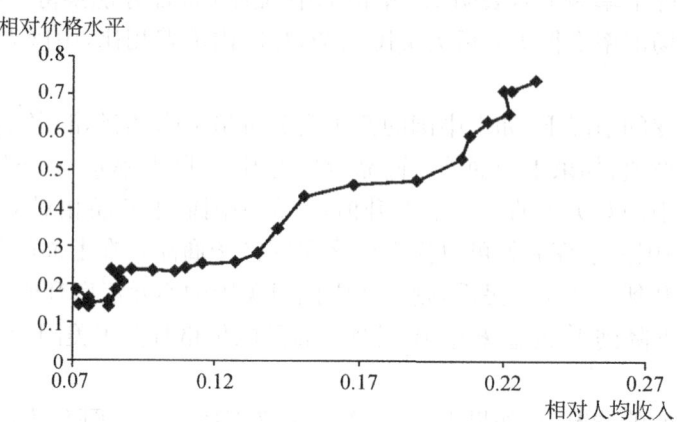

图 10-1　1985～2017 年中美相对人均收入与相对价格水平

数据来源:PWT9.1 数据库。

2. 相对供求变动对实际汇率的影响

市场均衡价格由供求决定,故一国商品的相对价格水平将受该国商品总的相对供给和相对需求变动的影响。根据巴拉萨-萨缪尔森效应,经济增长更快的国家,其商品的相对价格水平将上升。但从供给角度看,经济增长造成的供给过剩可能进一步导致本国商品的相对价格水平下降。我们不妨从世界对中国商品相对供给和相对需求变动两个方面,分析其对中国实际汇率的影响。

(1) 对中国商品相对需求的变动。如果由于某种原因,整个世界对中国的商品需求都增加了,包括国内消费者减少对美国的进口,需求转向国内商品;国外消费者的需求也转向中国商品,对美国的相对需求减少了。那么,这种对中国商品的超额需求首先会导致中国可贸易品价格的上涨,时间长了也会传递到不可贸易品价格的上涨。进而,中国篮子商品用美国篮子商品度量的相对价格就跟着上涨,导致中国对美国的实际汇率升值,即 $q_{¥/\$}$ 下降。反之,如果世界对中国的商品相对需求减少,就会导致中国对美国的实际汇率贬值,即 $q_{¥/\$}$ 上升。但一般来讲,相对需求变动具有短期性和不确定性,对实际汇率的变动没有长期趋势性影响。

(2) 中国商品相对供给的变动。当中国生产能力提高后,总供给增加,总收入中总有一部分要购买国外产品,因而相对供给增加。总供给超过总需求,均衡的相对价格水平下降,从而导致中国对美国的实际汇率贬值,即 $q_{¥/\$}$ 上升。反之,如果中国总产量减少、相对供给减少、供不应求,超额的需求就会导致中国对美国的实际汇率升值,即 $q_{¥/\$}$ 下降。一般来讲,经济增长有一定的惯性,1980 年以后中国长期的高速增长,使中国商品供给总量不断增加。许多产品只要中国开始大规模制造,其国际市场价格总是迅速地下降,这从整体上导致了中国出口产品的价格水平不断下降。这会拉低中国篮子商品的相对价格水平,从而导致中国对美国的实际汇率贬值,即 $q_{¥/\$}$ 上升。不过从实证的角度看,中国高速经济增长的供给效应导致的可贸易商品价格下降是有限的,而收入水平上升导致不可贸易产品价格上升的空间很大。因为 1985 年,中国的收入仅有美国的 7.6%,相对美国的收入水平有 10 多倍的增长空间,故中国不可贸易产品价格上升的空间很大。中国高速经济增长的长期供给效应导致的实际汇率贬值效应远小于巴拉萨-萨缪尔森效应导致的实际汇率升值效应。当然,如果相对供给变动是短期的,其对实际汇率影响也是短期的。

【专栏 10-1】

人民币名义有效汇率与实际有效汇率

人们通常将有效汇率区分为名义有效汇率(nominal effective exchange rate,NEER)和实际有效汇率(real effective exchange rate,REER)。一国名义有效汇率等于其货币与所有贸易伙伴国货币双边名义汇率的加权平均数。实际有效汇率则是本国价格水平或成本指标与所选择国家价格水平或成本指标的加权平均的比率与名义有效汇率的乘积。也就是说,名义有效汇率剔除通货膨胀对各国货币购买力的影响,就可以得到实际有效汇率。名义有效汇率和实际有效汇率一般都是按贸易伙伴国的贸易权重进行加权平均,加权方法包括算术加权平均和几何加权平均两类。IMF金融统计数据库可查到名义有效汇率和实际有效汇率指数数据。

实际有效汇率指数上升代表本国货币相对价值的上升,即本币升值;下降代表本国货币相对价值的下降,即本币贬值。实际有效汇率不仅考虑了一国的主要贸易伙伴国货币的变动,而且剔除了通货膨胀因素,因而更能够真实地反映一国商品与外国商品的实际相对价格水平及其变动情况。

人民币名义有效汇率与实际有效汇率指数(1994~2018年每年的12月指数)如图10-2所示,从1994年1月,人民币名义有效汇率NEER与实际有效汇率REER指数分别为73.56和65.86,逐渐波动上升到2018年12月的NEER为122.73和REER为119.19。人民币实际有效汇率长期升值的原因可以用巴拉萨-萨缪尔森效应来解释,而人民币名义有效汇率的长期升值则可以用名义有效汇率与实际有效汇率的关系来解释。因为从长期来讲,根据相对购买力平价定律,名义有效汇率变动与通货膨胀率变动相一致,不能影响实际有效汇率。而其他条件一定时,实际有效汇率升值则会导致名义有效汇率升值。

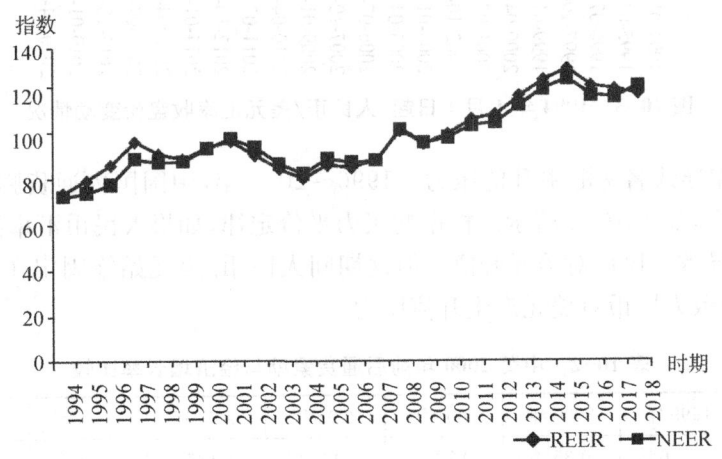

图 10-2　1994~2018年人民币名义有效汇率与实际有效汇率指数

三、名义汇率与实际汇率

根据实际汇率的定义,人民币/美元名义汇率(即外汇市场汇率)和实际汇率之间的关系又可以用下式表示：

$$E_{¥/\$} = q_{¥/\$} \times P_¥/P_\$ \qquad (10\text{-}9)$$

从(10-9)式可以看出,在市场汇率($E_{¥/\$}$)与购买力平价汇率($P_¥/P_\$$)之间加入了一项实际汇率($q_{¥/\$}$)。当实际汇率为1时,购买力平价条件成立。当购买力平价汇率与市场汇率存在偏离时,加入调整系数项$q_{¥/\$}$就是等式(10-9)。根据(10-9)式可得差分方程：

$$(E_{¥/\$,t} - E_{¥/\$,t-1})/E_{¥/\$,t-1} = (q_{¥/\$,t} - q_{¥/\$,t-1})/q_{¥/\$,t-1} + (\pi_{¥,t} - \pi_{\$,t}) \qquad (10\text{-}10)$$

根据式(10-10)可知,人民币/美元名义汇率$E_{¥/\$}$从长期来看,其变动趋势一方面受实际汇率变动的影响,另一方面受中美两国相对通货膨胀率之差的影响。如果中国经济长期快速增长导致中国对美国实际汇率升值($q_{¥/\$}$下降),那么这会促使人民币名义升值($E_{¥/\$}$下降);如果中国历年通货膨胀率比美国低,那么这也会导致人民币名义升值。

下面不妨以中国1994~2005年的人民币汇率市场化改革为例,说明人民币名义汇率调整过程中这几个变量间的关系。

从1994年1月1日起,人民币外汇牌价和外汇市场调剂价合并,实行单一汇率。人民币对美元的汇率定为1美元兑换8.70元人民币,然后缓慢升值到1995年4月的8.30人民币/美元。直到2005年7月1日,汇率一直稳定在8.27人民币/美元左右,如图10-3所示。

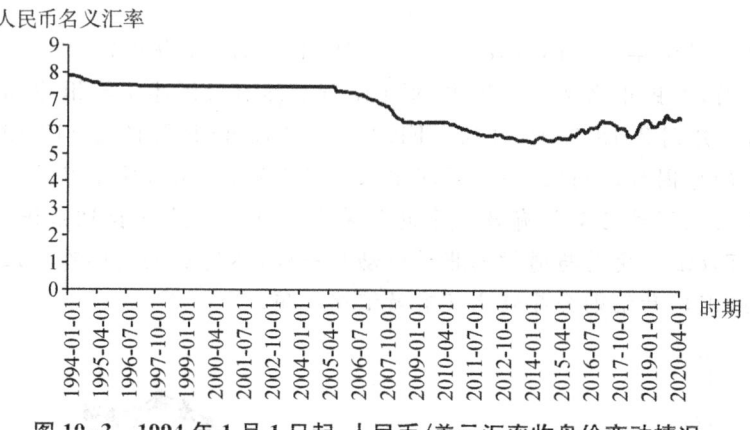

图10-3　1994年1月1日起,人民币/美元汇率收盘价变动情况

(1) 通货紧缩导致名义汇率升值压力。1996~2005年,中国国内通货膨胀率一直低于美国国内通货膨胀率,如表10-2所示。根据购买力平价定律,如果人民币汇率能自动调整的话,这种通货紧缩将导致人民币对美元升值。但这期间人民币/美元始终固定在8.30左右没有得到调整,这必然导致人民币对美元产生升值压力。

表10-2　中美2000年前后通货紧缩与经济增长率比较

年份	1998年	1999年	2000年	2001年	2002年	2003年	2004年	2005年	2006年
$\pi_¥$	−0.77%	−1.40%	0.35%	0.72%	−0.73%	1.13%	3.82%	1.78%	1.65%
$\pi_\$$	1.55%	2.19%	3.38%	2.83%	1.59%	2.27%	2.68%	3.39%	3.23%
$Y_¥$	7.84%	7.67%	8.49%	8.34%	9.13%	10.04%	10.11%	11.4%	12.72%
$Y_\$$	4.48%	4.75%	4.13%	1.0%	1.74%	2.86%	3.8%	3.51%	2.85%

(2) 实际汇率升值导致名义汇率升值压力。由于中国的经济增长率$Y_¥$长期高于美国的

经济增长率 $Y_\$$，根据巴拉萨-萨缪尔森效应，更高速度的经济增长会导致中国的实际汇率升值，实际汇率升值也会导致人民币名义汇率升值。但 1996~2005 年，人民币名义汇率并没有得到升值调整，所以，实际汇率升值也导致了人民币名义汇率升值压力。

由于人民币不断积累升值压力，国际资本市场也趁机炒作人民币升值，大量热钱流入中国。中国政府通过干预外汇市场以稳定人民币对美元的汇率，这导致中国外汇储备急剧上升。在巨大的人民币升值压力之下，2005 年 7 月 21 日开启人民币汇率市场化改革，人民币汇率兑美元当天一次性升值 2.1%，从 8.28 下降至 8.11，至 2008 年 12 月降至 6.823，期间累计升值超过 17%，然后进入双向浮动时期。

四、实际利率平价

将名义汇率与实际汇率的关系式(10-10)改为附加预期的关系式，得：

$$(E^e_{¥/\$} - E_{¥/\$})/E_{¥/\$} = (q^e_{¥/\$} - q_{¥/\$})/q_{¥/\$} + (\pi^e_¥ - \pi^e_\$) \tag{10-11}$$

当利率平价条件满足时，有：

$$(E^e_{¥/\$} - E_{¥/\$})/E_{¥/\$} = R_¥ - R_\$$$

将(10-11)式与利率平价条件结合，有：

$$R_¥ - R_\$ = (q^e_{¥/\$} - q_{¥/\$})/q_{¥/\$} + (\pi^e_¥ - \pi^e_\$) \tag{10-12}$$

利率 $R_¥$ 我们称为名义利率(nominal interest rate)，名义利率减去通货膨胀率则称为实际利率(real interest rate)。名义利率是用货币衡量的收益率，而实际利率则是用实际产出衡量的收益率。例如，100 元人民币存入银行，名义利率为 10%，1 年后变为 110 元人民币，所以货币衡量的收益率为 10%。如果该年的通货膨胀率也是 10%，则 1 年前的 100 元人民币和现在的 110 元人民币，只能购买同样价值的商品，所以用实际产出衡量的实际收益率为 0。所以，实际收益率在数值上等于名义收益率减去通货膨胀率。由于预期通货膨胀率的不确定性，实际利率也存在不确定性，故我们也称实际利率为预期实际利率，用符号 $r^e_¥$ 和 $r^e_\$$ 分别表示人民币和美元的实际收益率，则有：

$$r^e_¥ = R_¥ - \pi^e_¥$$

用实际利率替代(10-12)式的名义利率和通货膨胀率，则有：

$$(q^e_{¥/\$} - q_{¥/\$})/q_{¥/\$} = r^e_¥ - r^e_\$ \tag{10-13}$$

(10-13)式就是实际利率平价(real interest parity)，与前面的利率平价相比，实际利率平价就是用实际汇率和实际利率分别替代名义汇率和名义利率。

实际利率平价条件成立意味着，当相对购买力平价条件成立时(实际汇率不变)，人们预期实际汇率不变，则 $r^e_¥ = r^e_\$$。这表明中美两国预期实际收益率相等；当相对购买力平价条件不成立时(实际汇率变动)，实际交易中人们预期实际商品交易的相对价格可能发生变化。例如，中国高速的经济增长，因巴拉萨-萨缪尔森效应，人们预期在中国投机的实际商品价值上升，那中国人民币的实际利率就应该低于美元的实际利率，否则实际利率平价就不能成立。

第四节　对购买力平价理论的评价

购买力平价理论最早是由 20 世纪初瑞典经济学家古斯塔夫·卡塞尔提出。在物价剧烈波动时期、金融危机时期、战乱时期等极端情况下，没有均衡的外汇市场，市场汇率就失去意义。购买力平价汇率以两国商品实际价值作为汇率的基础，不受这些外部因素的影响，故用购买力平价汇率估算一国经济总量有其特殊意义。例如，美国官方在对比中美两国经济总量时，用的就是购买力平价汇率而不是市场汇率。在通货膨胀严重时期，市场达不到均衡，市场汇率已没有意义，而相对购买力平价理论能较好地估算一国货币的对外价值、预测两国市场汇率的长期波动。故市场回归正常后，购买力平价理论是市场汇率初始定值的基础。市场汇率与购买力平价汇率的关系，实际上就是价格与价值之间的关系，购买力平价汇率是市场汇率的长期基础，也是预测长期市场汇率趋势的基础。

由于市场汇率是显形的、购买力平价汇率是隐形的，当购买力平价汇率与市场汇率出现差异时，人们常常认为购买力平价汇率与实际不符。市场汇率看似是现实的东西，但极不稳定，不适合做货币价值的判断标准。购买力平价汇率以商品的实际价值为基础，是稳定的，除了受测量方法局限外，基本不受外界因素的影响，因而是更好的价值判断标准。

购买力平价汇率可以更客观地比较不同国家之间的生活水平和经济实力。例如，两国间货币的市场汇率可能因为外汇投机等情况而有很大波动，按市场汇率估算各国的收入水平波动就很大。特别是经济发展水平很低的国家，按市场汇率换算，其货币的购买力常会被大大低估。例如，大多非洲国家工人的工资收入，如果按市场汇率换成美元在美国的购买力不值一提，但其货币收入在自己国内的购买力要高很多倍。一国的经济实力不仅仅表现为可贸易产品，更多的还在于本国的基础设施等不可贸易资产，不可贸易资产是在国内使用的，其对国内经济的贡献，当然应该按本国货币的国内购买力估算。典型的如理发，美国理发单价是 20 美元，中国理发单价是 20 元人民币，它们对一国经济的贡献是一样的。但按市场汇率的 7 人民币/美元估算，则美国理发对 GDP 的贡献是中国理发的 7 倍。

但购买力平价汇率也有许多不足之处，主要表现在以下几点。

（1）购买力平价汇率首先要在国家间找到国际标准代表性的商品篮子。即使是相同的商品，在不同国家实际上是异质的，可能质量差异很大，特别是服务产品的价值很难在国家间进行比较。所以，现实中很难找到这样的商品篮子，现实测算过程中就带有了主观性。

（2）购买力平价汇率将货币的比价完全归于货币的购买力，而忽略了货币的其他功能，以及其他外部影响因素，如国民收入、国际资本流动、生产成本、贸易条件、政治经济局势等。而市场汇率则能通过市场讨价还价机制综合反映各种因素的影响。

（3）比较两国经济实力时，用市场汇率换算的方法很简单。而用购买力平价法计算则复杂得多。这就是为什么在进行国际比较时，大家常常用的是市场汇率而不是购买力平价汇率。

 **本章小结**

本章从货币购买力的角度分析汇率的决定理论。货币购买商品的能力叫货币的购买力。一价定律认为，在没有运输成本和贸易壁垒的自由竞争市场，同样的商品不管在哪里出售都应该卖同样的价格。而购买力平价理论认为，同样的篮子商品应该有同样的价格，购买力平价理

论不要求每种商品都有同样的价格,只要求价值相同的代表性篮子商品应该有同样的价格。

以货币的购买力比价决定的汇率叫购买力平价汇率。购买力平价汇率与市场汇率的关系就如同商品价值与价格的关系。货币的购买力是市场汇率的长期基础。在人均收入水平差异较大的国家之间,购买力平价汇率与市场汇率存在较大的系统性差异;在经济发展水平相似的国家之间,购买力平价汇率与市场汇率基本上是一致的。

两种货币的汇率等于两国的价格水平之比,被称为绝对购买力平价;两种货币的汇率变动等于两国价格水平的变动率之差,被称为相对购买力平价。与绝对购买力平价相比,相对购买力平价关注汇率与价格水平之间随时间变动而变动的关系。相对购买力平价成立的条件比绝对购买力平价成立的条件更宽松。

购买力平价汇率由两国的价格水平决定,而价格水平由货币供求决定。所以从长期看,购买力平价汇率是由货币的供求决定的。货币供给增长率相对高的国家,其货币在长期将相对贬值;一国货币的利率上升将导致该国货币供给量相对过剩,从而导致该国货币在长期贬值;一国国内产出的增加将导致该国货币在长期升值。利率平价与相对购买力平价都成立时,可以得出两国通货膨胀率之差等于两国利率之差,这一长期关系被称为费雪效应。

实际汇率是国家间价值相等的篮子商品之间的交换比价。低收入国家一般因国内商品价格水平过低导致实际汇率被低估,低收入国家会因为更高的经济增长速度而使其实际汇率逐渐升值,这种现象被称为巴拉萨-萨缪尔森效应。一国商品的相对供给和相对需求变动也会影响该国商品的相对价格水平,从而影响实际汇率。

购买力平价汇率与市场汇率存在偏离时,两国间的实际汇率就不等于1。从长期看,名义汇率变动一方面受通货膨胀的影响,这一点可以根据购买力平价条件来预测;另一方面受实际汇率变动的影响,实际汇率升值(贬值)会导致名义汇率升值(贬值)。根据实际汇率的定义,在利率平价条件成立时,可推导出实际利率平价条件。实际利率平价条件成立意味着:当相对购买力平价条件成立时,实际利率相等;当相对购买力平价条件不成立时,实际汇率预期变动导致的收益率之差应由实际利差来弥补。

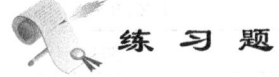

练 习 题

一、名词解释

货币的购买力　一价定律　绝对购买力平价　相对购买力平价　费雪效应　实际汇率　巴拉萨-萨缪尔森效应　实际利率平价

二、简答题

1. 购买力平价与一价定律是什么关系?
2. 购买力平价汇率与市场汇率是什么关系?
3. 导致购买力平价汇率与市场汇率差异的主要因素是什么?
4. 什么条件下,两国的实际利率相等?
5. 什么条件下,买力平价汇率与市场汇率相等?

三、计算题

1. 2019 年年初,人民币/美元汇率 $E_{¥/\$}$ 为 6.500 人民币/美元,其他条件不变,该年中国货币供给量增长率 10%,美国货币供给量增长率为 5%。

(1) 两国的价格水平有什么变化?

(2) 根据相对购买力平价预测 2019 年年底人民币/美元汇率是多少?

2. 在某 1 年期,美国和中国的货币供给量分别增长 5% 和 8%,则 1 年后:

(1) 美国和中国的国内通货膨胀率分别为多少? 人民币/美元汇率如何变化?

(2) 根据利率平价理论,人民币存款利率与美元存款利率差异多少,外汇市场才能达到均衡?

3. 假设中国代表性篮子商品价格 $P_¥$ 为 500 元人民币,美国同样价值的代表性篮子商品价格 $P_\$$ 为 100 美元,人民币/美元市场汇率 $E_{¥/\$}$ 为 6.500 人民币/美元。计算:

(1) 中国对美国的实际汇率是多少?

(2) 当中国的篮子商品价格 $P_¥$ 上升到 650 元人民币,美国的篮子商品价格 $P_\$$ 上升到 110 美元,中国对美国的实际汇率是多少?

4. 如果美国的价格水平为每篮子商品 200 USD,同样的篮子商品在加拿大的价格水平为 400 CAD。根据 PPP 理论,计算:

(1) CAD/USD 的汇率应该是多少?

(2) 如果美国的通货膨胀率比加拿大的通货膨胀率高 2%,下一年 CAD/USD 的汇率应该是多少?

5. 表 10-3 为 2018～2020 年每年 1 月份人民币/美元收盘价 $E_{¥/\$}$、中国 CPI 指数 $P_¥$、美国 CPI 指数 $P_\$$ (都以 2008 年 1 月份=100 计算)。要求:

(1) 请验证相对购买力平价条件;

(2) 如果相对购买力平价不能完全成立,可加上调整系数 a 和常数 b,如下面的形式:
$(E_{¥/\$,t} - E_{¥/\$,t-1})/E_{¥/\$,t-1} = a(\pi_{¥,t} - \pi_{\$,t}) + b$。请估算系数 a 和常数 b。

表 10-3 2018～2020 年 1 月份人民币/美元收盘价及中国、美国 CPI 指数

日期	$E_{¥/\$}$	$P_¥$	$P_\$$
2008 年 1 月	7.1822	100	100
2009 年 1 月	6.835	101.26	99.57106
2010 年 1 月	6.8269	102.9819	102.2908
2011 年 1 月	6.6049	107.6922	103.7301
2012 年 1 月	6.309	112.0687	106.777
2013 年 1 月	6.2188	114.7688	108.3857
2014 年 1 月	6.061	117.6482	110.02
2015 年 1 月	6.25	119.5336	110.0156
2016 年 1 月	6.5761	121.5676	111.3421
2017 年 1 月	6.8816	124.7412	114.2692
2018 年 1 月	6.2888	126.3667	116.456
2019 年 1 月	6.7008	128.5064	118.4505
2020 年 1 月	6.9367	135.4635	121.2031

四、思考题

1. 论述货币供给量、利率和产出水平对购买力平价汇率的影响。

2. 论述导致实际汇率长期变动的因素。

3. 论述实际汇率变动和价格水平变动如何影响名义汇率。

4. 国际交易中按市场汇率交换和按购买力平价汇率交换，哪个更合理？

五、材料分析题

根据利率平价定律，影响资本流动的另一个因素就是 τ，即交易费用、信息不对称等因素。由于这些因素的存在，在汇率和利率小幅波动范围内，汇率和利率对资本流动的市场调节机制无效。资本流动障碍导致的货币流动速度下降可能导致人民币存量过多，我国人民币货币存量 M2/GDP 指标由 1990 年的 78.65% 增长到 2016 年的 208.46%，我国的这一指标远高于美国的同类指标。正常情况下，过高的货币增长率，应该会导致国内更高的通货膨胀率（根据货币数量方程式 $MV=PY$）和本币对外币更高的贬值率（根据相对购买力平价 $E=P/P^*$）。但实际上，这并没有导致人民币对美元大幅贬值。相反，1990 年至 2016 年期间人民币对美元反而升值了，这种升值仅仅用巴拉萨-萨缪尔逊效应难以充分解释，背后的原因可能是人民币流动速度不足。人民币流通速度不足，国内储蓄量越积越多且难以有效转化为生产性投资，这直接导致资本的使用效率下降。人民币流通速度不足使人民币资本项目开放潜在巨大风险，因为巨大的货币储蓄量一旦在国际资本冲击下加速流动，将对国内金融体系造成巨大冲击。

根据上述材料，分析以下问题：

(1) 为什么在汇率和利率小幅波动范围内，汇率和利率对资本流动的市场调节机制无效？

(2) 导致名义汇率升值（贬值）的因素有哪些？1990～2016 年，人民币对美元升值的原因有哪些？

第十一章 汇率超调理论

【本章要点概览】

- 货币供求、利率与价格水平
- 货币供给量与汇率的短期分析
- 货币供给量与汇率的动态分析
- 对汇率超调理论的评价

总的来讲,购买力平价理论揭示的是汇率的长期变动规律,利率平价理论揭示的是汇率短期变动规律。本章将外汇决定理论的短期分析和长期分析相结合,分析货币供给量、利率、价格水平、汇率之间的短期和长期的相互作用关系。

第一节 货币供求、利率与价格水平

在充分就业均衡和粘性价格假设下,名义货币供给量变动对利率和价格水平的影响,在短期和长期大不相同。本节先对这些变量间的关系进行分析,以便后面进一步分析这些变量对汇率变动的影响。

一、货币供求与均衡利率

根据货币供求方程式 $M^S = P \times L(R, Y)$,两边同除以价格水平 P,可得:

$$\frac{M^S}{P} = L(R, Y) \tag{11-1}$$

(11-1)式中,M^S 为名义货币供给,P 为价格水平,$\frac{M^S}{P}$ 为一国货币实际总供给,$L(R, Y)$ 为一国货币实际总需求。当一国实际货币总供给等于实际总需求时,货币市场达到均衡。

如图 11-1 所示,实际货币总供给为一外生变量,由中央银行决定。实际货币总供给量为 $\frac{M^S}{P} = Q^1$,实际货币总需求量 $L(R, Y) = Q^1$,实际货币总供给曲线和实际货币总需求曲线相交于点 1,决定

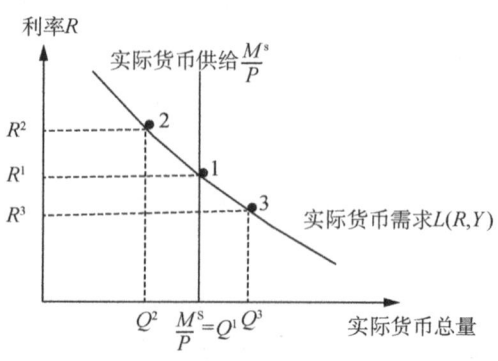

图 11-1 货币供给的变动与均衡利率的变动

了均衡的利率水平 R^1。

因为利率上升使持有货币的机会成本上升,人们会减少对货币的需求量。在图 11-1 的点 2,由于利率高于均衡利率,货币需求量下降,直到需求量下降到 Q^2。这时,存在超量的货币供给,货币供给过量必然导致利率下降。随着利率的下降,货币需求量慢慢增加,直到利率降到均衡利率 R^1,货币需求量增加到 Q^1,实际货币总供给量等于实际货币总需求量为止。

在图 11-1 的点 3,由于利率低于均衡利率,货币需求量增加,直到货币需求量增加到 Q^3。这时,存在超量的货币需求,货币需求过量必然导致利率上升。随着利率的上升,货币需求量慢慢下降,直到利率上升到均衡利率 R^1,货币需求量下降到 Q^1,利率达到均衡利率 R^1 为止。

所以在图 11-1 中,只有点 1 才是唯一稳定的均衡点。

二、货币供给与利率、价格水平

1. 短期均衡分析

下面先分析货币供给量增加在短期对均衡利率的影响。在图 11-2 的点 1 处为均衡点,中央银行的实际货币供给量为 $\frac{M^1}{P^1}$,均衡利率为 R^1。当中央银行名义货币供给量增加到 M^3 时,在粘性价格假设下,短期价格水平不变,实际货币总供给在短期增加到 $\frac{M^3}{P^1}$,即图 11-2 中竖直的货币供给曲线水平右移,均衡利率由 R^1 下降至 R^3。所以货币供给量增加,价格水平在短期不变,短期均衡利率下降。

2. 长期均衡分析

下面分析货币供给增加在长期对均衡利率和价格水平的影响。

在长期,均衡的价格水平 P 要满足下面的方程式:

$$P = M^S / L(R, Y)$$

价格处于长期均衡水平 P 时,利率和产出处于充分就业水平,所有生产要素已充分利用,货币供给量的增加在长期不能影响产出水平。所以在长期,价格水平会因为货币供给量增加而逐渐上涨。随着价格的上涨,实际货币供给量就逐渐减少,在图 11-2 中表现为竖直的货币供给曲线 $\frac{M^S}{P}$ 逐渐向左移动,利率就会逐级上升,直到利率上升到原来均衡点的水平,从而货币需求量也回到了原来的水平,货币市场达到新的均衡状态。长期产出和利率不变,价格水平与名义货币供给量同幅度增加,从而实际货币供给量恢复到原来水平,即 $\frac{M^1}{P^1} = \frac{M^3}{P^3}$,均衡利率又由 R^3 回到 R^1。也就是说,当名义货币供给量突然增加,利率在长期又回到原来的水平,价格的长期增长幅度与名义货币增长的幅度相同。

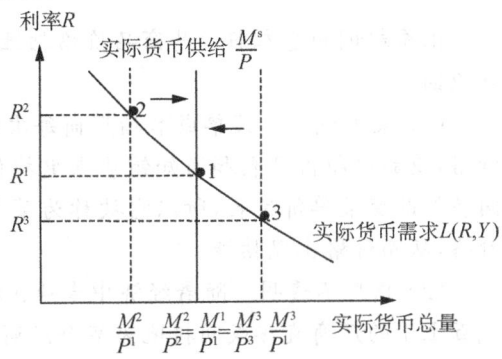

图 11-2 货币供给的变动与均衡利率的变动

同理,如果从均衡点 1 开始,名义货币供给量突然减少至 M^2,在短期实际货币供给量减少

至 $\frac{M^2}{P^1}$,利率上升至 R^2,价格水平保持不变。在长期随着价格水平同幅度下降,货币供给量回到原来水平,利率在长期又回到原来的水平 R^1。

三、货币需求与利率、价格水平

根据货币需求函数 $L(R,Y)$,影响货币需求的因素主要有一国的产出水平和利率。当产出水平发生变化时,货币需求随之变化,这将影响货币市场均衡利率的变化。

在图 11-3 中,均衡点 1 的货币需求量为 $L(R^1,Y^1)$,假设产出水平由 Y^1 增加到 Y^2,产出增加使货币需求增加,利率上升。直到货币的需求由 $L(R^1,Y^1)$ 增加到 $L(R^2,Y^2)$,在图 11-3 中即货币需求曲线向右向上移动,均衡由点 1 移动到新的均衡点 2,长期均衡利率由 R^1 上升到 R^2。在货币供给量不变的情况下,根据公式 $P=M^s/L(R,Y)$,货币需求量增加将导致长期均衡价格水平下降。也就是说,产出增加导致的货币需求增加将在长期使利率上升,使价格水平下降。

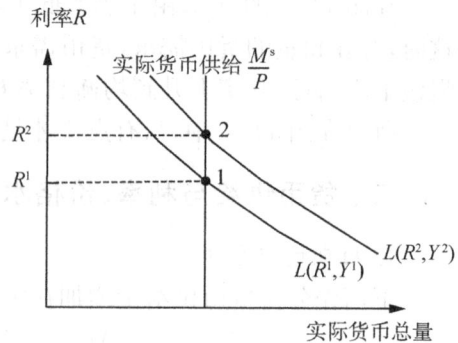

图 11-3 货币需求增加与均衡利率的变动

反之,如果产出下降,则货币需求下降,需求曲线向左水平移动。这将导致长期均衡利率下降。货币需求下降将导致长期均衡价格水平上升。也就是说,产出下降造成的货币需求下降将在长期使利率下降,使价格水平上升。

【专栏 11-1】

商品价格粘性的原因

汇率超调的基本假设是商品价格粘性,关于商品价格为什么具有粘性,大概主要有以下几点原因。

(1)菜单成本。菜单成本指厂商每次调整价格要花费的成本,这些成本包括研究和确定新价格,重新编印价目表和通知销售点更换价格标签等所费成本。因为各类产品价格的变动如同餐馆改变菜单价目表,所以它被称为菜单成本。菜单成本的存在使厂商不愿意经常地改变价格,从而价格出现粘性。

(2)信息不透明。随着经济中专业化程度越来越高,厂商之间的投入产出关系错综复杂,成百上千的厂商直接或间接地为某个厂商提供生产要素。单个厂商难以有效地对价格信息进行价格调整。此外,需求变化对单个产品价格的影响在错综复杂的投入产出链之间的传递十分缓慢,所以各厂商之间的相对价格比较稳定,呈现价格粘性。

(3)劳务及购销合同使厂商不能迅速调整价格。商品购销合同和劳动工资合同使价格在合同期内难以得到调整。

第二节 暂时性货币供给变动与短期均衡汇率

暂时性货币供给变动不影响人们对通货膨胀的预期,从而不影响人们对汇率的预期变动。在短期,因价格来不及调整,名义货币供给量变动会导致利率变动,根据利率平价理论,从而会导致外汇市场汇率变动。

一、人民币货币供给与人民币/美元汇率

在外汇市场短期分析中,因为暂时性货币供给变动不影响汇率预期变动,也就是在预期汇率不变的前提下,根据利率平价理论,分析短期利率变动对即期汇率的影响。

在图11-4中,我们把货币市场供求分析图和外汇市场利率平价分析图结合了起来。

图11-4中,其下半部分为人民币货币市场供求分析图。纵轴向下方向度量人民币实际货币总量,横轴为用人民币度量的收益率。当人民币的实际供给量为 $\frac{M_¥^1}{P_¥}$,货币市场均衡处为点1,均衡的利率为 $R_¥^1$。当人民币名义货币供给暂时性增加,由 $M_¥^1$ 增加到 $M_¥^2$,因为在短期,价格水平 $P_¥$ 不变,故实际货币供给由 $\frac{M_¥^1}{P_¥}$ 增加到 $\frac{M_¥^2}{P_¥}$,货币市场均衡由点1移动到点2,对应的短期均衡利率由 $R_¥^1$ 下降到 $R_¥^2$。

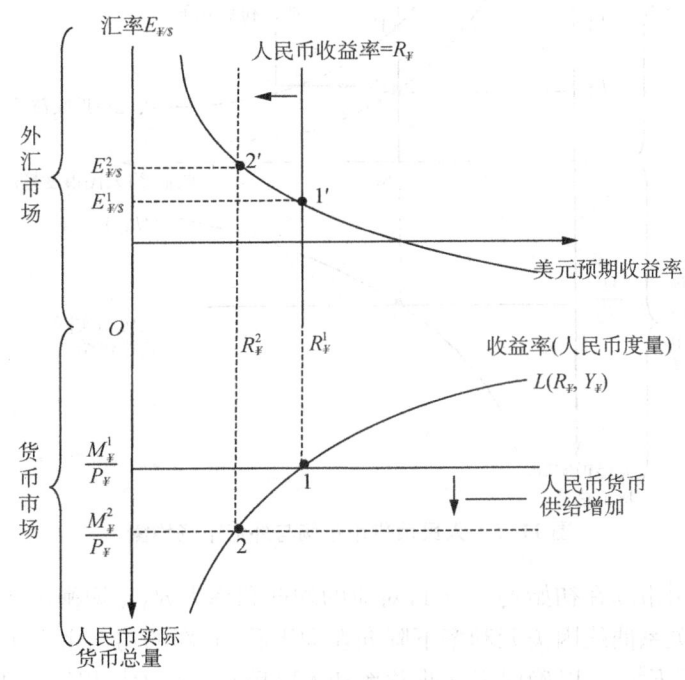

图 11-4　人民币货币市场与外汇市场均衡

我们再看图11-4上半部分人民币/美元外汇市场。两种货币的收益率都用人民币度量,横轴为人民币度量的收益率,纵轴向上方向度量人民币/美元汇率 $E_{¥/\$}$,曲线负斜率表示美元的预期收益率随美元即期汇率贬值($E_{¥/\$}$ 变小)而上升。当人民币均衡利率 $R_¥=R_¥^1$ 时,外汇市场均衡位于点 $1'$,均衡汇率为 $E_{¥/\$}^1$。当人民币名义货币供给量暂时性增加,由 $M_¥^1$ 增加到

$M_¥^2$，人民币利率下降至 $R_¥^2$，对应的人民币收益率竖直线由 $R_¥=R_¥^1$ 向左平移到 $R_¥=R_¥^2$。在外汇市场人民币/美元预期汇率不变的情况下，美元预期收益率与汇率关系曲线不变，人民币/美元外汇市场均衡汇率由 $E_{¥/\$}^1$ 上升到 $E_{¥/\$}^2$。

同理，当人民币货币供给量暂时性减少时，短期内将导致货币市场人民币利率上升，人民币利率上升将导致外汇市场人民币即期升值。

因此我们可以得出，在其他条件一定的情况下，一国货币供给量暂时性增加，在短期会导致该国货币在外汇市场即期贬值；反之，一国货币供给量暂时性减少，在短期会导致该国货币在外汇市场即期升值。

二、美元货币供给与人民币/美元汇率

美元货币供给量暂时性变动对人民币/美元汇率的影响，也可用类似图11-4的图形进行分析。不妨假设美国货币供给暂时性增加，在短期导致美元利率下降。美元利率下降将导致美元的预期收益率下降，这在图11-5表现为上半部分代表美元收益率与汇率关系的曲线向左向下平移；曲线下移表示在既定的汇率水平下，美元预期收益率因美元利率下降而下降。

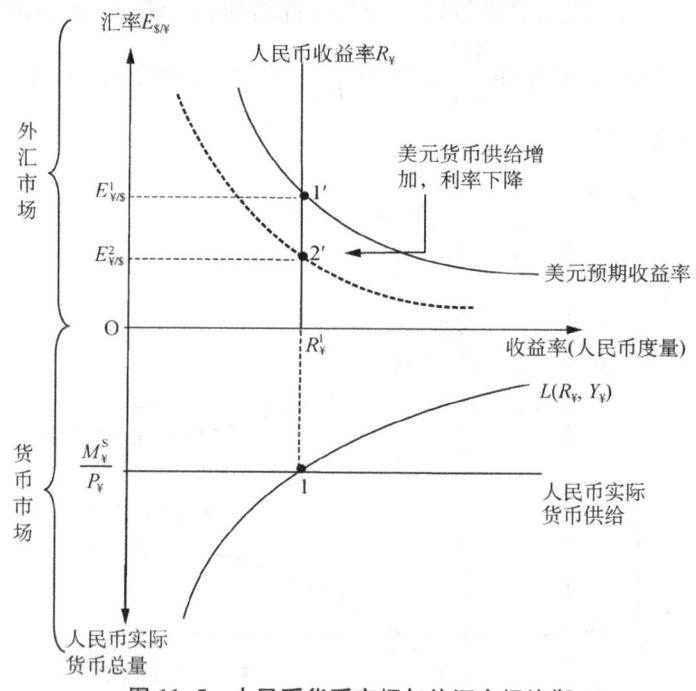

图11-5 人民币货币市场与外汇市场均衡

考虑人民币货币市场在初始均衡点1，对应的均衡利率为 $R_¥^1$、均衡汇率为 $E_{¥/\$}^1$。当美元预期收益率与汇率关系曲线因美元利率下降向左向下移动，新的均衡由点 1′ 下降到点 2′，均衡汇率由 $E_{¥/\$}^1$ 下降至 $E_{¥/\$}^2$，以确保美元收益率和人民币收益率 $R_¥^1$ 相等。所以，美元货币供给量暂时性增加，在短期导致美元利率下降，最后导致美元在外汇市场即期贬值。

同理，美元供给量的暂时性下降，将导致美元利率上升。对应的美元预期收益率与汇率关系曲线向右向上移动，从而导致均衡的汇率上升。

因此，我们可以得出同样的结论：在其他条件一定的情况下，一国货币供给量暂时性增加，在短期会导致该国货币在外汇市场即期贬值；反之，一国货币供给量暂时性减少，在短期会导

致该国货币在外汇市场即期升值。

值得注意的是,在分析货币供给量暂时性变动在短期引起利率变动,从而在外汇市场引起即期汇率变动时,我们是假设外汇市场预期汇率不变的情况下进行的。实际上不管任何因素,在不影响预期汇率的前提下,只要引起了利率变动,都会通过外汇市场利率平价条件影响即期汇率。

当人民币和美元两种货币供给量都发生变动时,两种货币利率都发生改变,其利差变动作用于外汇市场,并按利率平价条件决定即期汇率。

【专栏 11-2】

利率波动与汇率波动联动关系检验

一、实证检验依据

当利率市场化和资本项目开放后,汇率和利率之间的关系由资本市场流动套利决定。以人民币和美元交易为例,资本市场流动套利应满足利率平价条件,即:

$$R_¥ - R_\$ = (E^e_{¥/\$} - E_{¥/\$})/E_{¥/\$} + \tau$$

根据利率平价条件,利率和汇率是联动的。利率汇率联动的程度与汇率弹性、利率弹性、国内和国外资产的替代弹性有关。当外汇市场足够发达,汇率有足够弹性时,汇率自由浮动就可以吸收资本流动冲击,一国就可以维持利率稳定和保持货币政策的独立性;当国内和国外资产不能完全替代时,或者资本有限流动时,τ 就较大,资本流动对利率的影响就会变小。利率和汇率联动也表明,在预期不变的前提下(如果预期汇率可以通过远期外汇市场锁定),当资本跨国流动导致一国货币汇率波动时,利率也可能波动。

二、检验样本和检验方法

利率和汇率之间是否存在联动关系需要实证检验。这里不妨用我国 1 年期国债收益率与人民币对美元的汇率为例,简单分析一下人民币利率市场化之后,人民币利率和汇率是否存在联动关系。

由于我国 1 年期国债收益率在 2015 年 1 月 5 日起才开始自由浮动,故本文选用 2015 年 1 月 5 日至 2018 年 12 月 21 日的每日样本数据对人民币利率和汇率的联动关系进行检验。利率样本为 1 年期国债收益率,而汇率样本分别采用美元的人民币国内即期外汇市场价格、美元的人民币国内远期外汇市场价格。

单位根检验表明,这几个时间序列变量的水平值是不平稳的,存在单位根,而一阶差分时间序列是平稳的。当然不平稳的水平序列样本可能存在协整关系,如果通过协整检验发现存在协整关系,就用误差修正模型估算他们之间的协整关系。如果协整关系不存在,就直接通过差分序列估算人民币利率和汇率的联动关系。

三、检验结果

协整检验表明,人民币利率与人民币即期和远期汇率之间都存在协整关系,且误差修正模型检验表明,这类协整关系只是单向的。

具体来讲,根据表 11-1 中的协整方程 1(CointEq1),在国内外汇市场,人民币利率对即期汇率存在显著的、单向的、收敛的协整关系(协整系数为 -0.000755)。当出现利率变动冲击时,外汇市场在长期是向均衡方向调整的。但人民币利率变动与即期汇率变动之间的短期关系不显著。

根据协整方程 2(CointEq2),在国内外汇市场,1 年远期汇率对人民币利率存在显著的、单向的、收敛的协整关系(协整系数为-0.000492)。当出现1年远期汇率变动冲击时,市场在长期是向均衡方向调整的。在短期,人民币利率变动之后,对次日1年远期汇率有正向影响,这种影响符合利率平价理论。

表11-1 人民币利率和汇率的联动关系(协整检验结果)

	CointEq1			CointEq2		
SPOT(-1)	1.0000		RRMB(-1)	1.0000		
RRMB(-1) (标准差)	2.9395** (1.09471)		FUT1Y(-1) (标准差)	-25.5615*** (9.2788)		
C	-14.7990		C	167.6768		
Err-Correct	D(SPOT)	D(RRMB)	Err-Correct	D(RRMB)	D(FUT1Y)	
协整系数 (标准差)	-0.000755*** (0.00029)	-0.000680 (0.00073)	协整系数 (标准差)	-0.000492** (0.00021)	0.000125 (9.8E-05)	
D(SPOT(-1)) (标准差)	0.08813*** (0.03143)	0.1255 (0.07990)	D(RRMB(-1)) (标准差)	-0.001053 (0.03125)	0.02955** (0.01449)	
D(SPOT(-2)) (标准差)	-0.02968 (0.03144)	-0.03007 (0.07992)	D(RRMB(-2)) (标准差)	0.1302*** (0.03137)	-0.01512 (0.01454)	
D(RRMB(-1)) (标准差)	0.01972 (0.01227)	0.007967 (0.03120)	D(FUT1Y(-1)) (标准差)	0.06577 (0.06786)	-0.02971 (0.03146)	
D(RRMB(-2)) (标准差)	0.000956 (0.01230)	0.1375*** (0.03127)	D(FUT1Y(-2)) (标准差)	-0.001385 (0.06779)	-0.01655 (0.03143)	
C (标准差)	0.000711 (0.00045)	-0.000594 (0.00114)	C (标准差)	-0.000563 (0.00114)	0.000510 (0.00053)	
协整关系方向	RRMB→SPOT		协整关系方向	FUT1Y→RRMB		

四、检验结果分析

总的来讲,在样本期间,人民币利率与即期汇率、远期汇率存在显著的、单向的、收敛的协整关系,这表明中国国内外汇市场在长期是向均衡调整的;但人民币利率与汇率短期关系不显著。这表明,国内汇率波动与利率波动的联动关系很弱,主要原因是利率传导机制不畅、汇率波动幅度受到限制、国内外汇交易要按实需原则、没有价格反应更灵敏的专业性外汇市场,等等。国内汇率波动与利率波动的联动关系很弱,说明我国货币市场利率与资本市场汇率是分割的,资本市场深度不够,在出现资本流动冲击时,没法通过利率调节吸收资本流动对汇率的冲击。特别是在汇率缺乏弹性时,资本跨国流动对汇率的冲击就更大。

第三节 永久性货币供给变动与汇率的动态分析

在暂时性货币供给变动影响短期均衡汇率的分析中,我们假定价格水平不变和预期汇率不变。但在长期,一国的价格水平会随货币供给量的变动而变动,根据相对购买力平价,价格水平的变动又会导致汇率变动。如果货币供给变动是永久性的,那么就会改变人们对外汇市场汇率的预期,进而导致预期汇率变动。

本节将永久性货币供给变动后的短期影响和长期影响结合起来,分析货币供给变动之后,利率、汇率、价格水平等经济变量间的动态关系。

一、永久性货币供给变动与汇率调整

以人民币/美元为例,假设所有经济变量都处于长期均衡状态、产出处于充分就业水平、所有生产要素已充分利用,则货币供给的变动不能影响产出水平。所以进一步假设中国的长期均衡产出水平 $Y_¥$ 保持不变,初始均衡价格水平为 $P_¥^1$、初始名义货币供给量为 $M_¥^1$、初始均衡利率为 $R_¥^1$、初始均衡汇率为 $E_{¥/\$}^1$。假设人民币名义货币供给永久性增长到 $M_¥^2$,长期均衡价格水平同幅度增长到 $P_¥^2$,下面用图 11-6 说明各种变量的短期和长期变动情况。

1. 短期分析

图 11-6(a)描述的是相关变量的短期关系。图 11-6(a)下半部分货币市场初始均衡位于点 1,当中国的名义货币供给量由 $M_¥^1$ 增长到 $M_¥^2$,在短期由于价格水平不变,实际货币供给量由 $\dfrac{M_¥^1}{P_¥^1}$ 增长到 $\dfrac{M_¥^2}{P_¥^1}$,左下角货币供给曲线向下移动,对应的均衡利率由 $R_¥^1$ 下降到 $R_¥^2$。

在图 11-6(a)中对应的外汇市场,根据利率平价理论,在预期汇率不变时,人民币短期均衡利率的下降,将导致人民币/美元即期汇率由 $E_{¥/\$}^1$ 上升到 $E_{¥/\$}^3$(人民币贬值)。短期外汇市场对应的均衡点由 $1'$ 向上向左移动到点 $3'$。但实际上,由于货币供给增长是永久性的,在产出不变的情况下,人们预期长期均衡价格水平将与名义货币增长量同幅度地上升。根据相对购买力平价理论,人们将预期人民币/美元汇率同幅度上升(人民币对美元贬值幅度等于中美通货膨胀率之差)。人民币/美元预期汇率的上升,导致图 11-6(a)上半部分的美元收益率与汇率关系曲线向右向上移动。预期汇率上升进一步使即期汇率同步上升,最终的短期均衡由点 $3'$ 上移到点 $2'$,形成短期均衡汇率。

可见,当货币供给的增长是永久性的,预期汇率则上升,预期汇率上升和利率下降在短期共同作用于外汇市场。这导致永久性货币供给增长对汇率的影响大于暂时性货币供给增长对汇率的影响。

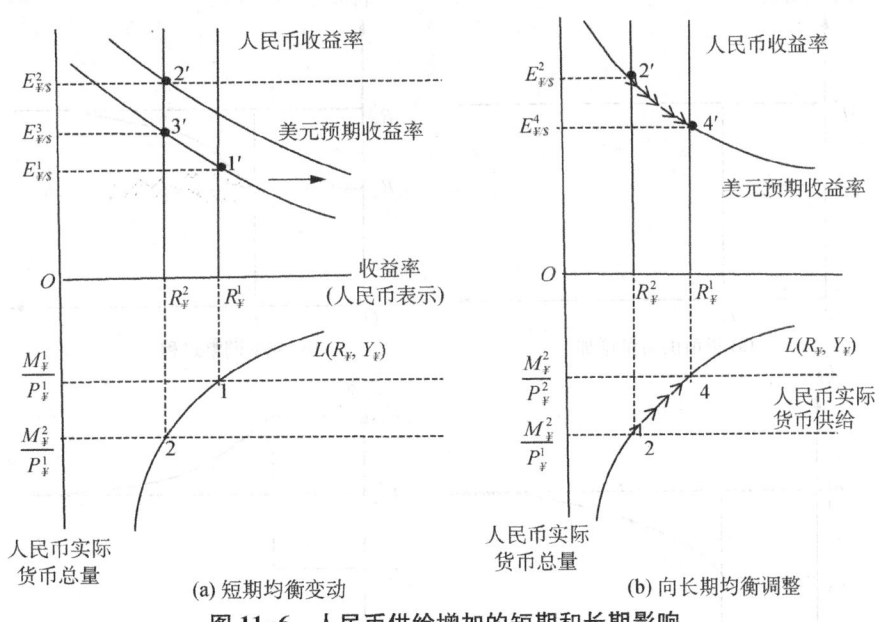

图 11-6 人民币供给增加的短期和长期影响

2. 长期分析

图 11-6(b)描述的是相关变量的长期变动。在图 11-6(b)下半部分货币市场,由于价格水

平的逐渐上升,由 $P_¥^1$ 上升到 $P_¥^2$,实际货币供给量由 $\dfrac{M_¥^2}{P_¥^1}$ 逐渐下降到 $\dfrac{M_¥^2}{P_¥^2}$,对应的均衡利率由 $R_¥^2$ 逐渐上升到 $R_¥^1$。这些变量的调整过程如 11-6(b)下半部分货币市场的箭头所示,货币市场最终回到初始的均衡位置,也是最终的长期均衡状态。

均衡利率恢复性上升作用于外汇市场,在图 11-6(b)上半部分外汇市场,根据利率平价,人民币利率的逐渐上升将导致即期汇率由 $E_{¥/\$}^2$ 到 $E_{¥/\$}^4$ 的下降(人民币升值),外汇市场由短期均衡状态(点 2′)逐渐达到长期均衡状态(点 4′),形成长期均衡汇率。

二、汇率超调

在产出不变和粘性价格假设下,名义货币供给量永久性增加导致短期利率下降,同时形成价格水平上涨的预期,从而形成汇率贬值预期。汇率贬值预期和短期利率的下降共同作用于外汇市场:在短期导致货币即期汇率过度贬值;在长期随着利率恢复性上升,汇率随之进行恢复性升值调整,直到该货币长期贬值幅度与名义货币供给量增加幅度相等而到达长期均衡水平。这种在货币增加之后,货币汇率短期贬值超过长期贬值的现象称为汇率超调(exchange rate overshooting)。

汇率短期超调的根本原因在于商品市场价格的调整速度较慢、过程较长、呈粘性状态。有以上特征的商品市场价格也被称为粘性价格(sticky price)。而金融市场的汇率对冲击的反应较快。汇率超调现象也表明购买力平价在短期不能成立,在经过一段时间,当商品市场的价格调整到位后,汇率则从初始均衡水平逐渐调整到新的均衡水平,从而购买力平价在长期得以成立。

图 11-7 进一步显示了人民币货币供给量的永久性增加,人民币利率、价格水平、人民币/美元汇率从初始均衡状态到新均衡状态的变动路径。

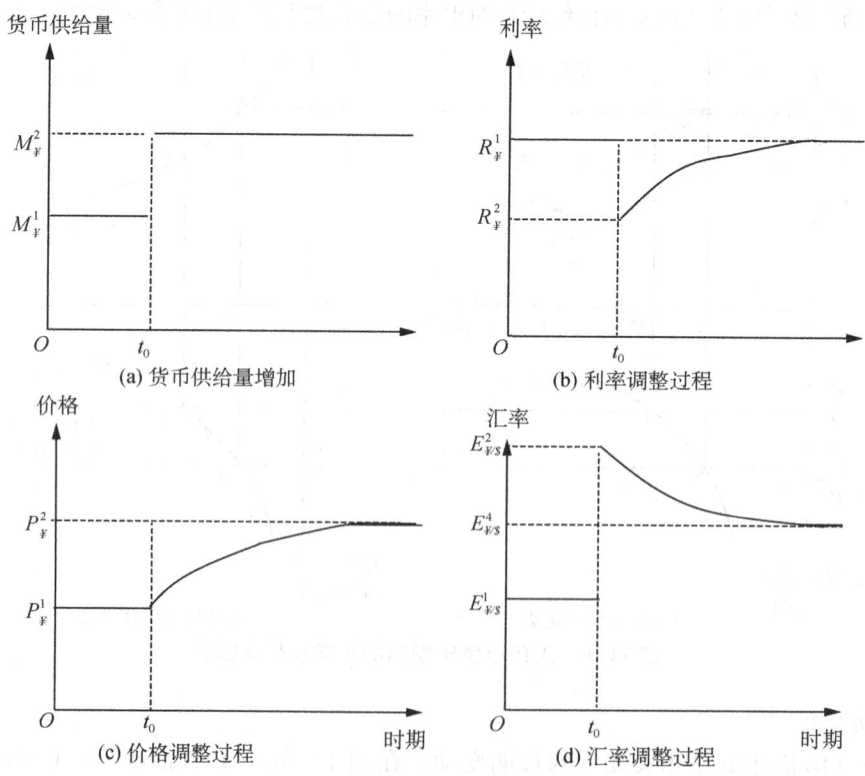

图 11-7　汇率超调模型

由于某种原因,在 t_0 期引起的人民币货币供给量从 $M_¥^1$ 增加到 $M_¥^2$,如图 11-7(a)所示,由于产生了瞬间的货币超额供给,作为资产价格的利率会作迅速调整。由于价格粘性,在价格水平来不及发生变动的情况下,人民币利率水平由 $R_¥^1$ 迅速下降到 $R_¥^2$,如图 11-7(b)所示。由于价格粘性,人民币价格水平反应较慢,从 t_0 期开始逐渐上升,经过一段时间后,从 $P_¥^1$ 上升到 $P_¥^2$,如图 11-7(c)所示;而此时的利率水平经过短暂的下降之后,随着价格的进一步上升,货币的超额供给完全消化,利率逐渐恢复、上升到原来的水平,如图 11-7(b)所示。人民币利率短期下降和预期汇率贬值共同作用于外汇市场,使汇率从 $E_{¥/\$}^1$ 迅速上升到 $E_{¥/\$}^2$(本币贬值),即所谓的汇率超调,如图 11-7(d)所示。根据利率平价理论,利率恢复性上升会对汇率产生影响,使汇率从超调状态的 $E_{¥/\$}^2$ 水平到达均衡状态的 $E_{¥/\$}^4$ 水平,如图 11-7(d)所示。最终,汇率、利率、价格、货币存量和产出重新达到新的均衡状态,即产出和实际利率不变。货币扩张的长期结果是价格水平和汇率同比例上升。

【专栏 11-3】

中美两国价格水平波动与双边汇率波动关系

汇率超调理论是由美国经济学家多恩布什(Dornbush R.)于 20 世纪 70 年代提出的。汇率超调理论假设商品价格呈粘性,货币市场和外汇市场是有效的,以确保在短期利率平价条件成立,在长期购买力平价条件成立,且理性投机者有充分信息完全预期汇率的长期波动。

但就中国的货币市场情况看,虽然在 2015 年 10 月 24 日,中国人民银行决定放开存款利率浮动上限,这标志着我国利率市场化基本完成。但受金融市场开放程度不高、金融产品数量不足、存贷比限制和信贷规模控制等影响,人民币利率价格传导机制不畅。利率传导机制不畅会导致利率对货币供求反应不足。

在外汇市场,中国还没有类似伦敦、纽约这样的专业性外汇市场,中国银行外汇市场还属于场外交易市场。由于中国资本市场没有完全开放,企业通过银行进行的外汇衍生品交易受实需原则限制,银行外汇市场交易成本很高。市场流动性不足、交易效率低等问题存在,利率平价成立受到限制。此外,受人民币汇率自由浮动范围限制,人民币汇率难以调整到位。例如 2005 年 7 月 21 日汇改之时(人民币/美元汇率为 8.2765),人民币面临大幅升值预期,但受汇率日波幅±0.3%限制,很难一下子调整到位,人民币长期处于单向升值状态。直到 2008 年 12 月达到 6.823 人民币/美元,期间累计升值超过 17%,然后才进入双向浮动周期。虽然人民币离岸外汇市场交易可能是有效的,但由于人民币资本项目存在流动限制,人民币外汇市场处于分割状态。

图 11-8 用美元对人民币汇率($E_{USD/RMB}$)月度变动百分比,美国消费物价指数对中国消费物价指数(consumer price index,CPI)($P_{us/cn}$)比率月度变动的百分比进行对比,样本范围为 2008 年 1 月至 2020 年 1 月。在这期间,人民币汇率波动幅度逐渐放开,先后由 2007 年 5 月 21 日开始的日波幅±0.5%,放开到 2012 年 4 月 16 日的日波幅±1%~±2%,2014 年 3 月 17 又进一步放开到日波幅±2%~±3%。从图 11-8 中可以看到,随着汇率日波幅限制的逐渐放开,美元对人民币汇率波动幅度越来越大。在 2015 年之前,美国与中国的相对价格水平的月波动幅度与汇率月波动幅度差不多;2015 年以后,汇率月波动幅度就明显大于相对价格水平的月波动幅度。虽然我们不能确定汇率波动的原因是否与货币供求有关,但汇率超调理论关于商品市场价格粘性,外汇市场汇率更易于波动的判断,与图 11-8 所描述的 2015 年以后的情

况越来越符合了。

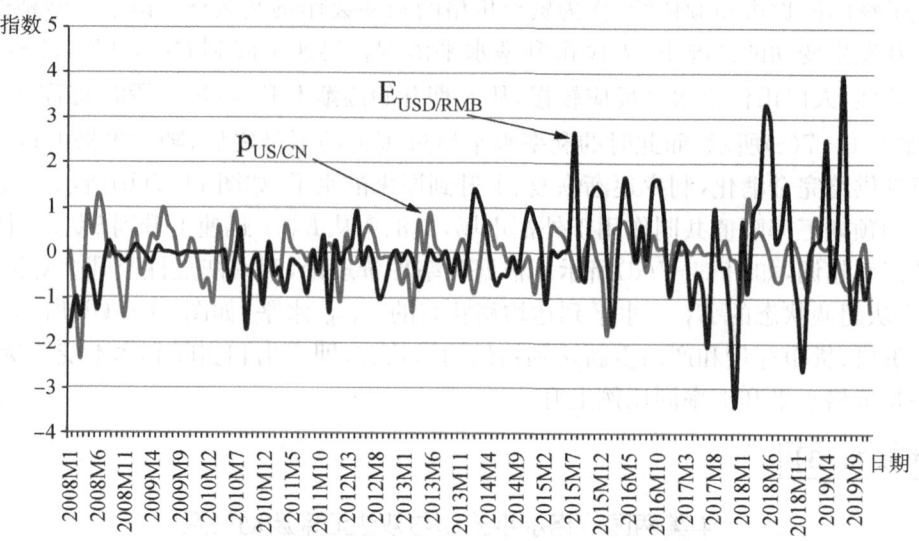

图 11-8　2008～2019 年美元/人民币汇率与美国/中国 CPI 指数月波动率之比
数据来源：CPI 指数来自"中华人民共和国国家统计局"，美元/人民币汇率涨跌幅来自"英为财情"。

第四节　对汇率超调理论的评价

汇率超调理论是基于有效外汇市场和货币市场分析得出的结论，暂时不太适合于中国外汇市场和货币市场。中国目前正在进行利率市场化、汇率市场化、资本项目开放等系列改革，这一系列改革的成效可以与标准的汇率超调模型进行比较。此外，汇率超调理论关于商品市场价格粘性、外汇市场汇率更易于波动的判断还是比较符合客观实际的。虽然汇率超调模型所要求的严格条件在现实中基本不存在，但现实条件的差异并不会彻底改变模型的基本结论。

汇率超调理论关于外汇市场短期过度调整和汇率极易波动的思想，甚至可以推广到所有金融市场。金融市场极不稳定，对各种政策措施更敏感。外汇市场和整个金融市场的监管是有必要。金融改革应该走渐进改革之路，且在实施货币金融政策时，要特别小心各种政策对汇率等金融产品价格的过度影响。2005 年 7 月 21 日的汇率制度改革中，中国始终能顶住巨大的本币升值压力，坚持渐进升值和稳步推进人民币市场化的路径。更早开始的利率市场化和资本项目开放等改革，也是渐进式的改革。实际上，1978 年以来中国的改革基本上是渐进式的，但根据汇率超调理论，金融领域的改革和实体经济领域的改革还是有所区别：实体经济领域应该加快推进改革，金融领域才应该走渐进稳步的改革之路。

汇率超调理论严格的假设前提和该理论政策意义是矛盾的。汇率超调理论假设：资本是完全自由流动的，汇率是完全自由浮动的。在这样的假设条件下，汇率超调引起的外汇市场过度波动，可能会给一国经济乃至全球金融市场带来冲击和破坏。为了避免冲击和破坏，各国政府应该对外汇市场的过度投机、短期资产流动进行限制，对汇率波动加以管理和干预。所以，汇率超调理论的假设条件在现实中不能完全实现。

影响汇率的因素非常复杂，汇率超调理论的假设太严格，根本不可能根据汇率超调理论来准确分析和预测汇率的波动情况。在进行汇率预期的时候,汇率的短期波动和长期波动是难以分离的,未发生的事件对汇率的影响更是无法预期,所以基本上不可能根据汇率超调模型来预测汇率的短期和长期变动。

【专栏 11-4】

资本项目开放:急进还是渐进?

1. 急进开放的观点

急进开放的观点以自由市场理论为基础,主张以资本项目开放来优化资本配置和推动改革。Lal(1987)主张资本项目先于经常项目开放,在分阶段实行贸易自由化时,就宣布资本项目开放。他的理由是,如果这一宣布具有公信力,那么长期投资者就会根据国际市场的相对价格,而不是国内扭曲的市场价格来做出决策,进而有利于国内投资效率的提高。Guitian(1998)认为,开放资本项目应该具备若干先决条件,如一定数量的外汇储备、宏观经济稳定、灵活的汇率制度、财政收支状况良好、国内金融体系具有较好的抗外部冲击能力等;但是,满足资本账户开放的某些条件可能永远不能实现,如果一味地等待这些条件的实现,就会导致永久的资本管制。因此资本账户开放应该没有先决条件;若外部条件稳定而国内政策健全,则可以同时开放资本账户和经常账户,资本项目与经常项目同时开放,则有利于这些条件的实现。例如,资本项目自由化可以约束一国的宏观经济政策,使其不得不使经济恢复平衡和稳定。因此,宏观经济稳定,与其说是资本项目自由化的前提,不如说是自由化的结果。对汇率制度也是如此,资本的自由流动会产生一个合理的汇率制度,而不是事先按要求去设计这样一种汇率制度。同样的道理,国内金融自由化可以看成资本自由化的结果,而不是它的先决条件。

2. 渐进开放的观点

渐进开放的观点认为,资本项目开放应放在自由化改革的最后阶段。Mckinnon(1993)通过一国宏观经济稳定性、经济改革的可持续性与资本流动之间的关系分析后提出,发展中国家和转型国家只有在取得宏观经济稳定并完成国内金融及贸易自由化、当国内借贷能按均衡利率进行、通货膨胀受到明显的控制以使本国货币没有必要持续贬值,具备充分的套利条件保证国际资本的自由流动时,才能实行资本项目的全面开放。在条件不具备时,过早开放资本项目会造成资本外逃和外债高筑,引起经济震荡甚至酿成危机。Mathieson 等人(1993)从一国经济对外部冲击的反应角度,认为资本市场的调节速度要快于商品市场。所以,如果资本项目开放早于或同步于经常项目自由化,实际汇率的升值会刺激大规模的资本流入,从而破坏改革的进程。

IMF2012 年《货币与汇兑安排报告》关于新兴市场国家过去 15 年资本流动自由化的研究得出:资本项目开放程度越高,会伴随着更高的经济增长、更大的资本流动量、更高的股权收益率、更低的通货膨胀率和银行更低的资本充足率。但这些影响存在门坎效应,其分类的门坎为"资本市场发育程度、管理水平、宏观政策,以及贸易一体化程度"。也就是高于这一门坎的国家,资本自由化才具有更多积极影响。类似的研究结论是,Barry 等(2011)研究得出资本项目开放对一国家经济增长的正影响依赖于一国发达的金融体系、良好的会计标准、强有力的债权保护和法律法规。Klein 和 Oliver(2008)认为金融深化是资本项目开放和经济增长内生决定的,资本项目开放对一国的金融市场发展和制度完善有直接和间接影响。由于发展中国家金融体系不发达、经济制度欠完善,因而资本项目开放对发展中国家经济增长促进作用有限。因此,Hichem(2014)建议发展中国家若要推动经济增长,首先应该完善经济制度、法律和司法体制,然后推动资本项目自由化。

本章小结

本章将外汇决定理论的短期分析和长期分析相结合,分析货币供给、利率、价格水平、汇率之间的短期和长期的相互作用关系。

利率是货币供求决定的。在粘性价格假设下,名义货币供给量增加、短期价格水平不受影响、利率下降。在长期价格水平与货币供给量同幅度上升下,利率恢复性增长到原来的均衡水平。产出增加造成的货币需求增加将导致长期均衡价格水平下降,长期均衡利率上升。

人民币名义货币供给的暂时性增加不改变人们对外汇市场的汇率预期。在短期,价格来不及调整会导致人民币利率下降。根据利率平价理论,利率下降会导致外汇市场人民币/美元汇率的即期汇率上升(人民币贬值)。

如果人民币名义货币供给量增加是永久性的,价格水平的上升将导致人民币/美元汇率预期上升(人民币贬值),从而会改变人们对外汇市场的汇率预期。人民币名义货币供给永久性增加之后,在短期,人民币/美元汇率预期上升(人民币预期贬值)和人民币利率立即下降,共同导致外汇市场人民币/美元即期汇率过度上升(人民币过度贬值)。在长期,名义货币供给量的增加将完全由等幅度价格水平的上升所抵销,从而实际货币供给量恢复到原来水平,利率也恢复到原来的水平。人民币利率恢复性上升使外汇市场人民币/美元汇率逐渐下降(人民币恢复性升值)至长期均衡位置。这种货币汇率短期贬值超过长期贬值的现象,被称为汇率超调。

汇率短期超调的根本原因在于商品市场价格的调整速度较慢,而金融市场的汇率对冲击的反应较快。汇率超调理论关于外汇市场短期过度调整和汇率极易波动的思想,启示我们有必要对外汇市场乃至整个金融市场进行监管,金融改革必须走渐进改革之路,且在实施货币金融政策时,要特别小心各种政策对汇率等金融产品价格的过度影响。

汇率超调理论的假设条件在现实中不能完全实现,影响汇率的因素非常复杂。基本上不可能根据汇率超调模型来预测汇率的短期和长期变动。

练 习 题

一、名词解释
短期均衡利率　暂时性货币供给变动　永久性货币供给变动　粘性价格假设　汇率超调　短期均衡汇率　长期均衡汇率

二、简答题
1. 在粘性价格假设下,分析名义货币供给量减少对利率的短期影响和长期影响。
2. 分析人民币名义货币的供给量增加,对人民币/美元汇率的预期变动的影响。
3. 分析人民币名义货币供给量增加,在短期,对人民币/美元均衡汇率的影响。
4. 分析人民币名义货币供给量增加,在长期,对人民币/美元均衡汇率的影响。
5. 分析暂时性货币供给变动和永久性货币供给变动,对外汇市场短期均衡汇率各有什么影响。

三、计算题
1. 假设美元存款的年利率为2%,欧元存款的年利率为4%,一年预期汇率 $E^e_{\$/€}$ 为1。计算:

(1) 根据利率平价理论，外汇市场均衡汇率 $E_{\$/€}$ 为多少？

(2) 如果欧元暂时性供给增加 10%，欧元存款的年利率下降到 2%，外汇市场短期均衡汇率 $E_{\$/€}$ 为多少？

(3) 如果欧元永久性供给增加 10%，欧元存款的年利率下降到 2%，外汇市场短期均衡汇率 $E_{\$/€}$ 为多少？1 年后的均衡汇率 $E_{\$/€,t+1}$ 为多少？

2. 假设美元存款的年利率为 5%，欧元存款的年利率为 5%，1 年预期汇率 $E^e_{\$/€}$ 为 1。如果欧元永久性供给增加 10%，欧元存款的年利率下降到 2%。计算：

(1) 外汇市场预期汇率 $E^e_{\$/€}$ 是多少？

(2) 外汇市场短期均衡汇率 $E_{\$/€}$ 为多少？

(3) 1 年后的均衡汇率 $E_{\$/€,t+1}$ 为多少？

3. 假设中美两国产出一定，美元存款的年利率为 2%，中国名义货币供给年增长率为 5%，美国名义货币供给年增长率为 3%。请问：

(1) 中国的通货膨胀率是多少？外汇市场人民币/美元预期汇率 $E^e_{¥/\$}$ 如何变化？

(2) 如果中国名义货币供给年增长率永久性提高到 10%，人民币存款的年利率下降 2%，美国名义货币供给年增长率不变，外汇市场人民币/美元短期均衡汇率 $E_{¥/\$}$ 如何变化？1 年后的人民币/美元汇率变化如何？

4. 假设年初人民币/美元即期汇率为 7 人民币/美元，人民币货币供给年增长率 8%，美国货币供给增长率 4%。请问：

(1) 1 年后人民币预期汇率是多少？

(2) 如果人民币利率为 5%，美元利率 2%，1 年远期汇率 $E^f_{¥/\$}$ 为 7.07，你现在有 100 万美元，你如何进行套利？所得美元收益率是多少（用美元度量）？

5. 假设货币流通速度 V 是一国实际产出 Y 和实际货币持有量 M/P 之比，即：$V = Y/(M/P)$。要求：

(1) 请根据公式 $P = M^S/L(R,Y)$ 推导货币流通速度的公式。

(2) 在其他条件不变时，货币流通速度加快，对汇率、利率和价格水平的短期影响和长期影响？

6. 表 11-2 为 2018 年 12 月份，人民币年利率 $R_¥$、美元年利率 $R_\$$、人民币/美元外汇市场即期汇率 $E_{¥/\$}$ 和 1 年远期汇率 $E^f_{¥/\$}$ 的价格。要求：

(1) 请估算人民币和美元的收益率。

(2) 人民币收益率和美元收益率哪个更高，收益率存在差异的原因是什么？

(3) 如果利率平价条件不能完全成立，加上常数 τ，如下面的形式：$(E^f_{¥/\$} - E_{¥/\$})/E_{¥/\$} = (R_\$ - R_¥) + \tau$，请估算常数 τ。

表 11-2 2018 年 12 月人民币和美元的相关数据

日期	$R_\$$	$R_¥$	$E_{¥/\$}$	$E^f_{¥/\$}$
2018-12-03	2.7200	2.5248	6.9431	6.8655
2018-12-04	2.7100	2.5287	6.8939	6.8345
2018-12-06	2.7000	2.5141	6.8599	6.8530
2018-12-07	2.6800	2.5135	6.8664	6.8453
2018-12-10	2.6900	2.5115	6.8693	6.8823

(续表)

日期	$R_\$$	$R_¥$	$E_{¥/\$}$	$E^f_{¥/\$}$
2018-12-11	2.7000	2.4988	6.8996	6.8823
2018-12-12	2.7000	2.4897	6.9064	6.8823
2018-12-13	2.6900	2.5066	6.8769	6.8823
2018-12-14	2.6800	2.5140	6.8750	6.8823
2018-12-17	2.6600	2.5145	6.8908	6.8823
2018-12-18	2.6400	2.5510	6.8854	6.8659
2018-12-19	2.6200	2.5607	6.8869	6.8659
2018-12-20	2.6400	2.6457	6.8936	6.8659

四、思考题

1. 假设其他条件不变，中国实际货币总需求下降，即本章图11-3中的实际货币总需求曲线 $L(R_¥, Y_¥)$ 左移，请说明实际货币总需求下降对汇率、利率和价格水平的短期影响和长期影响。

2. 在分析汇率短期超调时，我们假设产出不变。现在假设在名义货币供给永久性增加时，短期产出增加了，这对短期汇率超调有什么影响？

3. 如果两个国家实际货币供给都同时增加相同的幅度，在短期对两国的双边汇率有什么影响？中国最近10年实际货币供给增长率都高于美国，人民币对美元是否存在汇率超调现象？

五、材料题

1. 如何推进人民币资本项目开放。可以从逐步放宽人民币汇率和利率的自由波动幅度、增加资本市场的供求弹性、扩大外汇市场交易规模以及降低外汇市场交易费用等五个方面扩大人民币自由流动区间，从而安全有效地推进人民币资本项目开放。在汇率自由波动区间，这时的风险主要表现为资本流动障碍、汇率和利率的市场机制不畅。其风险防范措施就是要尽可能地降低资本交易费用，促进资本流动，在既定的汇率和利率波动幅度内尽量扩大资本自由交易区间。例如，可以通过对经常交易项目、长期投资项目等设计更低的资本交易税、充分及时公布市场信息等激励措施，增加资本对汇率和利率波动的弹性。超出汇率自由波动区间，资本交易达到政府干预区间时，风险主要表现为资本过度投机、汇率和利率过度不稳定。这时，政府除了外汇储备干预、重点监管巨额投机基金动向之外，还应该通过提高资本交易成本等措施限制资本投机，如对短期资本投机征托宾税、对某些投机项目采取更高的资本交易税、累进税。此外，政府干预还可采用警告或者突然袭击的方式等，以提高资本交易的信息成本、限制资本过度投机。

资料来源：赵大平：《人民币资本项目开放模型及其在上海自贸区的实践》，《世界经济研究》，2015年06期。

资本市场比商品市场更容易波动，资本市场有效的同时也意味着高风险，根据材料分析：

(1) 如何促进资本流动以提高我国资本市场的效率？

(2) 如何限制资本流动以避免我国资本市场开放的风险？

2. 上海自贸区通过设立自由贸易账户(free trade，简称FT账户)、建设分账核算管理体系、对不同的资本项目交易进行分账核算管理。相比普通账户，FT账户具有类似离岸账户的性质，可以进行境外借款。由于中国资本项目还没有完全开放，国内资本市场落后于发达国家

的资本市场。国内企业,特别是高科技创业创新企业融资难、融资成本高,FT 账户为国内高科技创业创新企业提供了低成本的境外融资渠道。

2014 年 2 月,中国人民银行(简称央行)上海总部出台了有关扩大人民币跨境使用的通知。外高桥集团通过建行自贸区分行和建行境外分行合作,办理跨境人民币借款业务。集团主要通过境内人民币银行贷款、境外人民币直接借款、FT 账户借款和贸易融资等方式积极拓宽融资渠道,银行平均融资成本有所下降。由于境外借款利率比一年期贷款利率低 10%,企业降低了融资成本,优化了负债结构。2015 年 6 月,在央行上海总部公布有关自贸试验区分账核算业务实施细则后,外高桥集团及其下属主要成员单位也均在建设银行自贸区分行开立自由贸易账户。截至目前,建设银行自贸区已为整个外高桥集团系统成功发放 FT 业务项下的借款 3.7 亿元,该借款方式的利率能比同比央行基准利率下降 12%。

请根据上述材料,分析:
(1) 中国企业创业创新融资难,融资成本高的主要原因是什么?
(2) 上海自贸区对创业创新企业融资可提供哪些便利,其途径是什么?

第十二章 国际收支及其调节理论

【本章要点概览】

- 国际收支与国际收支平衡表
- 中国国际收支平衡表分析
- 官方外汇干预
- 国际收支调节理论

一国宏观经济政策的主要目标是调节一国经济的内部平衡和外部平衡,本节主要探讨一国外部经济平衡及其调节问题。

第一节 国际收支与国际收支平衡表

一、国民收入恒等式与国际收支

1. 国民收入恒等式

根据一国国民收入核算的基本原理,一国国民收入恒等式为:

$$总产出 = 总收入 = 总需求(或称总支出)$$

开放条件下,一般可将一国的总需求分成消费需求(C)、投资需求(I)、政府购买需求(G)和净出口需求(NX)四部分。净出口即出口(EX)减进口(IM)。在实际统计中,一国的国内总产出(GDP)、国民总收入(GNP)、总需求三者差距不大,可笼统用符号 Y 表示。则开放条件下,一国的国民收入恒等式可表示为:

$$Y = C + I + G + EX - IM = C + I + G + NX \tag{12-1}$$

(12-1)式中,$C+I+G$ 为国内需求(支出)部分,NX 为国外需求(支出)部分。

例如,2018 年,中国按支出法核算的国内生产总值(GDP)为 915 774.3 亿元(Y),居民消费总额 354 124.4 亿元(C),政府消费总额 152 010.6 亿元(G),投资总额 402 585.1 亿元(I),货物和服务净出口 7 054.2 亿元(NX)。2018 年,因为核算方法不同,中国按支出法核算的国内生产总值(GDP)915 774.3 亿元与按产出法核算的国内生产总值(GDP)919 281.1 亿元,存在一定的差额,与国民总收入(GNP)915 887.3 亿元也存在一定的差额。中国 2018 年支出法下,国内生产总值及其构成如表 12-1 所示。

表 12-1　中国 2018 年支出法国内生产总值及其构成　　　　　　单位：亿元

支出法 GDP	消费	投资	政府购买	出口－进口
915 774.3	354 124.4	402 585.1	152 010.6	7 054.2

资料来源：根据中华人民共和国国家统计局网站整理。

2. 国际收支的概念

国际收支（balance of payment）记录一国对外国的支付和从外国获得收入的情况，反映的是以货币为媒介的国际债权、债务关系。国际货币基金组织对国际收支的定义为：国际收支是一种统计报表，系统地记载了在一定时期内经济主体与世界其他地方的交易。

各种国际交易分类记入三类国际收支账户（项目），这三类国际收支账户为：

（1）经常账户（current account），记录商品和服务的进出口、投资所得、无偿转移（包括商品、劳务和金融资产的无偿转移）。

（2）金融账户（financial account），记录居民与非居民间由于借贷、直接投资、证券投资等金融资产交易所发生的资本流动。

（3）资本账户（capital account），记录非市场活动带来的，或者非生产、非金融性质的项目，以及对无形资产的收购或放弃。例如，政府间债务免除、移民带来资产等。

二、国际收支平衡表

1. 国际收支平衡表的概念

国际收支平衡表（the balance of payment accounts），是指反映一定时期内（通常为 1 年），一国同外国的全部经济往来的收支流量表。它集中反映了该国国际收支的具体构成和总貌。

它是对一个国家与其他国家进行经济技术交流过程中，所发生的贸易、非贸易、资本往来以及储备资产的实际动态所作的系统记录，是国际收支核算的重要工具。国际收支平衡表，可综合反映一国的国际收支平衡状况、收支结构及储备资产的增减变动情况，为制定对外经济政策、分析影响国际收支平衡的基本经济因素、采取相应的调控措施提供依据，并为其他核算表中有关国外部分提供基础性资料。

2. 编制原理

国际收支平衡表是一种统计表，它以特定的形式记录、分类、整理一个国家或地区国际收支的详细情况。

国际收支平衡表是按照现代会计学的复式簿记原理（the principle of double bookkeeping）编制的，也即以借、贷作为符号，每个项目都有借方和贷方两栏。借方（debit）记录资产的增加和负债的减少，贷方（credit）记录资产的减少和负债的增加。每笔交易都会产生一定金额的借方记录和贷方记录，即"有借必有贷，借贷必相等"。复式记账的法则是：凡引起本国外汇收入增加的项目，亦称正号项目（plus items），记入贷方，记为"＋"（通常省略）；凡引起本国外汇支出减少的项目，亦称负号项目（minus items），记入借方，记为"－"。

对于具体项目来讲：

（1）货物贸易（trade of goods），即各种物质商品的输出和输入。出口列为贷方金额，进口列为借方金额。

（2）服务贸易（trade of services），主要包括劳务收支、投资所得等。其收入列为贷方金额，支出列为借方金额。

(3) 单边转移(unilateral current transfers)。从外国转入本国列为贷方金额,从本国转向外国列为借方金额。

(4) 资本流动(capital flows),分为长期和短期。从外国流入本国的资本列为贷方金额,从本国流向外国的资本列为借方金额。

(5) 储备(reserve),包括本国作为国际货币基金组织的成员国分配得到的特别提款权以及作为国际储备的黄金和外汇等。储备本身是存量,其增减额是流量。政府拿出储备投放市场(官方储备减少)列为贷方金额,政府从市场购入外汇储备起来(官方储备增加)列为借方金额。

例如,中国向日本出口价值为10 000美元的商品,日本以其在中国的银行存款支付货款。这笔交易的记账方法是:中国向日本出口,意味着中国的资产(商品)转移到日本,它增加了中国的外汇收入,应在商品输出项下记入贷方10 000美元。与此同时,日本在中国的银行存款减少,意味着中国的对外负债减少,所以应该同时在银行存款项下借记10 000美元。

对于每笔交易都要同时记入借方和贷方,国际收支平衡表的借方总额和贷方总额是相等的。但是,就平衡表的每个项目来说,借贷双方的金额并不一定相等,而有差额,这种差额称为局部差额(partial balance),当收入大于支出时,称为顺差(surplus);反之,则称为逆差(deficit),应在逆差数字前冠以"－"号。报表上逆差曾经用红色显示,因此也称逆差为赤字,而称顺差为黑字。

例如,贸易项目中商品输出大于商品输入,则贷方金额大于借方金额,形成外贸顺差;相反,则形成外贸逆差。金融项目中资本流入大于流出,则贷方金额大于借方金额,形成资本净流入;相反,则形成资本净流出。储备项目中本年度增加额大于减少额,则借方金额大于贷方金额形成借方净增金额,即本国的国际储备增加;相反,则形成借方净减金额,即本国的国际储备减少。

三、国际收支平衡表的构成

国际收支平衡表的账户项目可分为经常项目、资本金融项目和平衡项目三大类,如图12-1所示。这三大类项目下又进一步分设子项目。

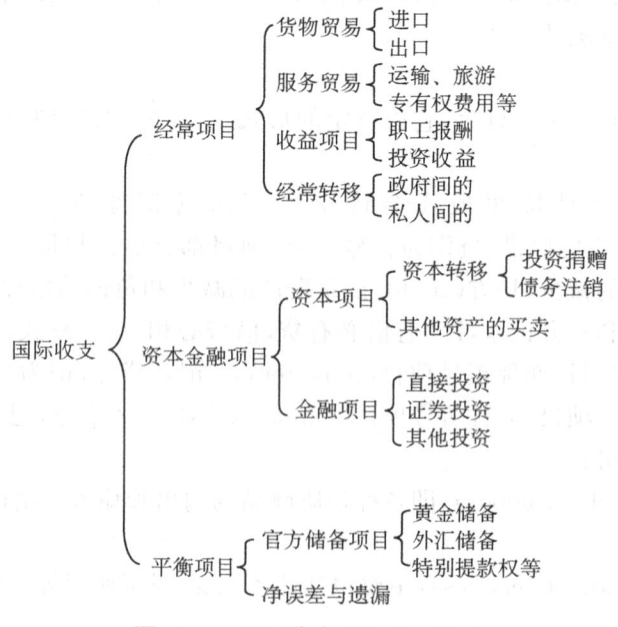

图12-1 国际收支平衡表的构成

1. 经常项目

经常项目是国际收支平衡表中最主要的项目,该项目包括四个方面的具体内容。

(1) 货物贸易,即各种实物商品的进口、出口。

(2) 服务贸易,主要包括运输、旅游、建筑、保险、通讯、金融、计算机服务、专有权征用、特许以及其他商业服务。

(3) 收益项目,包括支付给非居民工人的职工报酬,投资收益。也包括直接投资、证券投资、其他投资、官方储备带来的收入和支出。

(4) 经常转移,也称单方面转移支付或无偿转移支付,包括各级政府的无偿转移,如战争赔款,政府间的军援、经援和捐赠,政府与国际组织间定期交纳的费用,以及国际组织为执行某项政策而向各国政府提供的转移等;以及私人无偿转移,如侨汇、遗产继承、赡养费、年金、退休金、抚恤金和资助性汇款等。

2. 资本金融项目

以前国际收支平衡表此项被设为资本项目,现在国际收支平衡表将资本项目改为资本金融项目,在此项目下再设有资本(分)项目和金融(分)项目。在资本(分)项目下设资本转移和非生产、非金融资产的收买或出售两个项目;在金融(分)项目下仍与先前一样,设直接投资、证券投资和资本借贷等项目。在国际收支平衡表中如此设置项目,与第二次世界大战后,特别是20世纪80年代以来,服务贸易的飞速发展、技术贸易的日益扩大、发展中国家要求发达国家提供更多的援助捐赠,与发展中国家要求债权国给予更多的债务减免有着密切的关系。因此,IMF确定的国际收支平衡表的标准格式也要求反映这些内容的有关项目。

(1) 资本项目。资本项目下分列两个项目:①资本转移。资本转移包括投资捐赠和债务注销的外汇收支。投资捐赠可以现金形式,也可以实物形式来进行。债务注销即债权国放弃债权,不要求债务国给予回报。②非生产、非金融资产的收买/出售。该项目包括那些非生产就存在的资产(土地、地下矿藏)和某些无形资产(专利权、商标权、经销权等)收买或出售而发生的外汇收支。

(2) 金融项目。金融项目按期限划分为长期资本往来和短期资本往来。长期资本往来,指合同偿还期在1年或1年以上或未定偿还期的资本往来。主要有直接投资、证券投资、国际组织贷款、外国政府贷款、银行借款、地方部门借款、延期付款、延期收款、加工装配补偿贸易中应付客商作价设备款、租赁和对外贷款等。短期资本往来,指即期付款或合同规定的偿还期为1年以下的资本往来。主要有银行借款、地方部门借款、延期收款、延期付款等项。

一般在金融项目下分列直接投资,证券投资及其他投资。

直接投资,国际收支平衡表资本项目中的直接投资既包括外国在本国的直接投资,也包括本国在外国的直接投资。许多国家常把外国投资者持有一个企业具有投票权的股份的10%~25%,且对该企业拥有有效发言权的,作为直接投资。在直接投资项下又包括股本投资、其他资产投资及利润收益再投资等。

证券投资(portfolio investment or foreign indirect investment,FII),国际收支平衡表资本金融项目中的证券投资包括一国公司、企业和个人对另一国的长期国债、公司债券、票据、股票和期权等货币市场工具和金融创新工具的购买。

其他投资,指上述两项投资未包括的其他金融交易,如货币资本借贷,进出口贸易相结合的各种贷款、预付款、融资租赁等。这些融资交易有的以货币,有的以物资(设备),有的以存款(如出口信贷中签订"存款协议")的形式出现。

3. 平衡项目

国际收支平衡(balance of payment, bop)，即经常项目差额与资本金融项目差额为零。在国际收支平衡表中，经常项目与资本金融项目也称自主性交易(autonomous transactions)。通常判断一国国际收支是否平衡，主要看其自主性交易是否平衡。

以 BP 表示一国国际收支差额，CA 表示经常项目差额，ΔF 表示资本金融项目差额，则有：

$$BP = CA + \Delta F$$

当一国国际收支平衡时，$BP=0$。

当国际收支不平衡时，外汇市场就会出现汇率波动强制调节平衡的情况。如果政府要稳定外汇市场，可以动用官方储备项目平衡国际收支。所以国际收支的平衡项目包括官方储备项目，以及为平衡国际收支报表而设置的净误差与遗漏项目。

(1) 官方储备(official reserves)，是指一国用以平衡国际收支或官方对外汇汇率进行干预的手段。官方储备项目调节也称为补偿性交易调节，补偿性交易就是在国际收支的自主性交易发生缺口时，为了弥补这个缺口而进行的交易。

美国将官方储备项目称为储备类金融项目，将普通金融项目称为非储备类金融项目。

官方储备包括黄金(即一国官方持有的作为货币资金使用的黄金)、外汇、分配的特别提款权、在基金组织的储备头寸、其他债权等。

特别提款权是以国际货币基金组织为中心，利用国际金融合作形式而创设的新的国际储备资产，国际货币基金组织(IMF)按各会员国缴纳的份额，分配给会员国的一种记账单位。1970 年由 IMF 正式发行，各会员国分配到的 SDR 可作为储备资产，用于弥补国际收支逆差，也可用于偿还 IMF 的贷款。又被称为"纸黄金"。

从表 12-2 中可知，2018 年，中国的官方储备资产净增加 188.87 亿美元。其中官方外汇储备增加 181.87 亿美元，在 IMF 的储备头寸增加 7.33 亿美元，特别提款权减少 0.33 亿美元。

表 12-2 2018 年中国储备资产和净误差与遗漏差额   单位：亿美元

编号	指标	差额(贷－借)
1	储备资产差额(2+3+4)	－188.87
2	储备资产中特别提款权差额	0.33
3	储备资产在基金组织的储备头寸差额	－7.33
4	储备资产中外汇差额	－181.87
5	净误差与遗漏差额	－1 413.16

资料来源：根据中华人民共和国国家统计局网站整理。

(2) 净误差与遗漏(the statistical discrepancy)，是指在编制国际收支平衡表时，因资料不完整、统计时间和计价标准不一致以及货币换算等因素所造成的差错和遗漏。它是为使国际收支核算保持平衡而设置的平衡项目，用来抵销净借方余额或净贷方余额。即：

净误差与遗漏差额 ＝ －(经常项目差额 ＋ 资本和金融项目差额 ＋ 储备资产差额)

2018 年，中国经常项目顺差 490.92 亿美元(贷方余额)，资本金融项目顺差 1 111.11 亿美元(贷方余额),官方储备资产净增加188.87亿美元(借方余额),当年中国国际收支平衡表三大项目总计为贷方余额1 413.16亿美元。因此中国的净误差与遗漏必须设置借方余额1 413.16亿美元进行人为平衡,如表12-3所示。

表12-3　中国2018年国际收支恒等式及其平衡　　　　　　　　　　　　单位:亿美元

净误差与遗漏差额	经常项目差额	资本和金融项目差额	储备资产差额
1 413.16	490.92	1 111.11	188.87

资料来源:根据中华人民共和国国家统计局网站整理。

【专栏12-1】

国际收支平衡表中的净误差与遗漏发生的原因

净误差与遗漏是指用于轧平国际收支平衡表中借贷方总额而人为设计的平衡项目。按照复式记账原理,国际收支平衡表中的借贷双方净额应该等于零。但现实中并非如此,原因是:

(1) 在统计国际收支有关数据时可能发生遗漏。一国不可能把国内外居民之间的一切交易活动都记录下来,商品走私、民间货币收付、携带现金入境、军火的贩运、洗钱等都是官方难以控制的经济交易。

(2) 许多统计数字是从不同来源中选择计算出来,资料来源和口径不同,也会造成误差。例如,商品进出口由海关呈报,而与之相对的货币收付则由银行呈报,自然会产生报告时间、报告范围和数据精确度等方面的差异。

(3) 为了避税,资本项目中的一些交易活动都有少报现象。

(4) 一些不诚实的企业自动少报出口发票而多报进口发票,人为地缩减其利润。

(5) 发生超前滞后现象,这种现象在延期付款或预付货款的贸易中时有发生。货款预付后,这笔交易在银行中便有了记录,从而增加了本期的贷方数额,而海关要到下一期商品入关时才会将该笔交易记录下来,从而增加了下一期国际收支中的借方数额。同样的,资本项目也会产生类似的问题。

当官方统计结果借方大于贷方时,两者之间的差额就记在净误差与遗漏项目的贷方,前面加"+"号;官方统计结果贷方大于借方时,两者之间的差额就记在借方,前面加"−"号。

四、国际收支项目的特点与差额的根源

1. 国际收支各项目的特点

国际收支平衡表主要有经常项目、资本项目、金融项目、储备项目四大类。其中经常项目属于收入类项目,凡是导致实际收入和支出改变的交易都记入经常项目,如出口商品、劳务输出、对外投资带来的收入都记入经常项目。在会计恒等式"所有者权益=资产−负债"中,可将"所有者权益"看成是一国的"净财富"或"净资产",经常项目交易会改变一国的对外净财富。

资本项目交易发生也会导致实际收入变动,会改变一国的对外净财富。在这一点上,资本项目的性质和经常项目的性质相似。但资本项目一般属于非市场交易,如捐赠或债权的放弃、或无形资产销售带来的实际收入。相对其他项目,资本项目的交易量很小。

金融项目交易发生不会导致实际收入变动,不改变一国的净财富,只是资产和负债的同时增加或减少,或者是资产换另一种资产,或者是负债换另一种负债。例如,中国利用外国直接投资导致资本流入时,国内外汇收入增加,对外的负债也同步增加,但中国对外净资产不变。

储备项目是对外汇市场均衡的调节,当官方储备减少,即将外汇储备投放到外汇市场,外汇市场就有外汇资本流入。这对市场的影响如同国际资本流入和商品出口收入流入本国外汇市场一样,故要记入贷方("+"号)。从外汇市场均衡的角度看,凡是造成资本流入的交易都会导致官方储备增加,凡是造成资本流出的交易都会导致官方储备减少。中国在2000年前后,经常项目和金融项目持续多年的"双顺差",就导致了中国外汇储备的不断积累。

但从长期均衡来看,流进来的资本终究是要流出去的,负债总是要还的。所以金融项目资本流入导致的外汇储备增加是暂时、不稳定的,一有风险,流进来的资本就可能流出去。只有经常项目顺差导致的外汇储备增加才是一国真实收入的增加,经常项目顺差在关键的时候才具有稳定外汇市场的功能。这就是发展中国家普遍重视经常项目顺差的原因。

2. 差额的根源

(1) 贸易差额的根源。

贸易差额源于不平衡。在国民收入恒等式(12-1)中,考虑到在长期,按国际惯例,一国的货物与服务的总出口与总进口之差代表一国的经常项目差额(假设其他收入类项目自主平衡),即:

$$CA = EX - IM$$

当$CA>0$时,就是经常项目顺差;当$CA<0$时,就是经常项目逆差。

根据国民收入恒等式(12-1),有:

$$CA = Y - (C + I + G) \tag{12-2}$$

当一国国内总产出(Y)大于一国国内总需求($C+I+G$)、宏观经济均衡时,该国经常项目就表现为顺差。反之就是逆差。所以一国要减少经常项目逆差,就要增加总产出或适当压缩国内的总需求。这就好比一个国家或家庭生产了很多产品,自己舍不得花费掉(表现为消费量C低),拿去出口。这就是一种储蓄(表现为储蓄高),只是储蓄在外国人那里,未来再消费。也就是说,用出口换取未来的消费权力。

中国的经常项目自1994年之后的20多年里一直持续顺差,其原因一方面是中国总产出(主要是规模制造业产能太大)增长很快,另一方面是中国的家庭出于安全考虑,普遍保持着储蓄的习惯(表现为消费量C较低),以致总需求增长相对较慢。在总产出增长大于总需求增长的情况下,要实现宏观经济均衡,只能大量增加出口。所以中国一直保持着大量的货物贸易顺差,虽然服务贸易长期逆差,但总的经常项目则长期顺差。

当然,如果一国的货币具备国际支付功能(如美国),就可以通过发行本币支撑本国经常项目赤字,即使生产很少也能在短期维持本国的高水平需求。在人民币完全国际化之后,中国的下一代也可能像美国一样高水平地消费,但这对国家和每个家庭的经济安全可能会形成挑战。

(2) 外债的根源。

外债也是源于一国收支的不平衡。BP代表国际收支差额,CA代表经常项目差额,F代表资本净流入(资本金融项目顺差)。在开放条件下,一国要维持国际收支平衡,则要满足:

$$BP = CA + F = 0 \text{ 或 } -CA = F$$

也就是说,开放条件下,一国的经常项目逆差($CA<0$)可通过资本金融项目的顺差($F>0$)来平衡。如果经常项目和资本金融项目都是逆差,那只能动用官方储备项目来平衡。当然,一国的本币就是国际可支付货币时,本币就可以充当官方储备货币的功能。但对非储备货币国家,国际收支长期失衡就会导致储备耗尽而不可持续。

以 F 替代(12-2)式的 $-CA$ 得:

$$F = (C+I+G) - Y \tag{12-3}$$

根据(12-3)式,当一国储备耗尽,国内总支出大于总产出,即 $(C+I+G) - Y > 0$ 时,在短期,该国就可以通过外资(借外债)从国外增加进口来平衡国内过度需求;在长期,也可以通过增加国内产出(Y)来解决国内产出不足的问题。但这会导致外部债务积累。

对于发展中国家来讲,过度利用外资(F)以维持过高的国内支出($C+I+G$),可能导致外部债务危机。在 20 世纪 80 年代,拉美国家的国内消费比率普遍都很高,这些国家要维持经济的高增长,只能靠利用大量外资(对外负债)来支撑国内更高的投资率。在外部经济波动的冲击下,这些国家因为国内高消费和大量地利用外资而陷入了外部债务危机,导致经济的长期停滞。所以发展中国家要避免外部债务危机,在长期可以通过减少国内消费比率、增加资本积累比率,增加产出能力和出口能力,特别要避免借外债支持国内高消费。

【专栏 12-2】

外部债务危机的根源:总支出大于总产出

一国因国内消费比重过高导致供需总量性矛盾和外部债务危机,遭遇的"中等收入陷阱"也可用开放条件下的国民收支账户失衡来说明。在开放条件下,一国的产品市场均衡方程为:

$$NX = Y - (C+I+G)$$

当一国总支出大于总产出时(过度需求),就会导致贸易逆差。所以一国消费支出过多、投资支出过多、政府支出过多,都会导致一国的总支出大于总产出而导致贸易逆差的积累。

同时,一国要维持国际收支平衡(BOP),则要满足:

$$经常账户 + 资本账户 + 金融账户 = 0$$

所以一国因贸易逆差产生的经常账户逆差需要资本金融账户顺差来弥补。

对于发展中国家来讲,由于对外投资收益较少,贸易逆差主要靠金融账户顺差来弥补。也就是说,发展中国家主要靠外部资本流入(外部负债)来支撑国内的过度需求产生的贸易逆差。一般来讲,发展中国家要实现经济的发展,应该比发达国家有更高的经济增长率,这就需要有更高的资本积累率,更高的资本积累率就意味着需要更高的储蓄率和更低的消费率,否则只能靠外部负债来维持更高的投资率。数据分析表明,遭遇"中等收入陷阱"的拉美国家国内消费率普遍都很高,这类国家要维持经济的高增长,只能靠大量利用外资(外部负债)来支撑国内更高的投资率,在外部经济波动的冲击下,这些国家因为国内高消费和大量利用外资而陷入了外部债务危机。关于债务危机的国别比较研究也表明,国内消费比率过高是导致外部债务危机的根源,Yoshino 等(2014)对日本和希腊国内债务的比较研究得出,日本的公共债务虽然比希腊高很多,但日本没有发生外部债务危机,主要原因在于日本的政府债务主要由本国人持有,而希腊的债务则由外国人持有,希腊的国民消费比率远远高于日本。Esteban(2012)通过对智利产业和社会发展的全面分析,认为智利在收入水平没有与发达国家趋同的时候,仍然努力使生活水平以及各项社会能力指标与发达国家趋同,在生产下降,特别是制造业下降的情况下,以致国内消费比重过高和外部债务积累而陷入外部债务危机。

资料来源:杨克泉、赵大平、彭飞:《中国突破中等收入陷阱的经济学分析》,《数量经济技术经济研究》2017 年 7 期。

第二节 中国国际收支平衡表分析

一、经常项目

表 12-4 列出 2014 年中国国际收支经常项目情况。从贷方看,中国当年的经常项目总收入,主要为货物出口收入,其为 23 541 亿美元,约占经常项目总收入比重的 84.10%。其他几项分别为服务出口收入 1 909 亿美元、投资收益 1 831 亿美元、职工报酬收益 299 亿美元和经常转移收入 411 亿美元。

从借方看,中国当年的经常项目总支出主要为货物进口支出,其为 18 782 亿美元,约占 72.81%。其他几项分别为服务进口支出,其为 3 829 亿美元,约占 14.84%;利用外资支付的利息利润支出 2 429 亿美元,职工报酬支出 42 亿美元,经常转移支出 714 亿美元。

从差额项目看,中国当年经常项目总的是顺差 2 197 亿美元,其中货物贸易顺差达 4 760 亿美元,服务贸易逆差 1 920 亿美元。2014 年主要因为旅游服务逆差太多,达 1 079 亿美元。收益类账户当年劳务是顺差,但投资收益是逆差。2014 年中国的经常转移也是逆差。

表 12-4　2014 年中国国际收支的经常项目　　　　　　　单位:亿美元

编号	指标	贷方	借方	差额(贷-借)
1	经常项目(2+18+21)	27 992	25 795	2 197
2	货物和服务(3+4)	25 451	22 611	2 840
3	货物	23 541	18 782	4 760
4	服务(5+…+17)	1 909	3 829	-1 920
5	运输服务	382	962	-579
6	旅游服务	569	1 649	-1 079
7	通信服务	18	23	-5
8	建筑服务	154	49	105
9	保险服务	46	225	-179
10	金融服务	45	49	-4
11	计算机和信息服务	184	85	99
12	专有权利使用费和特许费	7	226	-219
13	咨询服务	429	265	164
14	广告、宣传服务	50	38	12
15	电影、音像服务	2	9	-7
16	其他商业服务	14	231	-217
17	未提及的政府服务	11	20	-10
18	收益(19+20)	2 130	2 471	-341

(续表)

编号	指标	贷方	借方	差额(贷-借)
19	职工报酬收益	299	42	258
20	投资收益	1 831	2 429	-599
21	经常转移(22+23)	411	714	-302
22	各级政府经常转移	16	46	-29
23	其他部门经常转移	395	668	-273

资料来源:根据中国外汇局发布的2014年中国国际收支平衡表整理。

二、资本和金融项目

表12-5列出2014年中国国际收支资本金融项目情况。从贷方看(中国利用外资情况),中国当年资本金融项目资金总流入25 729.87亿美元,约99.92%为金融项目资本流入,其为25 710.48亿美元。金融项目中直接投资流入4 352.30亿美元(16.93%)、证券投资流入1 664.46亿美元(6.47%)、其他投资流入19 693.71亿美元(76.60%)。直接投资流入,主要是利用外国直接投资,也有很少一部分是中国对外直接投资的回流。

从借方看(中国对外投资情况),中国当年资本金融项目资金总流出25 347.48亿美元,约99.92%为金融项目资本流出,其为25 327.75亿美元。金融项目中直接投资流出2 265.52亿美元(8.94%)、证券投资流出840.17亿美元(3.32%)、其他投资流出22 222.07亿美元(87.74%)。

从差额项目看,中国当年资本金融项目总的是顺差382.40亿美元。其中,资本项目逆差0.33亿美元,金融项目顺差382.72亿美元(中国1985年以来,金融项目长期顺差,2013年后中国对外投资规模加大,2015年首次出现逆差)。金融项目中直接投资顺差2 086.79亿美元、证券投资顺差824.29亿美元、其他投资逆差2 528.36亿美元。

表12-5　2014年中国国际收支资本金融项目　　　　　　单位:亿美元

编号	指标	贷方	借方	差额(贷-借)
1	资本和金融项目(2+3)	25 729.87	25 347.48	382.40
2	资本项目	19.39	19.72	-0.33
3	金融项目(4+7+18)	25 710.48	25 327.75	382.72
4	直接投资(5+6)	4 352.30	2 265.52	2 086.79
5	对外直接投资	555.29	1 359.48	-804.18
6	在华直接投资	3 797.01	906.04	2 890.97
7	证券投资(8+13)	1 664.46	840.17	824.29
8	证券投资资产(9+10)	293.26	401.41	-108.15
9	股本证券资产	170.35	184.37	-14.02
10	债务证券资产(11+12)	122.91	217.04	-94.13
11	(中)长期	122.79	215.05	-92.26

(续表)

编号	指标	贷方	借方	差额(贷-借)
12	货币市场工具	0.12	1.99	-1.87
13	证券投资负债(14+15)	1 371.20	438.76	932.44
14	股本证券负债	776.73	257.58	519.16
15	债务证券负债(16+17)	594.46	181.18	413.28
16	(中)长期	497.13	87.54	409.59
17	货币市场工具	97.34	93.64	3.69
18	其他投资(19+29)	19 693.71	22 222.07	-2 528.36
19	其他投资资产(20+23+26+27)	994.87	4 024.74	-3 029.87
20	贸易信贷资产(21+22)	282.06	969.62	-687.56
21	长期贸易信贷资产	5.64	19.39	-13.75
22	短期贸易信贷资产	276.42	950.23	-673.81
23	贷款资产(24+25)	177.04	914.92	-737.87
24	长期贷款资产	0.00	455.48	-455.48
25	短期贷款资产	177.04	459.44	-282.40
26	货币和存款资产	514.22	2 111.04	-1 596.82
27	其他资产	21.55	29.17	-7.62
29	其他投资的负债(30+33+36+37)	18 698.84	18 197.33	501.51
30	贸易信贷负债(31+32)	153.58	174.38	-20.79
31	长期贸易信贷负债	2.69	3.05	-0.36
32	短期贸易信贷负债	150.89	171.32	-20.43
33	贷款负债(34+35)	17 464.13	17 807.42	-343.29
34	长期贷款负债	511.43	568.73	-57.31
35	短期贷款负债	16 952.70	17 238.69	-285.99
36	货币和存款负债	994.05	180.26	813.79
37	其他负债(38+39)	87.08	35.27	51.81
38	长期其他负债	63.75	6.19	57.56
39	短期其他负债	23.32	29.07	-5.75

资料来源:根据中华人民共和国国家统计局网站整理(并参考国家外汇统计局数据进行验证)。

三、平衡项目

表12-6列出了2014年中国储备资产和净误差与遗漏。从表12-6中可知,2014年,中国的官方储备资产净增加1 177.80亿美元。其中官方外汇储备增加1 188.18亿美元,在IMF的储备头寸减少9.77亿美元,特别提款权减少0.61亿美元。

2014年,中国的净误差与遗漏存在借方余额为1 401.60亿美元,这表明当年平衡表三大项目的贷方总计大于借方总计。中国国际收支平衡表的净误差与遗漏,2002～2008年都是贷方余额,2009年开始都是借方余额。2002～2008年存在人民币升值压力,外汇市场炒作、人民币升值,有理由怀疑存在热钱流入被贷方漏记,所以需要设置净误差与遗漏贷方余额来平衡。2009年以后,则可能存在借方漏记(如外逃的资本),或者是贷方多记(如为了出口退税而虚报出口),故要设置净误差与遗漏借方余额来平衡。

表 12-6 2014 年中国储备资产和净误差与遗漏　　　　　　　　　　单位:亿美元

编号	指标	贷方	借方	差额(贷－借)
1	储备资产(2+3+4)	312.28	1 490.08	−1 177.80
2	储备资产中特别提款权	1.39	0.78	0.61
3	储备资产在基金组织的储备头寸	13.35	3.57	9.77
4	储备资产中外汇	297.55	1 485.72	−1 188.18
5	净误差与遗漏	0	140 106	−1 401.60

资料来源:根据中华人民共和国国家统计局网站整理(并参考国家外汇统计局数据进行验证)。

2014年,中国经常项目顺差2 197亿美元(贷方余额),资本金融项目顺差382.40亿美元(贷方余额),官方储备资产净增加1 177.80亿美元(借方余额),当年中国国际收支平衡表三大项目总计为贷方余额1 401.60亿美元。因此中国的净误差与遗漏必须设置借方余额1 401.60亿美元进行人为平衡,如表12-7所示。

表 12-7 中国 2014 年国际收支恒等式及其平衡　　　　　　　　　　单位:亿美元

净误差与遗漏差额	经常项目差额	资本和金融项目差额	储备资产差额
1 401.60	2 197	382.40	−1 177.80

资料来源:根据中华人民共和国国家统计局网站整理(并参考国家外汇统计局数据进行验证)。

第三节　官方外汇干预

一、中央银行干预与货币供给

1. 中央银行的资产负债表与货币供给

中央银行的资产可分为国外资产和国内资产。国外资产(foreign assets)主要包括中央银行持有的外币债券。这些国外资产属于中央银行的官方储备,当中央银行以买卖外汇的方式干预外汇市场时,官方储备的数量就随之变化。国内资产(domestic assets)是指中央银行持有的要求本国居民和国内机构在未来予以偿付的债权,主要包括国内政府债券和对国内私人银行的贷款。

中央银行的负债包括私人银行存款、中央银行发行的通货,通货就是流通中的货币。

中央银行的资产负债表(central bank balance sheet),记录着中央银行所持有的资产和负债,也是按复式记账原理编制的。中央银行的资产、负债间的关系满足会计恒等式:

$$总资产 = 总负债 + 净资产$$

根据会计恒等式,资产净值不变时,中央银行资产方的变化会自动地引起负债方的等量变动。

中央银行资产的变化将引起本国货币供给的变动。中央银行的任何资产购入都会自动导致本国货币供给的增加。例如,当中央银行购入一项资产时(如购买政府债券),无论是以现金还是支票形式,其支付都会直接增加货币供给。资产的购入导致总资产增加,货币供给增加导致负债增加。反之,中央银行的任何资产出售都会自动导致本国货币供给的减少。例如,中央银行向公众售出一项资产(如出售政府债券),货币供给就收缩,这项交易使中央银行的资产和负债同时减少。

2. 外汇干预与货币供给

当中央银行出售国外资产时,中央银行持有的国外资产减少,负债也减少同样数量。例如,中央银行出售外汇储备资产、购买本币以稳定汇率,这时中央银行所持有的国外资产(外汇储备)就减少,同时中央银行的负债(流通中的货币)也减少。

中央银行购买国外资产的结果正相反。例如,当大量外汇流入导致本币升值时,中央银行可用本币购买流入的外汇,这会导致中央银行外汇储备增加,同时本币供应也跟着等量增加。

可见,中央银行储备资产干预外汇市场以稳定汇率,会导致货币供给量的变动。

二、冲销干预

1. 冲销性外汇干预

中央银行干预外汇市场以稳定汇率,会导致货币供给量变动,中央银行有必要进一步采取措施稳定货币供应量。冲销性外汇干预(sterilized foreign exchange intervention)就是中央银行在进行外汇干预时,进行数量相等但方向相反的国外和国内资产交易,以抵销外汇交易对国内货币供给量的影响。

例如,2018年,中国经常项目顺差491亿美元,资本金融项目顺差1 111亿美元。所以,当年有1 602亿美元外汇资产流入中国市场,如果中国人民银行(后文简称央行)不干预外汇市场,大量外汇流入必定导致人民币较大幅度升值。假设央行为了稳定人民币汇率,按6.6174人民币元/美元的汇率,用本币购买1 600亿美元的外汇以稳定汇率。这一稳定汇率的操作将使人民币总量增加近10 588亿元。同时央行外汇储备增加1 600亿美元。为了抵销央行外汇干预对国内货币供给量的影响,央行通过公开市场操作,卖出10 588亿元国债,收回10 588亿元人民币。

在这一冲销性外汇干预过程中,最终央行的外汇储备资产增加了1 600亿美元,央行国内资产(持有的国债)减少了对应的数量(10 588亿元人民币国债)。货币供应量不受影响,汇率不受影响,即外资流入后冲销性干预导致央行持有的国外资产(外汇储备)增加,同时央行的国内资产(持有的国债)减少。

反之,如果出现贸易逆差或资本外逃,央行动用储备资产稳定汇率,在央行大量抛售储备资产的同时,本币将减少对应的数量。为了稳定本币供应量,央行通过公开市场操作,发行等量本币购买国债,从而冲销掉减少的本币。最终结果是央行持有的国外资产(外汇储备)减少,同时央行的国内资产(持有的国债)增加。

2. 与非冲销性外汇干预的区别

非冲销性外汇干预相对简单,不用考虑外汇干预对货币供应量的影响。当出现大量外资流入、本币面临升值压力时,直接用本币购进相应的外汇,央行的外汇储备随之增加,汇率保持稳定。其结果是,央行的国外资产(储备)增加,国内负债(流通中的货币)相应的增加。当出现大量资本外逃时,非冲销性外汇干预就是抛售储备购买本币而稳定汇率。其结果是,央行的国外资产(储备)减少,国内负债(流通中的货币)也相应减少。

非冲销性外汇干预不涉及稳定本币供应量的操作,市场变动的是本币和外汇储备。冲销性外汇干预最终结果是市场上本币和外币的数量相对稳定,变动的是国债和储备的数量。

第四节 国际收支调节理论

国际收支无论出现顺差或逆差都是失衡的表现。国际收支平衡是相对的、失衡是绝对的。但是如果一国国际收支长期大幅度的顺差或逆差,则会对该国经济,甚至世界经济产生不利的影响。关于国际收支失衡的调节理论,本节主要介绍弹性法、吸收法和货币法。

一、弹性分析法

弹性分析法(elasticity approach):是由英国经济学家琼·罗宾逊(Joan Robinson)在马歇尔微观经济学和局部均衡分析方法的基础上发展起来的,通过对商品进出口供求弹性的分析,研究汇率变动对贸易差额影响的国际收支调节理论。弹性分析法的主要理论就是马歇尔-勒纳条件和J曲线效应。

1. 马歇尔-勒纳条件

货币贬值会引起进出口商品价格变动,进而导致进出口商品的数量发生变动,最终引起贸易收支变动。贸易收支额的变化,最终取决于两个因素。第一个因素是由贬值引起的进出口商品价格的变化,即汇率变动的价格效应;第二个因素是由进出口价格变化引起的进出口商品数量的变化,即汇率变动的数量效应。马歇尔-勒纳条件研究的就是在什么样的条件下,贬值能改善贸易收支。

马歇尔-勒纳条件(Marshall-Lerner Condition):当进口商品需求的价格弹性和出口商品需求的价格弹性之和大于1,一国货币贬值能改善该国的贸易收支。即贬值改善贸易收支的条件是:

$$\eta_x + \eta_m < -1 \text{①}$$

η_x、η_m 分别代表本国的进口需求弹性和本国的出口需求弹性。

可以结合微观经济学商品需求的价格弹性理论来理解马歇尔-勒纳条件:当一种商品需求的价格弹性大于1时,降低价格就可以增加销售收入。在国际贸易中,一国货币贬值会导致本国商品的相对价格下降,而需求同时涉及出口商品需求和进口商品需求,贬值同时影响出口的收入和进口的支出。因此,在国际贸易中,一国货币贬值改善贸易收支的条件就是:进口商品需求的价格弹性和出口商品需求的价格弹性之和大于1。

---

① 薄利多销的条件是商品需求的价格弹性大于1,在进口和出口两个市场,汇率贬值有利于进口、出口净收入增加。其条件则为进口、出口需求弹性之和大于1。不妨以 x、m 分别代表本国的出口额(用本币表示)和进口额(用外币表示),e 代表汇率(外币的本币价格),b 代表贸易差额,故有:$b = x - e \times m$,两边对 e 全微分有:$\frac{db}{de} = m \times (\eta_x^e \times \frac{x}{e \times m} - 1 - \eta_m^e)$,其中 η_x^e、η_m^e 分别代表本国出口额(用本币表示)和进口额(用外币表示)的汇率弹性。因为贬值改善贸易收支要求 $\frac{db}{de} > 0$,所以当进出口平衡($x = e \times m$),且汇率变动完全传递给进出口商品价格时($\eta_x^e = \eta_x, \eta_m^e = \eta_m$),贬值改善贸易收支的条件为 $\eta_x + \eta_m < -1$。

2. J曲线效应(J-curve effect)

汇率变动对贸易收支的影响,不仅取决于进出口需求弹性,还取决于汇率对价格的传递程度、供给对价格的反应速度、贸易合同使用的货币。即使马歇尔-勒纳条件成立,贬值也不能马上改善贸易收支。一般认为,汇率变动之后,其对进出口的影响过程可分为货币合同、汇率传递和产量调整三个阶段。

(1) 货币合同阶段。一般认为,在签订合同时,一国的进口合同比出口合同所用外币支付的比重高。在此情况下,贬值之前已签订的贸易协议仍然需要按原来的数量和价格执行。贬值后,凡以外币定价的进口,折算成本币后的支付将增加;凡以本币定价的出口,折算成外币的收入将减少。而且贬值前已签订但在贬值后执行的贸易协议,出口数量不能增加以冲抵出口外币价格的下降;进口数量不能减少以冲抵进口价格的上升;总的出口利润的增加不足以补偿总的进口成本的增加,导致贸易收支立即下降。不妨用例子进行说明:

假设本国签订的出口合同和进口合同金额相同,50%为本币合同、50%为外币合同。在本币贬值后,分析用外币度量对本国的贸易收支的影响。

首先,所有外币合同的收入和支出不受影响;其次,用本币度量的进口支出下降,用本币度量的出口收入也下降相同的幅度,两者相互抵销。所以本币贬值后,用外币度量,本国的贸易收支不受影响。同理,用本币度量,也同样不受影响。

当进口合同比出口合同所用外币支付的比重高时,收入用本币度量,本币合同不受影响,进口外币合同支出的本币就比出口合同收入的本币要多,总收入就会下降。用外币度量时,外币合同不受影响,但由于进口本币合同比重少,所以进口的支出减少不多;而出口本币合同比重大,出口的外币收入减少就更多,因而总收入下降。

(2) 汇率传递阶段。因为商品价格粘性,汇率变动会立即导致进出口商品相对价格变动,进而传递给国内商品价格。最终,汇率变动被商品同幅度的价格变动所抵销,购买力平价条件成立。汇率传递(exchange rate pass-through)是指汇率变动对一国进出口产品价格和国内价格的影响。在汇率传递阶段,虽然相对价格发生了变化,但进出口数量一般不会马上变动。进出口价格效应大于进出口数量效应,贸易收支趋向进一步恶化。

(3) 产量调整阶段。在长期,进出口商品进入产量调整阶段,由于进出口商品相对价格变化,货币贬值增强了本国出口商品的竞争优势。国内生产经营者通过扩大生产、增加出口数量,直到汇率贬值导致的数量效应超过价格效应,贸易收支才开始改善。一般认为,出口供给的调整时间需要半年到一年。

在马歇尔-勒纳条件成立的情况下,本币贬值对贸易收支的影响过程用曲线描述出来,呈字母J形。故本币贬值对贸易收支改善的时滞效应,被称为J曲线效应(J curve effect)。图12-2的J曲线效应中,在货币合同和汇率传递阶段,贸易收支持续恶化($\Delta B<0$);在产量调整阶段,贸易收支开始改善($\Delta B>0$)。在时间轴上,整条J形曲线表示贬值后贸易收支首先恶化、逆差扩大;然后,再经过C点和D点贸易收支逐渐得到改善。

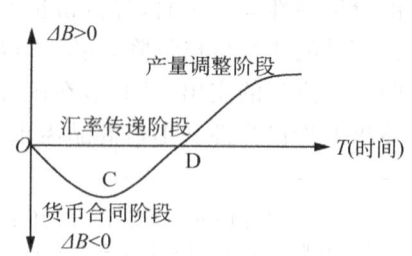

图12-2 汇率贬值后贸易收支变动的J曲线效应图

3. 对弹性分析法的评价

弹性分析法假设其他条件不变,只考虑汇率变动对进出口需求的影响。从汇率变动对贸易收支的J曲线效应分析可知,贬值改善贸易收支需要很多假设条件:一是弹性条件满足;二是要求进口合同比出口合同所用外币支付的比重高;三是汇率变动不被对应的商品价格变动所抵销;四是供给是充分的,出口需求的增加不会导致供给价格上涨。实际上,在弹性条件满足的前提下,贬值对贸易收支的影响是先恶化后改善,在这一过程中,贬值引起的商品价格变化也就被对应的国内通货膨胀抵销。而且贬值恶化了本国的贸易条件,有损本国的福利。以本币贬值提高出口竞争力还有可能遭到贸易对手的报复(如加征关税),那就更是得不偿失了。

二、吸收分析法

1. 吸收分析法

吸收分析法(absorption approach)又称支出分析法,它是在1952年由詹姆士·爱德华·米德和当时在国际货币基金组织工作的西德尼·亚历山大(Sidney Stuart Alexander)提出。他们在凯恩斯宏观经济学的基础上,从国民收入和总需求的角度,系统研究货币贬值政策效应的宏观均衡。并且,从凯恩斯的国民收入方程式入手,着重考察总收入与总支出对国际收支的影响,并在此基础上提出国际收支调节的相应政策主张。

吸收分析法认为,一国若想通过贬值改善贸易收支,就必须满足两个条件:贬值带来本国收入的增加;贬值使本国的实际支出减少,也就是吸收减少。贬值的支出减少效应意味着吸收的减少,也就是贬值的吸收效应。如果将国际收支差额定义为 B,国民收入定义为 Y,国民支出(吸收)定义为 A,则有下面的等式:

$$A=C+I+G$$

其中,C、I、G 分别为消费支出、投资支出和财政支出。

$$Y=C+I+G+(X-M)$$

其中,X、M 分别代表出口和进口。

$$B=(X-M)=Y-A$$

即一国的国际收支差额(B)就是国民收入(Y)与国内吸收(A)的差额,国际收支平衡就是总收入等于总吸收,国际收支顺差意味着总收入大于总吸收。

因此,在国际收支出现赤字时,要改善国际收支可以:

(1) 提高 Y 而 A 不变,或 A 减小。

(2) Y 不变而 A 减小。

(3) Y 提高大于 A 提高的幅度,或 Y 降低的幅度小于 A 降低的幅度。

2. 货币贬值的收入——支出效应

货币贬值通过收入效应与支出效应来共同影响国际收支的平衡。

(1) 货币贬值的收入效应(income effect):汇率贬值通过一系列途径导致本国收入变化的效应。货币贬值的收入效应包括闲置资源效应和资源配置效应。

闲置资源效应(idle resources effect):在资源闲置的情况下,货币贬值导致出口需求增加,国内总需求随之增加。闲置资源投入到生产中去不会导致价格上涨,从而收入的增加就是实际收入的增加。同时闲置资源的投入对于支出增加的影响不大,因而会导致收入的净增加。

资源配置效应(resource allocation effects):吸收分析理论认为,虽然贬值会恶化贸易条件,但由于贬值影响资源配置,所以在贬值过程中,资源从生产率较低的部门向生产率较高的部门转移。生产率的提高抵销了贸易条件的恶化,结果是提高了实际收入。特别是在汇率高估、外贸管制、微观经济扭曲、资源配置效率低下时,贬值带来的资源配置效应会更明显。

(2) 货币贬值的支出效应(expenditure effect):汇率贬值导致本国支入变化的效应。货币贬值的支出效应包括现金余额效应、收入再分配效应、货币错觉效应和贸易条件效应。

现金余额效应(real cash balance effect):现金余额效应是最重要的一种吸收效应。在货币供应量一定时,本币贬值、国内物价水平上升。为了维持相同的购买力,消费者持有的名义现金量增加。一方面消费者由于实际收入下降而减少他们的实际支出;另一方面消费者名义现金需求增加会导致利率上升,利率上升会导致投资减少。故现金余额效应可直接影响收入-支出,也可通过利率影响收入-支出。

收入再分配效应(redistribution of income effect):在货币贬值引发通货膨胀的情况下,收入会从固定收入的工资收入阶层向利润收入阶层再分配。而后者的边际消费倾向低于前者的边际消费倾向,从而降低总支出。

货币错觉(money illusion effect):人们较多重视货币价格,而较少重视货币收入的心理现象。当贬值带来物价水平上涨时,尽管名义货币收入也可能按比例上升,但在物价上涨的情况下,人们仍然选择较少消费。从而,贬值会带来实际支出的减少。

贸易条件效应(terms of trade effect):贸易条件是指一国进口商品价格指数与出口商品价格指数之比,吸收理论认为本币贬值会导致本国贸易条件恶化,贸易条件的恶化有可能带来国际收支的恶化,即引起贸易条件效应。因为贬值后进口成本上升,一国的财政支出、投资支出和消费支出可能因为进口成本的增加而增加,从而吸收增加,进而导致国际收支恶化。

3. 吸收论的政策主张

根据吸收论的基本原理,吸收论所主张的国际收支调节政策,无非就是改变总收入与总支出(吸收)。调节国际收支逆差就要增加收入,即通常说的支出转移政策(如本币贬值使进口消费转移到国内消费);或减少支出,即通常说的支出减少政策,简称为吸收政策。国际收支逆差,表明一国的总需求超过总供给,即总吸收超过总收入。这时,就应当运用紧缩性的财政货币政策来减少对贸易商品(进口)的过度需求,以纠正国际收支逆差。但紧缩性的财政货币政策在减少进口需求的同时,也会减少对国内商品的需求。因此,还必须运用支出转移政策来消除紧缩性财政货币政策的不利影响,使进口需求减少的同时,对国内商品的需求增加。这对整个经济而言,总吸收等于总收入,从而达到内部平衡和外部平衡。

吸收论认为,贬值要起到改善国际收支的作用,必须要有闲置资源。只有当存在闲置资源时,且贬值后,闲置资源流入出口品生产部门,出口才能扩大。另外,出口扩大会引起国民收入和国内吸收同时增加,当边际吸收倾向小于1(所谓边际吸收倾向,是指每增加的单位收入中,用于吸收的百分比),整个社会增加的总收入才会大于总吸收,国际收支才能改善。

4. 对吸收分析法的评价

吸收分析法是建立在宏观、一般均衡分析基础上的,比建立在微观、局部均衡分析基础上的弹性分析法有进步,并强调了政策配合的意义。不过,它仍有不足之处,其表现在:吸收论过分强调了本币贬值对收入和吸收的影响。一国收入的增加应该更多靠生产能力的提高、成本的下降、出口商品价格的下降,而不是靠汇率的贬值。汇率贬值对人们支出的影响主要表现在支出转移效应。汇率贬值的现金余额效应、收入再分配效应、货币错觉效应在现实中是否存在,很难说清。吸收分析法没有考虑日益重要的资本项目对国际收支的影响;本币贬值的资源配置效应是否存在,也是缺少依据的。

吸收分析法在国际收支调节理论的发展过程中,具有承前启后的作用。一方面,它指出了弹性论的缺点,吸纳了弹性论的某些合理内容,这是在弹性论基础上的一大进步;另一方面,它指出了国际收支失衡的宏观原因和注意到国际收支失衡的货币方面。因此,吸收分析法成为20世纪70年代出现的国际收支调节的货币分析法的先驱。

三、货币分析法

20世纪50年代,J. E. 米德首先系统提出货币分析法,后经丹麦的J. J. 波拉克、美国的H. G. 约翰逊和R. A. 蒙代尔系统化发展,在20世纪70年代中后期盛极一时,至今仍是分析国际收支问题的一种重要理论。

1. 货币分析法(monetary approach)认为货币供求是决定一国国际收支状况的国际收支理论,强调国际收支本质上是一种货币现象,决定国际收支的关键是货币需求和供给之间的关系。货币分析法采用最简单的数学模型来表示其中心理论,即:

$$H = R + D$$

式中H、R、D分别代表货币供给、储备资产、国内信贷。

从上式可以看出,一国的货币供给分成两部分:国内货币供给部分D(国内信贷创造)和国外货币供给部分R(国际储备资产创造的货币)。可见货币供给的变化既可由国内信贷的变化造成,也可由国际储备资产的变化造成。

假定在较长时期货币供给H等于货币需求I,对上式稍加变化,则有:

$$R = H - D = I - D$$

即:储备货币=货币供给-国内信贷=货币需求-国内信贷

可见,一国的储备资产或国际收支顺差是与货币的供给与需求相联系的一种货币现象。一国储备资产的流失或国际收支逆差意味着国内信贷货币供给过度;国际收支顺差和储备的增加意味着国内货币需求过度。在国际收支出现逆差时,必定会出现与之相应的变动:或者是国内信贷增加(在货币需求不变时,以维持原来的货币供给量);或者是减少总货币供给(因为逆差导致储备流失,如果不增加国内信贷,总货币供给量必定减少)。从短期看,货币供给与货币需求之间的差额反映在国际收支储备项目的变化上。在固定汇率制下,国际收支均衡就是储备项目不发生变化。在自由浮动汇率制下,货币供给和需求的相应变化可使国际收支自动平衡。

2. 货币分析法的政策主张

既然国际收支本质上是一种货币现象,因而国际收支失衡就只能用货币政策来纠正。各种调节方法,如贬值、关税、进口限额、外汇管制和减少支出的吸收政策等,只有在相对于货币需求一定时,减少国内货币供给;或者是相对于国内货币供给一定时,增加货币需求,才可能纠正国际收支逆差。例如,贬值只有通过改变国内价格水平,提高国内货币需求或减少国内货币供给,国际收支才会暂时得到改善。因此,控制国内货币增长率是保证实现国际收支均衡的最有效方法。

3. 对货币分析法的评价

与国际收支吸收分析法相比,货币分析法不仅把研究的范围从经常项目扩展到整个国际收支,而且还论证了一国国内货币供求状况与国际收支之间的内在联系。而后者是它的主要贡献。对货币分析法的主要批评是,它论述的是长期均衡状态,但其基本假定,如充分就业、高效率的国际商品和货币市场,只是一种理想状态或长期趋势,在现实世界中并不始终存在。因此无论货币分析法在说明长期发展趋势时多么有力,在中短期分析时由于与现实存在差距,其观点及结论的可信度受到了较大的影响。

本章小结

本章主要分析了国际收支的相关概念和国际收支调节理论。

国际收支项目分为经常项目、资本和金融项目、官方储备项目、净误差与遗漏四个项目。其中,经常项目又包括货物、服务、收益和经常转移四项。国际收支平衡就是经常项目、资本和金融项目两者的平衡,如果不平衡就要通过官方储备项目来调整。

经常项目交易会改变一国的对外净财富,金融项目交易不改变一国的净财富。这就是经常项目交易更重要的原因。一国贸易差额和外债积累都源于其国民收支的不平衡。一国要减少经常项目逆差和避免外部债务积累,就需要增加国内产出能力和出口能力。

中国的国际收支特点是经常项目中货物贸易长期顺差、服务贸易长期逆差、外汇储备不断积累。

中央银行进行外汇干预以稳定汇率,这会导致国内货币供给量的变动。因此,央行进行外汇干预时要进行货币冲销操作以稳定货币供应量。

国际收支的调节理论方法主要有弹性分析法、吸收分析法和货币分析法。

练习题

一、名词解释

国际收支　经常项目　资本项目　金融项目　国际收支平衡表　复式簿记原理　单边转移　储备　顺差　逆差　自主性交易平衡　补偿性交易官方储备　特别提款权　净误差与遗漏　国外资产　国内资产　中央银行的资产负债表　冲销性外汇干预　非冲销性外汇干预　马歇尔-勒纳条件　J曲线效应　汇率传递　货币贬值的收入效应　货币贬值的支出效应

二、简答题

1. 经常项目包括哪几个小项目? 它在国际收支平衡表中的重要性如何?
2. 国际收支平衡表编制的依据是什么?
3. 短期资本的流动主要包括哪些内容?
4. 长期资本的流动的形式分为哪三种?
5. 官方储备是由哪四部分组成的?
6. 经常项目和金融项目交易本质上有什么不同?
7. 简述国际收支失衡及其原因。
8. 冲销性外汇干预与非冲销性外汇干预的异同?
9. 简述吸收分析法的基本思想。
10. 简述货币贬值的收入-支出效应。
11. 简述国际收支弹性分析法的主要内容。

12. 简述国际收支货币分析法的主要内容。

三、计算题

1. 2000年,美国国民收入约10.28万亿美元。其中,消费比重约60%,投资比重约20%,政府购买比重约20%。请估算美国2000年经常项目情况。

2. 假设A国今年总产出10万亿美元,私人消费和政府消费支出共8万亿美元,投资支出3万亿美元。问:
(1) A国今年的经常项目差额情况是什么?
(2) 如果A国今年的非储备类金融项目顺差为1万亿美元,A国今年的外部净资产变动情况如何?

3. 如果2017年A国有经常项目顺差50亿美元,非储备类金融账户逆差30亿美元。问:
(1) 如果该国实行固定汇率制度,该国如何保持国际收支平衡?
(2) 2017年A国的国外净资产和外汇储备资产发生了什么变化?
(3) 如果该国实行冲销干预,该国外汇储备和货币供应量变化是多少?
(4) 如果该国实行非冲销干预,该国外汇储备和货币供应量变化是多少?

4. 假设2017年,中国对美国经常项目顺差为200亿美元,非储备金融账户顺差为100亿美元。问:
(1) 200亿美元经常项目顺差对中国的国外净资产有什么影响?
(2) 100亿美元非储备金融账户顺差对中国的国外净资产有什么影响?

5. 表12-8为2006年美国国际收支经常账户情况。问:
(1) 表12-8中"?"所代表的数据各为多少?
(2) 请根据表12-8中的数据,判断美国2006年货物贸易、服务贸易、对外投资收入(利用外资支出)是顺差还是逆差,并计算其金额各为多少?

表12-8 2006年美国国际收支经常账户情况 单位:十亿美元

项目	贷记	借记
经常项目		
(1)出口	?	
其中:商品	1 023.1	
服务	422.6	
收入所得	650.5	
(2)进口		?
其中:商品		-1 861.4
服务		-342.8
收入所得		-613.8
(3)净单边转移支付		-89.6
经常项目余额		?

6. 表12-9为2006年美国国际收支账户情况,其中金融项目列出了3类细目。问:
(1) 2006年美国金融项目是顺差还是逆差,其差额是多少?
(2) 2006年美国官方储备是增加还是减少,其变动量是多少?

表 12-9　2006 年美国国际收支账户情况　　　　　　　　　　　　　单位：十亿美元

项目	贷记	借记
经常项目		−811.5
资本项目		−3.9
金融项目		?
(1) 在外国持有的美国资产		−1 055.2
其中：官方储备资产	2.4	
其他资产		−1 057.6
(2) 在美国持有的外国资产	1 859.6	
其中：官方储备资产	440.3	
其他资产	1 419.3	
(3) 金融衍生品净额	28.8	

四、思考题

1. 请分析中国对美国贸易顺差形成的原因。
2. 请分析拉美债务危机的根源及其对中国经济发展的启示。
3. 论述中国为什么积累了 3 万多亿美元的外汇储备，大量外汇储备积累对中国有什么利与弊。

五、材料分析题

1. 有观点认为，由美国挑起的贸易战将使中国国内外资本的投资信心下降，从而引起大规模资本外流。但从 2018 年 7 月国家外汇管理局公布的数据来看，中国并未出现大规模的资本外流。在对外投资统计方面，在华外资企业的过剩产出可能被当作外资的投资品，这使国内投资上升；当存在较为严格的资本项目管制时，国内资本可能绕开监管外逃，这一部分很可能反映在国际收支平衡表中的净误差与遗漏项下。从现实情况看，一方面，中国的对外直接投资呈现顺差状态；另一方面，净误差遗漏项下的资金波动较大。2017 年第一季度至 2018 年第一季度，中国的国际收支平衡表显示，中国对外直接投资的流量从 2017 年第一季度的 864.38 亿元上升至 2018 年第一季度的 3 501.55 亿元，而净误差遗漏项则保持在 2 448.98 亿元（2018 年第一季度）至 4 374.79 亿元（2017 年第四季度）的高位。这说明，国内过剩产出一部分被外国投资者作为投资品持有（外资在华投资额大于中国对外投资额），另一部分则绕开监管流向了国外。

请根据上述材料，分析：

(1) 为什么根据"净误差与遗漏项则保持在 2 448.98 亿元（2018 年第一季度）至 4 374.79 亿元（2017 年第四季度）的高位"，可以判断中国存在资本"绕开监管流向了国外"？

(2) 国内资本绕开监管外逃，反映在国际收支平衡表中的净误差与遗漏项下是贷方余额还是借方余额？

2. 20 世纪 80 年代末至 20 世纪 90 年代初，墨西哥进行了全面的市场化改革，大力推进贸易自由化、金融自由化和全面私有化。市场化改革取得了一系列成果：经济增长稳步提高、财政赤字消失以及通货膨胀率稳步下降等。墨西哥市场化改革和经济状况被国际社会普遍看好，从而吸引大量外资涌入。大规模的资本流入（主要通过证券投资的方式）增加了墨西哥的外汇储备，但也使其持续严重的经常项目逆差等问题不为人们所关注，结果是大规模持续的经常项目逆差引发了墨西哥金融危机。1994 年 3 月，墨西哥革命组织党的总统候选人遇刺，这使人们对墨西哥政局的稳定产生了怀疑。面对外汇储备的潜在流失，墨西哥当局用发行一种美元指数化标价的国库券(Tesobonos)来应对。但是1994年的最后几个月,资本外流愈加凶猛,即使进一步发行Tesobonos也不能弥补,墨西哥政府在两天之内就失去了40亿~50亿美元的外汇储备。到1994年12月22日,外汇储备几近枯竭,降到了低于一个月进口额的水平。最后墨西哥政府被迫宣布新比索自由浮动,新比索贬值65.8%。在汇率急剧下挫的同时,墨西哥股票交易也崩溃了。危机给墨西哥带来了严重冲击,大批银行、企业因支付困难濒临倒闭。经济从1995年开始出现全面衰退,GDP下降了6.9%,失业率从3.2%上升到6.6%。墨西哥金融危机还对全球经济产生了广泛影响,其中主要是拉美国家。

根据材料分析:

(1) 大规模的资本流入增加墨西哥的外汇储备,为什么会使其经常项目逆差持续严重,但不会引人关注?

(2) 面对外汇储备的潜在流失,墨西哥当局发行一种美元指数化标价的国库券(Tesobonos)有什么功能?

(3) 当资本外流愈加凶猛,墨西哥政府为什么就会失去40亿~50亿美元的外汇储备?

(4) 墨西哥政府为什么被迫宣布新比索自由浮动,新比索自由浮动对调节国际收支有什么作用?

第十三章 国际货币体系

【本章要点概览】

- 布雷顿森林体系
- 牙买加体系
- 国际货币体系存在的问题
- 人民币国际化

国际货币体系(international monetary system)也称国际货币制度,是指各国政府为了适应国际贸易与国际支付的需要,对货币在国际范围内发挥世界货币职能所确定的原则、采取的措施和建立的组织形式的总称。它的主要目的是协调各个独立国家的经济活动,促进国际贸易和国际支付活动的顺利进行。国际货币体系包括以下几个方面的内容:第一,各国货币比价(汇率)的确定;第二,各国货币的兑换性与对国际支付所采取的措施;第三,国际收支及其协调机制;第四,国际储备资产的确定;第五,黄金、外汇的流动与转移是否自由等。

第一节 传统金本位制

金本位制(gold standard)是以一定重量和成色的黄金为本位货币的货币制度,每单位的货币价值等同于若干重量的黄金(即货币含金量);当不同国家使用金本位制时,国家之间的汇率由它们各自货币的含金量之比决定。金本位制于19世纪中期开始盛行。

一、金本位制度的发展

货币与黄金的联系程度、金本位制的发展过程呈现出三种形式,即金币本位制、金块本位制、金汇兑本位制。

1. 金币本位制

金币本位制(gold specie standard)是金本位货币制度的最早形式,亦称为古典的或纯粹的金本位制。其始于1816年的英国,此后其他欧美国家纷纷效仿。其特点主要包括:①用黄金规定货币所代表的价值,每一货币单位都有法定的含金量,各国货币间根据其含金量有一个固定的比价;②金币可以按规定的成色和含金量自由铸造;③各种银行券和金属辅币可以自由兑换成黄金;④黄金是国际储备资产和国际结算货币,可以自由输出输入。在这种金币本位制下,货币与黄金直接挂钩,甚至等同于黄金,价值较为稳定。1914年第一次世界大战爆发后,各国纷纷发行不兑现的纸币,禁止黄金自由输出,金币本位制随之告终。1922年在意大利热那亚召开的世界货币会议上,一些资本主义国家决定采用"节约黄金"的原则,实行金块本位制和金汇兑本位制。

2. 金块本位制

金块本位制(gold bullion standard)亦称金条本位制,是一种以金块办理国际结算的变相金本位制。金块本位制是在金币本位制崩溃以后出现的一种货币制度,其特点主要包括:①纸币代替金币,金币仍然是本位货币,但在国内不流通,以纸币代替金币流通;②不允许自由铸造货币,仍规定货币的含金量,并规定有黄金平价;③不允许自由兑换黄金,仅当人们在国际支付或工业方面有需要时,才可以按规定数量向中央银行兑换金块;④严格限制黄金输出。这是一种残缺不全的金本位制,很不稳定,仅实行几年就崩溃了。

3. 金汇兑本位制

金汇兑本位制(gold exchange standard)又称"虚金本位制"。实行这种制度的国家须把本国货币同另一金本位制国家的货币固定比价,并在该国存放外汇准备金,通过无限制供应外汇来维持本国币值的稳定。它是一种在金块本位制或金币本位制国家保持外汇的方式。其特点主要包括:①国内实行纸币流通,对纸币规定法定含金量;②禁止金币的自由铸造和流通;③纸币不能与黄金兑换,而只能兑换外汇,外汇可以在国外兑换黄金;④本国货币与被钉住国货币保持固定的比价,国家通过买卖外汇来保持汇率的稳定。采用这种币制必然使本国货币依附于与之相联系的国家的货币,金汇兑本位制本质上是一种附庸的货币制度。

二、金本位制的特点

国际金本位制具有以下特点。

1. 黄金充当国际货币体系的基础

在金本位制度下,各国货币都规定了含金量,国际货币兑换以货币的含金量为基础。各国普遍接受将黄金作为国际支付手段和流通手段,黄金可以自由输出和输入,黄金成了世界货币。黄金成为世界货币之后,各国货币都与黄金挂钩,确立了一种相对稳定的货币制度。

2. 货币间的汇率由货币含金量决定

在金本位制度下,铸币平价是汇率的基础。所谓铸币平价是指两种货币的含金量之比。金本位条件下,黄金可以自由输出输入,这使得外汇市场上汇率的波动始终维持在黄金平价和运输费用所规定的黄金输入与输出点之内。因此,国际金本位制是一种极其严格的固定汇率制。

3. 国际金本位制具有自动调节国际收支的机制

在金本位下,各国的国际收支可通过"物价-铸币流动机制"自动进行调节。该机制是由英国经济学家休谟(Hume, 1752)最早提出,其具体内容如图13-1所示,当一国出现对外收支逆差时,黄金流出、国内货币供给量减少,导致物价和成本下降,于是会刺激出口、抑制进口,进而国际收支得以改善;反之,当一国出现对外收支顺差时,黄金流入、国内货币供给量增加,导致物价和成本上升,于是会抑制出口、刺激进口,进而国际收支顺差得以减轻。

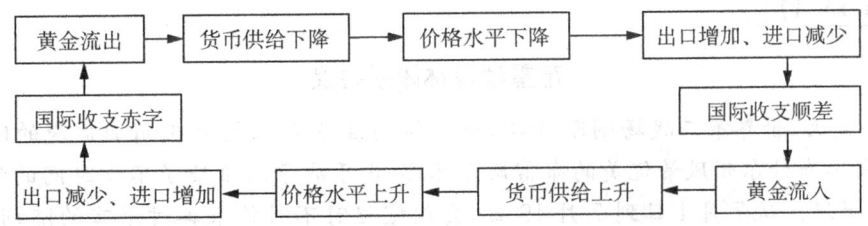

图13-1 金本位制下自动调节国际收支的机制

三、金本位制的崩溃

金本位制虽然是一种较为稳定的国际货币体系,对世界经济贸易的发展起到了重要的推动作用,但它本身也存在着不可避免的缺陷:①黄金产量的波动对金本位制的影响巨大。在金本位制下,黄金产量的变化与物价变化密切相关,世界经济增长,对黄金作为货币的需求量远远超过了黄金的生产量,黄金供应缺口使世界经济发展对黄金货币的需求难以得到满足。②金本位制的自动调节机制受到多方面因素的制约。当出现大量国际资本流动,银行体系缺少足够的黄金储备以稳定汇率时,金本位制的自动调节基础就遭到了破坏。③在金块本位制、金汇兑本位制下,由于对主权国家缺少强有力的约束和监督,纸币的大量发行、纸币不能自由兑换黄金,纸币规定的法定含金量成了空话。

第一次世界大战爆发后,受战争因素的影响,各国纷纷对黄金实行禁运、停止银行券兑换成黄金,并发行大量不可兑换黄金的纸币,金币本位制从此消亡。战后各国相继恢复金本位制,但黄金的地位被大大削弱,部分国家实行了金汇兑本位制。而金块本位制、金汇兑本位制是具有过渡性质的国际货币制度,存在着更为明显的缺陷。黄金产量的严重不足和分配不均、纸币的大量发行、纸币不能自由兑换黄金、自动调节机制的诸多前提条件和国家间汇率的频繁波动等问题,都导致了金块本位制和金汇兑本位制的崩溃。1929~1933年,世界经济危机爆发,部分国家国际收支急剧恶化,黄金大量外流。金块本位制、金汇兑本位制在大部分国家无法继续维持下去。1936年,国际金本位制彻底退出历史舞台。

第二节　布雷顿森林体系

一、布雷顿森林体系的建立

经历两次世界大战之后,世界政治经济环境发生了重大变化,美国取代英国成为世界上经济实力最强的国家。货币金融领域的混乱局面使建立一个新的世界统一的货币体系迫在眉睫。在设计战后的国际货币体系时,英、美两国分别提出了"凯恩斯计划"和"怀特计划"。1944年7月,美、英、法、苏等44个同盟国的代表在美国新罕布什尔州的布雷顿森林召开了国际货币金融会议,又称"布雷顿森林会议"。会议主要讨论了战后国际货币体系的重建,并最终通过了以美国"怀特计划"为基础的《国际货币基金组织协定》和《国际复兴开发银行协定》,总称"布雷顿森林体系协定"。协定规定美元直接与黄金挂钩,其他货币与美元挂钩。从而确立了以美元为中心的国际货币制度,并根据会议所达成的协定条款,产生了维持布雷顿森林制度运作的机构——国际货币基金组织和国际复兴开发银行(即世界银行,World Bank)。第二次世界大战后新的国际货币体系——布雷顿森林体系(Bretton Woods System)诞生了。

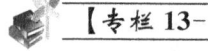

【专栏13-1】

布雷顿森林体系会议

1944年夏天,世界第二战场刚刚开辟,全世界的注意力正集中在硝烟弥漫的欧洲。而此时,在美国新罕布什尔州风景优美的布雷顿森林郡,由于战争而萧条了不少时间的华盛顿山度假宾馆突然爆满。从7月1日到7月19日,会议室里时不时传来各种语言的陈词、质问和争辩。这伙人每天两眼一睁，吵到熄灯，争辩到激烈处甚至通宵不寐。这群人究竟是何方神圣？此时此地聚集了来自这么多不同国家的人物，意欲何为？会议室里的很多面孔都是当年《纽约时报》、《泰晤士报》、《金融时报》上的常客，有美国财政部长摩根索、美联储的主席艾考斯、参议员托比、经济学家怀特……除了这些美国人，还有来自另外44个国家（都是同盟国成员）的，总共730多位代表。

不过，这些人里最大的腕，却是一位英国人。此人不仅频繁地出现在那些报纸或者《时代周刊》封面上，还在之后的60年中，频繁出现在任何一版的宏观经济学和货币金融学教科书里。他就是约翰·梅纳德·凯恩斯，对现代政府经济政策影响最大的经济学家，可能也是有史以来对现实经济影响最大的经济学家。此时，凯恩斯已经身染沉疴，在严重心脏病的折磨下，他依然"冷酷无情地驱使自己和别人工作"。而凯恩斯的主要对手——美国财政部经济学家哈里·怀特每天最多只睡5个小时，毫不松懈。

在如此紧张的气氛下，世界上第一个全球性的金融货币体制协议，就要在布雷顿森林华盛顿山上诞生。在之后的几十年中，它与关贸总协定（GATT，它的最初设想也在这次会议上产生）一起主宰了半个地球的经济秩序。即使在其解体之后，它的遗产仍然深刻地影响着这个全球化世界的金融、贸易活动。直到今天，它的幽灵仍然在到处飘荡。当今世界的每一个全球性和区域性经济热点问题——美国的贸易逆差和财政赤字、日元升值和泡沫经济、欧洲货币区的形成与欧元诞生、全球性投机基金的泛滥与亚洲金融危机，近到席卷全球的美国"次贷"危机——如果不断追溯的话，总会在源头发现它巨大的废墟。它荒而不废，死而不僵。这就是国际金融历史上著名的布雷顿森林体系。

二、布雷顿森林体系的主要内容

1. 建立国际金融机构

建立国际货币基金组织和国际复兴开发银行，以此协调国际金融关系，维持布雷顿森林体系的运行。

2. 美元与黄金挂钩，其他国家的货币与美元挂钩

美元是最主要的国际储备资产；美元直接与黄金挂钩，即确定1盎司等于35美元的官定价格，每一美元的含金量为0.888671克黄金；各国政府或中央银行可以随时用美元外汇按官价向美国兑换黄金；各国货币与美元挂钩，即各国货币要规定黄金平价，以确定对美元的比价，从而间接与黄金挂钩。

3. 实行可调整的固定汇率制

各国货币与美元的比价必须固定，比价的波动幅度需维持在货币平价上下1%的范围。如果波动幅度超过1%，除美国之外的各成员国的中央银行均有义务在外汇市场上买卖美元和本国货币，以维持各国货币对美元汇率的稳定。只有在一国的国际收支出现"根本性不平衡"（fundamental disequilibrium）时，经IMF批准才可以进行汇率调整。因此该体系又被称为"可调整的钉住体系"。

4. 通过IMF调节国际收支

成员国如果出现国际收支暂时性逆差，可以向IMF申请借款来调节。借款资金的主要来源是成员国已缴的基金份额，贷款的多少与份额的大小成正比。

5. 取消外汇管制

各成员国不得限制经常项目的支付，不得采取歧视性货币措施，要在可兑换性的基础上实

行多边支付。成员国须履行货币兑换的义务,以消除阻碍多边贸易和多边清算的外汇管制,保障国际结算与国际支付活动的自由。但成员国有权对被宣布为"稀缺货币"的货币采取歧视性货币措施。

由此可见,布雷顿森林体系实际上是一种国际金汇兑本位制。它独特的"双挂钩"安排使美元在新国际货币体系中处于中心地位,美元等同于黄金,因此该体系又称为"美元—黄金本位制"。从此美元代替黄金,成为国际清算的支付手段和国际主要的储备货币。

三、布雷顿森林体系的作用

布雷顿森林体系的建立,暂时结束了战前国际货币金融领域的混乱局面,并对战后世界经济的快速恢复和发展发挥了极大的作用。具体表现在以下几个方面。

(1) 通过国际货币基金组织,协调了国际金融关系,并为国际收支出现暂时逆差的成员国提供借贷资金。这有助于缓和国际收支不平衡的趋势和金融市场的动荡,从而推进了世界经济的快速、稳定增长。

(2) 确立了以美元为中心的国际储备体系。在"双挂钩"的安排下,美元等同于黄金,从而解决了在黄金产量不能满足世界经济快速发展的需要时,国际储备供应不足的问题。

(3) 通过推行固定汇率制,很大程度上降低了国际经济往来中的外汇风险,从而促进了国际贸易、信贷和投资活动的发展,使战后经济得以快速恢复和发展。

(4) 通过取消外汇管制的措施,促使了外汇管制的放松和贸易活动的自由化,以及提高了各成员国对外开放程度,进而使得市场机制能在全球范围内更为有效地配置资源。

四、布雷顿森林体系的缺陷及其崩溃

在布雷顿森林体系下,美元的地位极其特殊。美元既是一国货币,又是世界货币。作为一国货币,美元的发行必须受美国的货币政策和黄金储备的限制;作为世界货币,美元的供应又必须适应世界经济和国际贸易发展的需要。美国作为美元的发行国,自然必须承担起两个责任:第一,得让美国按固定的官方价格兑换黄金,以维持各成员国对美元的信心;第二,要提供足够的清偿力(即美元供应充足)。然而信心与清偿力是存在内在矛盾的,若满足了清偿力的供应,就等于造成了美元泛滥,无法保证美元与黄金的固定官价,从而产生信心问题;若美元的供应维持了美元和黄金的固定官价,又无法保证各国不断增长的清偿力的需求,即美国经济学家特里芬在研究中所发现的"特里芬难题"。"特里芬难题"(Triffin dilemma)指出了布雷顿森林体系的内在不稳定性及危机发生的必然性,该货币体系的根本缺陷在于美元的特殊身份和"双挂钩"原则。

随着战后各国经济实力的逐步恢复、美国经济实力的相对下降,布雷顿森林体系的内在矛盾越来越突出。1960年,美国的黄金储备急剧下降,国际金融市场上掀起了抛售美元抢购黄金的热潮。美元危机爆发,严重动摇了美国的国际信誉。1971年,美元危机再次爆发,美国政府宣布实行"新经济政策",其中包括对外停止履行美元兑换黄金的义务,从而切断了美元与黄金的直接联系。1973年,国际金融市场再次出现抛售美元的风潮,西方各成员国出于自身利益的考虑,纷纷放弃了固定汇率,实行浮动汇率,从此以美元为中心的布雷顿森林体系彻底崩溃。

第三节 牙买加体系

自布雷顿森林体系崩溃后,国际金融形势动荡不安,美元的国际地位不断下降,出现了国际储备多元化的局面。许多国家放弃了固定汇率制,实行浮动汇率制,汇率浮动增大,全球性国际收支失衡现象日趋严重,各国都在探寻货币制度改革的新方案。1976年,国际货币基金组织"国际货币制度临时委员会"在牙买加首都金斯敦召开会议,并达成了《牙买加协议》。同年4月,国际货币基金组织理事会通过了《国际货币基金协定的第二次修正案》,从而形成了国际货币体系的新格局——牙买加体系。

一、牙买加体系的基本内容

1. 浮动汇率制合法化

各成员国可以自由选择任何汇率制度。汇率主要根据外汇市场上的供求状况自动生成与浮动,但各成员国的汇率政策应受到IMF的监管。

2. 黄金非货币化

黄金与货币完全脱离关系,彼此独立存在。各个成员国可按市场价格自由进行黄金交易,黄金官价不复存在。黄金也不能再用于国家间业务活动的清算。国际货币基金组织所持有的黄金应逐步加以处理,其中1/6(2 500万盎司)按市价出售,将其超过官价(每盎司42.44美元)部分的收益设立信托基金,用于对发展中国家的援助。另外1/6由成员国按官价收回;剩余部分的黄金须经投票决定向市场出售或由成员国购回。

3. 提高特别提款权的国际储备地位

未来的国际货币体系应以特别提款权作为主要储备资产,并将其作为各国货币定值的基础。各成员国之间可以自由进行SDR交易,不必征得IMF的同意。各成员国还可以使用特别提款权进行借贷、履行对IMF的义务以及偿还IMF下的债务。

4. 扩大发展中国家的资金融通

用按市价出售的黄金超过官价的收益部分,设立一笔信托资金,向最不发达的发展中国家以最优惠的条件提供贷款援助,帮助解决国际收支问题;同时扩大IMF的信用贷款额度,由占成员国份额的100%提高到145%。

5. 增加各成员国对国际货币基金组织缴纳的份额

根据该协议,各成员国的基金份额从原来的292亿特别提款权增至390亿特别提款权,增长了约33.6%。同时,各成员国应缴纳的基金份额也有所改变。

二、牙买加体系的评价

牙买加体系是现行的国际货币体系,是以美元为中心的多元化国际储备货币体系和浮动汇率的货币体系。牙买加协议后,黄金在国际货币中的地位趋于消失,而美元在诸多储备货币中仍居于主导地位。以牙买加协定为基础的当代国际货币体系的实践,对维持世界经济的正常运转,对世界经济的持续发展起了重要的推动作用。第一,牙买加体系基本上克服了布雷顿森林体系时期,基准货币国家与依附国家相互牵连的弊端。国际储备货币的多元化有助于缓解国际清偿力的不足,在一定程度上解决了"特里芬难题"。第二,牙买加体系是以浮动汇率制为主的货币制度,浮动汇率可以灵敏地反应瞬息万变的国际经济状况,调节外汇市场的供求关系,从而有利于推动国际贸易和世界经济的发展。灵活的复合汇率制也使一国的宏观经济政策更具独立性和有效性。第三,牙买加体系采用各种调节机制,以相互补充的方法来调节国际收支,在一定程度上缓解了布雷顿森林体系调节机制失灵的状况。除 IMF 的调节及变动的汇率外,牙买加体系下的调节机制还可以通过利率及国际金融市场的媒介作用、国际商业银行活动、外汇储备变动等多种渠道和调节手段,对世界经济的发展起到了积极的作用。

牙买加体系是布雷顿森林体系解体之后,国际金融领域动荡时期下的产物。尽管它适应了当时世界经济形势发展的需要,但在复杂多变的国际经济环境面前,它的不完善之处也日益显现。第一,国际货币缺乏统一的货币标准。牙买加体系下,国际储备货币实行多元化,货币缺乏统一稳定的标准,这造成了货币体系内在的不稳定。只要有一个储备货币发行国的国内经济或金融状况有重大波动,国际金融市场就会产生巨大的动荡,各国的储备资产价值和数量也会随之发生变化。储备资产的不稳定性和管理难度的加大,对发展中国家尤为不利。第二,汇率波动过于频繁剧烈。各国政府均可采用种种措施干预外汇市场,汇率自发调整的同时,汇率体系表现出极大的不稳定性。汇率风险极大,影响了国际贸易和国际资本的流动,使国际储备资产和负债管理变得更为复杂。第三,国际收支调节体制不够完善。在浮动汇率制下,国际收支的调节方式主要依靠汇率调整和资金流动弥补两种方式。但各种调节手段都有其自身的局限性,均须受到各国宏观经济、贸易状况等的影响,国际收支调节机制有待于加强和完善。第四,"特里芬难题"未能得到根本解决。多元化的国际储备货币体系没能从根本上解决"特里芬难题"。单一国家的货币,仍具有类似于布雷顿森林体系下的美元的特殊地位,这使得国际储备货币国家无法同时满足本国经济政策下对货币信心和国际清偿力的要求,容易引起国际金融市场的动荡,"特里芬难题"仍然存在。第五,缺少能够独立执行经济政策的国际机构。IMF 是现行国际货币体系的重要载体之一。在实际操作中,IMF 对危难国家进行资金援助的同时,迫使其按照 IMF 规定的方案进行调整和改革;并且对成员国的贷款规模极其有限;对危难中的国家不能提供及时有效的援助。

[专栏13-2]

牙买加体系中的新"特里芬难题"

理论上,在牙买加体系中,"特里芬难题"仍然存在。美国作为国际储备货币发行国无法在为世界提供流动性的同时保持币值的稳定:可能因抑制本国通胀的需要而无法满足全球经济不断增长的需要,也可能因过分刺激国内需求而导致全球流动性泛滥。牙买加体系下,随着日元的崛起和欧元的面世,多元化的国际储备体系形成。它虽然在一定程度上缓解了"特里芬难题",但由于美元独大的霸权地位没有根本动摇,美国仍然需要为世界各国提供绝大部分的国际清偿力和国际储备的来源,信心与清偿力的"两难"仍然困扰世界经济金融,称为"新特里芬难题"。

进入牙买加体系以来,美国的整体经济呈现出一些规律性的特征:逆差—贬值—平衡—逆差。这一经济循环体现了美元作为世界货币必须保持逆差,为世界经济的正常运行提供绝大部分的国际清偿力。而由美国的大量逆差积累下来的国际经济失衡最终以金融危机的形式爆发,最终的解决途径是美元的相对贬值,之后世界经济达到一个短暂的平衡期,再进入下一个循环。

20世纪80年代,日本和主要欧洲国家是造成美国经常账户逆差的主要顺差国。20世纪90年代,特别是亚洲金融危机以后,其顺差国的重点转为以中国为代表的东亚国家。美国作为世界货币的发行国,其货币政策具有国际主导权,拥有向世界输出货币的特权,并可以把汇率和经济调整的责任转移到外围国家。面对频繁爆发的金融危机,仅局限于外部经济失衡国家进行贸易的调整并没有触及问题的核心,以单一货币充当世界货币的固有矛盾才是症结所在。

第四节　国际货币体系的问题与"次贷"危机

在牙买加体系实行的40多年时间里,该体系始终在极其脆弱的环境下运作,尤其是在亚洲金融危机和美国"次贷"危机中,其表现出的缺陷已经引起世界各国的广泛关注。货币制度改革的问题在西方七国首脑会议、国际货币基金组织历届年会以及其他会议上多次涉及。为了维持世界经济环境的稳定,建立合理有效的国际货币新秩序已日益紧迫。

一、国际货币体系的改革方案及前景

美国"次贷"危机的爆发与蔓延使世界各国再次面对一个古老却悬而未决的问题:建立一个怎样的国际货币体系,才能既保持全球金融稳定又促进世界经济发展。从过去的几次金融危机的历史教训来看,有关国际货币体系改革的建议和方案主要包括:第一,建立国际信用储备制度。该方案认为国际货币制度的根本出路在于建立超国家的国际信用储备制度,并在此基础上创立国际储备货币。国际储备货币不应当由黄金、其他贵金属或任何国家的货币担当。这一设想反映了以主权国家的货币作为国际储备货币所具有的内在的不稳定性,其供应也必然受到储备货币国的国际收支状况的约束。但这种主张要求各国中央银行服从于一个超国家的国际信用储备机构,这需要很密切的国际合作,目前看来还不太现实。第二,建立国际性的中央银行,发行国际统一的货币。该方案提倡建立一个世界性的中央银行,发行新的国际货币单位,现有的特别提款权将被融合到新的国际储备制度中;实行以商品为基础的货币制度,在世界范围内稳定初级产品的价格,进而达到稳定国际储备货币的目的。这类方案从理论上可行,但很难付诸实施。商品储备货币或者统一的信用货币代替美元、欧元、日元等储备货币是一个自然发展的过程,也不可能强制在世界范围内实行。第三,设立汇率目标区。汇率目标区的特点是综合了浮动汇率制的灵活性和固定汇率制的稳定性,而且还能够促进各国宏观经济政策的协调。但该方案实施起来困难重重,均衡参考汇率的确定就是其中最重要的问题,发展中国家希望通过实行汇率目标区来实现汇率的稳定,而发达国家则认为汇率目标区的方案不现实。

由于国际货币体系的改革涉及各国的利益以及各改革方案本身的缺陷等,国际货币体系的改革困难重重。其主要表现在:第一,国际货币体系的改革方案不尽完美,各国难在具体的改革方案上达成一致。第二,控制资本的国际自由流动是世界各国争论的焦点。部分国家如日本,主张对短期资本尤其是套利基金实行严格限制,而部分国家如美国,坚决反对对资本流动实行限制。有人主张用对外汇交易实行征税的办法来限制资本的国际流动,而这又会带来新的问题。第三,信息在世界范围内完全公开十分困难。现代的金融市场如此复杂,要获取有关经济金融领域的及时信息不是一件容易的事,加之信息在传递的过程中可能失真,所以投资者和决策者获得真实有效的大量信息比较困难。第四,发达国家与发展中国家之间的矛盾在改革进程中会日益突出。发达国家特别是美国试图干涉改革的进程,发展中国家表示反对,并呼吁世界各国的专家联合起来解决国际货币体系改革的问题。国际货币体系改革的问题不仅涉及世界各国的金融改革,还牵涉到各国的政治改革。尽管改革的方案林林总总、改革道路困

难重重,但国际货币体系改革的总体方向是明确的:就是要建立一个既能保持全球金融稳定又能促进世界经济发展的国际货币体系。全球化背景下,国际货币体系改革的问题已成为"大家"的问题,在各国的合作和共同努力下,有望建立一个理想的国际货币体系。

【专栏 13-3】

迟到的 IMF 改革

2015 年 12 月 18 日,美国国会参众两院批准了 IMF 份额和治理改革方案,意味着久拖未决的改革的正式实施。根据这项"晚产"的改革方案,IMF 的份额将增加一倍,其中约 6% 的份额将向有活力的新兴市场和代表性不足的发展中国家转移。中国的投票权份额将从 3.8% 提高至超过 6%,而美国的投票权份额则微幅降至 16.5%,但依旧保留超过 15% 的重大决策否决权。此外,IMF 永久性资金也将翻倍,特别提款权(SDR)将从 2 385 亿美元上调至 4 770 亿美元。

方案通过后,IMF 在各国话语权问题上将得到一番"大洗牌"。此前,作为全球第二大经济体,中国在 IMF 的投票权仅排在第 6 位,位于美国、日本、德国、法国、英国之后。改革后,中国的投票权升至第 3 位,而另外三个新兴国家印度、俄罗斯和巴西的份额也都将在 IMF 内跻身前十。在现行的份额公式中,GDP 占比仅 50%,因此尽管中国的 GDP 规模已经超过日本,成为仅次于美国的全球第二大经济体,但并不能立刻成为第二大份额国。

在这之前,2015 年 11 月 30 日,国际货币基金组织执行董事会议投票通过人民币加入特别提款权货币篮子。人民币以 10.92% 的权重超越日元和英镑,连同美元、欧元,组成新篮子五种货币中的一员。2016 年 10 月 1 日,人民币被作为除英镑、欧元、日元和美元之外正式纳入特别提款权篮子的第五种货币。人民币纳入 SDR 货币篮子,是国际货币系统的一个重大发展,反映了人民币作为贸易和投资结算货币的用途日益扩大。

IMF 改革反映了新兴市场话语权的提升,特别是亚投行崛起施加的压力。为体现新兴市场和发展中国家在全球经济中的权重上升,早在 2010 年 IMF 董事会便通过了份额和治理改革方案。只是由于拥有一票否决权的美国未获得国会批准,IMF 此轮改革一直无法实现。但是,世界经济格局已然大变,在中国和印度等新兴经济体影响力骤增的大背景下,如果 IMF 投票权结构不加以调整,IMF 必将失去存在的必要性。在这五年时间里,随着绝大部分成员国对改革方案的纷纷批准,美国的迟迟不动招致了包括英、法等美国传统盟友在内的国际社会的不满,这令美国国会压力渐增。同时,包括中国主导建立的亚投行等在内的区域性组织相继出现,不少新兴市场"老客户"的"另寻新欢"令 IMF 感受到竞争压力,因而也不断向美国施压。在多种因素作用下,美国最终意识到,改革的通过已不可逆势而为。

二、"次贷"危机与国际货币体系

2007 年 4 月,一场金融风暴席卷美国,致使全球主要金融市场出现流动性不足的危机,美国"次贷"危机(Sub-mortgage crisis)全面爆发。美国"次贷"危机的实质是世界各国投资者对过度膨胀的美元资产产生的信任危机,危机的爆发与国际货币体系的制度安排密切相关。问题就在于现行的国际货币体系的缺陷引起了美元资产的过度膨胀。其主要表现在以下几方面:

第一,美元作为储备资产的过度创造导致全球流动性泛滥,从而助长了次级按揭债券市场的繁荣。次贷环境改变引起信贷紧张,从而使全球资本市场受到强烈的冲击,进而使全球经济受累。现行货币体系下国际货币呈现多元化格局,但美元的中心和支配地位并未动摇。20世纪80年代以来,美元在储备货币中的占比大体保持在64%~71%。美元仍然是国际贸易和金融交易的主要媒介、主要的国际计价货币、外汇市场交易对象和国际储备货币,并成为钉住汇率制国家的锚币。凭借国际货币权力,美国联邦储备系统(后文简称美联储)可以无限制造美元,或通过发行债券等融资途径来解决国际支付问题。1982~2006年的25年间,美国对外提供的美元增加了147倍,这导致了境外美元资产的迅速膨胀。现行国际货币体系使得美国解除了维持这个体系运转所承担的成本,因此,美国不仅可以完全根据国内经济需要实施财政货币政策,不受外部约束、自主决定美元的发行和流通数量,而且可以借贸易不平衡之名对各国的汇率政策施加压力,进一步将调整国际收支失衡的负担转嫁给其他国家。泛滥的流动性推动了世界经济的增长,提高全球投资者的自信,也助长了全球商品、金融市场的资产价格的上升。价格的高涨使得通货膨胀在全球蔓延,带来了全球信用的膨胀,激发追求高回报、忽视风险的金融品种和投资行为的流行。2004年6月至2006年6月期间,美联储连续17次加息,基准利率从1%上调到5.25%。连续升息提高了房屋借贷的成本、改变了次贷环境,在货币政策紧缩情况下,房地产泡沫破灭引起流动性的紧缩。美国金融领域受到重创,危机进一步波及国际金融市场,最终使全球经济都受到牵连。

第二,缺乏有效的职能部门对全球金融市场实行有效的监督。"次贷"危机所暴露出的金融监管问题,主要体现在对金融衍生产品设计及交易的监管不足。另一方面也体现在对相关金融机构,如房贷机构、投资银行、银行表外投资实体、评级机构、对冲基金的监管存在漏洞。在当时的金融市场中,美国政府在金融衍生产品的设计与构造方面几乎不加干涉,对金融领域的业务监管也十分松弛,从而助长了金融衍生产品创新逐步偏离正常轨道的动力。由于美国在金融领域内缺乏一个统一的金融衍生产品清算系统、交易缺乏透明度,政府事实上并不清楚市场上各种衍生产品的交易规模与头寸分布。所以在危机爆发出现征兆时,政府不能在短时间内准确估计危机的严重程度和波及范围,没有采取足够的防御措施。全球金融自由化程度逐步加深、各国的金融市场日益复杂,但世界范围内没有建立起统一的监管体制,各国所实行的监督体系也仅仅是停留在国家和地区层面。这使得国家间金融监督工作难以协调,国际金融监管存在严重的缺失。可见,此次金融危机的爆发并在全球范围内迅速蔓延,正反映出当前国际货币体系的内在缺陷和系统性风险。换而言之,现行的国际货币体系制度缺陷是美国"次贷"危机爆发的深层次原因。

金融全球化则是美国"次贷"危机国家间传导的背景条件。近10年来,国际金融环境发生了巨大的变化,金融机构的国际化扩张和全球化经营愈演愈烈。金融的全球化不仅意味着金融活动超越国界,同时也意味着全球的金融风险发生与传播机制之间的联系日益紧密。而在此次金融危机中表现得尤为明显。美国"次贷"危机爆发,并迅速在全球范围内蔓延,导致了欧洲和亚洲金融市场的剧烈动荡。美国的金融风险通过全球化被世界所分担,演变成"美国次贷,全球买单"的局面。

【专栏13-4】

"次贷"危机

"次贷"危机,是指次级住房抵押贷款借款人大量违约而引起的信贷市场上的信用危机,以及以次级贷款为基础资产发行的证券大面积缩水而导致的资本市场上的次级债危机。

追根溯源,"次贷"危机起源于美国房地产市场不断积累的资产泡沫。从2001年1月至

2003年6月,美联储连续13次下调联邦基金利率,使利率从6.5%降至1%的历史最低水平,而且这一创历史最低水平的利率维持了一年之久。宽松的利率政策推动了住房需求和房价上涨,刺激了美国房地产市场的繁荣。在长期低利率政策下,美国人的购房热情急剧上升。与此同时,宽松的货币政策也使得银行银根松动,大量低成本的资金沉淀在银行体系之中,银行在获利动机驱使下有着巨大的贷款冲动。美国金融机构也逐渐降低抵押贷款原有的放贷标准,导致次级抵押贷款的发放规模不断扩大。据相关统计显示,直至2006年年底,美国"次贷"规模达1.5万亿美元,其中大部分转换成债务抵押债券等,转售给新的投资者。投资者利用它们创造出新型金融衍生产品,之后衍生产品又不断被再次打包和出售,在这种情况下,美国房地产泡沫持续膨胀。

随着美国经济的反弹和通货膨胀压力的增大,2004年6月到2006年6月,美联储17次调高联邦基金利率,将利率从1%提高到5.25%。由于美国住房抵押贷款绝大部分采取的是可调整利率的形式,利率的大幅上升必然加重购房者的还贷负担。尤其重要的是,次级抵押贷款的放款对象主要是那些信用等级低、收入证明缺失、负债较重的客户,自身的可支配收入不足以支付月供。自2006年第二季度以后,美国住房市场开始大幅降温,房价持续下跌,购房者难以将房屋出售或者通过抵押获得再融资,最终导致次级抵押贷款违约率大幅上升。

不仅如此,围绕次级抵押贷款还形成了一个金融创新链条:购房者(贷款人)向房贷机构申请贷款,房贷机构为了提高资金周转率又将贷款卖给房利美(联邦国民抵押贷款协会)、房地美(联邦住房抵押公司)和投资银行等,后者将次级抵押贷款打包成抵押贷款支持证券(mortgage backed securities,MBS),然后出售给包括商业银行、保险公司、养老基金、对冲基金等在内的全球投资者,以转移风险,如图13-2所示。

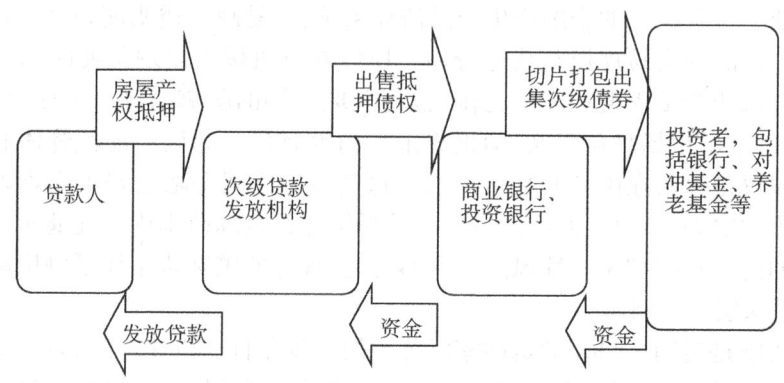

图13-2 次级抵押贷款链图

其间,保险公司(如美国国际集团等)还为这种次级债务提供担保。这样就"形成了一个由各类机构和个人组成的复杂利益链条,并且随着链条的不断拉长,原始的借贷关系变得越来越模糊不清,责任约束变得越来越松散,致使链条中的各个参与主体为了追求自身利益最大化而发生了不同程度的行为异化"。

当房价上涨时,这个利益链条很"完美"。链条上所有的参与者,住房建筑商、购买住房消费者、贷款银行、商业银行、投资银行等各取所需,皆大欢喜;而当房价下跌、借款人违约时,利益链条就发生了断裂,风险也沿着利益链条开始蔓延,从而产生"多米诺骨牌"效应。从当时情况来看,美国房地产领域的次贷危机对美国信贷市场、房地产市场、就业市场和资本市场产生了深远影响,美国实体经济也受到冲击,华尔街陷入了20世纪30年代大萧条以来最严重的金融危机。

第五节 国际货币体系与人民币国际化

一、人民币的国际地位

随着中国经济的高速增长、综合国力的不断增强,人民币在全球经济中地位的不断提升,人民币的国际关注程度越来越高。在中国与周边国家和地区的贸易中,以人民币作为计价货币的现象已经相当普遍。越南、缅甸、泰国,即使在人民币未完全实现可自由兑换的情况下,也愿意接受以人民币作为计价货币和结算货币。人民币在边境贸易活跃的东盟国家具有"硬通货"的作用,人民币现金跨境流动的规模迅速扩大。2016 年 10 月 1 日,人民币以 10.92% 的权重超越日元和英镑,连同美元、欧元,正式纳入特别提款权篮子,成为组成新篮子五种货币中的一员。这标志着人民币成为国际储备货币得到了 IMF 官方正式认可。

自 2009 年 4 月国务院批准开展跨境贸易人民币结算试点以来,人民币在国际上的运用快速增长。2014 年年底中国香港离岸人民币存款规模曾一度攀升至最高水平 10 035 亿元(2019 年 12 月,中国香港人民币存款 6 322.1 亿元)。根据中国银行发布的 2019 年《人民币国际化白皮书》,2019 年人民币的跨境使用规模近 20 万亿元,是 2009 年的 5 000 多倍。根据环球银行金融电信协会的数据,2019 年 9 月人民币在国际支付中的占比为 1.95%,略低于 8 月的 2.22%,并继续保持全球第 5 大国际支付货币的地位。

根据 2017 年全球外汇行业统计数据概览,2017 年按货币对交易量排名,排名前六的依次为:USD、EUR、JPY、GBP、AUD、CAD。可见在国际外汇市场,以人民币为交易货币的交易量仍然很小,这与人民币作为 SDR 五大篮子货币之一是不相称的。这主要还是因为人民币资本项目没有完全开放,人民币跨境流动还受到较严格的限制。

二、人民币的国际化进程

人民币国际化是指人民币能够跨越国界,在境外流通并能成为国际上普遍认可的计价、结算及储备货币的过程。中国采取了一系列措施推进人民币国际化,包括推动跨境人民币结算和跨境的使用、人民币离岸市场的建设、双边货币的互换,等等。

1. 推动跨境人民币结算和跨境使用

人民币的国际化始于边境贸易结算。从 20 世纪 90 年代开始,中国陆续与俄罗斯、蒙古、越南、吉尔吉斯斯坦、朝鲜、尼泊尔、老挝等周边国家签订了双边支付与结算协定。双边支付与结算协定从制度层面为人民币在边境贸易、旅游消费中的广泛使用提供了有力支持。2009 年 4 月 8 日,国务院常务会议正式决定,上海、深圳、广州、东莞和珠海成为我国开展跨境贸易人民币结算的首批试点城市,同时规定境外范围主要为东盟 10 国。2009 年 6 月 29 日,中国香港也被列入试点地区。为规范人民币跨境流通管理,中国人民银行、财政部、商务部、海关总署、税务总局、银监会六部门共同制定了《跨境贸易人民币结算试点管理办法》,同时公布了相应的实施细则。2010 年 6 月 22 日,中国人民银行等六部委发布《关于扩大跨境贸易人民币结算试点有关问题的通知》,境内试点地区由 5 个城市扩大到 20 个省市,境外地域由中国港澳、东盟地区扩展到所有国家和地区,试点业务由仅限于货物贸易延伸至其他经常项目。2011 年 8 月 22 日,国务院发布了《关于扩大跨境贸易人民币结算地区的通知》,境内地域范围扩展至全国各地,由此我国跨境贸易人民币结算从纵深发展进入全面发展时期,但是出口贸易仍然只限于试点单位。2012年3月2日,中国人民银行与多部委共同发布的《关于出口货物贸易人民币结算企业管理有关问题的通知》,不再对出口的试点企业进行限制,任何拥有进出口经营许可的企业都能够用人民币进行结算。至此,人民币跨境结算业务中有关贸易的部分,从贸易的地域范围到业务范围都已经解除限制、全面放开。根据《人民币国际化报告2019》,2018年全年跨境贸易人民币结算业务累计5.11万亿元,较2017年增加了7 500亿元,同比增长17.2%。跨境贸易人民币结算占中国货物及服务贸易总额的14.9%,较2017年增加了1个百分点。

中国在推动人民币跨境贸易结算的同时,也不断推动资本项下的人民币跨境结算。2011年1月6日,中国人民银行出台《境外直接投资人民币结算试点管理办法》,自此境外直接投资人民币结算试点正式启动。首个跨境直接投资人民币结算试点是我国新疆维吾尔自治区。2011年10月发布的《外商直接投资人民币结算业务管理办法》明确了,境外地区的企业和经济组织可使用人民币来华开展直接投资。2011年10月24日中国人民银行发布《关于境内银行业金融机构境外项目人民币贷款的指导意见》,落实了境外项目人民币贷款的相关操作。2014年2月18日,中国人民银行上海总部就支持跨境电子商务发展、扩大人民币跨境使用、规范上海市支付机构跨境人民币业务并促进其发展,印发了《关于上海市支付机构开展跨境人民币支付业务的实施意见》。2014年2月21日,中国人民银行上海总部发布了《关于支持中国(上海)自由贸易试验区扩大人民币跨境使用的通知》,进一步简化了试验区内经常项下和直接投资项下人民币跨境使用流程,并对人民币境外借款、双向人民币资金池、跨境人民币集中收付、个人跨境人民币业务等做出了具体规范。2015年10月,人民币跨境支付系统(cross-border interbank payment system,CIPS一期)投产运行,为人民币的全球使用提供重要保障和支撑。2018年3月,人民币跨境支付系统(CIPS二期)投产运行,CIPS二期在一期实时全额结算模式基础上引入定时净额结算机制,采用更为节约流动性的混合结算方式。CIPS二期支持金融市场业务,支持人民币付款交割结算、人民币对外币结算和其他跨境人民币交易结算等业务。根据《人民币国际化报告2019》,2018年全年资本项下人民币结算业务累计10.74万亿元,同比增长122.4%,资本项下的人民币交易已成为跨境人民币收支的主要动力。

根据国际清算银行(Bank of International Settlements,BIS)的统计数据,人民币在全球外汇交易中的份额由2007年的0.5%增加到2019年的4.3%。随着人民币加入SDR、"沪港通""深港通"的推出和人民币海外债券的发行,人民币日均交易总量从2016年的2020亿美元增加至2019年的2 840亿美元。人民币日均交易额在全球的相对排名从2007年的第20位跃升至2019年的第8位。人民币为全球第三大贸易融资货币,第五大国际支付货币和第六大储备货币。

2. 推动人民币离岸市场建设

人民币离岸市场是指在中国境外经营人民币存放款业务的金融市场,离岸市场交易双方均为非本地居民。以人民币境外需求增长为背景,在一系列制度性安排的推动下,人民币离岸市场的发展极大地推动了人民币国际化进程。2003年11月,中国人民银行宣布为中国香港、中国澳门的银行开办个人人民币业务提供清算安排,中国香港和澳门的银行分别于2004年2月和11月获准开办个人人民币存款业务。这项安排为中国港澳地区人民币提供了正规的回流渠道。2007年6月,中国人民银行和国家发改委共同公布了《境内金融机构赴香港特别行政区发行人民币债券管理暂行办法》,允许合格的金融机构在香港市场发行人民币债券。2007年和2008年,境内金融机构在港累计发行人民币债券达220亿元人民币。2009年4月国务院批准开展跨境贸易人民币结算试点,接着2010年7月取消了中国香港银行为金融机构开设人民币账户和提供各类服务的限制,允许驻中国香港所有的金融机构开设人民币账户和提供人民币计价产品。2011年又将跨境贸易人民币结算试点推广至全国范围。伴随着这一政策措施的推出,国际金融机构相继在中国香港发行人民币债券,香港离岸外汇市场随之逐步建立。为了加大境外人民币沉淀,2011年1月中国人民银行发布《境外直接投资人民币结算试点管理办法》,促进境内非金融机构在境外使用人民币进行投资。2011年12月16日起,中国人民银行审批通过合格境外机构投资者,9家基金类机构和12家证券类机构借助中国香港中介机构间接参与境内资本市场。2014年11月17日,沪港股票市场交易互联互通机制正式交易。在人民币持续升值和境外人民币需求增加的共同推动下,人民币流向境外的速度增加。2014年12月中国香港离岸人民币存款规模攀升至最高水平10 035亿元人民币。2015年12月央行发布《关于人民币合格境内机构投资者境外证券投资有关事项的通知》,境内的合格机构投资者可采用人民币的形式投资境外的人民币资本市场。RQDII(RMB Qualified Domestic Institutional Investor)机制正式推出,这将有利于增加境外人民币沉淀。

继中国香港成为首个人民币离岸中心之后,伦敦、新加坡、多伦多、悉尼、巴黎、卢森堡、法兰克福、首尔等相继建成了人民币离岸中心。根据香港经济网(www.hkfe.hk),2019年,中国香港继续保持全球最大的人民币离岸清算中心地位。香港人民币外汇交易平均每日成交额由2016年4月的771亿美元,上升至2019年4月的1 076亿美元,涨幅约为39.5%。人民币场外利率衍生工具的平均每日成交额由2016年4月的62亿美元倍增至2019年4月的127亿美元。2019年11月《伦敦人民币业务季报》显示,2019年第二季度,伦敦人民币日均交易量达850亿英镑(约7 650亿人民币),较上一季度增长8.8%,比去年同期增长22.9%。伦敦继续登顶全球第一大离岸人民币外汇交易中心宝座。除了世界第一大人民币离岸外汇交易中心的称号,伦敦已经成为全球第二大人民币离岸清算中心(2016年开始超过新加坡)。

3. 以双边货币互换推进人民币国际化

货币互换是指市场中持有不同币种的两个交易主体,按事先约定在期初交换等值货币,在期末再换回各自本金并相互支付相应利息的市场交易行为。首个人民币货币互换协议是2008年12月,中国与韩国签订的金额约合1 800亿元人民币(38万亿韩元),在双边贸易和投资中可以使用人民币结算。紧接着,2009年1月20日,中国央行和中国香港金管局签署2 000亿元人民币货币互换协议。之后,中国央行开始大量与境外货币当局签署货币互换协议。据彭博社报道,截至2018年年末,中国先后与韩国、中国香港、马来西亚、白俄罗斯、印度尼西亚、阿根廷、冰岛、新加坡、新西兰、乌兹别克斯坦、蒙古、哈萨克斯坦、泰国、巴基斯坦、阿联酋、土耳其、澳大利亚、乌克兰、英格兰、欧洲央行、瑞士、斯里兰卡、俄罗斯、卡塔尔、加拿大、南非、亚美尼亚、智利、塔吉克斯坦、阿尔巴尼亚、匈牙利、巴西、苏里南等38个国家和地区央行或货币当局签署了双边本币互换协议,协议金额超过3.67万亿元人民币。借助双边货币互换,以提高人民币的使用频率、扩大人民币的使用范围、提高人民币流动性,从而助推人民币国际化。

三、人民币国际化进程中的问题

人民币国际化虽然取得了很大的成效,但人民币要成为像美元、欧元、英镑一样的国际货币仍然存在很大的障碍。其中,最为突出的障碍就是人民币资本项目还不能自由兑换。

1996年12月我国实现了人民币经常项目可兑换,但由于1997年东南亚金融危机,人民币资本项目可兑换的进程被搁置了。经历东南亚金融危机后,我们总结经验认为:资本项目开放度有赖于一国金融市场发展的成熟度,一国的资本市场越发达、金融监管水平越高、金融市场越成熟,就越能充分利用资本项目开放带来的资源配置好处,越能减少资本项目开放可能带来的风险。所以一国金融市场发展的成熟度就决定了一国资本项目开放的水平。发展中国家的资本项目开放应坚持渐进式改革,必须有其他金融自由化政策相配套,必须与一国金融监管能力相适应,决不能盲目开放。所以,要推动人民币资本项目可兑换,首先要做的就是推动国内金融配套改革。

2009年,奥巴马宣布美国参加TPP谈判(trans-pacific partnership agreement)之后,中国金融市场对外开放的压力增加,资本项目开放的步伐加快。2013年9月上海自贸区建立,其中一个很重要的内容就是要推动国内金融改革和人民币资本项目开放。中国国内金融改革首先推进的是人民币利率和汇率市场化改革。2015年10月24日,中国人民银行决定对商业银行和农村合作金融机构等不再设置存款利率浮动上限,标志着中国利率市场化改革已基本完成。人民币汇率市场化改革自2005年7月21日开始加速推进,2014年3月17日,人民币汇率日波幅度已放宽到±2%至±3%,人民币汇率市场价格形成机制不断得到完善。但由于中国内陆没有类似中国香港、伦敦、纽约那样的专业性外汇市场,为国内企业对外贸易和投资提供套期保值服务,所以人民币汇率自由浮动受到限制。实际上,人民币外汇市场建设和资本项目开放是互相制约的:由于人民币资本项目没有放开,人民币外汇市场交易成本高、交易规模有限、外汇市场缺乏效率。如果这种情况下放开资本跨国流动,人民币汇率就会大幅波动,市场可能出现跟风和极不稳定的局面,甚至可能被国际投机资本所操纵。这时就需要政府储备干预,当发生大量储备流失时(因为发展中国家的教育水平、生活环境、民主法治水平、社会福利水平等低于发达国家,对富人的吸引力不如发达国家,资本开放后可能发生大规模的资本外逃,政府用储备干预时就会发生大量储备流失),政府又得重新限制资本流动。2015~2016年,在人民币资本项目开放进程中,就出现了大量的储备流失,结果又重新收紧资本的跨国流动。

可见,人民币国际化、人民币资本项目开放、人民币外汇市场建设是相互制约和相互促进的。当中国国内金融市场建设特别是外汇市场建设不断完善,人民币资本项目开放之后,人民币就会成为像美元、欧元、英镑一样的国际货币。

本章小结

本章主要阐述国际货币体系的演变历程,包括传统金本位制、布雷顿森林体系,以及现行的牙买加体系。本章最后还讨论了国际货币体系存在的问题及人民币国际化等内容。

传统金本位制度是国际货币体系的最早形式,但由于其制度本身的缺陷,传统金本位制最终崩溃,随之建立起来的国际货币体系是布雷顿森林体系。布雷顿森林体系的建立,确立了以美元为中心的国际储备体系。然而,美元的双重身份引发了"特里芬难题",最终导致了布雷顿森林体系的解体。现行的国际货币体系是牙买加体系,它推行浮动汇率合法化、黄金非货币化,并提高了特别提款权的国际储备地位。然而,在现行国际货币体系下,国际货币缺乏统一的货币标准,汇率波动过于频繁剧烈,牙买加货币体系的弊端也渐渐暴露了出来,并引起了世界各国的广泛关注。

美国"次贷"危机爆发的实质是世界各国投资者对过度膨胀的美元资产产生的信任危机,

其根源在于现行的国际货币体系的缺陷引起了美元资产的过度膨胀。在纷繁复杂的国际环境中,人民币国际化进程逐步加深并取得了很大的进展,但人民币完全成为国际货币仍然存在障碍。人民币国际化、人民币资本项目开放、人民币外汇市场建设是相互制约和相互促进的。

练 习 题

一、名词解释

国际货币体系　金币本位制　金块本位制　金汇兑本位制　特里芬难题　汇率目标区　"次贷"危机　人民币国际化　人民币离岸市场　货币互换

二、简答题

1. 什么是国际货币体系,其包含哪些内容?
2. 在国际金本位制下,国际收支平衡是如何实现的?
3. 布雷顿森林体系的内容有哪些?
4. 导致布雷顿森林体系崩溃的原因是什么?
5. 牙买加体系的主要内容有哪些?
6. 牙买加体系的缺陷有哪些?
7. 简述国际货币体系的改革方案。

三、论述题

1. 从国际货币体系的缺陷论述"次贷"危机的根源,以及"次贷"危机对国际货币体系的影响。
2. 论述人民币国际化进程及人民币国际化进程中的问题。

第十四章　开放条件下的宏观经济政策

【本章要点概览】

- 内部均衡和外部均衡
- IS-LM-BP 模型
- 开放条件下的财政货币政策分析
- 宏观经济政策的国际协调

前面各章介绍了宏观金融方面的货币、汇率、利率理论,本章在前面各章理论的基础上,进一步介绍开放条件下如何利用货币、汇率、利率等政策工具调节一国的宏观经济。

第一节　开放经济条件下的内外均衡

一、内部均衡和外部均衡概念

封闭经济条件下,一国的宏观经济平衡需要努力实现国内经济均衡;在开放条件下,一国的宏观经济不仅要努力实现内部均衡,同时还要维持外部均衡。

内部均衡(internal balance,IB),是指国内经济中产品市场和货币市场同时达到均衡,宏观经济处于充分就业水平上,并且没有通货膨胀的压力,经济稳定增长。当一国的产品市场和货币市场同时达到均衡时,一国达到内部均衡状态。外部均衡(external balance,EB),是指开放经济中的国际收支平衡,既无国际收支顺差,也无国际收支逆差的状态。在现实中,对大多数发展中国家来说,外部均衡就是要保持与一国宏观经济相适应的、合理的经常项目余额状态。当一国的产品市场、货币市场、外汇市场同时达到均衡,一国总体经济达到一般均衡状态。

在开放经济中,一国能通过向外进出口商品与劳务,从而影响国内的产品市场和货币市场均衡。因而,在开放经济条件下必须将两类市场结合起来,不仅要分析政府财政和货币政策对产出、利率、就业、通货膨胀等经济变量的影响,还要分析汇率政策对进出口及国际资本流动的影响,以及这两类影响之间的相互关系。

二、斯旺曲线

斯旺曲线是 1955 年澳大利亚经济学家斯旺,在阐述内部均衡和外部均衡时提出来的,如图 14-1 所示。图 14-1 中的 EB 曲线为外部均衡的曲线,表示使国际收支和经常项目平衡的实际汇率 q 与国内吸收 A 的所有组合点。其斜率为正,因为实际汇率 q 上升(贬值),国际收支状况改善（假设在一般条件下，汇率贬值改善贸易收支的弹性条件成立），为维持平衡，国内吸收可以相应地提高。所以 EB 曲线之上 Ⅱ、Ⅲ 区间的点都为经常项目顺差，下边 Ⅰ、Ⅳ 区间的点都为经常项目逆差。

IB 曲线为内部均衡曲线，代表实现内部均衡（充分就业和价格稳定）的实际汇率与国内吸收的所有组合点。IB 曲线的斜率为负，因为实际汇率升值，出口减少，要维持充分就业就得增加国内支出水平。所以在 IB 曲线的右边有通货膨胀压力；在 IB 曲线的左边，有失业和通货紧缩的压力。

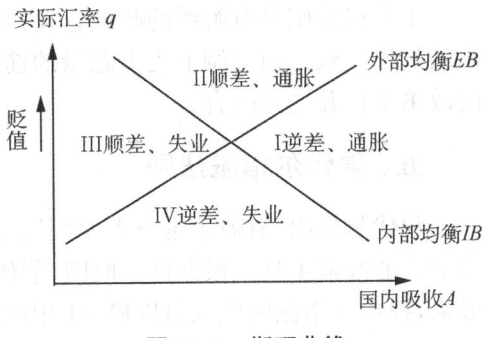

图 14-1 斯旺曲线

斯旺曲线用 EB 曲线和 IB 曲线将坐标平面划分为四个区域，有利于说明如何使用政策工具来解决内部和外部均衡问题。

三、内部均衡和外部均衡的关系

在开放经济条件下，一国宏观经济政策的最终目标就在于实现内部经济和外部经济的同时均衡。然而，采取政策后的结果并不总是与内外均衡的目标一致，往往为了实现外部均衡目标而牺牲一定的内部均衡，或者为了实现内部均衡而不得不牺牲一定程度的外部均衡。具体地讲，内外均衡之间存在着相互协调和相互冲突的矛盾关系。

1. 内外均衡的相互协调

某一均衡目标的实现会同时使另一均衡目标得到改善。至少存在两种相互协调的经济状态，即同时存在国际收支逆差和通货膨胀或国际收支顺差和失业两种状态（图 14-1 中的 Ⅰ、Ⅲ 象限）。当一国同时存在国际收支逆差和通货膨胀时，政府采用紧缩性的财政、货币政策，通过减少总需求而降低通货膨胀率。同时，总需求的下降可能会通过边际进口倾向的作用，减少相应进口，从而改善国际收支。当一国同时存在国际收支顺差和失业时，政府采取扩张性的财政货币政策，扩大总需求以实现国内充分就业。同时，总需求的增加可能会通过边际进口倾向的作用相应地增加进口，从而减少国际收支顺差，实现国际收支的平衡。

2. 内外均衡的相互冲突

至少存在两种经济状态，使得政府在追求内外经济同时均衡时会遇到两难，即同时存在国际收支逆差和失业或者同时存在国际收支顺差和通货膨胀两种状态（图 14-1 中的 Ⅱ、Ⅳ 象限）。当存在国际收支逆差和失业时，采取扩张性财政货币政策实现内部均衡，会使国际收支逆差进一步增加；当存在国际收支顺差和通货膨胀时，采取紧缩性的财政、货币政策紧缩国内总需求以抑制通货膨胀，则国际收支顺差会进一步扩大。

四、丁伯根法则

一国往往面临着多个经济目标，而这些目标本身常常具有内在的不一致性，如在国际收支存在逆差的情况下，为了实现外部均衡需要紧缩性的财政、货币政策，但这却会使本已萧条的国内经济雪上加霜。为了更好地利用政策工具，荷兰经济学家丁伯根就提出了一个基本原则：一国所需的有效政策工具数目至少要和想要达到的独立的经济目标数目一样多。或者说，要达到一个经济目标，至少需要一种有效的独立的政策工具。这就是丁伯根法则。

丁伯根法则具有鲜明的政策意义:只运用支出增减政策(假定财政政策、货币政策影响产出的效果一致),通过调节支出总量的途径同时实现内外均衡两个目标是不够的,必须寻找新的政策工具并进行配合。

五、蒙代尔指派法则

蒙代尔提出"有效市场分类原则"。其含义是:每一目标应指派给对这一目标有相对最大影响力的政策工具。根据这一原则,蒙代尔根据财政政策、货币政策在影响内外均衡上的不同效果,提出了指派财政政策以稳定国内经济、指派货币政策以平衡国际收支。该原则即蒙代尔政策指派法则。

一国若要同时达到内部经济均衡(IB)和外部经济均衡(EB),应视经济失衡情形配合使用政策。在开放经济和政策有效实施的条件下,蒙代尔假定财政预算对国民收入、就业等国内经济变量影响较大;而利率对国际收支影响较大。假设政府可以使用财政政策和货币政策,期初经济处于国内经济萧条、国际收支逆差状况,只要交替使用紧缩银根和扩张预算就可以逐步实现内外均衡;若政策指派相反,则只会使经济越来越远离内外均衡点。

蒙代尔的"政策指派"提出了特定的工具实现特定的目标,丰富了开放经济的政策调控理论,它与丁伯根法则一起确定了开放经济下政策调控的基本思想。

第二节 IS-LM-BP 模型

一、IS-LM-BP 模型的建立

封闭经济条件下的经济平衡,只涉及产品市场和货币市场平衡。开放经济条件下还涉及外汇市场平衡。所以在开放经济条件下,产品市场的均衡(IS 表示)、货币市场的均衡(LM 表示)、国际收支平衡(BP 表示),三者同时满足时,内部均衡和外部均衡才同时得以实现。

1. 开放经济条件下的 IS 曲线

开放经济条件下的 IS 曲线表示开放经济条件下,能实现产品市场均衡的利率与总产出的组合。在开放经济条件下,进出口将会影响产品市场的均衡,实际汇率是进出口的函数,故开放条件下的 IS 曲线总需求被写成是实际汇率、可支配收入和实际利率的函数,即:

$$D = f(EP^*/P, Y-T, R-\pi^e)$$

其中,EP^*/P、$Y-T$、$R-\pi^e$ 分别为实际汇率、可支配收入和预期实际利率。把预期通货膨胀 π^e 看成是实际产出与充分就业产出之差(即 $Y-Y^f$)的增函数:

$$\pi^e = \alpha(Y-Y^f)$$

可以解得实际产出与名义利率 R 之间的关系方程,即开放条件下的 IS 曲线方程:

$$Y = f\{EP^*/P, Y-T, R-\alpha(Y-Y^f)\}$$

IS 曲线的斜率为负(如图 14-3 所示)。假设马歇尔-勒纳条件成立,本币贬值、净出口需求增加,IS 曲线右移;政府支出增加、税收减少,IS 曲线右移。

2. 开放经济条件下的 LM 曲线

LM 曲线代表实现货币市场均衡的利率与总产出的组合。开放经济条件下的 LM 曲线与

封闭经济条件下的形式是一样的,即:

$$M^s/P = L(R, Y)$$

其具体函数形式可表示为:

$$m = kY - hr$$

LM 曲线的斜率为正(如图 14-3 所示),货币供应量增加,曲线右移。开放经济条件下,LM 曲线受汇率变动的影响,本币贬值时,物价上涨、实际货币供给减少,LM 曲线左移。

3. 开放经济条件下的 BP 曲线

BP 曲线是能实现国际收支平衡的利率与国民收入组合的轨迹,即 BP 曲线上任何一点所代表的利率和收入的组合都可以使当期国际收支均衡。一国国际收支差额 BP 为该国的净出口与资本净流入之和,即:

$$BP = NX + F$$

其中,NX 代表净出口、F 代表资本净流入。

资本流动是两国利差的函数,即资本净流入方程可表示为:

$$F = \sigma(r - r^*)$$

其中,r、r^* 分别表示本国和外国的利率,σ 为常数。

本国的资本净流入等于国外购买本国资产的支出与本国购买国外资产的支出之间的差额。在国外利率一定的条件下,国际资本流动受本国利率的影响,本国利率越高,资本净流入越多;相反,本国利率越低,资本净流入越少。

净出口是汇率和产出的函数,即净出口函数可表示为:

$$NX = \alpha - \beta y + \lambda \frac{EP^*}{P}$$

其中 y、$\frac{EP^*}{P}$ 分别表示本国的产出和实际汇率,α、β、λ 为常数。

在国内外价格水平和汇率一定时,本国的进口由本国国民收入决定,且本国国民收入越大,进口越多。本国向国外的出口与本国国民收入无关,它由外国国民收入决定。净出口是出口与进口之间的差额,它与本国国民收入呈反方向变化。假设一般情况,马歇尔-勒纳条件成立,则本币贬值($\frac{EP^*}{P}$上升)净出口增加。

BP 曲线具有下面的一些特点,如图 14-2 所示。

(1) BP 曲线的斜率为正,即 BP 曲线向右上方倾斜。这代表利率与实际国民收入同方向变动。因为 BP 曲线上任何一点向右,会导致产出上升,净出口减少形成经常项目逆差,只有提高利率吸引资本流入才能维持国际收支平衡。所以在 BP 曲线上产出增加必须对应于利率的上升,因而具有正斜率。且边际进口倾向越大,BP 越陡;国际资本流动的利率弹性越大,资本流动程度越高,BP 曲线越平缓。

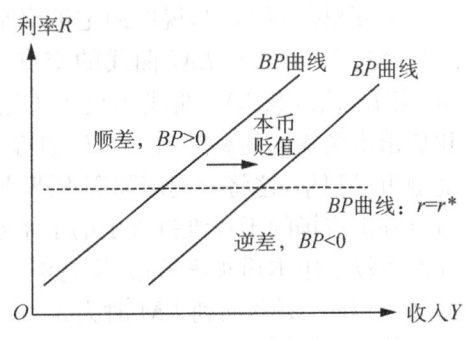

图 14-2 BP 曲线

(2) BP 曲线之上的任何一点,表示国际收支处于顺差状态,也称国际收支盈余,即 $BP>0$;BP 曲线之下的任何一点,则表示国际收支处于逆差,也称国际收支赤字,即 $BP<0$。

(3) 国际收支平衡的 BP 曲线存在两种极端情况。一种是在没有资本流动的情况下,利率变化对国际收支没有直接影响,也就是说资本流动对利率的弹性为零。这时 BP 线是一条位于某一收入水平上的垂直于横轴的直线。另一种极端则对应于资本完全自由流动的情况,这时资本流动对于利率变动具有完全的弹性,即,任何高于国外利率水平的国内利率都会导致巨额资本流入,使国际收支处于顺差;任何低于国外利率水平的国内利率都会导致巨额资本流出,使国际收支处于逆差。这时的 BP 曲线方程为:$r=r^*$(图 14-2 虚线表示的 BP 曲线)。

(4) 净出口减少使 BP 曲线左移,净出口增加使 BP 曲线右移;本币贬值 BP 曲线右移,反之左移。

图 14-3 中,将 IS 曲线、BP 曲线、LM 曲线放到同一平面,代表开放经济条件下产品市场和货币市场、国际收支平衡时的国民收入和利率组合。IS 曲线、LM 曲线与 BP 曲线相交于 E 点,决定产品市场均衡、货币市场均衡和国际收支平衡的利率为 r_1,国民收入为 Y_1。如果充分就业的国民收入水平为 Y_1,则此时的均衡是充分就业的均衡。相反,如果充分就业的国民收入水平为图中所示的 Y_f,则此时的均衡就小于充分就业的均衡。

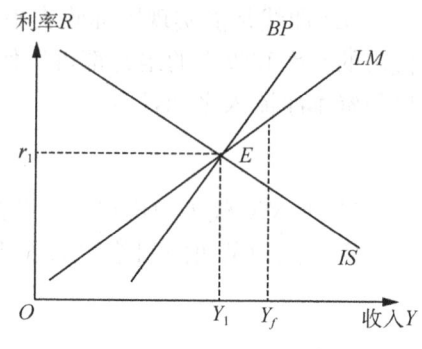

图 14-3 *IS-LM-BP* 模型

二、蒙代尔-弗莱明模型

蒙代尔-弗莱明模型(Mundell-Flemming Model,简称 M-F 模型)是用 IS-LM-BP 模型考察小国开放经济,说明资本是否自由流动以及不同的汇率制度对一国宏观经济的影响。

在资本自由流动下,假设本国经济只是世界市场的一小部分,与本国有关的国际资本流动对国际金融市场的利率的影响微不足道,本国在国际金融市场上可以筹集或提供任意数量的资本。这将使本国的利率等于国际金融市场上的利率,如图 14-4 所示。当国际金融市场上的利率为 r^* 时,本国资本净流出曲线将是本国利率等于 r^* 的水平线,这意味着国际资本流动具有完全的利率弹性,BP 曲线为水平线。

下面根据图 14-4,说明固定汇率制度下 BP 曲线总是经过 IS 曲线和 LM 曲线的交点。如图 14-4 所示,当 IS 曲线与 LM' 曲线相交于 E' 点时,产品市场

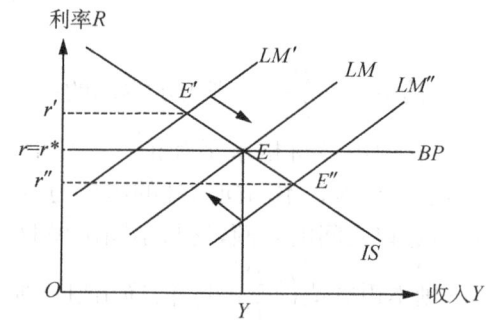

图 14-4 蒙代尔-弗莱明模型

和货币市场均衡的利率为 r'。E' 点在 BP 曲线的上方,这意味着此时的均衡利率 r' 高于国际金融市场利率,这将引起国际资本迅速内流、国际收支盈余。在固定汇率制度下,中央银行将通过外汇市场的干预维持既定的汇率水平。在国际收支盈余、本币有升值压力时,中央银行在外汇市场上用本币买进外币、维持汇率稳定,这将增加货币供给。货币供给增加将使 LM' 向右移动,直到 LM' 移动到 LM 时为止。最终 IS、LM 与 BP 曲线相交于 E 点,产品市场、货币市场和外汇市场同时达到均衡,国内利率等于国外利率水平 r^*。如果 IS 曲线与 LM 的交点在 BP 曲线的下方,最终 IS、LM 与 BP 曲线均衡点也会调整到 E 点。

本章选用 IS-LM-BP 模型,主要是因为大家比较熟悉 IS-LM 模型。实际上 IS-LM-BP 模型存在明显的缺陷,除了 IS-LM 模型本身的不足之处,BP 曲线方程至少有以下三个方面的缺陷:

(1) BP 曲线方程假设资本流动方程只是利差的函数,这与外汇市场资本流动套利的一般规则(利率平价定律)是不一致的。除非是固定汇率,否则资本流动总是受汇率预期波动的影响。现实中,资本跨国流动对汇率可能更敏感,提高利率并不能无限制地弥补经常项目不平衡。显然用这一模型去分析浮动汇率制下的政策效果是存在问题的。

(2) 假设本币贬值能改善贸易收支。本币贬值与贸易收支的关系实际上是不明确的。在短期,进出口需求弹性条件不满足,贬值在短期可能恶化贸易收支。在长期进出口需求弹性条件满足了,但是汇率贬值最终要被对应的通货膨胀抵销。从理论上讲,汇率这种名义变量不能改变进出口的长期均衡状况。

(3) 假设收入增长会导致贸易逆差,这种假设不太符合现实。这一假设考虑了收入增长对进口需求的影响,但没有考虑收入增长对出口供给的影响。例如,中国经济高增长、总收入高的时候,贸易顺差也高。中国经济的高增长,往往是因为生产率得到了提高,产品成本下降和出口增加。所以中国总收入提高的时候,贸易顺差扩大。

第三节　开放条件下的财政政策与货币政策

本节在蒙代尔-弗莱明模型基础上,分析开放条件下小国的财政政策和货币政策的效应。

一、固定汇率制下的财政、货币政策

在开放经济条件下,为了维持固定汇率,一国的财政货币政策实施的效果要受到很大的影响。下面分析不同资本流动状况下,一国在维持固定汇率制度时其财政货币政策实施的效果。

(一) 不同资本流动状况下的财政政策

1. 资本不流动下的财政政策效果

在资本不流动假设下,BP 曲线呈垂直状态,如图 14-5 所示,利率的变化不能引起资本的流动。IS_0、LM_0 与 BP 的交点为 E_0 点,经济处于内外均衡状态点,均衡产量为 Y_0,均衡利率为 r_0。

当实行财政扩张时,扩张性财政政策使得 IS_0 曲线移动到 IS_1,这时与 LM_0 相交所得的收入为 Y_1,满足内部均衡。但由于收入提高、货币需求增加,引起利率上升到 r_1。此外,收入提高也将引起经常项目赤字,这时均衡点处在 BP 右方说明了这一点。赤字使得本币具有贬值的压力,从而引致货币当局的外汇干预,即售出外币、购入本币、货币存量将下降。引起 LM_0 曲线移向 LM_1(左移),于是最终收入又回到原来

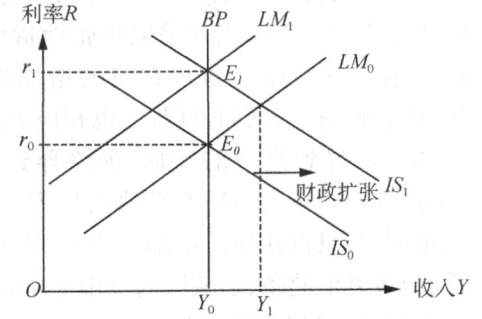

图 14-5　固定汇率制资本不流动下财政扩张的效果

水平,即 Y_0。这时新的均衡具有较高的利率 r_1,但收入水平并没有变化。这种现象实际上是一种"挤出"现象,即由于政府扩大支出、提高利率,引起私人投资需求减少。当资本不流动时,"挤出效应"表现最明显,最终结果实际上是政府的扩张性财政政策与外部赤字导致的货币紧

缩的综合反映,即收入水平没有变化,但利率提高了,财政政策不能达到预期的效果。可见,固定汇率制下、资本不能自由流动时,财政扩张引起收入的短暂增加。但在长期只会导致利率上升,产生完全的"挤出效应",总收入水平不会提高。

2. 资本完全流动下的财政政策效果

固定汇率制下,对于财政政策的效果来说,资本从不流动到完全流动的变化非常重要。在资本不流动的情况下,财政扩张存在完全的"挤出效应",使收入水平没有变化。而在资本完全流动的情况下,财政扩张对于提高收入、达到内外均衡十分有效。

在资本完全流动时,曲线 BP 将成为一条水平线,如图14-6所示,国际收支在 E_0 点处于均衡状态。假设政府扩大财政支出使得 IS_0 移动到 IS_1,同时收入与利率有所提高。利率的提高将吸引资本流入,国际收支盈余,本币面临升值压力。为了稳定汇率水平,中央银行将进入外汇市场采取干预措施,购买外汇、出售本币,于是国内货币供给增加,使得 LM_0 曲线移向 LM_1(右移),最终曲线 IS_1 和 LM_1 以及 BP 在 E_1 点相交,经济恢复内外均衡,利率恢复到原来水平,收入从 Y_0 提高到 Y_1。可见,固定汇率制下、资本完全流动时,财政扩张对调节内外均衡和提高收入十分有效。

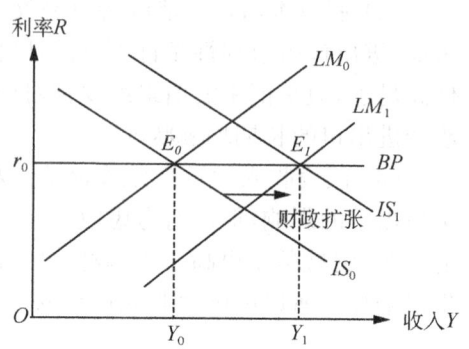

图14-6 固定汇率资本完全流动下财政扩张的效果

固定汇率制下、资本有限流动时,BP 的斜率界于零和无穷大之间,扩张性财政政策的效果介于资本完全不流动和资本完全流动之间,读者可以自己分析。

(二)不同资本流动状况下的货币政策

1. 资本不流动下的货币政策效果

固定汇率制下,货币当局必须干预外汇市场以维持固定汇率。但是这种干预措施将改变国内货币存量,从而影响一国的总收入水平。

假设均衡位于 IS_0、LM_0 与 BP 曲线的交点 E_0 点,收入为 Y_0,如图14-7所示。为达到内部均衡收入水平 Y_1,货币当局采取扩张性货币政策,使曲线 LM_0 移动到 LM_1。货币存量的增加将降低利率,在短期内刺激投资增加,且收入也相应提高到 Y_1。但收入的提高导致进口的增加,最终导致国际收支赤字(本国外汇减少)、本币有贬值的压力。政府为了维持固定汇率,只得在外汇市场上干预、售出外币、回购本币、减少外汇储备、缩减国内货币存量,曲线 LM_1 向左上方移动,回到原来的位置 LM_0。也就是说,扩张性货币政策引起投资与收入的短暂增加,但由于受外部均衡的影响,最终均衡点将回到原来的位置上,内部均衡的目标没有达到。

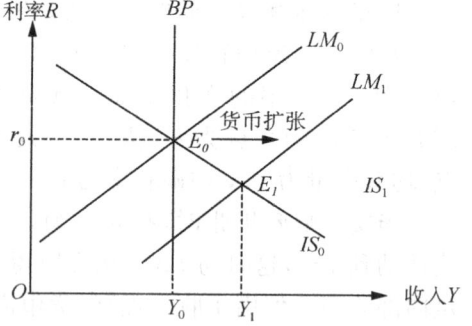

图14-7 固定汇率资本不流动下货币扩张的效果

2. 资本完全流动下的货币政策效果

在资本完全流动下,扩张性货币政策不能影响收入水平。以图14-6为例,扩张性货币政策使曲线 LM_0 移动到 LM_1,利率降低、资本流出,本币面临贬值压力。为了稳定汇率,货币当局出面干预,售出货币、购回本币,于是国内货币供给最终减少。曲线 LM_1 又移回到 LM_0,均衡点不变,收入水平也未得到改善。可见,固定汇率制下、资本完全流动时,货币扩张不能导致收入的增加。

固定汇率制和资本不完全流动下,货币政策的效果同样不明显。

二、浮动汇率制下的财政、货币政策

下面分析不同资本流动状况下,一国实行浮动汇率制度时其财政货币政策实施的效果。

(一) 不同资本流动状况下的财政政策效果

1. 资本不流动下的财政政策实施效果

政府实行财政扩张时,扩张性财政政策使得 IS_0 曲线移动到 IS_1(可参考图14-5)。在政策实施初期,收入与利率得到提高、货币需求增加,此时货币供给保持稳定。这时收入增加导致进口增加,经常项目面临赤字。由于资本不流动且汇率可浮动,本币将贬值。本币贬值使得 BP 曲线与 IS 曲线向右方移动直到与 LM 曲线相交,其结果是由于汇率的贬值,经常项目得到改善,并且收入和利率都有提高,即在较高收入和利率水平下达到了内外平衡。

2. 资本完全流动下的财政政策效果

资本的流动性提高将减弱财政政策的效果。政府实行财政扩张希望产出由 Y_0 增加到 Y_1,扩张性财政政策使得 IS_0 曲线移动到 IS_1(可参考图14-6)。在短期,收入和利率得到提高。但是,利率的上升会吸引大规模外资涌入,导致本币升值。通过抑制出口及鼓励进口而恶化净出口,从而又将 IS_1 推回到 IS_0,产出又回到原来的水平。可见,在浮动汇率制和资本完全流动下的财政政策是完全无效的。

资本有限流动下的财政政策效果介于资本不流动和完全流动下的效果之间。

(二) 不同资本流动状况下的货币政策效果

1. 资本不流动下的货币政策效果

如图14-8所示,扩张性货币政策导致初始阶段货币供给增加,使曲线 LM_0 右移到 LM_1。由于资本不流动,利率的下降对于国际收支的资本账户没有影响。但收入的提高引发经常项目赤字,本币将贬值。于是曲线 BP_0 与 IS_0 向右方移动,直到与曲线 LM_1 相交于点 E_1,这时收入提高至 Y_1,利率下降至 r_1,且内外经济处于均衡状态。可见,在资本不流动和实行浮动汇率制时,货币扩张政策能有效地提高总收入水平。

2. 资本完全流动下的货币政策效果

在资本完全流动下,国内利率固定于世界水平。中央银行增加货币供应量,若价格水平保持不变,恢复

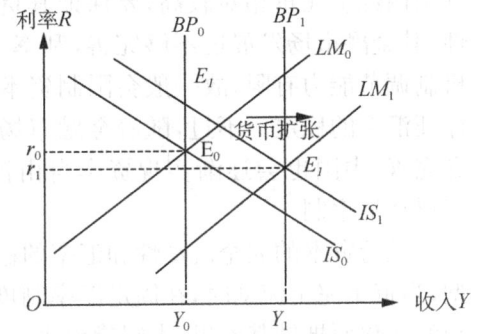

图14-8 浮动汇率资本不流动下货币扩张的效果

货币市场均衡的唯一途径是收入增长,即 LM_0 右移到 LM_1(可参考图14-8)。但由此产生的利率下降趋势又会引起资本大量外流和本币对外贬值。货币贬值通过马歇尔-勒纳条件改善经常账户,并对总需求产生扩大效应。IS 曲线右移,最终达到均衡,均衡收入增加、均衡利率下降。因此,在浮动汇率和资本完全流动条件下,货币政策不仅有效,且其效率趋于最大化。

资本不完全流动下,货币政策的效果也较好,读者可用上述同样的方法分析。

蒙代尔-弗莱明模型的基本结论为:货币政策在固定汇率下对刺激经济毫无效果,在浮动汇率下则效果显著;财政政策在固定汇率下对刺激经济效果显著,在浮动汇率下则效果甚微或

毫无效果。

三、"三元悖论"和政策搭配

"三元悖论"是克鲁格曼在蒙代尔-弗莱明模型基础上提出来的。"三元悖论"也称"不可能三角"。在图14-9中,三角形的顶点代表三种极端情况,即完全的货币政策独立、完全的固定汇率和完全的资本自由流动。一国不可能同时实现这三种极端目标,只能同时选择其中的两个,即在资本完全流动的情况下,如果实行严格的固定汇率制度,则没有货币政策的完全独立;如果要维护货币政策的完全独立,则必须放弃固定汇率制度;如果要使得固定汇率制度和货币政策独立性同时兼得,则必须实行资本管制。

在资本完全流动的情况下,根据利率平价理论,利率和汇率是联动的。如果一国想通过货币扩张降低利率刺激产出的话,就会导致本币相对外币预期贬值,从而影响汇率的稳定。这也就是固定汇率制下,货币政策是无效的。所以在资本的自由流动下,货币政策的独立性与汇率稳定只能二选一。

保持本国货币政策的独立性和资本的完全流动性,必须牺牲汇率的稳定性,实行浮动汇率制。这是由于在资本完全流动条件下,频繁出入的国内外资金带来了国际收支状况的不稳定。如果本国的货币当局不进行干预,保持货币政策的独立性,那么本币汇率必然会随着资金供求的变化而频繁波动。大的发达经济体,如英、美等国,其国内经济比重相对较高,要保证其货币政策独立性;其金融市场发达、外汇市场汇率弹性好,故坚持资本自由流动,放弃稳定汇率,实行浮动汇率制度。

保持本国货币政策的独立性和汇率稳定,必须牺牲资本的完全流动性,实行资本管制。在金融危机的严重冲击下,一国要维持汇率稳定,只有选择实行资本管制。大的发展中国家,如中国,其国内经济比重相对较高,要保证其货币政策独立性;其金融市场发展还不够完善,利率、汇率等价格机制调节能力有限,故一般会限制资本自由流动而保证汇率的稳定。不过,随着金融市场的逐渐发展和完善,中国也会逐渐实现资本自由流动,最终实行浮动汇率制。

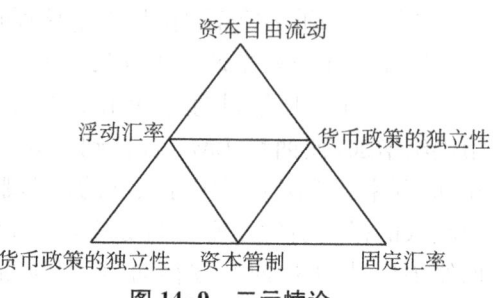

图14-9 三元悖论

维持资本的完全流动性和汇率的稳定性,必须放弃本国货币政策的独立性。根据M-F模型,当资本完全流动时,在固定汇率制度下,本国货币政策的任何变动都将被所引致的资本流动的变化而抵销其效果,本国货币丧失自主性。在这种情况下,本国或者参加货币联盟,或者严格地实行货币局制度,基本上很难根据本国经济情况实施独立的货币政策。对于小的发达经济体,如中国香港,其外部经济比重较高、金融市场发达,故选择了资本自由流动和固定汇率,而放弃货币政策的独立性,采取港币固定美元的货币局制度。

【材料14-1】

"二元悖论"还是"三元悖论"?

1. "二元悖论"的提出

关于汇率、利率市场化与资本项目开放之间的关系,在中国的改革实践中,出现了"二元悖论"与传统的"三元悖论"的争论(如伍戈、陆简,2016;刘金全等,2018)。"二元悖论"认为,即使中国完成了汇率市场化改革,彻底放弃汇率稳定,只要开放资本项目,货币政策的独立性就会受到影响。也就是说,中国面临在"资本项目开放"和"货币政策独立性"中二选一的困境。其实,英国经济学家詹姆斯·米德在1951年写成的《国际收支》(《国际经济政策理论》第一卷)就提出了"二元悖论",不过与中国学者不同,米德的"二元悖论"指的是固定汇率制度与资本自由流动之间的矛盾。米德认为,实行固定汇率制就必须实施资本管制,该理论一般被学界称为米德"二元冲突"或"米德冲突"。中国在开放资本项目之前实现汇率市场化,解决了"米德冲突"问题,但提出了新的"二元冲突"问题。

"三元悖论"是基于汇率(利率)对资本流动调节具有充分弹性而得出的结论。在一国资本市场不发达、汇率弹性有限、汇率波动难以应对资本流动冲击时,政府就得进行外汇干预,一国货币政策的独立性就会受到影响,利率也会随之波动,这时就出现了"二元悖论"。

2."二元悖论"出现的条件:资本市场不发达和资本外逃

一国货币政策可以分为紧缩性货币政策和扩张性货币政策。

如果一国经济过热,政府采用紧缩性货币政策给经济降温,将导致利率上升和本币升值,而本币升值不利于出口。如果该国开放了资本项目,该国利率上升可能导致外资流入,外资流入会加剧本币升值,出口会变得更困难。但推动价格水平下降,经济降温得以成功。如果该国资本市场发达的话,本币升值导致的回归预期也会阻止外资流入,直到满足利率平价条件、达到资本市场平衡。可见,资本项目开放基本不影响紧缩性货币政策的产出效果。

一种情况是,当一国出现经济衰退,政府采用扩张性货币政策以刺激经济增长,将导致利率下降和本币贬值,本币贬值有利于出口。如果该国开放了资本项目,该国利率下降可能导致资本外逃。资本外逃加剧本币贬值,如果该国资本市场足够发达的话,本币贬值形成的回归预期会阻止资本外逃,直到满足利率平价条件达到资本市场平衡。本币进一步贬值有利于出口,政府扩张性货币政策产出效果得以发挥。但如果该国资本市场不发达,资本外逃加剧本币贬值,不能形成回归预期,反而形成本币进一步贬值预期,甚至出现美元化、流动性危机,以致本国经济崩溃。这种情况下,资本项目开放将导致本国扩张性货币政策遭遇失败。

另一种情况是,政府难以容忍货币政策紧缩或扩张造成的汇率过度波动,进行外汇干预。如进行外汇储备干预(买卖政府债券)稳定汇率,资本项目开放将导致外汇储备因利率变动而大量流失或增加,从而大大增加政府稳定汇率的成本,进而影响货币政策的独立性。所以,只要一国资本市场不够发达,汇率对资本跨国流动调节能力有限,资本项目的开放将影响货币政策的独立性,"二元悖论"就是存在的。

对于资本市场足够发达的国家,它们实行浮动汇率制度后,汇率和利率的自由调节基本上可以应对资本跨国流动冲击,保证本国货币政策能独立有效地维持国内经济稳定。本国应对外部经济危机的能力较强。对于资本市场不发达的国家,在经济情况较好,没有出现大规模资本外逃的时候,资本项目开放对一国货币政策的独立性影响较小,资本项目开放的代价也很小,推动资本项目开放的时机较成熟。反之,在经济情况较差,随时可能出现大量资本外逃的时候,即使实行浮动汇率,汇率和利率的自由调节难以应对大量资本外逃冲击。如果本国不能适时限制资本大量外逃,本国货币政策难以独立有效地维持国内经济稳定,那么本国应对外部经济危机的能力就较弱。这也就解释了为什么每次世界性金融危机爆发时,受伤的总是资本项目开放且国内资本市场力量较弱的发展中国家。

第四节 宏观经济政策的国际协调

在小国分析中,本书不考虑本国财政货币政策对他国的影响;在大国分析中,一国的宏观经济政策对贸易伙伴国或竞争国会产生影响,本书就要考虑国家间宏观经济政策的国际协调问题。

一、溢出效应

溢出效应(spillover effects)是指一国宏观经济政策的实施不仅会影响本国经济,而且还会影响到其他相关国家的经济。溢出效应可分为市场溢出效应和政策溢出效应。一国资本市场的异常波动可能影响和波及国际资本市场,而国际资本市场危机也可能反过来困扰国内资本市场,这通常被称为市场溢出效应(market spill-over effects)。一国的货币财政政策也可能既传递到、又受制于他国的货币财政政策,这通常被称为政策溢出效应(policy spill-over effects)。

一般认为,溢出效应主要通过贸易渠道和资本流动渠道传递。以贸易渠道为例,一国紧缩性货币政策可能导致进口需求下降,从而影响到他国出口,后通过经常项目影响他国的产出。以资本流动渠道为例,一国紧缩性货币政策意味着本币利率上升,政策溢出表现为国际资本流入该国,他国因资本外流而产生意外货币紧缩。

溢出效应的效果会受到国际资本流动和一国汇率制度的影响。一般认为,固定汇率制下的溢出效应较大,浮动汇率制则能在某种程度上隔离国际经济间的相互影响。在固定汇率制下,一国要维持汇率的稳定;在资本完全流动下,一国扩张性货币政策和财政政策将通过贸易渠道和国际资本流通渠道,对该国经济产生正的溢出效应;即使资本完全不流动,一国扩张性货币政策和财政政策仍然可以通过贸易渠道对外国经济产生正的溢出效应,所改变的只是货币政策和财政政策溢出效应的强弱。在浮动汇率制下,当一国采取扩张性货币政策而导致本币贬值时,净出口增加导致本国顺差、外国逆差,即使资本可以自由流动,外国也可以采用货币贬值的方法抵销该国货币贬值的效果,从而隔离该国货币扩张通过贸易渠道对他的不利影响;而在资本完全不流动时,一国货币扩张只能使本国利率下降,而不改变外国的利率,任何一国都完全不受别国货币冲击的影响。浮动汇率制下,宏观经济政策的利率传导机制不起作用。在浮动汇率制下,财政政策具有同样的情形,读者可利用 M-F 模型自己分析。

因经济全球化的加深,故可以基本不考虑小型开放经济的政策溢出效应。而大国在制定货币金融政策时,就不能不事先考虑相互间的政策溢出效应并进行政策协调。鉴于对全球资本市场和国际货币体系管辖权的归属模糊不清,人们试图通过国际货币合作来降低上述溢出效应。

二、"以邻为壑"的政策

"以邻为壑"(beggar-the-neighbor policies)这个词是英国经济学家琼·罗宾逊首先提出的。其所指的是,由于政府不愿意(或没有能力)通过国内手段提高产出和就业,故不得不转而通过损害他国利益的做法实现上述目标。例如,在浮动汇率制下,A 国采取货币贬值政策促进出口增加,刺激国内的产出和就业,但是 A 国的顺差就是 B 国的逆差。因而 B 国由于 A 国的政策可能导致产出的下降和失业的增加。

国际经济中"以邻为壑"的例子不胜枚举。例如,在重商主义早期,各国认为贸易收支必须为顺差,不允许黄金流出;在1929~1933年大危机时期,各国推行凯恩斯的"国家干预"理论,鼓励出口、限制进口的贸易保护政策;"次贷"危机前后美国单边主义的货币扩张政策和强迫人民币汇率升值的贸易政策等。这种采取"以邻为壑"的贸易保护主义政策,以期增加本国就业,尽快走出经济萧条的阴影,或促进本国产业的迅速扩张,却恰恰阻碍了全球经济的复苏或繁荣。贸易保护主义陷他国于不利。如果各国均采取"以邻为壑"政策转嫁危机,不仅打破了以往建立起来的正常贸易关系和经济循环,还有可能引发贸易战和导致贸易保护主义的抬头,从而降低世界经济的效率,阻碍世界经济的增长。

【专栏14-2】

"以邻为壑"汇率政策

1971年8月布雷顿森林体系崩溃之后,美元与黄金之间固定的价格关系被废止,各国货币之间的关系混乱起来。美联储便得到了特殊的决定货币数量的功能。美国长期采用单边主义的货币扩张政策,终于引发了"次贷"危机并波及全球。

中国改革开放以来,快速的经济增长积累了巨大的国际收支顺差。"次贷"危机引发国际金融危机以来,中国的经济在探底后已实现了迅速还暖,而美国的失业率持续居高不下,加上美国是发行美元、为全球提供美元储备的货币发行国,美国自然是中国最大的贸易顺差国。因而中国自然就成了美国和西方转嫁危机、输出失业的主要目标。其中,强迫人民币汇率升值成了其政策目标实现的首要工具。

2007年10月,西方七国财长和央行行长会议发表史无前例、措辞严厉的声明,对中国汇率政策施压:"鉴于不断扩大的经常账户顺差和国内通货膨胀,中国应该让人民币的有效汇率加速升值。"西方七国明确要求人民币有效汇率"加速升值",主因是欧元区国家担心所有美元贬值的压力都以欧元对美元升值的方式释放出来,而欧元区在全球失衡的调整中承担过多的调整成本,这显然是想转移欧元对美元的升值成本。

2010年3月,美国众议院两党130名议员联合发布公开信,要求美国政府在汇率问题上采取一切措施对中国施加压力,措施之一包括拉拢国际货币基金组织一起施压。议员们在信中敦促美国财政部和商务部对华采取强硬措施,包括对符合条件的中国进口商品征收反补贴税,以及在接下来的财政部半年报告中将中国列为汇率操纵国。甚至认为美国政府应不惜发动对华"汇率战争",来迫使中国方面做出让步。

2010年9月15日,美国众议院筹款委员会召开《公平贸易与货币改革法案》的听证会,再次向人民币汇率发难。来自俄亥俄、内布拉斯加、堪萨斯3个州的4名众议员、智库人士和企业界人士纷纷在委员们面前作证,坚持强调人民币币值低估对他们造成的损害,表示国会应该通过这一法案,并据此迫使美国商务部针对"那些由于币值持续低估而对美国进口造成损害的国家"征收"反补贴"和"反倾销"的"双反关税"。

人为强制要求他国货币升值,正是"以邻为壑"汇率政策。历史上,"以邻为壑"的货币政策曾是20世纪30年代大萧条的主要导火索,给全球经济带来了巨大灾难。1985年的"广场协议"中,美国强迫日元升值,给日本经济造成的危害值得大家引以为鉴。这种"以邻为壑"政策实施的结果要么是给对方造成损害,要么使双方都受到损害。

三、浮动汇率制下宏观经济的相互依存:HH-FF 模型

我们用"两国模型"(HH-FF 模型)来分析,浮动汇率制下一国财政货币政策如何影响其贸易伙伴国的经济,从而说明各国宏观政策协调的重要性。

1. HH-FF 模型的建立

假设世界上只有两个国家:本国和外国。

本国产品市场均衡曲线方程为(HH 曲线):

$$Y = C(Y-T) + I + G + CA(EP^*/P, Y-T, Y^*-T^*) \tag{14-1}$$

式(14-1)中,Y 是本国产出、T 是本国税收、C 是边际消费影响、I 是投资、G 是政府购买、E 是本币汇率、P 是国内价格水平、P^* 是外国价格水平、Y^* 是外国产出水平、T^* 是外国税收、$CA(EP^*/P, Y-T, Y^*-T^*)$ 是本国经常项目函数。

式(14-1)与以前的模型不一样。在开放条件下,本国经常项目除了受实际汇率和本国产出影响外,还受外国产出的影响,且外国可支配收入的增加会导致本国经常账户收入增加。本币实际汇率贬值引起本国经常账户收入增加,本国可支配收入($Y-T$)增加会引起本国经常账户收入减少。

同理,外国产品市场均衡曲线方程为(FF 曲线):

$$Y^* = C^*(Y^*-T^*) + I^* + G^* - CA(EP^*/P, Y-T, Y^*-T^*)/(EP^*/P) \tag{14-2}$$

式(14-2)中 C^* 是外国居民边际消费影响,I^* 是外国投资,G^* 是外国政府支出。

在两国模型假设下,本国的经常项目盈余就是外国的经常项目赤字。所以有:

$$CA^* = -CA(EP^*/P, Y-T, Y^*-T^*)/(EP^*/P)$$

式(14-1)中,本国的可支配收入增加会导致外国经常账户收入增加。

将式(14-1)和式(14-2)用图 14-10 表示,其中 HH 曲线表示本国的总需求等于总供给时本国的产出水平。HH 曲线向右上方倾斜,因为 Y^* 增加引起本国出口增加,推动本国产出 Y 增加。FF 曲线表示外国总需求等于总供给时外国的产出水平。FF 曲线具有正斜率,原因同 HH 曲线。

图 14-10 中,HH 曲线比 FF 曲线陡,因为本国产出的增加对本国产品市场的影响大于对外国产品市场的影响。在 HH 曲线上,当本国产出 Y 增加造成超额供给,需要外国产出 Y^* 更大的增加以吸收本国的超额供给。HH 曲线和 FF 曲线的交点 E 决定了短期均衡时两国的

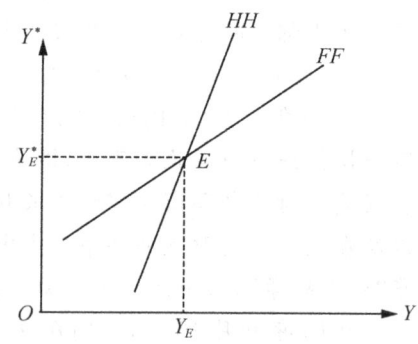

图 14-10 两国模型的产出决定

产出水平。在一定的汇率水平条件下,本国或外国的财政政策或货币政策的变化都会使这两条曲线发生移动。下面用"HH-FF 模型"分别分析两国货币财政政策变动对两国产出的相互影响。

2. 货币政策变动对世界经济影响

图 14-11 说明了本国货币扩张对世界经济的影响。本国采用扩张性货币政策时将导致汇率贬值,这有利于本国的出口增加。本国的出口增加导致需求上升,从而刺激产出 Y 增加以维

持本国市场供求均衡。产出 Y 增加意味着 HH_0 向右移至 HH_1，即相对于 Y^* 的任何水平 Y 都会上升。本国扩张性货币政策导致的汇率贬值不利于外国的出口，外国产出 Y^* 会因之下降。表现为 FF_0 向右移至 FF_1。新均衡点 E_1 表明本国的产出增加，外国的产出减少。这说明本国采用扩张性货币政策，通过国际贸易传导机制，会导致外国的产出减少。

本国通过扩张性货币政策、汇率贬值刺激出口，使本国产出均衡水平上升、外国产出均衡水平下降，这种行为就是"以邻为壑"的政策。

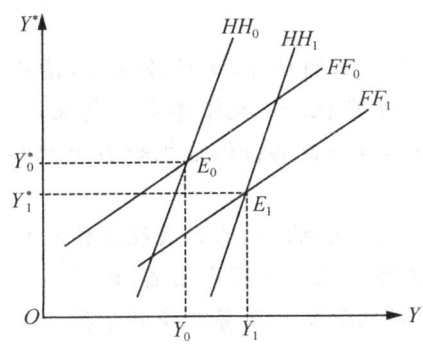

图 14-11　本国货币扩张对世界经济影响

3. 财政政策变动对世界经济影响

图 14-12 说明了本国财政扩张对世界经济的影响。本国采用扩张性财政政策将直接导致需求增加，从而刺激产出 Y 增加以维持本国市场供求均衡。产出 Y 增加意味着 HH_0 向右移至 HH_1，即相对于 Y^* 的任何水平 Y 都会上升。本国扩张性财政政策也会导致对外国进口需求的上升，这会刺激外国产出 Y^* 增加，表现为 FF_0 向左移至 FF_1。新均衡点 E_1 表明本国的产出和外国的产出 Y_1^* 都增加。这说明本国采用扩张性财政政策、通过国际贸易传导机制，会导致外国的产出增加。

读者可以用类似的方法，自己分析紧缩性货币政策和紧缩性财政政策对世界经济的影响。

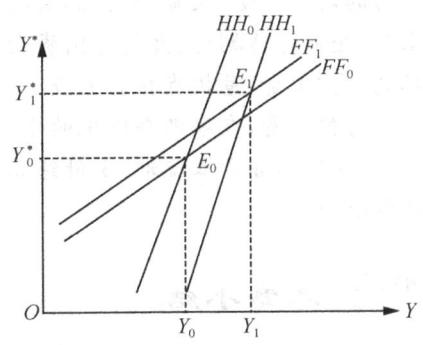

图 14-12　本国财政扩张对世界经济影响

HH-FF 模型分析是一种短期分析，主要在其他条件不变时，分析一国财政政策和货币政策通过贸易渠道或资本流动渠道对世界经济产生的影响。由于在分析过程中进行了高度的抽象，它存在很多不完美的地方。

【专栏 14-3】

世界经济的相互依存与经济危机的全球传导

1. 世界经济的相互依存

在经济全球化之下，世界各国形成了债权国和债务国、顺差国和逆差国的关系。美国吸纳了全球 70% 以上的资本和储蓄，同时又是世界上最大的逆差国。中国和印度这类发展中国家则分别成了"世界制造中心"和"世界办公室"。顺差国与逆差国、债权国与债务国并非一方强制另一方，而是优势互补、共生共赢。从商品市场看，美国需要进口大量的资源和消费品，中国这类制造大国则需要美国的市场；从资产市场看，美国需要全球储蓄以弥补内外双赤字，其他国家的美元资金则需要存放在美国保值增值。当"次贷"危机发生后，美国这样的富国发生了美元流动性不足问题，但因担心动摇美元国际地位而不敢乱发货币，于是转而向中国这个发展中国家借债。中国这个最大的美元债权国因持有大量的美元储备，也担心美国乱发货币使财富受损，所以不得不借。于是大家都被"套牢"，这个世界相互依存，"一荣俱荣，一损俱损"。

2. 经济危机的全球传导

开放经济条件下,一国的经济可以通过资本流动和贸易在国家间传导,如债务危机,债务人不能偿还债务也可能使债权人发生危机,并导致关联企业发生危机。美元汇率发生危机,就会影响与美元挂钩的货币乃至世界各国货币汇率的稳定。国际市场商品价格危机如石油价格上涨将会引起世界性通货膨胀。

2007年美国"次贷"危机的影响范围可以说是全球性的。受此影响,亚洲新兴经济体出口急剧萎缩,中小企业出口面临严峻问题,出口对经济的贡献显著降低。中国广东省,许多从事出口加工贸易的企业纷纷破产倒闭。新加坡和中国香港的金融业和贸易服务业受到了很大的打击。欧洲新兴经济体受能源价格大起大落的冲击,增长放缓。拉美新兴市场与美国毗邻,经济上对美国的依赖度高,受到的影响更大。阿根廷受金融危机的影响,出现了由美元需求剧增、外债规模巨大和国内政局动荡三大因素共同导致的撤资潮,引发了阿根廷比索贬值和股票市场的动荡。受"次贷"危机影响,2008年巴西货币急剧贬值,直接引起巴西国内通货膨胀大幅上升、企业外债剧增、大量外国资金撤资。非洲和中东新兴经济体,虽然因为外向型经济比重不高,受"次贷"危机直接影响较小,但也受到了能源、粮食与资源价格涨落的冲击。

总体来看,在经济全球化的今天,国际经济危机不仅通过贸易萎缩影响世界各国的商品市场,也通过国际资本流动、支付结算、信心下降等渠道影响各国的金融体系,并最终产生一系列连锁效应。

本章小结

一国的宏观经济政策要努力实现一国的内部均衡和外部均衡。内部均衡是指国内经济处于充分就业水平上时的国内产品市场和货币市场同时达到均衡;外部均衡是指一国的国际收支平衡。一国的内部均衡和外均衡之间存在着相互协调和相互冲突的关系,斯旺曲线可以用来说明如何使用政策工具来实现内部和外部均衡问题。

宏观经济学中用 IS-LM-BP 模型来描述开放经济条件下产品市场、货币市场和资本市场的均衡调节过程。蒙代尔-弗莱明模型是小国的 IS-LM-BP 模型,用来分析开放条件下,不同汇率制度、不同资本流动状况下,财政政策和货币政策的政策效果。"三元悖论"在蒙代尔-弗莱明模型分析基础上进一步说明了各国不同政策组合的特点。

小国分析中不考虑本国宏观经济政策对他国的影响,大国分析就要考虑国家间宏观经济政策的国际协调问题。在开放条件下,各国的宏观经济政策可以通过贸易途径和资本流动途径产生溢出效应和回波效应,使一些国家采取"以邻为壑"政策损害他国经济,从而可能引起国际经济争端。因而需要各国在宏观经济政策方面进行国际协调。我们用高度抽象的"两国模型"来分析各国宏观经济政策之间的相互影响,以说明各国在宏观经济政策方面进行国际协调的必要性。

练 习 题

一、名词解释

内部均衡　外部均衡　丁伯根法则　蒙代尔指派　BP 曲线　三元悖论　溢出效应　市场溢出效应　政策溢出效应　回波效应　贸易渠道　资本流动渠道　"以邻为壑"的政策

两国模型

二、简答题

1. 简述斯旺图中 EB 曲线和 IB 曲线将坐标平面划分的四个区域的特点。
2. 简述开放经济条件下一国内部均衡和外部均衡之间存在着相互协调和相互冲突的关系。
3. 简述 BP 曲线的特点及存在的问题。
4. 用蒙代尔-弗莱明模型说明资本完全流动下 BP 曲线总是经过 IS 曲线和 LM 曲线的交点。
5. 简述蒙代尔-弗莱明模型的基本结论。
6. 简述一国经济政策溢出效应的对外传递渠道。
7. 举例说明浮动汇率制如何隔离国际经济间的相互影响。

三、计算题

1. 假设某经济体均衡产出水平 $y=5\,000$,价格水平 P 为 1,货币需求函数 L 为 $0.5y-2\,000r$。名义货币供给 M 为 $2\,470$,净出口函数为 $NX=200-0.01y+1\,000\dfrac{\Delta E}{E}$。其中,$\dfrac{\Delta E}{E}$ 为本币贬值率,世界市场利率 r^* 为 2%,资本净流入函数为 $F=40\,000(r-r^*)$。试求:

(1) 内部均衡时的均衡利率水平。

(2) 本币汇率应如何调整,外部经济可以达到平衡。

2. 假定某经济由四部门组成,消费函数为 $c=3\,000+0.5125y_d$,投资函数为 $i=1\,000-1\,500r$,政府购买 g 为 $2\,000$,进口函数为 $IM=1\,000+0.0125y_d$,$EX=1\,300$;货币需求函数为 $L=0.5y-1\,750r$,税率 t 为 0.2,名义货币供给 M 为 750,价格水平 P 为 1,净资本流入函数为 $F=200(r-r^*)$,世界市场利率 $r^*=2\%$。试求:

(1) IS、LM、BP 方程。

(2) 商品市场和货币市场同时均衡时的均衡利率和均衡收入。

(3) 贸易项目差额、金融项目差额及国际收支差额。

(4) 假设本币贬值能改善本国的国际收支,且汇率对国际收支差额 BP 的调节函数为 $BP=-5\,000\dfrac{\Delta E}{E}$,其中,$\dfrac{\Delta E}{E}$ 为本币贬值率,则求本币应如何调节,国际收支可以平衡。

3. 假设本国产出函数 $Y=10\,000-20\,000r+0.05Y^*$,价格水平 $P=1$,货币需求函数为 $L=0.5y-20\,000r$,名义货币供给为 $M=3\,990$,外国产出函数 $Y^*=20\,000+0.02Y$,世界市场利率 $r^*=2\%$。试求:

(1) 求本国国内均衡时的国内产出和利率水平,国外产出水平;

(2) 假设本国净出口函数 $NX=200-0.1Y+0.01Y^*+1\,000\dfrac{\Delta E}{E}$。其中,$\dfrac{\Delta E}{E}$ 为本币贬值率,净资本流入函数 $F=10\,000(r-r^*)$,如果汇率不变,本国的国际收支是否平衡,如果不平衡,如何调整汇率可以使本国国际收支得到平衡?

四、论述题

1. 用蒙代尔-弗莱明模型说明,在不同汇率制度下财政政策刺激经济的效果。
2. 用蒙代尔-弗莱明模型说明,在不同汇率制度下货币政策刺激经济的效果。
3. 论述为什么在开放经济条件下一国不可能同时实现三种极端目标。

4. 试用"两国模型"分析,浮动汇率制下一国财政、货币政策如何影响其贸易伙伴国的经济。

五、材料题

1. 2018年8月7日,美国宣布已最终确认加征关税的160亿美元中国商品清单,25%的关税将从8月23日起开征。此前的7月6日,美国已对中国340亿美元商品加征25%关税。作为反制,2018年8月8日,中国决定对160亿美国商品加征25%关税。这些最新政策意味着1 000亿美元的双边贸易现在将面临惩罚性关税。美国总统特朗普威胁要对总计2 000亿美元的中国输美商品征收25%关税。对美国某些下游企业来说,征税是灾难性的,如阿肯色州的几家小五金企业倒闭了。这些五金企业是从海外进口钢铁制的产品来生产钉子、瓶盖、小五金等。因为特朗普政府对钢铁和铝的材料提高25%的关税,这使得这些五金企业的生产成本增加了30%到40%,所以很多企业就干脆破产了。这样不仅造成了美国的失业增长,还造成了美国投资的下降。此外,美国的大型跨国企业集团也开始担忧了,因为美国的跨国集团都是在全世界布局的,它们是把整个的生产链放在全世界来考虑的。

特朗普政府加征关税1年以来,美国跨国公司的投资下降了37%。这说明,随着时间的推移,美国的经济一定会有问题。

当然中美贸易摩擦对于中国和美国都有很大的损失,特别是对美国出口中国企业会从中遭受很大的损失。中国为应对中美贸易摩擦,不断调整对外出口结构。比如,中国对"一带一路"沿线国家的双边贸易迅速上涨。2018年,中国与"一带一路"国家的双边贸易已经超过了与美国的双边贸易,所以从某种角度上讲,中国已经开拓新的市场。即使美国不断与中国贸易摩擦,不断地对中国的出口制造矛盾、提高税率,中国也可以向其他地方出口找到更好的替代市场。如果中国找到了其他的市场,而美国又失去中国的市场,那么美国经济的损失就比中国要大得多。

国际货币基金组织警告,美国与世界其他国家的贸易摩擦,到2020年可能会令全球经济增速降低0.5%,全球GDP将因此损失约4 300亿美元。经济合作与发展组织也发出警告称,如果中美欧的关税成本提高10%,将拉低全球GDP的1.4%。

请根据以上材料分析:

(1) 美国特朗普政府"以邻为壑"的贸易政策为什么会失灵,美国发起的贸易战为什么"对于中国和美国都有很大的损失"?

(2) 用世界经济的相互依存说明"随着特朗普政府打贸易战的热情不断加码,美国的经济一定会有问题"?

2. 20世纪60年代中期,随着日本制造业的迅速崛起,日本与美国频繁发生贸易摩擦。第一轮贸易摩擦起始于纺织品争端。快速发展的日本纺织品,其对美国出口及市场占有额逐步提高,对美国本土纺织品制造业形成威胁。为了减少矛盾,日本接受美国政府要求,在1971年签订"日美纺织品协定"并实施对美国出口自愿限制。

随后,日美在钢铁领域也开始争端不断。1974年,美国政府要求日本自愿限制对美钢铁出口量;1976年,美日签订特殊钢进口配额限制协定;1977年,美国对日本五种钢铁提出倾销诉讼;直到1978年,美国实行钢铁起动价格制度,即对低于一定价格的日本进口钢铁自动启动反倾销诉讼。1979年,日美贸易摩擦又出现在汽车行业,美国政府要求日本完全开放日本的汽车市场,日系汽车制造商在美国建厂以及自愿接受出口规模限制。1980年5月,日本政府统一减少对美汽车进口关税,并在1983年同意将对美出口汽车数量设定上限,1981年的出口上限为168万辆,1991年为230万辆。除了汽车领域的贸易摩擦,1970年到1980年,彩电、半导体、电脑、电话等电子产品也被卷入日美贸易纷争。美国在对日本实行贸易限制的同时，日本也同样限制来自美国的农产品进口，包括牛肉、有机食物等。

1985年，为了减少美国对日本的贸易逆差，美国要求日本签订"广场协议"同意日元兑美元升值。通过日元升值调整对美贸易顺差的做法并未见效。日元已经大幅升值，但日本对美贸易顺差只是扩大未见减少。但贸易战无疑对日本该行业的产业布局造成了影响。例如，日本汽车制造商被要求在美国建厂生产，出口限额也促使日本将高端产品的制造更多地转移到美国，美国的战略目标基本得到实现。对日本而言，由于日元大幅升值，日本产品难以出口，从而国内生产遭受打击、国内经济衰退。1987年日本政府下调利率、增发货币以刺激国内经济。但因国内生产难以出口，增加的资本并没有流向实体经济，而是大量涌向股市与不动产并形成大量不良债权，在经济繁荣的假象下迎来惊人的股市与不动产泡沫。为了抑制泡沫，从1989年5月到1990年8月，日本5次上调存款利率（从2.5%升到6%）直接导致日本股市暴跌。日本不动产及股市泡沫就此崩溃，从此步入"失去的十年"，1992年到2001年平均经济增长率仅为0.9%。不过日元升值有利于日本对外投资，日本的海外跨国企业从此大规模崛起，尤其是日本企业在中国投资利润丰厚。中国20世纪80年代之后大规模利用外资，实际上为日本对外投资提供了良好的机遇。

请根据材料和相关知识分析：

(1) 20世纪60至90年代，美国政府发起的"以邻为壑"政策对日美的影响有什么不同？

(2) 日元升值并没有改变日美贸易顺差，但为什么说美国的战略目标基本得到实现？

(3) 日美贸易摩擦对现代中美贸易摩擦有什么启示？

参考文献

1. 阿普尔亚德,等.国际贸易[M].6版.刘春生,等,译.北京:中国人民大学出版社,2009.
2. 查尔斯·索耶,查里德·斯普林克.国际经济学[M].北京:中国人民大学出版社,2009.
3. 陈宪,张鸿.国际贸易:理论政策案例[M].上海:上海财经大学出版社,2007.
4. 丹尼斯·阿普尔亚德,等.国际经济学[M].4版.龚敏,陈琛,等,译.北京:机械工业出版社,2003.
5. 多米尼克·萨尔瓦多.国际经济学[M].8版.朱宝宪,等,译.北京:清华大学出版社,2004.
6. 多米尼克·萨尔瓦多.国际经济学基础[M].北京:清华大学出版社,2006.
7. 海闻,等.国际贸易[M].上海:上海人民出版社,2003.
8. 希尔.国际贸易理论[M].6版.北京:人民邮电出版社,2008.
9. 华民.国际经济学[M].上海:复旦大学出版社,2007.
10. 黄卫平,彭刚.国际经济学教程[M].北京:对外经济贸易大学出版社,2008.
11. 姜文学,邓立立.国际经济学[M].大连:东北财经大学出版社,2009.
12. 姜波克.国际金融新编[M].4版.上海:复旦大学出版社,2008.
13. 金圣才·克鲁格曼.国际经济学笔记和课后习题详解[M].6版.北京:中国石化出版社,2007.
14. 克鲁格曼,奥布斯特菲尔德,梅里兹.国际经济学:理论与政策[M].10版.北京:中国人民大学出版社,2019.
15. 李坤望.国际经济学[M].2版.北京:高等教育出版社,2005.
16. 罗伯特·J.凯伯.国际经济学[M].北京:高等教育出版社,2007.
17. P. T. 埃尔斯沃思,等.国际经济学[M].北京:商务印书馆,1992.
18. 赫斯特德.国际经济学:双语经济学英文版[M].大连:东北财经大学出版社,2008.
19. 普格尔.国际金融:英文版[M].14版.北京:中国人民大学出版社,2009.
20. 唐海燕.国际贸易概论[M].北京:中国商务出版社,2006.
21. 陶涛.国际经济学[M].北京:北京大学出版社,2005.
22. 伍戈,陆简.全球避险情绪与资本流动:"二元悖论"成因探析[J].金融研究,2016(6):1-13.
23. 小岛清.对外贸易论:中译本[M].天津:南开大学出版社,1988.
24. 赵大平.人民币汇率传递对中国贸易收支的影响[M].上海:上海人民出版社,2007.
25. Barry Eichengreen, Rachita Gullapalli, Ugo Panizza. Capital account liberalization, financial development and industry growth: a synthetic view[J]. Journal of International Money and Finance, 2011, (30):1090-1106.
26. Brander J A, Spencer B J. Export subsidies and international market share rivalry[J]. Journal of International Economics, 1985 (18): 83-100.

27. Esteban P. C. Income convergence, capability divergence, and the middle income trap: an analysis of the case of chile[J]. Studies in Comparative International Development, 2012 (47):185-207.
28. Grossman GM, E Helpman. Protection for sale[J]. American Economic Review, 1994, 84 (4):833-850.
29. Guitian, Manuel. Capital account convertibility and the financial sector[J]. Journal of Applied Economics, 1998 (1):209-229.
30. Hichem S. Capital account liberalization, institutions and economic growth[J]. Journal of Business Studies Quarterly, 2014 (3):69-86.
31. IMF. Annual report on exchange arrangements and exchange rate restrictions [R]. 2018.
32. Klein M, G Oliver. Capital account liberalization, financial depth and economic growth [J]. Journal of International Money and Finance, 2008 (27): 861-875.
33. Lal Deepak. The political economy of economic liberalization[J]. The World Bank Economic Review, 1987(2):273-299.
34. Mathieson, Donald J, et al. Liberalization of the capital account—experiences and issues [R]. IMF Occasional Paper, 1993:103.
35. Mckinnon R I. The order of economic liberalization: financial control in the transition to a market economy[M]. Baltimore and London: The John Hopkins University Press, 1993: 113-120.
36. M Thoenig, T Verdier. A theory of defensive skill-biased innovation and globalization [J]. The American Economic Review 2003, 93 (3):709-728.
37. R C Feenstra, G H Hanson. Foreign direct investment and relative wages: evidence from mexico's maquiladoras[J]. Journal of International Economics 1997, 42 (3-4): 371-393.
38. Yoshino N, Vollmer U. The sovereign debt crisis: why Greece, but not Japan? [J]. Asia Europe Journal, 2014, 12(3):325-344.